TOUT PLAQUER

POUR PARTIR EN STOP

La Nouvelle-Zélande en 92 rencontres

D1664245

GAËL CRUTZEN

TOUT PLAQUER
POUR PARTIR EN STOP

La Nouvelle-Zélande en 92 rencontres

GAËL CRUTZEN

REMERCIEMENTS

J'aimerais remercier toutes les personnes qui ont eu la gentillesse de m'accueillir, que ce soit dans leur véhicule ou dans leur foyer, pour vingt minutes ou pour plusieurs jours. Sans vous, cette histoire ne vaudrait pas la peine d'être racontée. Vous avez fait partie de ma vie pour un temps, vous m'avez offert une expérience unique, une joie indicible.

Je veux également remercier toutes celles et ceux qui ont participé à la création de ce livre, qui ont tourné autour de lui pendant des mois afin d'en faire une œuvre dont je suis fier. Sans eux, cette histoire n'aurait pas pu être racontée.

Comparses de voyage ou d'écriture, vous avez ma profonde gratitude. Du fond de mon cœur, merci.

QUI SUIS-JE ?

"One life. One travel."
"Une vie. Un voyage."

Derrière ce simple credo se cachent... beaucoup de choses. Il résume tout ce que je suis, le désir qui m'anime et le secret de mon bonheur. Moi, c'est Gaël Crutzen, un Belge propulsé sur les chemins du monde, prêt à me lancer dans toutes les aventures et à rencontrer tous ceux qui voudront bien les partager. Parmi ces aventures, il en est une qui m'a marqué au plus profond, car elle a ouvert le premier grand chapitre de mon destin de baroudeur : la Nouvelle-Zélande.

Après des années passées autour du monde, bien installé en Australie où j'avais vécu un long moment, je commençais à "bien gagner ma vie", comme on dit. Là, j'ai réalisé que ce n'était pas l'aventure que je recherchais. Alors j'ai tout plaqué. Je voulais ne plus dépendre de mon argent, mais de ce qui se présentait à moi, dans l'instant présent, et croquer cet instant comme un fruit bien mûr. Avec moins de 200 dollars en poche, j'ai donc entrepris de faire toute la Nouvelle-Zélande... en stop.

Tour à tour pêcheur au large, vagabond puant, hôte de marque, touriste survolté et hippie émerveillé, j'ai vécu mille existences au cours de ce voyage, au sein d'une contrée qui m'a révélé ses prodigieux secrets. J'ai été là où la vie m'a mené, j'ai vécu cette expérience avec une intensité qui m'a submergé... et c'était un truc de dingue !

Si vous n'avez pas peur de ce que vous découvrirez avec moi au fil de cette aventure, le pire comme le meilleur, le normal comme le bizarre, la peur comme le rire, continuez votre lecture. Ce que vous y trouverez n'appartiendra qu'à vous et moi. Et puis, qui sait ?

Peut-être que cela vous changera, comme cela m'a changé.

ACTEURS DU LIVRES

Gaël Crutzen
L'auteur

Voyageur du monde - digital nomad (entrepreneur)
Sa découverte de la Thaïlande à 12 ans, flanqué de ses parents, un sac à dos d'aventurier sur les épaules, a changé la vie de Gaël à jamais. Depuis, il a traversé tous les continents et fait un tour du monde de deux ans et demi, accro aux aventures extrêmes et aux prodigieux contacts humains que lui apportent ses périples. À chaque nouveau voyage, il ouvre un peu plus les yeux sur le monde... et il ne s'en lasse jamais.

Lambert Pêcheux
Le rédacteur

Après avoir été journaliste, prof, animateur et même déménageur, Lambert a écrit pour les autres pendant 5 ans en tant que prête-plume. Puis son amour des livres l'a poussé à devenir libraire à plein temps ! Avec cette épopée néo-zélandaise à quatre mains, il signe un premier long récit portant son nom.

Deborah Maloteau
La correctrice

Biographe familiale depuis 2015, j'aime aider les autres à réaliser leur projet autobiographique. Ce fut donc un réel plaisir de collaborer à l'écriture d'un récit d'aventures qui se déroule dans une contrée aussi mythique que la Nouvelle Zélande. J'espère à très bientôt pour de nouvelles aventures gaëlloises !

Kelly Wilmet
La correctrice

Spécialisée dans la relecture et la correction en évolution.
Joyeuse et enthousiaste de participer à ce projet qui j'espère continuera avec grand plaisir.

SOMMAIRE

Remerciements p.5

Qui-suis-je ? p.6

Acteurs du livre p.7

Introduction p.11

Chapitre 1 : La Tasmanie et la ferme aux cerises p.15

Chapitre 2 : Un nouvel an pas comme les autres à Sydney p.29

Chapitre 3 : Mes deux dernières semaines en Tasmanie p.35

Chapitre 4 : Mes premiers pas en Nouvelle-Zélande...ça commence bien ! p.41

Chapitre 5 : Ma vie de marin : un auto-stop en mer ! p.63

Chapitre 6 : Les dangers de la route p.77

Chapitre 7 : Un accueil chaleureux p.91

Chapitre 8 : Histoires de cascades p.107

Chapitre 9 : Le pays des Hobbits p.123

Chapitre 10 : Parmi les Maoris (mais pas que) p.131

Chapitre 11 : Une erreur sur le trajet p.159

Chapitre 12 : Retour dans le Sud p.181

SOMMAIRE

Chapitre 13 : De petites impasses p.199

Chapitre 14 : En direction de Wellington p.213

Chapitre 15 : Premiers pas dans l'île du Sud p.245

Chapitre 16 : Entrée dans les terres p.265

Chapitre 17 : Des vues imprenables p.299

Chapitre 18 : Gravir le Ben Lomond p.321

Chapitre 19 : Entre dieux et fermiers p.337

Chapitre 20 : Une longue attente pour une bien petite chose p.371

Chapitre 21 : Une aventurière pas comme les autres p.389

Chapitre 22 – La roche et la glace p.399

Chapitre 23 : La maison des pirates p.425

Chapitre 24 : Un choix crucial p.453

Épilogue – La vraie fin de mon challenge p.475

Introduction

Nous sommes des inconnus. Nous ne nous sommes jamais rencontrés. Et pourtant, depuis quelques mots, nous sommes en train de tisser des liens invisibles.

Qui suis-je ?

Vous avez ouvert ce livre, je vous offre ma vie.

On peut dire que j'ai un parcours assez atypique. J'ai vécu dans beaucoup de pays, et ce malgré mon très jeune âge. En fait, je voyage depuis mes douze ans. C'est d'ailleurs à travers mes périples que j'ai marqué mes proches. Parlez de moi à mes parents ou à mes amis, ils répliqueront sans doute : "Ah, Gaël, c'est un sacré baroudeur !"

J'aime faire ce que les gens n'osent pas, ce dont les gens fantasment mais qu'ils rechignent à accomplir car selon eux, "c'est trop compliqué", "on n'a pas le temps", "on a peur"... Aussi, tout le monde m'a pris pour un fou, quand j'ai affirmé que je ferai le tour du monde avant mes 18 ans. Pourtant, j'ai pris mon courage à deux mains, et je suis parti.

À 18 ans, je n'étais toujours pas rassasié. J'ai sillonné l'Amérique latine pendant six mois, en commençant par l'Équateur. L'ascension des 5 700 mètres du mont Cayambe a été mon premier exploit d'alpiniste amateur. À peine remis de mes émotions, je suis entré en Amazonie, à Cuyabeno. Quel choc !

Afin d'être protégé des serpents, j'habitais dans une maison sur pilotis. La journée, assis à bord d'une barque assez instable, je me sentais comme Indiana Jones, cerné par la jungle impénétrable et ses dangereuses tarentules, contemplant des crocodiles et des caïmans. Je découvrais des oiseaux aux multiples couleurs. La nuit, j'écoutais avec un mélange de crainte et d'excitation tous les bruits incroyables de la forêt tropicale. Dans un autre style, Otavalo, cet extraordinaire marché, véritable profusion de vies et de rires, m'a permis de rencontrer les habitants et de me familiariser avec une nouvelle culture. D'exotiques saveurs pimentaient mon existence : j'étais bien loin de la Belgique.

J'étais heureux. Je le savais. J'en profitais pleinement.

Mes pas m'ont ensuite porté vers l'Amérique centrale et le bénévolat animalier. Au Costa Rica, en aidant des tortues à couver et à mettre au monde leurs bébés, j'ai appris à être coupé de la modernité et du confort de mon enfance pendant un mois. Je me promenais sur des plages de 30 kilomètres de long, m'initiant aux beautés d'une nature intacte. Le soir, quand je m'endormais dans ma cabane en bois, mes rêves de découvrir la planète devenaient de plus en plus intenses.

À la fin de mon séjour, j'ai décidé d'entrer comme volontaire dans un autre refuge de protection et de réhabilitation de la faune. En donnant à manger aux jaguars, au milieu des tapirs et des perroquets, je compris un élément essentiel…

Je ne m'étais pas trompé de destin. *Pura Vida*[1] !

L'étape suivante était un *must* pour tous les *backpackers* : l'Australie. Dans ce pays plus grand que l'Europe où la culture anglo-saxonne prédomine, j'ai gagné mes premiers salaires. À Sydney pendant quatre mois, tantôt barman, tantôt coursier pour Uber Eats, j'ai économisé afin de partir à l'aventure sur la côte Est. C'était le début de ma période "surf, plage et farniente". Je passais des villes bondées dynamiques au survol apaisant de la Grande Barrière de Corail.

J'ai navigué au large des îles Withsunday, sur des eaux d'un turquoise inimaginable. Melbourne et son art urbain me fascinait. Byron Bay, Nimbin, les hippies et leur liberté m'ont enchanté. Sans oublier Fraser Island, où j'ai roulé pendant des dizaines de kilomètres sur du sable blanc en 4x4. La population australienne était vraiment très sympathique, et j'ai fait de très belles rencontres. Désireux de m'éloigner du tumulte des villes, je me suis enfoncé dans le centre du continent, fasciné par les déserts et les routes droites qui me semblaient infinies, agacé par les millions de mouches qui envahissaient le décor. J'ai alors découvert l'art aborigène qui m'a subjugué.

---

1 Littéralement « Vie Pure ! », une expression utilisée par les Costariciens notamment pour exprimer leur gratitude lorsqu'ils sont heureux.

L'un de mes meilleurs souvenirs restera la soirée en face du célèbre rocher Uluru. Il faisait froid sous le ciel étoilé, mais les chants des aventuriers issus de toutes les régions du globe me réchauffaient le cœur. Cette ambiance dingue, je l'ai retrouvée lors de mon séjour dans les fermes : toutes les nationalités étaient rassemblées, il n'y avait plus de racisme, plus de frontières. La Terre appartient à toutes et à tous, je l'ai bien compris là-bas ! Et même si je bossais huit heures par jour dans ces exploitations agricoles, dans des conditions parfois extrêmes, l'ambiance était *chill and relax*.

J'ai identifié un aspect important de ma personnalité à cette époque : dès que je m'habitue à un endroit, je prépare vite mes valises et je prends une nouvelle direction. Je hais la routine, j'ai besoin de me lancer des défis. Alors, puisque devenir guide de plongée était mon challenge du moment, j'ai pris l'avion pour Bali.

Après avoir obtenu mon diplôme de guide, j'ai initié les touristes locaux à la biodiversité de la faune et de la flore sous-marines, dans le véritable Monde du Silence. À ma grande surprise, je suis progressivement devenu un véritable Balinais. J'habitais à Amed, au bord de la plage la plus somptueuse de l'île. Dans mon appartement bon marché, j'avais vue sur le volcan Agung. Tous les jours, je plongeais au moins cinq fois, de 6 heures à 21 heures. Les récifs coralliens et l'épave gigantesque de l'USS Liberty n'avaient plus de secretS pour moi. Je mangeais des mets succulents, me déplaçais sur mon scooter, et mon salaire était très correct. Je comptais rester sur place jusqu'à la fin de mes jours.

Malheureusement, ma chance n'a pas duré. L'éruption de l'Agung, le volcan qui domine Bali, a entraîné mon évacuation en urgence. À vrai dire, j'aurais pu rester, mais les touristes avaient brusquement cessé d'affluer et j'étais désœuvré. Mes sorties en mer étaient devenues périlleuses, je sentais l'eau vibrer comme si la mer allait s'effondrer. Sans attache, constatant que mon paradis se transformait en enfer, je suis retourné en Australie.

Désireux de m'engager sur les chemins périlleux de la côte Ouest, je me suis élancé sur les routes au départ de Darwin, l'une des villes les plus importantes du Nord. À bord de mon 4x4, je n'avais pas le droit à l'erreur. En effet, dans cette contrée où la densité de population est extrêmement faible, le prix d'un dépannage est plus cher que celui d'un véhicule. Mon but était d'atteindre Perth, à plus ou moins quatre mille kilomètres. Accompagné de trois amis Français, je circulais dans le coin de l'île le plus sauvage, le plus reculé, le plus mystique.

Le contraste avec Bali était saisissant, au niveau du coût de la vie mais aussi de la qualité de la nourriture. Malgré tout, pendant plusieurs semaines, à raison de dix heures de trajet par jour, j'ai domestiqué mes peurs et mes doutes. Je découvrais des paysages aux couleurs inédites, passant du désert des Pinacles et ses milliers de concrétions rocheuses calcaires, telle une immense armée immobile et endormie comme par enchantement, à un lac rose bonbon, en passant d'eaux au bleu profond et changeant à du sable composé de coquillages blanc ; j'étais le peintre de ma propre vie. Au crépuscule, le coucher du soleil apportait la touche finale à des journées denses et somptueuses.

Après avoir vécu sous ma tente sans fréquenter personne, hormis mes compagnons de voyage, après avoir survécu à une "fin du monde" imprévue, je me suis retrouvé à Perth, dans le Sud du continent. J'y ai fait la fête comme jamais, tentant néanmoins de me reposer un peu. Je savais que mes prochaines semaines ne me le permettraient pas. Car il était temps que je finisse mon quota de travail dans les fermes du pays.

Chapitre 1 – La Tasmanie et la ferme aux cerises

Prélude

Mon retour dans une ferme étant obligatoire, je choisis de me rendre en Tasmanie, une contrée insulaire qui m'était totalement inconnue. Ainsi, j'explorerai de nouvelles terres et en profiterai pour accomplir mes 98 jours de labeur, nécessaires à l'obtention de mon visa Vacances-Travail.

Le tour de la Tasmanie

Lorsque j'arrive à Launceston, je stresse. Que diable vais-je faire dans cette galère ! J'adore aller vers l'inconnu, et cet état d'esprit pimente mon existence. Pourtant, j'aime aussi être rassuré lorsque je plonge dans cet inconnu. J'éprouve donc beaucoup de plaisir lorsque je tombe sur Emmanuel, que j'ai rencontré six mois auparavant à Sydney. Cerise sur le gâteau : il partage apparemment mes objectifs !

Très rapidement, nous gagnons le bureau de recrutement pour les fermes où nous avons rendez-vous. Le patron nous accueille pour un entretien éclair : il a besoin de beaucoup de cueilleurs car la saison des cerises arrive. Elle commence dans deux semaines. En attendant, Emmanuel et moi décidons d'entreprendre le tour de la Tasmanie.

Deux fois plus grande que la Belgique, cette île ressemblait un peu à un mélange entre mon pays natal et la Norvège. Contrairement à l'Australie que j'avais jugée très aride, je retrouvais avec bonheur des prairies verdoyantes, des collines et des paysages bucoliques.

Du MONA[2], un musée contemporain et délirant où siégeaient des créations provocatrices, aux rochers granitiques de Bay of Fires, qui dégageaient de puissantes nuances d'orange et de rouge ; des Cradle Mountains, leurs dents aiguës et leur lac magnifique, à Queenstown la cité minière ; des Nelson Falls, cascades classées au patrimoine mondial de l'UNESCO, aux falaises du Tasman National Park, à mes yeux le plus bel endroit de Tasmanie… Tout m'émerveillait, me fascinait, me déroutait.

---

[2] Museum of Old and New Art : "Musée d'Art Ancien et Nouveau".

Au bout de ces quatorze jours d'exploration intense, Emmanuel et moi arrivons à la ferme au bord de son 4x4. Dès notre entrée au sein de cet immense complexe, nous nous sentons minuscules face à l'énorme tâche qui nous attend. Cernés par des collines, les vergers s'étendent à perte de vue. Mais ce qui nous impressionnent le plus, ce sont les gigantesques filets noirs qui recouvrent l'entièreté du domaine pour protéger les fruits de la grêle et des oiseaux.

Je suis le quatorzième de la saison. Soit parmi les premiers. Il devient urgent de se trouver un lieu d'habitation, un camp de base, alors Manu et moi décidons de séjourner à Hobart, un port réputé pour sa plage, mais aussi pour être le point de départ de la route vers l'Antarctique. Situé à 20 minutes de la ferme aux cerises, il nous semble le lieu idéal pour nous reposer et, pourquoi pas, nous amuser la nuit dans les bars peuplés de marins.

Mon apprentissage

Le domaine agricole commence à bruisser de l'effervescence qui caractérise le début de la saison. En effet, mon modeste numéro 14 côtoie désormais le 70 ! En une journée, les apprentis cueilleurs sont venus de tous les coins du monde. Le fermier de la veille me présente mes lanières et mon bac. Il me désigne l'endroit où commencer le travail et… *Let's go !*

J'entre sous la volière de fils noirs qui quadrille la zone. La lumière passe avec difficulté : j'ai l'impression d'être un oiseau pris au piège. Muni de mes bottes et de tout mon attirail, avançant dans les hautes herbes humides, j'ai en face de moi un autre employé. Je récolte à mon rythme. Contrairement à mes précédentes expériences dans les plantations, je ne suis pas payé à l'heure, mais au nombre de sacs remplis. Il faut donc avancer vite et bien. La magie du voyage est là malgré tout : autour de moi, j'entends les voix des Canadiens, des Italiens et des Français.

Je me considérais assez chanceux, car j'adorais le goût des cerises. Je pouvais travailler et déguster ces merveilles sucrées en même temps. Elle est pas belle la vie ? Certes, les fruits étaient très petits car nous étions au début de la saison. Mais leurs délicieuses saveurs me donnaient du cœur à l'ouvrage.

Malheureusement, je manque de technique. J'éprouve des difficultés à vider entièrement mes arbres, je peine avec mon escabelle, passant de branche en branche, n'oubliant pas, comme certains, de recueillir tous les fruits possibles, y compris tout en haut et tout en bas du cerisier. Le résultat de mon labeur, en matière de rendement, n'en est pas plus prestigieux.

Au bout de deux semaines...

Les premiers temps, les fruits n'étaient pas bien gros et pas assez mûrs. En outre, la météo maussade freinait la récolte. Je ne gagnais donc pas beaucoup d'argent et j'ai même eu droit à des jours de congés. Emmanuel, pas plus efficace que moi, me rejoignait alors et nous profitions de ces vacances pour partir à la conquête d'endroits fabuleux. Chaque temps libre était consacré à une randonnée, à un village, à une plage déserte.

Après quinze jours de travail, une belle surprise est arrivée. Il s'agissait de notre tente personnelle, un tipi bien pratique qui nous prémunirait de la pluie et du vent. Apportée par notre agence de recrutement, elle se situait en plein milieu du domaine. Manu et moi n'avions plus à effectuer nos trajets de 20 minutes le matin et le soir. Une cuisine de fortune était aménagée à l'extérieur, et nos affaires personnelles rangées bien à l'abri sous sa toile protectrice.

Bien sûr, nous n'étions pas les seuls à jouir de ce privilège. Au fur et à mesure, d'autres toiles se dressaient autour de la nôtre. J'en ai compté jusqu'à cinquante, sachant que certaines abritaient jusqu'à cinq personnes. J'en ai conclu que mon numéro 14 se retrouvait avec des numéros 200 et plus. Fini le temps de la quiétude, la ferme se transformait en usine.

Ma technique de récolte s'améliorait. La sensibilité diminuait au bout de mes doigts, où une épaisse couche de corne commençait même à se former. Je discutais avec tous les travailleurs, issus du monde entier, dans une ambiance bon enfant. Filant désormais d'arbre en arbre, je m'empiffrais de cerises à longueur de journée.

Ma routine

Après une nuit passée dans l'humidité et le froid sous une lasagne de lainages, enveloppé dans deux sacs de couchage, je me levais chaque matin à 6 heures. Je faisais défiler la tirette du tipi. La pluie et le vent, glaciaux, m'accueillaient. Je prenais mon harnais sans réfléchir, je mangeais rapidement. Pendant ce temps, les employés qui n'avaient pas la chance de vivre sur place arrivaient dans le campement en voiture.

Frais et dispos, je prenais le premier véhicule du jour, qui me menait tout droit aux plantations. Je récoltais de 7 heures à 15 heures, sans m'arrêter. En effet, je ne voulais pas perdre une minute et, comme je l'ai expliqué plus tôt, j'engloutissais des monceaux de cerises. Je distinguais toutes les variétés de ce fruit rouge et juteux, étant devenu un spécialiste. Toutes étaient vendues à l'international, du Japon à la Russie, à prix d'or car elle pouvait atteindre le double de la taille normale de l'espèce. Du pur luxe ! Sans compter que plus elles étaient grosses, plus mon bac se remplissait rapidement... et plus je gagnais de l'argent.

Mon look s'apparentait à celui des *backpackers* : des bottes solides, un pantalon large, des couches et des couches de pulls pour isoler le haut de mon corps, une vieille casquette. Mes cheveux s'allongeaient inexorablement. Un harnais complétait l'ensemble en enserrant ma poitrine ; j'y fixais une caisse où tombaient mes bien-aimées cerises.

Commençait alors ma cueillette. Les "paf, paf, paf" des fruits qui s'abattaient dans mon panier étaient de plus en plus rapides. Des professionnels venus de Nouvelle-Zélande, du Canada et d'ailleurs, qui se perfectionnaient tous les ans, m'ont appris à être encore plus efficace. J'ai donc commencé à gagner correctement ma vie.

Manu, lui, râlait souvent. Il jetait parfois les cerises par terre. Il n'arrivait pas à être opérationnel ni à maintenir le rythme de travail. Il est vrai que c'était compliqué mais, pour ma part, je persistais dans mon effort. Je ne voulais pas me relâcher, d'autant que nous étions contrôlés régulièrement.

Après avoir grelotté sous la rosée du matin, j'accueillais avec joie la chaleur toute relative de l'après-midi. Des camarades apportaient des enceintes pour diffuser de la musique. Tous les styles étaient représentés. L'ambiance était festive et c'était la course pour savoir qui serait le meilleur cueilleur du jour !

Le soir, nous revenions tous au campement, où se dressaient de plus en plus de yourtes semblant plus agréables que notre tipi. Confectionnées à l'aide de toiles blanches, elles s'avéraient spacieuses et confortables. Nous avons reçu nos matelas et notre niveau de vie s'est amélioré. Une nouvelle cuisine commune a été aménagée dans un hangar pour permettre à la masse de cueilleurs évoluant dans la ferme de se sustenter. Bien qu'elle fût minuscule, j'en garde un très bon souvenir car c'était un endroit convivial. Je tissais des liens avec tous mes compagnons et, même si la fatigue nous pesait, le fou rire nous gagnait souvent.

Je cueille des cerises dans les champs, mon sac sur le ventre. On peut d'ailleurs voir la taille des fruits, impressionnants !

Arrivée des Chinois et de plusieurs surprises

Un jour, un grand nombre de travailleurs Chinois se sont présentés sur le camp, suivis par de plus en plus de nouveaux cueilleurs. C'est ainsi qu'une compétition virulente s'est installée. Chacun voulait se rendre sur les arbres les plus rentables pour gagner un maximum d'argent. Des tensions se créaient suite aux inégalités salariales. Des gens quittaient le campement, rapidement remplacés par d'autres. J'avais l'impression d'habiter dans une gigantesque fourmilière.

Heureusement, je ne perdais pas ma bonne humeur et mon entrain.
Un jour, un Chinois entre dans ma tente. Un peu étonné, je lui demande :
— Comment tu t'appelles ?
— Miaow miaow.

Je marque un temps d'arrêt avant de lui lancer, un sourire au coin des lèvres :

— Tu te fous de moi ?
— Non, je m'appelle Miaow ! *Like a cat !*
Intrigué, je lui demande son véritable prénom. Mes oreilles d'Occidental habitué aux accents européens ne comprennent pas la réponse, alors j'enchaîne :
— Pourquoi tu te fais appeler Miaow Miaow ?
— C'est simple : comme tous les Chinois, je me suis inventé un prénom compréhensible par vous, les Occidentaux. Et puis, bon, j'aime bien les chats !

Je me mets à rire et nous commençons à parler. Je finis enfin par comprendre son véritable nom, Qiao Zhang, même s'il continue de se faire appeler Miaow Miaow dans tout le camp. Qiao et moi nous rapprochons peu à peu, nos échanges deviennent amicaux et il finit par m'introduire à la communauté des cueilleurs chinois, pourtant assez isolée du reste des travailleurs.

Chinois, Français, Japonais, Canadiens... Je trouve extraordinaire de communiquer avec autant de nationalités, sur un espace aussi réduit. Le monde est parfois si petit Comble de l'ironie, à côté de mon tipi habite un gars de Verviers. Cette petite ville se trouve à 20 minutes d'Aubel, mon lieu de résidence en Belgique... Nous voilà désormais voisins à l'opposé du monde, sur l'île de Tasmanie. Je retrouve également, au beau milieu des champs, des personnes rencontrées lorsque j'étais guide de plongée à Bali. Des fonds marins aux cerisiers, nos destins se croisent à nouveau.

Deux soirées pour Noël

Le jour de Noël arrive brusquement, sans que je m'en rende compte. Une Italienne a l'extraordinaire idée de fêter cet événement en demandant à chacun de préparer un mets spécifique à son pays d'origine, dans la mesure du possible. Mais avant les célébrations nocturnes, la communauté chinoise m'invite à son festin, sur le temps de midi. Guidé par mon ami Miaow Miaow, je cuis ma propre viande et mes propres légumes, très honoré d'être le seul Occidental invité. Pour autant, lorsque j'arrive avec mes plats, on m'invite à partager avec toutes et tous un grand bol de nouilles, placé au centre de la tablée. J'en apprends encore plus sur la culture chinoise. Je prends conscience de la profonde amitié qui peut lier les peuples, en toute simplicité.

Quittant Qiao, je pars en 4x4 en direction de la mer. Je m'assieds sur une plage, les pieds dans l'eau, contemplant un ciel sans nuage. Je dépose sur ma tête le fameux bonnet rouge du Père Noël, avec son pompon blanc qui pendouille. En tant qu'homme du Nord, je trouve cela complètement fou : pas de neige, pas de dinde, pas de tradition. Mes copains de Liège et des alentours, eux, se coltinent certainement le froid, le verglas et les flocons !

Je retourne au campement en début de soirée, et la fiesta commence. Les Italiens qui ont organisé cette soirée se révèlent d'excellents cuistots, mais je dois bien avouer que tous les plats sont succulents. C'est un buffet à volonté de potages, de riz, de pâtes, des mélanges de fruits et de légumes, des viandes qui fondent sous la dent, du sucré, du salé, du poulet doux et moelleux dans lequel je croque en riant aux éclats. Le bonheur simple, la joie profonde d'être ensemble autour d'un repas.

Je n'aurais jamais imaginé une telle ambiance dans une exploitation de cerises. À l'opposé radical de la Belgique, totalement éloigné de ma civilisation d'origine, sous une voûte céleste qui m'apparaît gigantesque, je discute dans toutes les langues de la terre avec des potes, assis autour d'une table de 20 mètres de long. Des Français ont volé des fromages, extrêmement chers en Australie. Certes, je ne cautionne pas l'acte, mais qu'est-ce qu'ils sont bons ! Je n'en ai pas mangé depuis plus d'un an.

Les effets de l'alcool commencent à se faire sentir, un peu, beaucoup… énormément. Il faut dire qu'il coule à flots. Complètement saoul, je me retrouve sous une tente pleine à craquer avec un groupe d'Allemands et d'Anglais, des musiciens. Ils sortent des guitares et chacun chante à son tour. Allongé sur un matelas, je vis ce moment unique, me rendant compte de la chance que j'ai.

Alors que je m'endors, perdu dans une brume sucrée-salée agrémentée de rires et de chants plus ou moins mélodieux mais portés par la même énergie bénéfique, j'entends une voix féminine. Elle chuchote, avec un merveilleux accent québécois, à l'oreille d'un de mes amis allongé à côté de moi.

— Vas-y, vas-y, appuie plus fort sur le bouton…

Je comprends rapidement qu'elle ne parle pas de son acné ou d'une manette de jeu, mais probablement d'une partie un peu trop intime de son anatomie pour l'évoquer derrière quelques millimètres de toile ! Mon Noël tasmanien se termine ainsi sur le plus beau des soupirs, à 4 heures du matin. Dès le lendemain, je reprends mon travail… avec un mal de crâne abominable.

Le plus beau Noël de toute ma vie, dans un bouillon de cultures issues du monde entier !
Vous m'avez repéré avec mon pompon ?

Mon premier Noël sur une plage… drôle de sensation.

Réflexions et décision

Les jours de boulot s'enchaînaient. Les cerises grossissaient, je remplissais des bacs entiers. Notre salaire était à la hauteur de notre rendement et, après des débuts mouvementés et un certain temps d'adaptation, je commençais à gagner beaucoup d'argent. L'ambiance au sein des cueilleurs était positive, le travail s'organisait avec efficacité.

Assis dans un coin d'ombre jetée par un vieux tracteur embaumant l'air d'essence, je réfléchis à l'orientation que devra prendre mon existence, comme tous les employés œuvrant dans les fermes. Oui, mon compte en banque grossit. J'ai la possibilité d'acheter ce que je souhaite et d'entreprendre de multiples activités le week-end. Mais ai-je choisi de voyager pour cette raison ?

Je veux être un aventurier. Un conquérant. Je veux devenir le héros de mon propre film d'action.

Et puis, mon visa se termine en janvier. Faut-il que je rejoigne l'Asie ? Que je revienne en Belgique ? Où aller ? Je n'en sais rien. Je sais seulement que je serai bientôt dans l'obligation de quitter le territoire.

La Nouvelle-Zélande a toujours été l'un de mes rêves. Selon des amis rencontrés lors de mes voyages, le pays des Kiwis est une contrée accueillante et généreuse, qui plus est très proche de la Tasmanie. Elle me fait pourtant peur pour des raisons financières. Que je loue un van ou que je me déplace d'un hôtel à l'autre, sans compter la nourriture, ma conclusion est la même : toutes mes économies risquent de s'évaporer au bout d'un mois.

Mais il est temps pour moi d'être cohérent avec la personne que je suis. Je dois tester mes capacités de résistance. Je ne veux pas suivre un guide, un itinéraire tracé. Non. Je veux foncer, sans programme ni organisation, sans connaître d'avance ce qui va se passer.

Ne dépendre que de moi-même. Ne rien dépenser. Ne pas savoir le matin où je dormirai le soir-même. Tel Mike Horn, je veux partir dans l'inconnu sans avoir le contrôle de mon voyage.

Des potes m'ont confié que certains accomplissent le tour de la Nouvelle-Zélande en auto-stop. Malgré mes nombreux contacts, toutefois, je ne connais personne qui l'a réellement tenté.

Personne, hein ?

Eh bien, je serai cette personne ! L'auto-stop en Nouvelle-Zélande s'impose à moi comme une évidence. Ma décision est enfin prise. Je vais vivre une expérience extraordinaire, comme dans l'ancien temps, en véritable explorateur.

Une aventure comme je les aimes… Pimentée !

Victor et Emmanuel

Tout en continuant à cueillir des cerises, je me suis préparé psychologiquement à mon nouveau défi. J'établissais des plans et des stratégies, avec la certitude que je ne faisais pas fausse route. Je réfléchissais au contenu de mes sacs. Que prendre ? Qu'est-ce qui me serait vraiment utile sur le terrain ? Je ne connaissais pas encore le jour exact de mon départ, mais mon "projet auto-stop" me donnait la pêche.

Le travail se déroulait paisiblement, quoique de nouveaux événements allaient perturber mon quotidien. J'ai reçu un appel téléphonique de Victor. J'avais rencontré ce Français lors de mon *road trip* sur la côte Est de la Tasmanie. Sorti d'un cursus de marketing, Victor était un gars très ambitieux qui voulait tout faire, tout vivre. En partant en Australie, il avait mis en pause ses études dans ce but, espérant se retrouver en chemin. Toujours la main sur le cœur, il m'avait fait une belle impression et pour le coup, je pouvais lui rendre un peu de cette générosité :

— Gaël, j'ai besoin de ton aide. Je suis juste en face de ta ferme. Je cherche un emploi et aussi un logement. C'est urgent. Tu peux m'aider ?

— Pour le boulot, oui. Et pour le reste aussi ! Tu vas dormir dans ma tente. Tu n'auras pas à payer le campement. Par contre, il va falloir être très discret.

Je me lançais encore une fois dans une affaire bien compliquée. Mais comme Victor était une bonne personne, j'ai pris mes responsabilités. J'ai accueilli ce passager clandestin dans mon antre, et tout le monde a bien respecté mes consignes de discrétion. Une crise en moins, avant qu'une autre ne survienne. Un jour, Emmanuel, un gars que j'ai rencontré en même temps que Victor et avec lequel j'ai sillonné la région, explose :

— C'est bon, je me casse, je me barre !

Certes, mon ami s'énervait souvent, mais là, je sentais son immense dégoût de la cueillette. Le genre de ras-le-bol définitif. Ça me rendait très triste d'imaginer son départ. Nous avions commencé cette aventure en Tasmanie ensemble. Et puis, je dépendais de lui pour la voiture et les courses. Pendant deux jours, j'ai eu extrêmement peur qu'il quitte la ferme.

Il a fini par se diriger vers le chef de l'exploitation pour lui demander de changer d'occupation. Il s'est tellement plaint que trois jours après, incroyable ! Une place de porteur de bac à cerises était disponible ! Ce poste, normalement réservé aux Australiens et à celles et ceux employés par la ferme depuis quelques années, en plus d'être payé grassement à 25 dollars de l'heure, consistait à porter des bacs et à les déposer dans un tracteur. Manu venait de gagner le beurre et l'argent du beurre. D'abord souriant, il est vite redevenu frustré. Il ne se débrouillait pas mieux en tant que porteur de bac et le travail continuait de représenter un calvaire pour lui. L'Emmanuel que je connaissais n'existait plus : il avait perdu la banane et se montrait désormais très froid avec les autres.

Victor et moi étions interloqués. Nous aussi, nous en avions marre de cueillir des cerises et aurions apprécié d'exercer une autre fonction. Depuis des semaines, du matin au soir, je piquais les fruits sans m'arrêter, avec une dextérité incontestable. Profitant de l'occasion, Victor et moi sommes donc allés trouver le patron.

À ma grande stupéfaction, Victor a également obtenu le travail tant envié, sous prétexte qu'il était plus faible à la cueillette et nouveau dans le secteur. J'étais fou de rage. Je me retrouvais puni et sans avancement, car tout simplement meilleur ! Dire que c'était moi qui l'avais aidé à entrer dans le campement… Je voulais ce job.

Cette semaine-là, j'organise donc une journée avec les Australiens, pendant laquelle je filme l'exploitation agricole à l'aide de mon drone. Le montage à peine terminé, je dévale le chemin de graviers qui mène au bureau du *big boss*, soit la route des tracteurs. J'ouvre la grande porte principale, salue la secrétaire, entre dans le sanctuaire du grand chef. C'est quitte ou double. Je suis confiant, quoiqu'un peu stressé.

Le patron m'accueille avec chaleur. Assis à son immense bureau, appuyé sur ses coudes, il déborde d'énergie. Visiblement, il est de bonne humeur. Je lui présente ma vidéo, assez fier de ma réalisation. Lorsqu'elle s'achève, je lui assène :
— Vous aimez ce film ?
— Oui, bien évidemment ! C'est fabuleux.
— Vous le voulez ? Je vous l'offre. Mais je ne veux plus être piqueur.

Pris au dépourvu par ma requête, l'homme ouvre de grands yeux et se penche en avant, faisant couiner le cuir de son épais fauteuil. Ses paupières se plissent et il recule un peu, posant pensivement son menton sur ses mains jointes. Après une pause qui me semble une éternité, il répond :

— Écoute, Gaël... Je vais faire mon maximum pour que tu intègres le groupe des Australiens !

Je le remercie, trop heureux. Tandis que je tourne les talons, je me sens encore plus fier de mon coup.

Un job de rêve

Deux jours après l'entrevue, j'étais occupé à extirper les fruits d'un cerisier particulièrement coriace quand un responsable s'est approché de moi. Quelques secondes plus tôt, j'avais entendu son talkie-walkie crachoter un ordre que je n'avais pas bien distingué. L'homme m'a immédiatement annoncé la bonne nouvelle :

— Gaël, tu peux travailler avec les Australiens.

Le deal était rempli. J'ai envoyé la vidéo promise à mon patron, et commencé ma nouvelle vie.

Dans un premier temps, j'alternais entre la récolte et le port des bacs, mais après une semaine, c'était à temps plein que j'exerçais le métier le plus cool du monde. J'étais très bien payé, me retrouvant avec une multitude de jeunes Australiens, ainsi que mes amis Emmanuel et Victor. Le matin, je me réveillais relaxé, bien moins stressé et fatigué qu'auparavant. J'avais plus de temps pour moi. Je m'éclatais à conduire mon *buggy* dans toute la ferme, sur de très longues distances, m'esclaffant devant des Français jaloux qui me criaient : "Branleur !"

J'avoue que le boulot n'était pas rude ! Je parlais beaucoup avec les autres travailleurs, améliorant ainsi mon anglais. Je ramassais les caisses, fonçais avec mon bolide, participais même à des courses endiablées. Toujours aussi gourmand, j'observais tous les gigantesques récipients en face de moi, comme autant de cornes d'abondance, et piochais mon goûter parmi toutes les variétés de cerises.

Je rencontrai souvent le patron, de nouvelles équipes et surtout des Tasmaniens. Ceux-ci m'éveillaient à la culture de leur région. J'étais invité dans les pubs locaux, comme à Hobart ou dans les villages des environs. Je n'étais plus le *backpacker* piqueur, mais un véritable habitant de l'île. J'ai aussi connu l'énorme chance de travailler avec des Kiwis, c'est-à-dire des Néo-Zélandais. Je posais pleins de questions sur le pays où je devais m'aventurer quelques semaines plus tard, précisant un peu plus mon périple futur, chaque jour qui passait. Nous parlions à l'envi de la culture maorie. Ils m'ont même appris à tirer la langue comme eux !

Bref, je terminais mes fermes en beauté. C'était le paradis. Je n'avais plus envie de partir, mais il le fallait. Je ne changerais pas pour autant mes plans. Si ma rencontre avec ces expatriés m'avait bien assuré d'une chose, c'est que la Nouvelle-Zélande m'attendait.

Mon super camion sur lequel je travaillais tous les jours

Notre team australienne, suivie de tous les bacs de cerises remplis à la sueur de nos fronts !

Chapitre 2 – Un nouvel an pas comme les autres à Sydney

Ils approchaient de plus en plus, le Nouvel An et son compte à rebours. Bien évidemment, l'ambiance au campement était chaleureuse. J'étais très apprécié, et je le rendais bien. Mais comme j'avais déjà réveillonné à Noël dans la ferme, et de façon mémorable, j'avais envie d'expérimenter autre chose.

Je me suis arrangé pour me déclarer malade quelques jours. Je sais, je sais, c'est pas bien de mentir… Mais j'avais décidé de partir pour Sydney. Puisque je m'y étais pris à la dernière minute, le prix de l'aller-retour en avion s'était révélé exorbitant. C'est Emmanuel, mon chauffeur vedette, qui s'est chargé de m'amener à l'aéroport. Je loge chez Albert, un ami qui habite sur place et m'accueille avec… plus ou moins d'entrain. Je m'endors dans son salon le 30 décembre, impatient.

Le jour J

Je me lève à l'heure dite, plein d'entrain, et secoue le matelas d'Albert pour tenter de le réveiller. Mais mon pote refuse obstinément de sortir de sa couette.
— Allez, lève-toi, on va choper nos places ! Tu verras, ça vaut le coup ! Ça va être magnifique...
— Tu fais chier Gaël, il est trop tôt… Ça sert à riennn...
Il se retourne, s'enfouit sous son drap épais et n'émet plus qu'un ronflement éloquent. Je décide de partir sans lui, fatigué d'argumenter sur les risques qu'il court de ne pas pouvoir assister à la magie du spectacle.

Je m'engage donc seul dans les rues de la ville, prends le métro et arrive au lieu indiqué à 6 heures. Et là, c'est le choc. La file pour accéder à l'endroit idéal que j'ai repéré hier est interminable ! Je longe la queue avec la prudence d'un animal traqué, m'approchant lentement des barrières de sécurité placées à l'entrée du parc. En face de celles-ci se dressent un immeuble et quelques marches. Je m'y assieds l'air de rien, le temps de laisser passer les gens qui ont vu mon stratagème.

Des personnes qui en ont assez d'attendre décident de me rejoindre. J'adore faire connaissance et parler, aussi je m'intègre rapidement à un groupe de Français. D'autres m'invitent à prendre l'apéro avec eux, à manger. L'atmosphère est très plaisante. Bien qu'il soit interdit de consommer de l'alcool dans les lieux publics en Australie, sous peine d'une amende, nous buvons en cachette.

Nous patientons jusqu'à l'heure de midi. Enfin, les barrières s'ouvrent et les premiers élus peuvent franchir les portes du Paradis. J'intègre la file, dépassant comme je l'avais escompté pas mal de monde… Mais emporté par le mouvement de la foule, je perds à regret le groupe avec lequel j'avais sympathisé. En face de moi, j'avise une fille accompagnée de son petit ami, tous deux très élégants. Je ne perds pas au change, et une nouvelle discussion s'engage.

Après avoir dépassé le second grillage, je me mets à courir comme un dingue, comme tout le monde, pour obtenir la meilleure place. J'ai l'impression d'être pris dans un mouvement de panique. En tant que bon sportif, je réussis heureusement à rattraper les premiers. En outre, je connais le parc par cœur, je sais donc où me positionner pour contempler au mieux le feu d'artifice. Je découvre avec stupeur que certains disposent de grandes bâches étalées pour marquer leur territoire !

Je jette mon sac à terre et je m'assieds, accompagné par le couple que j'ai rencontré. Et nous ne bougeons plus. Autour de nous, les gens continuent de cavaler dans toutes les directions. Des groupes entiers tournent des heures et des heures avant de trouver une place. Toutes les étendues d'herbes se recouvrent progressivement de corps humains. Quand je ne vois plus la moindre surface disponible, je décide de rejoindre pour un temps mon groupe de potes rencontrés devant l'immeuble. J'ose boire avec eux encore un peu d'alcool, alors que des policiers rôdent dans les parages.

Je regarde l'opéra de Sydney, au loin. En levant les yeux, je comprends que mes amis ne sont pas bien placés. En effet, à cet endroit, le ciel est invisible. Les branches de nombreux arbres du parc empêcheront l'observation des festivités prévues. Je retourne donc vers les deux amoureux. Au programme, jeux de société et dégustation du saumon que j'ai pris soin de préparer hier.

Le soir tombe enfin. Albert m'envoie un message et je lui réponds d'assez mauvaise humeur.
"Gaël, je suis dans la file, j'arrive"
"Mais Al, tu te rends pas compte, tu vas jamais entrer ! C'est mort là"

Dix minutes plus tard, le drame attendu survient :
"Gaël, les grilles sont fermées. Sors. Sors !"
"J'ai une amie qui habite de l'autre côté du pont, nous aurons une magnifique vue !"
"Allez, viens, ce sera bien mieux !"

Agacé par les vibrations incessantes de mon portable et puisque j'en veux toujours à Albert, je mets un peu de temps à lui répondre. Mais je ne prends pas de pincettes.
"Hors de question. T'avais qu'à venir avec moi ce matin. Je t'ai prévenu, tu ne m'as pas écouté. Je vais pas me punir pour toi, je suis avec un bon groupe de potes. On se revoit ce soir pour la *boat party*"
J'envoie le SMS et je mets mon portable en mode silencieux, furieux. Qu'il se débrouille !

Nous avons attendu jusqu'à 21 heures pour que les premiers lancements de fusées surviennent. La foule s'est levée brusquement dès la première lueur filante. Jusqu'ici paisible, elle s'est ruée en masse vers les meilleures places. Le respect n'existait plus : les gens marchaient sur les sacs et les nappes des autres, tel un bétail fou. Je n'ai pas hésité une seule seconde à faire la même chose. En jouant des coudes, en poussant les personnes devant moi, je me suis posté, suivi par mes amis.

Ce n'était que la répétition générale. Pendant deux heures, raides comme des piquets, dandinant des fesses comme des manchots pressés, nous avons attendu les douze coups de minuit. J'étais debout depuis 6 heures du matin, mais je n'étais pas fatigué. Mon excitation était à son comble.

Et puis, enfin, le compte à rebours tant attendu s'est inscrit en mille feux sur l'Opéra de Sydney.

"3... 2... 1... Happy New Year !"

À la fin du décompte, tout le monde a sauté de joie, s'est embrassé. De tous les côtés, de gauche à droite, de haut en bas, du célèbre monument au pont illuminé, le bombardement pyrotechnique était impressionnant, magnifique ! Le bruit était assourdissant, mais quel spectacle ! Toutes les couleurs de l'arc-en-ciel étaient représentées. Des bouquets rouges, des étoiles vertes, du bleu dans toutes les gammes, des jaunes solaires et de gigantesques pompons se reflétaient dans les eaux de la superbe baie de la ville. Des frissons me parcouraient tout le corps.

J'avais quitté la Tasmanie, survécu à une file et à des mouvements de foules indignes, mais le résultat était devant mes yeux : un pur chef-d'œuvre. Étourdi et heureux, j'ai échangé mes coordonnées avec mes nouvelles connaissances. Autour de moi, le parc se vidait à une allure étonnante. Il était temps de rentrer à l'appartement d'Albert.

Boat party

Bien évidemment, Albert râle. Il s'agace de ne pas avoir participé avec moi à la première partie de la soirée. Il ne veut même plus se rendre à la fête à laquelle j'ai réussi à nous faire inviter, sur le bateau. J'argumente du mieux que je peux, pour qu'il prenne conscience que j'ai réservé des billets très difficiles à obtenir. Je ne réussis à le faire changer d'avis qu'*in extremis*.

Habillés tout en blanc, le code couleur exigé, nous pressons le pas en direction d'un mini-port, comme il en existe partout à Sydney. À ma grande surprise, j'y rencontre Nico, un ami que je n'ai pas vu depuis longtemps et qui séjourne dans la ville. La fiesta s'annonce éblouissante, d'autant plus que le navire, qui approche du quai, s'avère énorme. Deux étages immenses, des passagers vêtus avec élégance, une musique incroyable. Je m'apprête à vivre un moment de pure folie.

Après avoir passé toute la journée à attendre, debout, un feu d'artifice certes merveilleux, je vais enfin pouvoir me défouler. Et pourtant, au moment d'entrer dans le bateau, j'entends Albert qui me jette :
— Je n'y vais pas, je rentre chez moi. Je suis fatigué.

Je suis stupéfait. J'insiste pour qu'il reste, une, deux, trois fois, mais sans un mot de plus, il s'en va. Je n'ai quasiment pas le temps de lui dire au revoir. Encore moins de me remettre du choc, car autour de moi, les noctambules s'agglutinent et me poussent à l'intérieur du navire.

Au rez-de-chaussée, l'atmosphère est tranquille, mais le premier étage grouille de monde. Un DJ musclé aux grosses lunettes noires y agite déjà ses premières platines. L'alcool et d'autres substances prohibées commencent à faire de l'effet sur les esprits. Des canons se déhanchent devant les baies vitrées. Au second étage, à l'air libre, une autre DJ, une fille vêtue d'une longue robe rouge, occupe le terrain. Je me déplace d'une salle à l'autre, constatant la taille imposante du bateau.

Sydney, de nuit, présente un décor de rêve. Tout en passant sous son majestueux pont, en admirant ses monuments baignés de lumière, j'entame la discussion avec des inconnus. L'ivresse me gagne et je danse, écrasé puis soulevé par les vibrations des basses et le rythme électro. À l'aube, un gars complètement saoul me prend dans ses bras par l'arrière et, tant bien que mal, me crie :

— Eh mec, ça va ? Je savais pas que t'étais ici !

Je me retourne... Phénoménal ! Yohan, le retour ! J'ai travaillé avec lui dans une plantation de bananes au Nord de l'Australie. Nous ne nous sommes pas vus depuis des mois, quelle surprise ! Il est, en plus, accompagné d'un Liégeois qui connaît plusieurs de mes amis Belges.

Yohan se met à payer des tournées, moi aussi. Les gens se trémoussent dans tous les sens, de moins en moins droits sur le *rooftop*, rigolent et chantent à tue-tête. Il n'y a plus de tabous ni de règles, si ce n'est celles du plaisir.

Entre la nuit et l'aube, mon verre à la main, je contemple la baie de Sydney. Je comprends que j'ai accompli un cycle dans mon existence. C'est tardivement que je sens la fatigue m'envahir. Il est 5 heures. Je suis levé depuis 24 heures : il est temps de me reposer.

J'ai repéré un endroit tranquille dans le bateau lors de mes explorations de début de soirée. Je descends les escaliers qui flanquent la coque. Là, je retrouve une sorte de bouche d'aération de laquelle sort de l'air chaud. Je m'y installe, accompagné de deux autres personnes et, sans m'en rendre compte, je m'endors.

C'est Nico qui me réveille alors que le navire accoste. Je me lève, encore ivre, et observe l'étendue du désastre. On dirait qu'une orgie s'est déroulée dans chacune des salles du bâtiment. Heureux, des souvenirs plein la tête, je regagne en taxi l'appartement d'Albert.

Après un Noël à la plage, j'ai passé le Nouvel an sur un bateau, à danser au son d'une DJ, le pont de Sydney face à moi

Chapitre 3 – Mes deux dernières semaines en Tasmanie

De Sydney à la ferme

Le 1er janvier, je me trouvais dans l'appartement d'Albert, partageant de bons moments avec ses colocataires et lui. Notre brouille de la veille était oubliée et nous avons décompressé en riant de nos aventures avant de nous séparer.

Préparant mon séjour en Nouvelle-Zélande et sachant que mon point de départ serait Sydney, je lui ai demandé s'il était possible, lorsque je partirais, de laisser dans son logement une partie de mes bagages. Pour réaliser mon auto-stop, il était nécessaire que je sois le moins encombré possible. Il a hésité, comme d'habitude, et j'ai insisté, comme toujours. Ça faisait partie de notre petit jeu. Il a accepté, fort heureusement car je n'avais pas d'alternative.

Le 2 janvier, je suis retourné à la ferme, des feux d'artifice dans les yeux. J'avais profité de mon court passage pour organiser un peu plus mon départ : je laisserais une partie de mes affaires chez Albert, l'ami qui m'avait hébergé pour le Nouvel An.

Mon pote Emmanuel m'a accueilli à l'aéroport et j'ai retrouvé tous mes compagnons. J'ai souhaité une bonne année à tout le monde, ils s'enquéraient de ma santé, un sourire ironique aux lèvres. Ils n'étaient pas dupes, mais merveilleusement complices. J'avais l'impression de n'être jamais parti de ces champs et d'avoir vécu un rêve urbain.

Hobart

Deux semaines. Le compte à rebours est lancé. J'ai acheté mon billet d'avion pour la Nouvelle-Zélande, il ne me reste que quatorze jours avant le grand départ. Je décide de ne confier cette information à personne, car je ne veux pas prendre le risque d'être viré du jour au lendemain. Je travaille sans relâche, tout de même peiné de quitter bientôt l'exploitation. J'y ai bien gagné ma croûte et l'ambiance y était chaleureuse.

Désireux d'économiser un maximum d'argent depuis que j'ai pris ma décision, je viens de déménager du campement et du tipi que je loue pour vivre dans la maison de James, un Australien avec qui je porte les bacs de cerises. Ce déplacement m'a ému, car j'ai quitté Miaow Miaow, Victor et Manu. Mais en séjournant près d'Hobart, dans une famille tasmanienne formidable, je me prépare aussi mentalement à mon voyage en solitaire.

Invité par de nombreux natifs de l'île, je me rendais souvent dans un pub à côté du port d'Hobart. Les habitués jouaient au billard et buvaient de hautes bières typiques de la région. Les pêcheurs portaient des chemises "canadiennes", mais à la mode locale. Tout était décontracté. J'appréciais également me rendre sur le mont Wellington, qui surplombait la cité, afin d'y admirer le magnifique coucher du soleil. Je profitais à fond des moments passés avec mes potes australiens, savourant l'instant présent.

James m'invitait presque chaque jour à plonger dans des gorges, pas trop loin de la ferme. Je découvrais par la même occasion des falaises vertigineuses. Mon existence se simplifiait : je travaillais le matin, je me soûlais le soir.

Au fond de moi, je vivais mal l'idée de partir, car la Tasmanie m'avait bien accueilli. Je savais que mon départ était inévitable. Non seulement je ne pouvais passer mon existence sur cette île, mais mon instinct d'explorateur me poussait à fouler du pied de nouvelles contrées. Savoir qu'au bout d'un moment, il faut quitter son confort pour passer à une autre étape, à un autre pays, c'était à la fois la grande tragédie et le sel de mon aventure.

Quand même, ce pincement au cœur ne me quittait pas. J'avais la sensation d'être parfaitement intégré, ici. C'est un aspect du voyage qui me semblait dur. On se prépare à quitter quelque chose, et cette sensation de chaleur et de stress donne un frisson incomparable.

Tash

Même si j'étais installé dans la maison de James, je continuais à me servir des douches de la ferme. C'était bien pratique, quand j'avais terminé mon travail, de passer par les cuisines, de me rendre dans les parties communes, de me laver rapidement et de rentrer dans mes pénates frais et dispos. Une femme de ménage était souvent présente sur les lieux, mais nous ne nous prêtions pas grande attention.

Un jour, je sors ma cabine, serviette nouée vite-fait autour de la taille, décontracté, sans me préoccuper de mes environs immédiats. J'avance d'un bon pas... et tombe nez à nez avec la demoiselle. Elle était occupée à nettoyer la douche voisine et, toute à son ouvrage, ne m'a pas remarqué non plus. Je n'ai que mon slip sous ma serviette que j'estime subitement très courte. Je pique un phare, j'essaie de dissimuler maladroitement mon aine mais je fais pire que mieux. D'abord tous les deux le regard baissé, nous finissons par lever la tête parce qu'il faut bien un moment regarder où on va, nous levons la tête au même moment. Nos regards se croisent. D'abord interdits, nous pouffons d'un air gêné et échangeons quelques banalités, mais la conversation est agréable, naturelle. Je ne peux m'empêcher de remarquer sa ligne élégante, ses mains vives, la courbe de ses lèvres, ses yeux pétillants. Je la trouve sublime.

Elle s'appelait Tash. Nous avons échangé nos numéros et nous nous sommes revus quelques fois. Au fil des jours, nous avons davantage fait connaissance... et ce qui devait arriver, arriva. Nous avons entamé une relation, même si je préférais la tenir discrète. Ma dulcinée œuvrait dans la ferme avec sa mère, mais elle était surtout la belle-fille d'un petit chef que je considérais comme une véritable terreur.

Avec lui, pas question de rigoler. Trapu, costaud, ce Gimli au rabais portait une barbe blanche fournie qui contrastait avec ses cheveux coupés à ras. Une boucle d'oreille suspendue à son lobe gauche parachevait son allure de Viking corpulent. Il possédait un caractère acariâtre, qui ne souffrait pas la moindre incartade. Ainsi, tout le monde lui obéissait au doigt et à l'œil. Je le craignais autant que je le détestais. Son impopularité générale était impressionnante et, dans son dos bien sûr, tout le monde l'appelait "Le Hobbit", "Le Nain", sinon "Passe-Partout". Moi-même, je songeais souvent à lui comme "cette saleté de petit Viking", mais je gardais ce surnom peu élogieux pour moi.

Pour éviter que son beau-père n'entre dans une de ses colères noires en découvrant nos frasques, Tash venait donc souvent me rencontrer chez James. J'ai passé de très agréables moments avec elle, hors de la vue de tous les habitants de l'exploitation agricole. Pourtant, je ne lui ai pas annoncé mon départ pour la Nouvelle-Zélande. Vivre le bonheur de l'instant présent, telle était ma devise. Bien sûr, dans le cas de notre couple, je m'en mordrais vite les doigts.

Mes adieux

J'avais tout. J'aurais pu rester en Tasmanie encore pendant des mois, des années. Je vivais dans un bien-être constant et les galères, que j'avais souvent connues en Australie, n'existaient plus. Heureux avec James et sa famille, épanoui dans mon boulot, je conduisais mon *buggy* avec insouciance, fier de mon parcours. Malgré tout, mon visa expirait et je devrais bientôt quitter le pays.

Le jour J, espéré mais redouté, est donc arrivé.

Le matin, je me rends chez mon patron, entouré de toute mon équipe. Il sort son plus beau sourire en m'apercevant. Cela suffit à exprimer toute la confiance qu'il me porte. Aussi, lorsque je croise son regard, je me détourne, incapable de le soutenir. Je n'ai pas envie de le décevoir, d'autant que j'ai eu toutes les peines à obtenir ce poste. Mais je n'ai pas le choix. Je le regarde droit dans les yeux, puis je lui annonce, tout en pensant "J'ai pas envie de lui dire ça..." :
— Je suis désolé. Je pars demain. Mon visa se termine dans quelques jours. Si je ne quitte pas l'Australie, je risque de gros problèmes avec la justice.

Interloqué, car il sait que j'étais un très bon employé et que j'avais travaillé dur pour arriver à ce niveau au sein de son entreprise, il reste silencieux quelques secondes. Il réussit seulement à prononcer les mots suivants, comme s'ils lui arrachaient la gorge :
— Ok. C'est bon. Je comprends. C'est ainsi en Australie.

Ensuite, plus un son ne sort de sa bouche. Je tourne les talons et pars, toujours avec mon équipe. Je retrouve mes potes australiens. Je leur serre la main, espérant les revoir un jour... en Belgique, qui sait ? Toute ma journée est nostalgique. Le soir, je visite une dernière fois le campement, saluant les Chinois, les Italiens, les Français, les Canadiens et toutes les personnes que j'ai appris à apprécier au cours de mon séjour. J'ai créé des liens forts avec ces hommes et ces femmes, c'est dur de dire au revoir. Je peux vous jurer que ce n'est pas facile, notamment, de quitter Manu, Victor, Miaow Miaow. Après des jours, des semaines passées à bosser ensemble sous le soleil comme sous la pluie, à partager son toit, ses repas, ce territoire où a évolué joyeusement notre communauté, c'est comme une rupture. Même si ça finit bien, ça vous emplit d'une amère mélancolie. Je repasse chez le patron, pour un dernier adieu.

Et puisqu'on parle de rupture, je dois aussi annoncer la nouvelle à Tash. Je toque timidement à la porte de la masure où elle et sa mère habitent, conscient que cette dernière est occupée pour l'instant par des tâches à l'autre bout du camp. Tash me lance un regard doux, mais elle sent vite que j'ai quelque chose d'important à lui dire. Elle s'attriste très vite, moi aussi. Nous ne voulions pas fonder une famille, nous avions peu de projets en commun, mais elle désirait malgré tout continuer cette relation si heureuse. Elle m'apprend qu'elle pensait s'installer avec moi en Tasmanie, commence à dérouler tout un plan qui n'est ni ridicule, ni déplaisant à mes yeux... mais la situation reste impossible. Nos chemins de vie divergent totalement.

Je ressens en moi des sentiments contradictoires. Une part de moi est aussi peiné que Tash de quitter ce cocon moelleux où nous nous étions enfouis. Une autre me titille, excite mes sens, me tire à elle, vers un futur qui m'attend avec impatience. C'est un très bon résumé de la vie d'un *backpacker*. L'existence même du voyageur. Nous voguons d'un cycle à l'autre, à la recherche d'aventures toujours plus pressantes.

J'ai quitté Tash dépité, même si ce sens de l'aventure continuait d'alimenter cette énergie qui me brûlait le ventre. Pris d'un besoin de me remettre de mes émotions, je me suis emparé d'une poignée de cerises, pour les déguster une par une. Elles étaient toujours aussi savoureuses, comme lors de mon arrivée. Je les ai croquées avec mes potes après les avoir rejoints. Une toute dernière fois, mes yeux se sont posés sur les falaises, sur la ferme... sur La Tasmanie.

Je vérifie avec attention ma valise. Achetée quelques jours plus tôt, elle contient toutes mes affaires non nécessaires pour le voyage en stop, et sera déposée comme prévu dans l'appartement d'Albert à Sydney. Le sac qui m'accompagnera tout au long de mon aventure est prêt également. J'ai même récupéré une tente en bon état, une Quechua verte qui s'ouvre en "deux secondes", comme dans la pub, auprès d'un gars qui n'en voulait plus.

Je suis très ému lorsque je dis au revoir à la famille de James, car c'est comme faire mes adieux à tous mes amis de la ferme, à un pays tout entier. Je serre la main de mon ami avec vigueur, le remerciant pour tout ce qu'il a fait pour moi. Nous avons tellement de souvenirs en commun... Des moments inoubliables, des rires, de la joie, représentatifs de ce que je quitte aujourd'hui.

Est-ce que je suis fou de me lancer dans cette aventure ?

Sydney

Le voyage vers Sydney s'est déroulé sans encombre. La vue de la baie, à l'arrivée, me semblait toujours aussi magique. Mes affaires au complet s'avérant incroyablement lourdes, c'est avec un soupir de soulagement que je suis arrivé chez Albert pour y déposer ma précieuse valise.

Le matin du grand jour, celui du départ, le vrai, pour la Nouvelle-Zélande, s'est enfin présenté. J'ai remercié mon hôte, laissé mon sac derrière moi et pris le train en direction de l'aéroport.

J'éprouvais un certain stress à l'idée de quitter l'Australie. Je partais véritablement dans l'inconnu, car je ne savais rien de ce qui m'attendait. Avec comme point de départ Auckland, je m'en allais faire du stop pendant deux mois et demi sur les routes de Nouvelle-Zélande. Pour le reste… le mystère était total.

Chapitre 4 – Mes premiers pas en Nouvelle-Zélande... ça commence bien !

Un billet sans retour

Je pose enfin mes pieds sur le sol de ce pays tant rêvé. L'inquiétude de mon départ est vite remplacée par une autre : je n'ai pas de billet de retour. Or, j'ai lu qu'il est indispensable d'en posséder un pour avoir le droit de séjourner en Nouvelle-Zélande. Et je ne peux même pas rentrer en Australie, car mon visa est périmé... J'ai peur de passer pour un immigré clandestin et d'être recalé à la frontière ! Trop occupé à rêver au futur, je n'ai pris conscience de ce "détail" qu'au cours de mon vol. Je m'insulte intérieurement.

Les murs froids de l'aéroport m'oppressent. Ce bâtiment, que j'ai appris à aimer au fil de mes voyages, prend aujourd'hui l'apparence d'une forteresse de verre et d'acier n'attendant qu'un faux pas pour me jeter dans une de ses geôles. J'essaie de contacter ma mère pour qu'elle compare les vols avec moi, car j'ai peur de débourser une somme astronomique en prenant mon billet dans l'aéroport.

Sans aucune connexion Wi-Fi et donc sans possibilité de l'appeler, pourtant, je suis certain de me faire éjecter assez rapidement. Les statues maories qui accueillent les visiteurs à l'entrée de l'aéroport m'observent en silence, comme autant de juges implacables. Je me dis que je les contemple pour la première et la dernière fois de mon périple.

L'idée me vient d'expliquer ma situation à un vendeur, dans un de ces magasins *duty free* accessibles avant l'embarquement et le débarquement. Je lui demande en urgence :
— Passe-moi du Wi-Fi *please*, je n'arrive pas à récupérer un document important, je dois contacter quelqu'un, je risque d'être expulsé !
Sans quitter le sourire qu'il m'a décoché dès que je l'ai abordé, il se fend d'un joyeux :
— *Ok, don't worry !*

Je tape le code qu'il m'épelle, me connecte et, ô joie, les données s'activent. J'envoie immédiatement un message à ma mère, mais sa réponse me cloue sur place :
"J'essaie encore de payer, ça ne marche pas !"

Après avoir remercié le vendeur, je sors du magasin et me mets à marcher très lentement, sans paraître trop suspect, tout en m'approchant des grandes cabines de contrôle qui marqueront mon entrée officielle en Nouvelle-Zélande… ou mon retour précipité. Je m'assis sur un banc, un peu à l'écart des boxes en métal gris où patientent les contrôleurs, dans l'attitude de quelqu'un qui attend un ami ou qui s'apprête à sortir un livre de son sac. Je n'en mène pas large.

Les minutes passent, interminables. Je suis vissé sur ma chaise, car je sais qu'à l'instant où je m'adresserai à ces gardes, je serai traité comme un vulgaire voyou et renvoyé d'où je viens. Mon ventre n'est qu'un néant où mes angoisses tourbillonnent. Je suis fatigué de mon trajet, pétri d'émotions négatives suite à mon départ, plus qu'agacé par cette situation inconfortable qui ne dépend que d'un méchant petit billet. "Je suis arrivé, je me dis, et je vais déjà devoir quitter la Nouvelle-Zélande… Merde." N'y tenant plus, je téléphone à ma mère.

— Mais maman, il se passe quoi ? Si je ne passe pas les portiques de sécurité maintenant, les agents vont se douter de quelque chose !
— Gaël, je n'en sais rien !
J'inspire un grand coup, de plus en plus résolu à émerger de ce trou où j'ai l'impression de m'enfoncer inexorablement.
— Eh ben, j'en ai ras le bol ! J'en peux plus de poireauter… J'y vais !
— Gaël, attends…

Je me lève d'un coup et me présente devant une dame très souriante. J'apprendrai par la suite que la bonne humeur est une caractéristique ancrée chez de nombreux Kiwis. En attendant, une sueur rance coule abondamment le long de mes omoplates. L'aimable contrôleuse prend mon passeport, l'observe, le scanne, me pose quelques questions. Je doute, en nage et dans tous mes états, mais m'oblige à répondre en balbutiant. La dame me regarde, tamponne le document et m'ouvre la porte.

"You are welcome !"

J'avance d'un pas. Me voilà officiellement en Nouvelle-Zélande ! Ça me paraît trop beau pour être vrai. Aussitôt, je joins ma mère pour qu'elle interrompe ses démarches.
— Bon, maman…
— Gaël, bonne nouvelle ! J'ai le billet !
— Ah euh… Oups. En fait je… je viens de passer les contrôles de sécurité ! Enfin, c'est pas grave !

Je suis sidéré, mais je rigole nerveusement. Toute cette frayeur pour rien. J'ai réussi à passer une frontière en contournant, sans le vouloir, les règles établies. Bien évidemment, d'autres vérifications strictes m'attendent. Mes sacs sont analysés, on constate l'absence de terre sur mes chaussures. Il faut savoir que la Nouvelle-Zélande interdit toutes importations non autorisées de fruits à l'intérieur de son territoire. Je n'en possède heureusement aucun malgré mon amour pour les cerises tasmanes, je n'ai pas été assez idiot pour m'en remplir les poches. Tout est parfait.

Où aller ?

Un magnifique soleil m'accueille à la sortie de l'aéroport. Avec mes grosses godasses, ma tente au dos et mon barda, je suis prêt à me lancer dans l'aventure. Je ne sais pas où aller, ni où dormir ce soir. Et le lendemain ? Aucune idée.

Au moins, j'ai un objectif global en tête. Je suis en Nouvelle-Zélande, je dois la parcourir toute entière sans dépendre de mon argent je n'ai que 200 dollars en poche à ce stade. Les seules dont je dois dépendre, désormais, ce sont les personnes que je rencontrerai sur ma route. Je ne suis plus dans le contrôle.

D'ailleurs, je ne sais même pas comment je vais quitter ce pays, étant donné que mon visa pour l'Australie a expiré. Combien de temps vais-je pouvoir rester ici ? Les prochaines semaines, les prochains mois sont dans le brouillard…

Mais chaque chose en son temps.

Ma logique me dicte de me renseigner à la gare, où se trouvent des bus qui sillonnent tout le pays. Je me rends ensuite dans une auberge pour y rencontrer des voyageurs, engager la conversation… et me laisser guider par le destin. J'accoste un jeune gars qui passe devant moi et lui déverse un flot de questions :

Tout guilleret, je suis cet inconnu à l'allure de *skinhead*, avec son crâne rasé. À deux, la tâche se révèle facile. Nous nous asseyons assez rapidement dans un siège râpé, usé par des milliers de voyageurs. La situation est à la fois monstrueusement banale et très excitante : qui sait où je vais atterrir à la fin de cette journée !

À mes côtés, mon comparse poursuit la conversation et m'apprend qu'il est Anglais. Ses mots sautillant sur un accent qui ne semble pas provenir de Londres mais d'un coin campagnard, il me demande :

— Où vas-tu ?
— Aucune idée. Je suis le vent et mes envies. Et toi ?
— *Well…* Je me rends dans un super *backpack*, très réputé pour ses soirées, bourré de jeunes.
— J'y vais avec toi. Je dois trouver un logement pour cette nuit.
— *Let's go !*

Auberge et Auckland

J'entre dans l'hôtel, chargé de tous mes sacs, et me sens aussitôt à l'aise. L'atmosphère qui naît dans les endroits fréquentés par les voyageurs est vibrante, ici. J'apprécie tout le mélange des nationalités, des looks, des langues. Après avoir quitté la ferme aux cerises et la Tasmanie, j'ai l'impression de retrouver ma famille d'adoption, celle des baroudeurs. Sans me presser, je me rends à la réception afin de réserver une chambre. Une charmante jeune fille m'y attend. Habillée à la mode hippie, elle porte des *dreads* sur la tête et une tenue longue très *chill*. J'ai aussi belle allure avec mes chaussures de montagne, mon gros sac à dos et ma casquette bleue d'où sortent, sur l'arrière, mes cheveux déjà longs. La jeune hippie pianote sur son ordinateur et m'annonce :
— Bon, tout est pris pour ce soir. Mais il y a souvent des désistements, tu devrais retenter ta chance tout à l'heure.
— Pas de souci.

J'en profite pour faire le tour d'Auckland, marcher, mais surtout préparer ma nourriture pour les prochains jours. Qui sait ? Je vais peut-être me retrouver en pleine nature, et j'aimerais éviter de voler, de chasser ou de cueillir ma nourriture… J'étais étonné par l'aspect de cette ville, située au Nord de la Nouvelle-Zélande. C'était comme s'il n'y avait personne dans les rues. Une cité qui n'avait rien d'une cité. Les *buildings* me semblaient tous petits par rapport aux villes australiennes. À Sydney, les avenues grouillaient de monde et l'architecture parfois démesurée me donnait le vertige. Ici, tout appelait au calme, à l'harmonie, à la sérénité. En outre, la population que je rencontrais s'avérait encore plus souriante et chaleureuse qu'en Australie.

— C'est bon, il y a des désistements ! lance la fille de l'accueil.
— Parfait, je décoche avec un large sourire. Je prends une nuitée.
Je n'avais pas hésité une seconde. Soulagé, je l'ai remerciée avec ferveur. Comme quoi, il ne faut pas avoir peur d'aller vers les gens. Une simple question peut changer un chemin de vie.

C'est à ce moment-là, en fait, tout à mes réflexions et à mes sentiments confus, que j'ai compris que c'en était fini de mon passage en Australie. Ému et avec mes mots de l'époque, peut-être moins adroits mais sincères, j'ai écrit à ce pays magique un message d'adieu que j'ai posté sur les réseaux :

"Un an en Australie
Un beau jour, ce sera votre tour. Vous quitterez vos maisons, vos villes et vos pays pour poursuivre des ambitions plus grandes. Vous laisserez vos amis, vos amants et vos possibilités pour parcourir le monde et établir des liens plus profonds. Vous allez défier votre peur du changement, vous tenir tête haute et faire ce que vous pensiez autrefois impensable : vous éloigner de tout. Et ce sera effrayant. Au début. Mais ce que j'espère à la fin, c'est qu'en partant, vous ne trouviez pas seulement l'amour, l'aventure ou la liberté. Plus que tout, j'espère que vous vous trouverez vous-même.
Nouvelle direction : la Nouvelle-Zélande...
Mais en stop !"

"Done 1 year in Australia !
One fine day, it will be your turn. You will leave homes, cities and countries to pursue grander ambitions. You will leave friends, lovers and possibilities for the chance to roam the world and make deeper connections. You will defy your fear of change, hold your head high and do what you once thought was unthinkable : walk away. And it will be scary. At first. But what I hope at the end is that in leaving, you don't just find love, adventure or freedom. More than anything, you'll find you.
Next step : New Zealand...
But hitchhiking !"

Ma photo d'adieu à l'Australie, avec un petit mot inscrit par (presque) toutes mes rencontres

Cartographie moderne

Mon premier geste, après ça, a été de déposer mon sac principal en sécurité, dans mon dortoir. En effet, je transportais avec moi des caméras, mon portable et mon appareil photo. Dès que j'entre dans un nouveau pays, la tradition exige que j'ouvre une carte : je commence alors à repérer les points primordiaux à visiter. J'ai donc décidé d'utiliser une application numérique, Maps.me.

Grâce à elle, j'avais l'opportunité de télécharger la carte des moindres recoins de la Nouvelle-Zélande. En outre, elle me permettait de m'orienter à partir de n'importe quel endroit, le tout sans avoir besoin de connexion internet dans les situations où c'était impossible. C'était l'outil idéal pour un auto-stoppeur ! Les routes, les pubs, les toilettes publiques, les monuments, les musées, les campings : tout était indiqué sous mes yeux ébahis. Impossible de me perdre avec une telle machine de guerre entre les mains.

Alors qu'autour de moi les personnes cuisinaient, mangeaient ou simplement se relaxaient, je m'activais à placer dans cet espace virtuel tous les lieux où je désirais absolument me rendre. Ma stratégie n'était pas d'organiser mon voyage, mais plutôt de me fixer une ligne de conduite en fonction de mes goûts et de mes intuitions.

Soirée dans le *backpack*

Alors que je me concentre sur mon travail, assis à une table commune où personne ne vient me déranger, je reçois un léger coup de pied. Étonné, je relève la tête. Mon ami anglais semble avoir envie de se distraire.

— *Hey Gaël !* Va chercher des boissons ! Des bières ! Ce soir, on va au *rooftop* du *backpack* avec des copines ! Je te les présenterai !

— Ok, j'amène tout ça.

Vingt minutes plus tard, je reviens avec de succulentes bières au gingembre. Je découvris ses deux amies, deux filles pimpantes maquillées de haut en bas, et la conversation s'engage gaiement. La nuit tombe, la foule de *backpackers* s'électrise. À mon grand désarroi, je n'ai pas encore réussi à répondre à ma lancinante question : vers où me diriger demain ? Je me tourne vers mon *skinhead*.

— Finalement, tu te diriges vers où ?

— Oh, moi, je fais partie d'un tour organisé. Je circule en bus avec un guide. On commence par le Nord demain.

— Le Nord ? Pourquoi le Nord ?

— Je connais pas les noms des lieux, mais 'paraît qu'il y a une baie, des forêts, des mers qui se rencontrent, une dune, un phare, que des coins magnifiques !

Bien qu'il soit extrêmement imprécis dans sa réponse, je prends mon téléphone portable et lance mon application. Il a parfaitement raison, dans cette direction se trouvent des sites extraordinaires. Je les avaient complètement oubliés au cours de ma préparation pourtant minutieuse. Mon parcours est désormais clair dans mon esprit : priorité au Nord d'Auckland !

Autour de moi, la fête battait son plein. Les voyageurs chantaient, hurlaient, l'alcool coulait dans les gosiers. L'intensité des festivités ne m'échappait pas et je vivais l'instant comme eux, même si en apparence je dépareillais un peu. J'étais de mon côté, en train de manger ma boîte de thon arrosée de sauce ketchup. Calme, mais aussi fatigué par toutes les péripéties de ma journée et par le stress intense que j'avais connu depuis mon arrivée.

J'étais heureux de m'asseoir, souffler, boire un petit coup, me baigner dans l'ambiance musicale et bariolée du *backpack*. J'avais la satisfaction de celui qui a trouvé l'équilibre, car si je savais désormais où je me rendais le lendemain, c'était encore l'inconnu qui m'attendait. Quelle chance de pouvoir être là ce soir !

L'heure d'aller se coucher était venue. J'ai salué les convives de la soirée avant de pénétrer dans mon dortoir. Composé d'une dizaine de lits superposés, il était animé des ronflements habituels, mais aussi par quelques gémissements moins innocents. Souriant bêtement, je suis monté à ma place, ratant une marche de l'échelle, puis m'allongeant enfin, en songeant à tous mes vœux qui se réalisaient. Au matin, je commencerais le stop.

Mon premier stop !

Après avoir dégusté mon petit déjeuner dans le *backpack*, je me rends à la réception, chargé de mes sacs. Mon pote anglais m'a quitté plus tôt dans la matinée, je n'ai pas son nom, mais je n'oublierai pas qu'il est le premier voyageur à m'avoir "accueilli" en Nouvelle-Zélande. Je récupère ma caution, respire un grand coup, ferme la porte derrière moi et me lance dans ma nouvelle vie : celle d'un auto-stoppeur.

Je me souviens encore de ces premiers instants de liberté soucieuse où, marchant avec mon matos informatique, ma tente et mes vivres sur le dos, je consulte fiévreusement Maps.me, tentant de me repérer tout en longeant les maisons d'Auckland. Je dois absolument quitter le centre-ville, car personne ne me chargera si je reste dans les rues de la cité. Je suis tendu. Un peu perdu. Anxieux.

Je m'assois sur un banc afin de me recentrer et de reprendre le contrôle de mes émotions. Je n'y arrive pas tout de suite. "Qu'est-ce que je fous ici ? Je suis dingue ou quoi ? Je viens de quitter une auberge sympathique pour une expédition vers… quoi ? Comment ?" Cette voix inquiète pérore sans arrêt. Elle se heurte à une autre, celle de mon sens de l'aventure, qui me dit : "Fonce. Ne l'écoute pas. Ne doute pas. Pas maintenant." "Arrête tes conneries. Tu vois bien que tu ne vas nulle part", renchérit la première avant de poursuivre ses lamentations.

Heureusement, à force de retentir de plus en plus fort dans mon esprit, c'est l'instinct de découverte qui prend le dessus. Mes doutes s'envolent. Plus de place pour l'hésitation ! Je me remets vite sur pied et continue mon chemin pendant plus d'une heure. Arrivé sur une grand-route, je m'arrête.
Premier stop

Un pont enjambant un fleuve la prolonge. Il est inaccessible pour les piétons et les cyclistes. Je suis donc obligé, pour l'emprunter, de prendre place dans un véhicule. Épuisé par le trajet malgré ma bonne condition physique, je me vois me planter sur mes appuis, prendre mon air le plus sympathique possible, fixer la route, lever le pouce... Ma première séance d'auto-stop est née !

Les voitures passent sans arrêt. Des gens klaxonnent, je bouge, m'agite, redispose mes sacs derrière moi. Au bout de deux heures, la voix inquiète ressurgit. Elle ne va donc pas me quitter du voyage ? "Gaël, t'es en train de faire une grosse connerie. T'as pas assez d'argent pour entreprendre ce voyage, personne ne te prend en charge. C'est mauvais, ça pue ! Tu peux être sûr que..."

Une grosse camionnette de chantier s'arrête juste en face de moi. Un mec sort la tête par la fenêtre et m'interpelle :
— *Hey man !* Tu cherches qui et quoi, avec toutes tes affaires ?
— Je veux juste traverser le pont !
— *Come up !* Je t'emmène.

J'étais tellement heureux qu'à peine installé dans sa voiture, je déclare :
— Tu sais quoi, je commence la Nouvelle-Zélande en stop et tu es le premier à t'occuper de moi. Viens, on se fait un *selfie* !

Mon premier conducteur est très content de m'aider ! Nous prenons la pose comme deux bons amis qui se connaissent depuis longtemps. Moi qui craignais de ne jamais passer ce pont, je suis soulagé de franchir cette étape cruciale. Je n'aurais pas pu rester bloqué dès les premières heures de mon aventure ! Je n'ai pas le temps de converser avec mon sauveur, la distance entre les deux points n'étant pas importante. À peine arrêté, il me dit :
— Ton stop ne fonctionne pas tellement, car il te manque quelque chose : une pancarte !
— Mais oui, t'as raison...

L'ouvrier se dirige vers l'arrière de son véhicule, prend une boîte dans laquelle il entrepose ses outils, la déchire et me tend un carton encore enduit de colle :
— Écris quelque chose dessus, les gens s'arrêteront pour toi.

Je lui serre la main chaleureusement, plein de gratitude et si satisfait de l'avoir rencontré. Il me salue à son tour et part, aussi simplement qu'il est arrivé.

Naissance de ma pancarte de stop, qui n'est pas au bout de ses épreuves…

Un fétichiste qui vous veut du bien

Je suis posté au milieu d'un carrefour. Encore une fois, personne ne veut de moi. Est-ce la ville ? Mon look ? Mon attitude ? Je me questionne encore quand un klaxon retentit dans le parking du supermarché. Je me retourne, tentant de découvrir l'origine du son, et vois arriver un homme typé asiatique. De petite taille, il est habillé d'un t-shirt noir, muni de lunettes et chaussé d'une paire de claquettes.

— Tu veux aller où ?
— Dans cette direction ! je lui réplique en lui collant mon téléphone sous le nez.
— Je t'y emmène !

Le gaillard est extrêmement attentionné, très gentil. Il me propose même de passer chez lui pour boire une tasse de thé ou de café. J'accepte d'autant plus que sa conversation est très agréable et qu'en outre, j'ai avancé de pas mal de bornes grâce à lui.

J'entre chez lui : il semble vraiment très content de m'accueillir dans sa modeste demeure. À son attitude générale, je comprends qu'il doit mener une existence solitaire et qu'il est bien rare pour lui d'avoir de la visite. Je croque dans des biscuits beurrés et profite volontiers de la chaleur de la boisson qu'il me tend. Il me parle beaucoup de lui, de sa vie et m'affirme, avec un grand sourire :

— J'ai envie de t'aider davantage. Donc, quand nous sortirons d'ici, je te conduirai où tu le voudras !

J'étais submergé de gratitude, mais je n'ai pu me fendre que d'un :

— Merci beaucoup !

La suite est totalement surréaliste. Je ne m'y attendais pas ! Mon hôte pose langoureusement son regard sur mon corps, descend le long de mes jambes et s'attarde... sur mes chaussures de marche.

— Je dois t'avouer que... j'adore toucher les pieds des gens. Et j'aimerais peloter les tiens !

À l'idée qu'il touche mes pieds, je contiens un mouvement de répulsion. C'est la première fois que je rencontre quelqu'un qui nourrit ce fantasme et ça m'effraie. Je ne connais pas cette personne, qui sait ce qu'elle peut me demander d'autre ou pire, que peut-elle me forcer à faire ?

Je tente de reprendre mon calme en réfléchissant. Il n'a été qu'adorable avec moi et même à cet instant, il n'a rien d'agressif. Il ne me presse pas. Sa demande me dégoûte mais je n'ai aucune raison de ne pas me montrer bienveillant et respectueux, comme il l'a été depuis notre rencontre.

— Ah non, écoute... D'abord, mes pompes puent, alors mes pieds sont sûrement répugnants ! En plus, j'ai vraiment pas le temps de me consacrer à ton fantasme. Je dois faire de la route. Si je reste trop longtemps ici, je risque de pas trouver où me loger cette nuit...

Il m'observe, amusé par ma réaction. Son attitude tout entière dit : "Oula, ne t'inquiète pas, c'était juste pour savoir !" Nous échangeons un regard de connivence et je me rassérène. Je le respecte, il me respecte. Nous n'avons aucune raison de gâcher le moment que nous partagions quelques minutes plus tôt. D'ailleurs, il acquiesce sans discuter et reprend la conversation de manière tout aussi plaisante qu'auparavant. Nous buvons un dernier café puis reprenons la direction du Nord, dans son véhicule.

Après m'avoir fourni ses coordonnées, il me dépose sur le bord de la route. Je me souviens encore aujourd'hui de son *"Bye bye"*, prononcé de sa voix fluette, légèrement aguicheuse. Je suis radieux. En l'espace de quelques heures, j'ai rencontré deux individus incroyables. Et j'ai bien avancé dans mon parcours, malgré les galères du matin. Comme quoi, ma patience a été récompensée.

De la folie !

Après deux nouveaux stops réussis, je me retrouve près d'une station-service, au bord d'une voie rapide. Dans un affreux crissement de freins, une bagnole pétaradante dérape en face de moi, sur un espace réservé aux piétons. Lorsqu'elle s'arrête devant mes yeux écarquillés par la surprise, la conductrice de l'engin infernal se présente. C'est une dame assez âgée : ses rides et ses cheveux sont tirés vers l'arrière de son crâne, comme si elle avait voulu tout attacher avec son chignon. Elle me balance d'une voix rauque, éructée à travers une enfilade de chicots jaunis par la clope :

— Monte dans la voiture ! Tous ces p'tits cons, ils vont jamais te prendre ! Moi j't'ai vu, moi ! J'ai fait un aller et hop ! Un retour ! J'suis pas comme ces connards ! Moi j'vais t'aider !

Je prends peur. Si je monte dans cette caisse à savon, je vais mourir ! D'un autre côté, personne d'autre ne veut me charger et je n'ai pas envie de dormir sous un pont. Avec le courage que je parviens à trouver, je rentre dans la voiture et pose mes sacs à l'arrière… À peine assis, la femme démarre et propulse son bolide à une vitesse insensée.

"Oui ce sont des p'tits cons ! *Fuck !*"

Elle se met à rire et, pour me détendre, je la suis dans son délire. La mamie met la musique à fond et se met à pousser d'étranges "Youyou youyou". Je me retrouve dans une boîte de nuit, mais l'après-midi. Je commence à la trouver vraiment marrante et à bien me plaire dans cette ambiance totalement hallucinante. Je rigole de plus en plus.

Ma conductrice survoltée calme ses ardeurs, sort une pipe, l'allume posément. Une odeur étrange envahit l'habitacle. Je n'en reviens pas. Elle fume de la *weed* en conduisant. La musique change, elle a pianoté de ses doigts maigres sur son lecteur et choisi du Bob Marley. Elle se met à chanter, je l'imite avec joie.

— Tu veux fumer un petit coup ?

One Love ! One Heart !
Let's get together and feel all right…

— Non, non, merci.

And feel all right !

Je regarde attentivement cette femme fantasque : des dents noires, des cheveux qui n'ont pas connu de douche depuis Mathusalem, un nez long et épais qui s'agite au-dessus d'un volant crasseux. Malgré ce physique un peu disgracieux, elle dégage des brassées d'énergies positives et me paraît, en tout point, heureuse. Grossière, peu soucieuse de son hygiène et de sa santé, totalement perchée, incompréhensible du commun des mortels, elle m'est déjà devenue éminemment sympathique.

Tout à coup, la nouvelle Bob Marley déclare, dans son anglais urgent :
— On a un problème. J'ai pratiqu'ment plus d'essence. On va faire un truc !
— Hein ? Quoi ?
Mon cœur bat à tout rompre. Mon instinct me chuchote que j'approche d'une zone dangereuse, l'odeur de cannabis s'épaississant au fil de la route.

— J'l'ai déjà fait. Tu te tracasses surtout pas. On va arriver dans une station essence. Tu baisses ta casquette sur ta tête. J'vais faire le plein, et on se casse sans payer. Ensuite, j't'emmène dans ton *fucking* endroit.
— Ok, ok, je ne bouge pas.

J'ai tout juste le temps de masquer mon visage, suivant ses instructions, que nous sommes stationnés devant les pompes. J'essaie tant bien que mal de me dissimuler des caméras de surveillance, terrifié à l'idée d'être arrêté et traduit en justice ! Je ne me sens absolument pas en sécurité. Ma voix intérieure me répète : "Mon Dieu, mon Dieu, mon Dieu, dans quoi je me suis encore embarqué ?! Qu'est-ce qui va se passer ?"

Bob Marley tente de remplir son réservoir d'essence, mais rien ne fonctionne. En effet, un système de sécurité l'empêche de commettre son délit. Elle va devoir payer avec sa carte. Elle s'énerve. J'ai envie de fuir, même si ça implique de courir avec tous mes sacs. Mon stress me paralyse. Je suis complice, finalement ! Pourtant, et je me déteste (vaguement) de le reconnaître, j'aime cette adrénaline qui monte en moi, ce piment qui rend ma vie tellement étonnante.

La vieille dame revient après de longues minutes dans la voiture, pestant et jurant.
— *Yeah...* C'est tous des connards. J'ai pas pu faire mon plein comme d'hab'. *Fuck.* J'ai moins d'essence pour t'am'ner à ton but. *Shit.* J'vais faire d'mon mieux. J'te promets rien. *Fuck !*

Nous repartons dans notre course folle, loin des grandes villes. La Nouvelle-Zélande se révèle à moi dans sa robe campagnarde, un long drap de plaines parsemées de quelques maisons. Après des kilomètres et des kilomètres, ma comparse s'arrête, désolée, et m'avoue :

— J'dois t'laisser là, sinon j'pourrais plus rentrer chez moi ! *My poor sweetheart*, j'espère que tout ira bien !

— Merci, tellement ! Sans toi, je serais jamais arrivé aussi loin.

— Surtout, profite de ta vie ! *Fuck yeah !*

Nous prenons une photo souvenir tout sourire. Elle rentre dans son engin, claque la portière et redémarre en *drift* avec la musique à fond.

Des étoiles dans une grotte

Je m'assois près d'une palissade, me remettant lentement de mes émotions. Alors que je n'ai pas levé mon pouce ni manifesté quoi que ce soit, Bob Marley m'ayant quitté depuis seulement cinq minutes, une voiture s'arrête. Deux backpackeuses néerlandaises la conduisent. L'une d'elles ouvre la portière et commence à m'interroger :

— Hé. Tu vas où ? Tu fais quoi ?

— Je cherche à me rendre au Nord. J'ai pas de but exact, si ce n'est de me rapprocher vraiment de l'extrémité de l'île.

— Ok, viens.

Soulagé, je sors mon téléphone, ouvre Maps.me et repère tous les points géographiques que je veux visiter. Bingo ! Nous nous approchons d'un lieu intéressant, une grotte où vivraient des vers lumineux. Je ne connais rien à ce drôle de concept, ce serait une grande première pour moi. J'en parle aux filles qui, ravies, m'affirment qu'elles sont intéressées. Elles ont, par ailleurs, déjà choisi plusieurs jolis sites et me demandent si je souhaite les accompagner.

— Oui, bien évidemment ! Ce sera ma première expédition dans ce pays !

C'est ainsi que, très heureux, je me suis laissé conduire vers cette destination fantastique. L'arrêt obligatoire se situait dans des prairies, à proximité d'un étroit chemin sans particularité. Un panneau indicateur nous prouvait que nous ne nous étions pas trompés d'endroit. J'ai pris mes caméras, mon appareil photographique et je me suis engagé, radieux, suivi par la brune et la blonde, en direction d'une forêt. J'ai distingué, au fond de celle-ci, un trou noir. C'était notre objectif.

Nous avions tous les trois eu l'intelligence de nous munir de nos lampes frontales. J'ai disposé la mienne sur mon front et me suis lancé à l'assaut de la grotte. Dès l'entrée, nous avons été accueillis par un souffle de vent froid. Nos poils se dressaient tandis que nous descendions, timides, à l'intérieur de la cavité. Mes pieds glissaient dans la boue et sur la roche humide. Je devais faire preuve de toutes les précautions afin de préserver mon matériel.

Le noir était épais, total. Je ne voyais rien, excepté le maigre trait de lumière émanant de ma torche. Je ne voulais pas me retourner car les deux orbes jaune pâle qui me suivaient m'auraient carrément aveuglé. Tels trois phares perdus au milieu de l'océan, un soir sans lune, nous peinions à évoluer au sein du boyau nocturne. La marche devenait plus difficile à mesure que nous avancions. Nous prenions garde à ne pas nous heurter la tête contre les parois, l'étroitesse du lieu ne facilitant clairement pas nos déplacements.

En progressant, j'ai compris que l'ensemble était gigantesque. Nous sommes passés de petites en grandes salles, toutes débordantes de stalactites. L'eau commençait à monter jusqu'à mes rotules. Dès que nos lumières se sont éteintes, des étoiles bleues ont commencé à danser au plafond. Dans une sarabande délicate aux tons céruléens, elles ont fini par éclairer la grotte dans sa totalité. Baigné par l'obscurité aux reflets azur, le silence, l'absence de tout excepté de ces astres bleus, les notions de temps et de lieu n'existaient plus. J'avais été propulsé au cœur de l'univers, et je pouvais presque toucher des constellations entières. Je me promenais dans l'espace ou alors, le ciel s'était rapproché de moi... Des dégradés de turquoise et d'azur m'environnaient, me protégeaient, me choyaient.

Ce vol au milieu du cosmos me rendait serein. J'ai saisi mon appareil photo, afin d'obtenir quelques clichés de ce moment immatériel. Mes yeux étincelaient, piquetés de ce bleu qui me touchait l'âme. Ému, j'ai voulu, accompagné des deux Néerlandaises, continuer ma route dans cette grotte époustouflante. Hélas, les eaux s'élevaient désormais bien trop haut et je risquais de perdre toutes mes affaires. Revenant sur mes pas, j'en ai profité pour observer encore, une bonne dizaine de minutes, le spectacle exceptionnel que la nature m'offrait. J'ai gravé le tracé de ces étoiles vivantes dans mon cœur.

Encore sous le charme de ce que nous avions vécu, nous avons repris la voiture, nos chaussures couvertes de boue attestant de notre séjour parmi les nuées.

Ce phénomène s'explique par la présence de minuscules vers luisants sur les parois de la grotte. Leur splendeur féérique représente en réalité un piège mortel pour les pauvres victimes de ces larves de mouche, prises aux pièges de leurs filets de mucus collant qui donnaient pourtant à cet endroit une apparence de belle nébuleuse...

Porté par les vagues apaisantes de cette aventure, je me rendais compte de l'importance des liens incroyables qui m'unissaient à mes deux comparses, désormais. J'avais tissé ces liens avec des personnes que je connaissais à peine deux heures plus tôt. Cela me semblait inouï. Elles m'avaient pris dans leur voiture, m'avaient accordé leur confiance comme je leur avais accordé la mienne, et nous avions elles et moi fait honneur à cette relation éphémère. J'étais réconforté par cette idée, content de les avoir rencontrées.

Les filles devant se rendre à Paihia, j'ai décidé de les accompagner. Ma nouvelle ambition était d'avancer vers le Cap Reinga et son célèbre phare, encore plus au Nord. Elles m'ont expliqué qu'elles avaient réservé une chambre chez un local dans la ville, via l'application *Couchsurfing*. Je leur ai aussitôt demandé si je pouvais me joindre à elles.

L'atmosphère s'est brièvement refroidie. Elles étaient gênées et, surtout, craignaient une réaction négative de leur hôte. Lorsqu'elles lui ont téléphoné, comme elles l'avaient prévu, il a refusé. Une tristesse absurde m'a envahi lorsqu'elles m'ont déposé au bord d'une plage. Je m'étais déjà attaché à elles, et je devais les quitter, ça me semblait injuste ! Bien sûr, j'ai ravalé ma rancœur, qui n'avait pas de cible. J'ai remercié les deux Néerlandaises pour tout ce que nous avions partagé, et leur van s'est éloigné, emportant mes espoirs de trouver un gîte pour la nuit. La plage semblait constituer mon seul salut.

Les filles qui m'ont pris en stop pour aller dans la grotte

Le monde des marins

Après cette longue et intéressante journée, j'aurais vraiment aimé me reposer bien à l'abri sous une couette ! Néanmoins, la perspective de sommeiller au bord de la mer ne me gênait pas. Mon équipement étant de qualité, il pouvait résister à une nuit dans le froid. Il fallait juste que j'évite de me faire prendre, car je connaissais la loi : il est interdit de dormir sur une plage en Nouvelle-Zélande.

Je prends l'initiative d'attendre la tombée de la nuit, assis sur un trottoir avec mes sacs, avant de me prélasser sur le sable. J'avise un *backpack* à ma gauche, un hôtel à ma droite. Mais je me suis promis, quelque temps plus tôt, de ne plus dépenser d'argent dans les logements pour touristes. Être un aventurier, c'est aussi passer des nuits sous la tente, non ?
Je suis perdu dans mes pensées quand j'aperçois au loin, sur ma droite, un homme aux cheveux longs, à l'allure un peu étrange. Il marche d'Est en Ouest, du Nord au Sud... Une boussole folle et déréglée ! Un mec bourré de plus, comme on en rencontre dans toutes les villes proches de la côte. Je le suis des yeux, m'interrogeant sur la technique qu'il compte utiliser pour rentrer chez lui. Il s'approche de plus en plus de moi, me dominant de toute sa hauteur. Mal rasé, l'air patibulaire, le cou orné d'une lanière tressée de dents de requin, son corps d'armoire à glace recouvert de lourds haillons, ce n'est pas le modèle *Vogue Hommes* du mois. D'une voix gutturale, il pousse un rauque : *"Hey, you !"*

Je regarde sur ma gauche… Personne. Gloups. Le message m'est donc adressé.

— Hé toi, toi avec tes p'tits sacs là ! Tu fous quoi, assis sur ton trottoir, tout seul ?

Je me lève, digne, tentant de ne pas respirer les relents d'alcool qui émanent de sa bouche tordue. Tandis que ses yeux louchent dangereusement, il me tend la main, tentant de viser la mienne, y parvient et me la serre fortement.

— Je… Euh…

— Mon nom c'est Mike. Tu fous quoi, tu cherches quoi, tu veux quoi ? Pourquoi un p'tit homme comme toi se r'trouve tout seul ici ?

— Bonsoir. Moi, c'est… C'est… Gaël. Je cherche un logement… un endroit pour dormir !

— Écoute… Écoute… Moi… Moi… C'que j'cherche, c'est qu'j'ai un bateau. Je… J'suis pêcheur. S'tu veux. Ou pas. *Hips*… Moi, j'cherche quelqu'un qui veut travailler avec moi plusieurs jours !

Dans ma tête, j'analyse rapidement la situation. D'une, je n'ai pas de visa de travail. De deux, mon premier patron illégal est totalement cuit. De trois, si je reste seul avec *Hagrid* pendant quelques jours sur un bateau de pêche, je suis presque sûr de finir dans la rubrique des faits divers. Mais bon… *Hagrid* en temps normal, on n'a déjà pas envie de le contrarier, *Hagrid* bourré, mieux vaut suivre sans broncher. Mon intuition me dit que ce n'est pas un mauvais bougre mais je ne suis pas aventurier à ce point-là, je décide donc de la jouer fine :

— On va d'abord faire connaissance. Je n'ai rien prévu pour ce soir !

— T'sais quoi ? J't'invite au pub !

Je ramasse toutes mes affaires et me mets en route à ses côtés, réussissant à le suivre malgré sa démarche moribonde. Au bout de quelques minutes de silence, rythmées par le bruit aléatoire de nos pas, j'entre avec *Aquaman* dans un établissement à la devanture blanche.

Nous sommes à peine installés qu'il commande et paie notre repas, sans même me questionner sur mes goûts. Ce sera le traditionnel *fish & chips*, plat typique des pays anglo-saxons. Nos assiettes se retrouvent assez vite sur notre table. Mike murmure sans arrêt : "C'est de la nourriture… Mange, mais mange !"

Nous étions entourés de *backpackers* épuisés, comme moi, par leur journée de voyage. Même si la nuit tombait, le soleil tapait encore sur nos crânes et je tenais comme je pouvais sous ce cagnard tardif. Je devais me secouer. J'étais extrêmement curieux d'en savoir plus sur le parcours, les *hobbies*, le caractère de ce gars puant l'alcool qui m'invitait à dîner sans hésiter. Alors, il a commencé à me parler de son passé, sans pudeur ni tabou.

"J'ai toujours pêché en haute mer. J'ai très bien gagné ma vie, tu sais, travaillant sans m'arrêter. Jamais j'ai eu peur du boulot, ça non. J'avais mes gosses, et il fallait que je m'occupe d'eux. Que je leur assure un avenir. En tout cas, ils devaient manger à leur faim et vivre correctement. Mais, tu sais, la vie de marin, c'est pas une promenade de santé. Ça t'amène dans des endroits sombres... Ça te retourne le bide et l'esprit, des fois. Alors, pour endurer, j'ai pris la sale habitude de consommer des drogues. Là, je peux te dire que tout était foutu ! J'ai perdu la garde de mes enfants et, depuis, ma vie dérive, d'un alcool à l'autre."

Il m'avait confié sa vie avec une telle honnêteté que j'en étais ému. Je lui ai également raconté la mienne. Il ne me semblait plus du tout dangereux. Avec mon instinct ! Tout nous opposait et pourtant, on a constaté qu'on partageait certaines valeurs. Au fil de nos palabres, la ville a tendrement plongé dans l'obscurité.

Mike et moi, nous enchaînons les verres de rhum à une fréquence diabolique. Avec ce qui me reste de neurones, je réfléchis. Dans quelques heures, soit je dors sur une plage, soit j'embarque sur un bateau de pêche. Tout à mes réflexions, je sens mon corps me désobéir et m'entends soudain affirmer au marin, tout en secouant sa paluche :
— J'veux partir en vadrouille !... Sur les mers, avec toi !
— Eh ben, on va faire la fête pour marquer le coup !

Le capitaine se lève et commence à se déhancher comme un lutin sorti des Enfers. Le pub se transforme progressivement en piste de danse, un attroupement de gens semblent sortir de nulle part pour accompagner mon nouveau boss dans son délire. Ma priorité est de protéger mes caméras, mon ordinateur et mon appareil photo. Je repère l'agent de sécurité. Avec un grand sourire, ce dernier accepte de garder mes précieux objets près de lui, à l'entrée du bar.

Je retourne en courant sur la piste improvisée. Mon nouveau pote est désormais cerné par un groupe de jeunes, notamment deux Anglais prénommés Harry et... Harry. S'ajoute à la partie mon *skinhead* du matin, chargé comme un porte-avion, qui m'inflige une interminable accolade. Je n'ai même pas le temps de m'étonner de sa présence que je le perds de vue.

Des lumières de toutes les couleurs emplissaient le bar, le DJ s'activait frénétiquement sur ses platines et mon corps accompagnait le moindre changement de son. C'était de la folie ! À cette heure, j'avais prévu de dormir sur du sable, sous une tente ! Je n'avais rien programmé du tout et je profitais de chaque seconde qui se présentait à moi. Les festivités s'achevèrent au milieu de la nuit.

— Wow, wow, on dort où ce soir, Capitaine ?
— Pas d'tracas, dans ma baraque. Prenons un taxi.

Le trajet est aussi épique que le reste de la soirée. Mon nouvel ami passe son temps à sortir sa tête par la fenêtre, avec pour seul prétexte qu'il devait s'aérer. Le mal de terre, sans doute ! Nous arrivons alors dans un port mal éclairé, loin de tout. Dégrisé par le trajet en voiture, je ne suis déjà plus rassuré. Je craignais que Mike m'ait caché un aspect bien plus sombre de sa personnalité. Des perles de sueur apparaissent sur mon front, un afflux d'adrénaline me coupe le souffle. Mon poing se serre sur un spray au poivre que je dissimule toujours dans la poche droite de mon pantalon.

— Pourquoi on ne va pas dans ta maison, comme prévu ?
— On ira demain. Je suis ivre. C'est trop loin.

L'odeur de la vase maritime et du poisson pourri assaillent mes narines. L'obscurité est quasi totale, j'essaie de me repérer à tout ce qui accroche mon regard. Je remarque seulement que la marée est basse. Surgissant du vide qui m'entoure, Mike lance : "Balance tes sacs sur le truc !" Le "truc", c'est le pont d'un bateau. Je vois mon hôte sauter sur le sol branlant, manquant de perdre l'équilibre. Il me demande ensuite de l'imiter. Avec un courage timide et après lui avoir confié mon barda, je saute à mon tour, sans trop de mal.

Le bâtiment est minuscule. Les émanations de la poiscaille me collent au corps. Je range du mieux que je peux mon matériel dans la cabine de pilotage, descends les escaliers et pénètre dans la coque. Mike se couche sur son matelas et, me pointant d'un doigt hésitant un lieu imaginaire, m'annonce :

— Ton lit est là.

Je ne vois rien. J'ai du rhum à la place des neurones. Je réussis à trouver une couche et m'allonge prudemment sur le dos. Bercé par la houle, au son des grincements émis par l'embarcation, je me souviens de mes voyages à bord d'un voilier, en Australie. Surtout, je commence à rembobiner ma première journée d'auto-stoppeur en Nouvelle-Zélande.

Comment résumer un tel début de voyage ? L'ouvrier qui m'a offert ma pancarte, un fétichiste sympathique, la réincarnation féminine de Bob Marley, un braquage avorté de station-service, des grottes qui m'ont projeté dans l'espace et, enfin, Mike the Captain ! Parti d'une auberge, j'avais atterri sur un rafiot perdu dans les flots. Je n'ai rien dépensé. Rien choisi. Rien décidé. J'ai suivi mon destin.

Je voulais vivre les choses, j'ai été servi. Et maintenant, qu'est-ce qui va m'arriver ? Jamais je n'aurais cru me retrouver sur cette coquille de noix dès mon premier jour de stop. Si ça se trouve, je commence à peine à croquer dans mon aventure. Pour être honnête, j'en suis certain : ce n'est "que" le début. Je m'endors paisiblement, voguant vers la suite de mon rêve.

Le bateau du capitaine Mike

Chapitre 5 – Ma vie de marin : un auto-stop en mer !

Changement de programme et promenades

Je me suis levé tôt dans la matinée. Tentant de lutter contre ma légère gueule de bois, j'ai décidé de sortir de la cabine et de me balader sur le pont. La fraîcheur des premières heures m'a pris par surprise mais le soleil rayonnait, masqué parfois par le vol incessant des mouettes. L'odeur du poisson s'avérait encore plus forte que la veille.

Je marchais non pas dans un yacht ni dans un navire de croisière, mais bien dans un modeste bâtiment exclusivement consacré à la pêche, comme on les voit souvent représentés dans les films. Des hameçons, des cordes, des éléments gluants donc je ne connaissais pas le nom me cernaient, ce qui ne facilitait pas ma promenade de découverte.

Après avoir mangé, le capitaine Mike m'a rejoint, et nous nous sommes mis d'accord sur le contrat qui nous uniraient. Si je l'aidais dans ses activités, il m'emmènerait visiter l'extrême Nord de la Nouvelle-Zélande. Tout se réglait comme du papier à musique, admirablement bien organisé, à l'exception d'un léger problème : la météo. Alors que nous nous serrions la main pour sceller notre entente, la radio annonçait qu'une tempête se préparait pour le lendemain. Cette perspective ne m'effrayait pas, mais empêcherait tout déplacement de notre embarcation.

Le marin a donc choisi de m'inviter dans sa maison, pour de vrai cette fois. Je l'ai suivi, déposant mes affaires dans le coffre de sa voiture, stationnée sur le parking du port. Nous sommes partis à toute allure, lui fumant des gros pétards, moi réussissant à rester serein malgré la vitesse. Décidément, c'est la mode dans ce pays…

La spacieuse demeure de Mike, perdue au milieu des prairies, semblait coupée de la civilisation. La porte d'entrée était ornée de grandes mâchoires de requins ouvertes, des éléments divers de pêche jonchaient le sol, garnissaient les murs et se cachaient dans les moindres recoins. Le chien m'a accueilli avec grand plaisir. De nombreux jouets d'enfants s'amoncelaient un peu partout. L'intérieur ne se distinguait pas par un ordre exceptionnel : c'était bien le logis d'un papa divorcé. Mais l'ambiance générale était *cool*. Parfaite pour préparer la suite.

Après avoir disposé mon matériel en lieu sûr, je me pose moi aussi pour établir un planning. Le *deal* est le suivant : demain, nous partirons en mer pendant deux jours. Ensuite, Mike me conduira au phare Reinga. Hélas, après avoir vérifié de nouveau les informations météorologiques, le marin me confirme que les conditions seront désastreuses pendant 48 heures. Il m'avoue que nous n'aurons peut-être pas le temps de nous rendre à mon objectif. Je suis désolé, mais nous décidons finalement de ne pas tenir compte du temps qui passe, des pluies, des orages, et de nous laisser vivre. Le capitaine me promet que nous explorerons le Cap dans la semaine.

Mike téléphone à Harry et Harry, les Anglais rencontrés la veille, qui étaient forts désireux de partager notre aventure dans le Nord, puis il m'ordonne de lever le camp. Les promenades dans la région commencent donc, entre deux joints, avant même que je comprenne ce qui se passe !

Je me remémore encore aujourd'hui ces plages inconnues du grand public où, seuls au monde, nous contemplions la nature préservée, loin de la pollution. Des cascades s'offraient à mon regard, surgissant de forêts extraordinaires. J'écoutais avec émotion le capitaine me raconter son lieu de vie, "sa" nature, comme si elle lui appartenait. Comme s'il en était l'ultime défenseur. L'instant le plus magique, c'était lorsqu'il m'a emmené au sommet d'une butte dominant les terres alentour.

Nous nous sommes assis l'un à côté de l'autre sur un banc, avec pour seul compagnon un arbre séculaire. Au loin, d'infinies bandes de sable cernées par la mer agitée. J'ai gardé de ce moment une courte vidéo, prise avec mon drone, nous montrant de dos, contemplant ce spectacle inimaginable. De sa vie, le capitaine n'avait jamais approché un outil doté d'une telle technologie. Je crois qu'en créant cette vidéo, je lui ai offert un peu de joie inattendue dans une existence finalement monotone.

En rentrant chez lui, il se met torse nu, ne gardant sur lui qu'un short informe en piteux état. Il se saisit d'une énorme gousse de *weed* et d'une bouteille de bière coupée en deux. Puis, à l'aide de fers chauds qui maintiennent le cannabis, il enfonce l'herbe dans le récipient et inspire plus que de raison la fumée qui se dégage du goulot. Au bout de trois minutes, Mike est défoncé. Et il répète cette opération, ce rituel qui lui permet de s'envoler loin, loin de toute sa mélancolie, plusieurs fois dans la journée.

Ses copains arrivent tard dans l'après-midi, avec de la bière pour eux, du whisky pour lui. Et moi, devant le soleil qui se couche au loin, je mesure ma chance d'avoir découvert en compagnie d'un local ces coins reculés du pays des Maoris. Chargé de ma caméra, je décide de me filmer, m'appliquant à retracer tous les derniers événements que j'ai vécus, loin d'imaginer que ce n'est qu'un début. Les fesses collées à la prairie, auprès des vaches et sous les nuages enflammés, je commence sans le savoir à écrire le livre que vous tenez entre les mains.

Je profite de l'instant pour améliorer mon carton d'auto-stoppeur. À l'aide d'un Bic bleu qui a vécu plus que moi, je peaufine mon texte et obtiens ce résultat, écrit avec de grandes lettres supposément visibles d'assez loin :

I HAVE A DREAM. I WANT TO SEE NEW ZEALAND.
CAN YOU HELP ME ?

De terribles mâchoires de requins dissuadent les gêneurs d'entrer chez Mike !

Aux environs de la maison du capitaine, une vue imprenable sur la côte

Après avoir dévoré l'éternel *fish & chips*, je salue la compagnie et m'endors sans difficulté.

Comme prévu, le lendemain, c'est la pleine tempête. Ainsi que le surlendemain. Et le troisième jour également. Il est impossible de pêcher, car la violence extrême du vent, accompagné de pluies torrentielles, empêchent le moindre mouvement. Plus le temps s'écoule, plus le nombre de jours qui me restent pour effectuer le tour du pays diminue. Vais-je devoir faire l'impasse sur certaines destinations ? Je suis bloqué.

J'hésite. Soit ne pas aider le capitaine, reprendre mon stop et me retrouver trempé, sous une tente, dans un paysage boueux. Soit rester dans son logis, somme toute confortable, et trier quelques photos. Regarder des films. Écouter Mike me conter sa vie… Attendre, mais dans une atmosphère agréable.

Comme le Wi-Fi est inexistant dans la zone, je me rends près d'une cabine téléphonique, bien loin de la demeure. Je réussis à me connecter et à entrer en contact avec un ami. Je lui raconte mon aventure, lui demande conseil. Pourtant, pendant que je débite les arguments pour et contre, je comprends que je me dois de tenir ma promesse.

J'ai conclu un *deal*, et je ne suis pas du genre à me défiler. Je rentre plus serein auprès de Mister Weed.

Je ne me souviens plus du tout du nombre de jours passés à poireauter chez lui. Toujours est-il qu'un matin, prenant mon courage à deux mains, j'implore le marin.

— Écoute, Mike, même si c'est le déluge, allons visiter ce phare demain. Quoi qu'il arrive. Appelle Harry et Harry, et... en route !

— Bon. Je te comprends, Gaël. Ok. On tente le coup.

Et c'est ainsi que nous partons, accompagnés par les deux Anglais. Sous des trombes d'eau, certes, mais déterminés à remplir notre mission longuement attendue. Au bout de deux heures de route, nous arrivons enfin au Cap Reinga. Des gens armés de parapluies luttent contre les éléments qui se déchaînent. Nous nous dirigeons vers le phare et, lorsque nous sommes assez proches, je lève les yeux.

En face de moi se dressait le long bâtiment, blanc comme une stalagmite, majestueux. Mais il semblait plus fragile qu'un bout de ficelle au milieu de la tempête. Derrière lui, autour de lui, autour de moi, partout, le panorama était extraordinaire. Les falaises, balayées par les bourrasques, surgissaient des eaux comme les portes d'un temple englouti. J'observais distinctement la ligne de séparation entre la mer de Tasman et l'océan Pacifique. D'un côté, un vert profond bruissant d'algues et d'une vie marine aux tons glauques, de l'autre le gris foncé de l'océan, insondable, indicible, d'où semblait prêt à s'extirper un monde nouveau.

Les cheveux claquant sous les rafales, je soutenais tant bien que mal la position de mon appareil, afin d'immortaliser les accès monstrueux de ce paysage d'anciens contes. J'ai pris quelques photographies décentes avant que le capitaine, à ma grande surprise, nous annonce : "Allez moussaillons, continuons à visiter la région !"

L'excursion suivante nous a menés à la Waipoua Forest, où montaient aux cieux les arbres millénaires que l'on nomme kauris. Certains des énormes troncs qui se présentaient, comme les piliers d'un château, devant nous, étaient sculptés de manière étrange. L'un d'eux avait été ciselé afin de prendre la forme d'un escalier. J'ai avisé un kauri particulièrement bien évidé et me suis glissé à l'intérieur, les bras levés. Il contenait parfaitement l'intégralité de mon corps, même si je me suis vite rendu compte que ma position n'était pas idéale. La fraîcheur et l'humidité ont envahi mes os en quelques instants. S'employant à m'extraire de mon arbre, notre équipe a ensuite avalé une tasse de café et repris la route pour une nouvelle destination : les dunes de Giant Te Paki.

La pluie avait cessé quand notre véhicule est entré dans cette étendue de buttes sablonneuses, que dis-je, ce Sahara de poche ! Je ne m'attendais pas à accéder aussi rapidement à un paysage désertique, et pourtant... C'était hallucinant. J'avais déjà eu affaire à de gigantesques dunes en Australie, mais la transition entre les forêts, la plage et ces montagnes de sable me fascinait. Je n'avais même pas noté cet emplacement sur mon application. Je déplorais de ne pas avoir emporté ma planche de surf avec moi. J'aurais pu m'exercer au sandboard et dévaler à toute allure cet océan d'ocre. Néanmoins, nous avons gravi l'une des géantes jusqu'à son sommet. Nous nous sommes efforcés de glisser sur ce terrain, mais il s'avérait trop abîmé par la météo peu clémente.

J'ai remercié Mike pour cette échappée dans le Nord. Grâce à lui, j'avais gagné je ne sais combien d'heures d'auto-stop, mais surtout, il m'avait déniché des contrées admirables. Le phare immaculé, l'océan vert et gris, les arbres gigantesques, les dunes qui tutoyaient celles des plus grands déserts... Toutes les couleurs se bousculaient avec bonheur dans mon cerveau et dans mon cœur. Harry et Harry, le capitaine et moi avions l'impression de nous connaître depuis des mois. Notre entente était heureuse, joyeuse, merveilleuse.

Sur le chemin du retour, nos ventres commençaient à gargouiller. Mike s'est donc arrêté devant un petit restaurant pour commander, je vous laisse deviner... des *FISH & CHIPS* !

Déjà lassé de ce plat, apparemment condamné à se trouver sur le chemin de mes papilles, je regardais Harry et Harry qui, eux, semblaient euphoriques. "Vous feriez moins les fiers, si c'était votre dixième de la semaine..." L'auto empestait. Je n'arrivais plus à supporter cette odeur qui accompagnait tous mes repas depuis des jours. Bien sûr, j'étais reconnaissant à l'égard de Mike. À aucun moment de mon séjour en sa compagnie, je n'ai versé le moindre dollar pour me nourrir.

Enfin en mer

Après avoir déposé les deux Anglais dans leur *backpack*, nous retournons dans la maison. Le marin chauffe consciencieusement son cannabis, l'aspire à grandes bouffées suivant sa méthode habituelle et, avec un chapelet de rocailles dans la voix, m'annonce :
— Demain, nous irons chercher mon employé. Nous partirons en mer. Il est temps de travailler !
— Parfait ! Ce sera une superbe expérience. Je vais dormir tôt pour être prêt !

Moi, capitaine Mike et les Anglais, Harry et Harry

En ouvrant la fenêtre de ma chambre le lendemain, je suis aveuglé par un immense soleil qui inonde les champs. Je range toutes mes affaires, le ventre noué. Je quitte la maison de Mike avec des regrets diffus, mêlés d'excitation. Je me lance tout de même dans ma première pêche en mer ! Cela fait des jours que j'attends ce moment, bien qu'il ne fût pas prévu au programme au départ. D'un autre côté, je pense que je vais devoir m'habituer aux imprévus.

Comme convenu, sur la route qui mène au port, nous chargeons un matelot, Jack. À peine avons-nous échangé un salut que la proue du bateau se profile devant nous. Mike se retourne vers son assistant et lui lance :

— Jack, tu expliques tout à Gaël. Je reviens en fin d'après-midi. Hop !
Puis il nous fait signe de descendre, nous laissent claquer les portières et repart je ne sais où à toute allure.

Confiant dans la suite des événements, je pénètre dans la cabine pour y déposer mon matériel, avant de rejoindre mon partenaire sur le pont. Jack est un peu plus jeune que moi. Maigre, trapu, une touffe de cheveux ondulés tombant sur ses épaules émaciées, il me regarde avec un air simplet. Me voilà seul avec un nouvel inconnu qui déverse ses instructions dans un anglais rapide. J'ai beaucoup de mal à discerner la série d'ordre qu'il m'adresse. Comme si son accent kiwi n'était pas un obstacle suffisant pour mes oreilles occidentales mal entraînées, les mots de Jack butent sur un énorme appareil dentaire qui lui recouvre les dents. Quant aux rares termes marins que je crois détecter, je n'en connais pas la moitié...
— Tfiens, vzenfile fa, Gvaël !

Il me tend une longue salopette bleue qui pue la poiscaille. Je m'habille très vite, sans rien dire, en tentant de retenir ma respiration. Ainsi, en l'espace de quelques secondes, je faisais mes débuts dans ma nouvelle profession.

Jack a simplifié ses indications et m'a désigné de grandes palettes. Mon objectif était double. D'abord, je devais y attacher des hameçons ; ensuite, il me fallait accrocher à ceux-ci des morceaux de poissons qui serviraient d'appâts. Au bout de quatre longues heures de labeur occupées à me garnir les doigts d'échardes et d'égratignures, cerné par les gros carrés de bois humide et des tas de chair pourrie sous une chaleur suffocante, j'ai enfin pu pousser un soupir de soulagement : j'avais fini. Jack est venu me voir et a affiché une moue d'approbation. Apparemment, mon travail était impeccable.

Comme nous devions attendre le retour du capitaine pour la suite des opérations, nous avons pris le frigo d'assaut. Le soleil se couche. Fasciné par l'agitation des marins qui n'a pas faibli de la journée, je n'ai pas entendu les pas de Mike derrière moi. Amusé par ma surprise, il tonne :
— Héhé, on va bosser maintenant, mon bonhomme !
Je découvre qu'il n'est pas seul. Un homme à barbe blanche se tient en effet derrière lui, l'air parfaitement neutre. Je ne bronche pas et répond avec ferveur à l'injonction de mon hôte :
— Oui, Capitaine !

Laissant derrière lui le vieux monsieur, que je salue poliment, mon patron m'amène à l'écart et murmure :
— C'est un contrôleur. Il va nous accompagner et vérifier la qualité de notre pêche. Surtout, ne dis pas que tu n'as pas de visa de travail. Tu es un *backpacker*. Ne te fais pas remarquer. Sinon, on est dans la merde ! Légalement, tu n'as pas le droit d'être ici...
— Gloups ! D'accord, je ferai attention. On part quand ?
— Eh bien, ce soir !

Le soleil, qui brillait si fort le matin, se couchait tranquillement lorsqu'enfin, nous avons largué les amarres. Du coin de l'œil, je surveillais l'ancêtre. Un vrai loup de mer, comme dans les films ! La salopette typique, la chemise lignée, une grosse barbe, sa pipe en bouche, une casquette aux couleurs passées vissée sur son crâne dégarni. Il notait sur un cahier quelques phrases.

Nous nous sommes éloignés du port dans l'obscurité la plus totale. Quelques étoiles apparaissaient de-ci de-là, et une puissante sensation de liberté a commencé à me gagner... Commencé seulement. Car le capitaine, dévoilant un visage que je ne lui soupçonnais pas comme s'il avait enlevé son masque de bonhomie pour enfiler celui de l'autorité la plus totale, s'est mis à hurler tel un démon :

"Maintenant, AU BOULOT !"

Le marin sort une énorme poulie et m'ordonne de lui passer une par une toutes les palettes préparées dans la matinée. Jack et moi devons les nettoyer puis les lui donner, afin qu'il puisse les larguer progressivement dans l'eau. Je m'exécute sans me préoccuper de ma fatigue, pendant des heures, ne comptant plus les planches, les hameçons, les morceaux de poissons qui passent en glissant entre mes mains écorchées... Un véritable travail à la chaîne. J'utilise chaque parcelle d'énergie dont je dispose pour que Mike soit satisfait de moi.

Pendant ce temps, les éléments s'appliquent à nous rendre la tâche plus difficile encore. La mer s'agite de plus en plus, et notre embarcation me semble plutôt frêle. Peut-être trop pour un tel temps. Je lave. Je frotte. J'envoie. Une palette tombe à l'eau. Je lave. Je frotte. J'envoie. Une palette tombe à l'eau. Je pense aux saucisses de mon dernier repas. Pourquoi donc ? Lave. Frotte. Une palette. C'est mon estomac qui fait ce drôle de bruit ? Lave. Frotte. Une palette. Une saucisse. Je crois que je me sens mal. Lave. Frotte. Une palette. Deux saucisses. J'ai mangé combien de saucisses ?

Tandis que mes mains semblent s'être habituées au manège des palettes, mon ventre n'a pas l'air, lui, d'apprécier le roulis ni l'odeur du poisson. Ma tête tourne. Ma vision se trouble. Je continue machinalement. J'ai affirmé à mon capitaine, sans mentir, que je n'ai jamais été malade sur un bateau. Hors de question que je me donne tort. Et puis, c'est la dernière palette. Je dois tenir. Dix saucisses. À peine mon ouvrage terminé, je me retourne vers la mer et, dans un glorieux vomissement, je vois passer devant moi le contenu du frigo.

Mike me hèle, mi-figue mi-raisin :
— Première fois ?
— Oui... J'ai juste... trop mangé.
— Trop mangé ? *Trop* mangé ? fait le capitaine, les yeux réduits à deux fentes flamboyantes. Jack et toi, vous avez TOUT mangés ! Il est hors de question que tu rentres en cabine. Je ne veux pas que tu gerbes à l'intérieur !
— Beuh...

Prostré, je m'assois sur le pont, à l'endroit où je me suis affairé comme un forcené. J'attends patiemment, dans le froid, pendant une heure. Je comprends très bien sa décision, mais ça reste désagréable. Entre-temps, la ligne de pêche a été disposée et une grosse bouée rouge marque désormais son emplacement. Aussi, notre navire prend une nouvelle direction. Cap sur l'île aux pirates ! Je m'endors rapidement, bercé par les ronflements sonores de mes comparses d'un soir.

Tout l'équipage s'est réveillé dès l'aube. La brume nous entourait et, dans une atmosphère digne d'un loch écossais, nous sommes partis pour un seul et même objectif : récupérer le fruit de notre pêche. Malgré l'air glacial et humide, ravivé par la vitesse de notre rafiot, j'étais satisfait. J'expérimentais la vie d'un vrai pêcheur en salopette bleue. Suivant les conseils de Mike, qui me recommandait d'ouvrir l'œil, j'observais avec attention la mer. Ainsi, sur le chemin, j'ai eu l'énorme chance d'apercevoir un groupe de dauphins sautiller d'une volute à l'autre.

La bouée rouge de la veille apparaît, et le travail reprend ! Avec une dextérité impressionnante, Mike retire les lignes et les palettes de la mer, tandis que Jack et moi décrochons les poissons des hameçons. Les unes après les autres, nous plaçons nos proies dans de larges boîtes correspondant à leur taille. Chaque geste est contrôlé par le vieux marin. Nous rejetons à l'eau les prises les plus petites, ou celles qui ne sont pas conformes à la législation du pays.

La cadence est infernale. Les étoiles de mer succèdent aux langoustes, suivies de près par les poissons-scorpions aux pointes venimeuses et les raies aux larges ailes. Je suis très étonné par la taille impressionnante de certaines espèces, mais aussi par la quantité des individus qui défilent entre mes mains. J'éprouve parfois des difficultés à enlever les crochets de la gueule des bêtes frétillantes, mais j'améliore ma technique au fil des heures. Les bacs de glace se remplissent à vue d'œil du précieux butin. Je les empilent et les rangent dans la foulée, sans m'arrêter une seule seconde !

De temps à autre, nous retrouvons des bébés requins pris au piège dans les filets. Mike, avec un léger rire, m'en montre un du doigt avant qu'il n'arrive à moi et m'explique :
— Tu lui enlèves le crochet de la bouche, et tu le relâches dans la flotte !
— Bien Capitaine !
J'ai peur, car le petit monstre tente de me croquer et manque presque de me boulotter un doigt ! J'appuie extrêmement fort sur sa mâchoire afin d'en sortir le mors, sentant bien la puissance de l'animal. Heureusement, Jack, le jeune Kiwi, m'aide à le libérer.

Soudain, tandis que nous filons dans la purée de pois qui nous enveloppe, le moteur de l'embarcation cale. Mike force sur le démarreur, ne comprenant pas le problème. J'entends un ronronnement qui se coupe, s'enroue, reprend. Je suis légèrement inquiet. Je ne veux pas rester coincé au large à bouffer des fruits de mer crus… Mike, qui se trouve au niveau de la corde le long de laquelle sont suspendus les filets remplis de poissons, se tourne alors vers moi avec des yeux hallucinés et me souffle :
— *Shark ! Watch your feet.*
— Requin ? Requin ? je m'agace, fatigué, les mains en sang. Mon cul, du requin ! J'en ai vu et revu, du requin !
— *SHAAAAARK !*

Avec sa force phénoménale, le capitaine empoigne la corde et l'attire à lui. Dans un choc qui fait trembler la coque, un énorme requin d'un mètre cinquante atterrit sur le pont de notre navire, juste à côté de mes pieds ! La masse grise argentée se tortille frénétiquement et fait claquer ses dents avec une violence glaçante. Sa tronche hideuse, haineuse, se rapproche de mon corps en émettant ce bruit atroce… Clac, clac clac, clac, CLAC !

Je crois perdre une jambe, mais les cisailles qui servent de dents au monstre se referment sur le vide. Je vois ma vie défiler devant mes yeux, puis réagis enfin. Mon corps bondit, je grimpe sur des palettes, des sacs, des caisses, sur tout ce qui peut me permettre de prendre un semblant de hauteur. Tel un bourreau terrible, plus effrayant encore que le dragon qui se tort de rage sur les planches du pont, Mike défouraille un énorme coutelas et tranche d'un coup puissant la tête de l'animal. Le sang gicle affreusement, se répand sur le bois mouillé. C'est fini.

Dire que rien de tout cela ne serait arrivé si je n'avais pas levé mon pouce au bord d'une route. Je n'aurais pas enchaîné cette série d'événements, de rencontres en rencontres, pour me retrouver en mer, les mains couvertes de cicatrices douloureuses et de cals naissants, nez-à-museau avec la tête coupée d'un requin au regard vide qui vient d'essayer de me bouffer.

J'étais sous le choc. Je me suis mis à part du reste de l'équipage, n'osant plus m'approcher de la ligne, mais continuant néanmoins à aider. Une fois la pêche achevée, assis dans la cabine avec les autres, tous les poissons ayant été disposés dans les bacs à glace, nous avons mangé des avocats accompagnés de vegemite, une pâte à tartiner typique mais au goût immonde qui ne se trouve qu'en Australie et en Nouvelle-Zélande.

Nous avons navigué en direction du port, complètement vannés après ces deux jours mouvementés. Moi, je me remettais difficilement de mes émotions. Et puis, une autre réflexion me tracassait. Je ne devais pas rentrer trop tard, car malgré tout ce qui m'était arrivé en si peu de temps, je devais reprendre le stop. Or, comme je le comprendrais bientôt douloureusement, il n'est pas bon de commencer à haranguer les voitures trop tard dans la nuit…

En journée, je prépare les hameçons pour la pêche en mer

Chapitre 6 – Les dangers de la route

Premiers aux revoirs néo-zélandais

Je me retourne vers Mike, un sourire triste aux lèvres. À ma grande surprise, le capitaine me tend une liasse de cent dollars, en remerciement pour notre parcours commun. Je ne peux m'empêcher de le questionner.

— Pourquoi tu me donnes de l'argent, Mike ? C'était pas prévu…

Les yeux du marin se plissent de nouveau mais, cette fois, c'est avec attendrissement.

— J'ai adoré ton sourire, c'est tout. Tu es toujours motivé et agréable, Gaël. Tu es une bonne personne ! Je t'aide, comme tu m'as aidé.

Avant mon départ, mon capitaine m'offre un gros poisson. J'emballe la bête dans un sachet afin de le manger sur la route, sachant que je serai accompagné par cette odeur infecte tout le long de mon stop. J'extirpe également tous mes sacs de la cabine et demande une dernière faveur :

— Pourrais-tu me déposer hors du port, sur une route ? Comme ça, je n'aurai pas à marcher pendant 20 minutes…

— Bien évidemment, Gaël. *Let's go* !

Je salue le papy contrôleur et Jack, le jeune et brave Kiwi, puis saute illico dans la voiture du capitaine. Le chemin ne me semble pas long. À l'arrivée, comme de coutume, je prends un *selfie* de nous deux, Mike orné de son collier de dents de requins et moi, le *backpacker* déjà fatigué, devant son véhicule tout-terrain. Je serre la main de mon ami et, le regardant droit dans les yeux, lui affirme :

— J'espère de tout cœur te revoir un jour. Je te remercie énormément pour tout ce que tu as fait. Ç'a été un tel plaisir pour moi !

Mike me sourit tel un pirate, m'attrape de nouveau la main pour une forte poignée, aussi décontracté que défoncé par le pétard qu'il a fumé sur la route. À ce moment précis, je me rends compte que j'ai oublié sur le bateau le présent qu'il m'a fait : le poisson ! Comme je n'ai pas envie de trimballer ce sachet fétide, je choisis de rester discret à ce sujet. Le capitaine se réinstalle dans son bolide et, après un dernier salut, démarre à pleine vitesse… toujours aussi *stone* !

Mike tient ma pancarte, son collier de dents de requins au cou, tel que je l'ai rencontré

Crédits : maps.me

Mes étapes : j'ai démarré d'Auckland pour arriver à Whangarei, avant de monter jusqu'aux eaux de pêche (le point rose) ; puis nous avons roulé loin au Nord pour voir le fameux phare.

Cap au Sud !

Mon périple reprend, cette fois sur la terre ferme. Un homme au visage sympathique encadré de cheveux ondulés, vêtu d'une chemise de bûcheron, s'arrête et m'interpelle après avoir baissé la vitre passagère. Je lui explique que je veux quitter le Nord, descendre plus bas dans l'île. Je monte à ses côtés, il me fourre des biscuits dans les mains et nous commençons à bavarder. C'est simple, c'est attendu, c'est répétitif, mais ça me plaît toujours. Il n'y a ni engagement, ni tabou, on converse juste pour le plaisir de se rencontrer. Mon conducteur sort une pipe, la fourre de cannabis et se met à fumer. Ça ne m'interpelle même plus.

Après 30 minutes d'un trajet agréable, il me dépose au lieu prévu, sur une route de campagne près de chez lui. Elle est assez fréquentée et me rapproche de la ville d'Auckland.

La petite famille

Quelle réussite, en comparaison de mon premier jour de vagabondage !
J'atterris à peine qu'une portière s'ouvre sur une jeune Maorie engoncée
dans un étroit t-shirt violet. Ma nouvelle conductrice m'impressionne au
premier regard : tout en muscles, elle a la carrure d'une lutteuse.
— Tu vas où ? elle grogne d'un air bourru mais avenant.
— Le plus bas possible vers le Sud, voire après Auckland ? Mon objectif,
c'est la côte est de l'île.
— T'as de la chance, ça me convient.

J'entre dans l'habitacle, très satisfait de la rapidité de cet enchaînement. Je
fais alors la connaissance des autres occupants de la voiture, un bébé, une
petite fille et une dame qui semble être leur mère. La petite tente de me
parler en Anglais avec un sourire radieux. Ses deux yeux écarquillés me
fixaient avec une sincère gentillesse. Je m'amuse avec elle et ses jouets. Je
profite de ces moments de calme, après ma pêche palpitante.

Au bout de plusieurs heures légèrement ennuyeuses, nous finissons par
dépasser les panneaux indiquant Auckland. La ville est derrière nous,
même si ça me convient d'avancer au mieux. Malheureusement, ma
conductrice bodybuildée se tourne vers moi et m'expose la situation :
"Nous sommes sur l'autoroute et il n'y a pas de sortie vers la zone au Sud
de la cité. Donc j'ai décidé de te déposer sur la route de secours."

Je ne comprends pas tout de suite. À vrai dire, je suis stupéfait et perdu dans le flot de ses paroles. Elle s'arrête sur la bande d'arrêt d'urgence et me demande donc, fidèle à ce qu'elle vient de m'annoncer, de sortir de l'auto. Perdu, mon esprit laisse place à mon inconscient et je réagis par défaut… en lui demandant un *selfie* avec toute la famille ! Tout le monde s'exécute, on se salue et le véhicule repart, sous mon regard stupéfait.

L'horreur sur l'autoroute

Je suis bouche bée. C'est une vraie galère. Les conducteurs, effarés, circulent à toute vitesse. Ils me regardent avec effroi, colère, stupeur. Chacun, à sa manière, désapprouve mon attitude. Qui est cet inconscient qui se promène au pire endroit possible !

Je repère un tournant vers la gauche qui mène vers une autre autoroute. En la prenant, je remonterai dans l'île. Chargé de tous mes sacs dans ce concert de klaxons, je dois m'orienter en vitesse, alors... Tant pis ! Je prends mon courage à deux mains et me dirige vers le virage. Je marche, le pouce levé, mais en sachant très bien que personne ne s'arrêtera dans ces conditions foireuses. Ma concentration est totale. À un faux pas de la chaussée fumante, la moindre erreur peut s'avérer fatale. Les véhicules foncent, déboulent de nulle part. J'accélère le rythme de mes pas, épuisé par la masse de tout mon barda.

Au début, ça me fait quand même un peu rire. J'ajuste ma casquette pour me donner une contenance, je crois en ma bonne étoile. Pourtant, au fur et à mesure que la distance s'allonge, je me sens de plus en plus idiot. Et pas la moindre sortie ne se profile à l'horizon.

L'autoroute est interminable à pied. Je me prépare à poireauter sur le bas-côté toute la nuit, qui vient de tomber. Alors, mon comportement devient grossier. J'insulte les gens, ne comprenant pas qu'aucun véhicule ne s'immobilise. Voir quelqu'un se démener dans un lieu aussi dangereux et ne pas l'aider, quelle belle saloperie il faut être ! Je suis furieux, nerveux. Découragé. Je m'affale sur un sac, attendant que les constellations illuminent la nuit pour trouver des buissons où me planquer. Mon pouce se relève par habitude. Au point où j'en suis...

Soudain, au loin, je distingue une voiture qui s'arrête sur la bande d'arrêt d'urgence. Certainement une panne, un incident technique, un malade. Toutefois, c'est mon unique chance. Je me précipite donc vers elle, ballotant mon attirail comme un vieux baudet jamais habitué à galoper. Mon unique but, dans cette course folle, est d'arriver à l'automobile en détresse avant qu'elle ne redémarre. C'est un vrai cent mètres, dans un couloir d'obscurité où ne brillent que deux phares hypnotisants.

Mon cœur bat à 200 à l'heure, je crains que mes jambes lâchent sous la pression physique et mentale. À l'approche de mon objectif, j'aperçois deux hommes placides coiffés de somptueux turbans. Confortablement assis sur leurs sièges, ils semblent m'attendre. Un dernier effort, et je me retrouve à côté d'eux. La portière s'ouvre. Je bégaie, le souffle court :
— Je, je... Je suis bloqué. Je suis perdu, enfin... je suis seul ici. Que... Est-ce que... Je... Vous pourriez me prendre ?

Avec un calme olympien, une grande gentillesse et un fort accent indien, le conducteur me répond :
— Nous t'avons vu, nous ne comprenions pas ce qui se passait, nous étions tracassés. Bien évidemment, tu peux monter ! Où désires-tu te rendre ?

Je les remercient en serrant mes deux mains devant ma poitrine.

— Je… Je veux juste sortir de cette autoroute. J'ai trop peur de rester ici.

Je monte et m'installe, couvert de sueur, étalant mes bras sur le siège arrière. Je n'arrive pas encore à parler correctement. Quelle chance j'ai ! À l'extérieur, tout est complètement noir. Froid. Plus aucune âme visible. Je parviens à reprendre ma respiration, m'empare de mon téléphone et tapote sur l'icône de Maps.me. Je me mets à zoomer sur tous les endroits où j'ai l'opportunité de me réfugier car, en Nouvelle-Zélande, la législation interdit de dormir dans des lieux qui ne sont pas réservés à cet effet. Les villages défilent mais je suis plus intéressé par des campings. Au bout de longues secondes, une solution surgit, pas trop loin de ma localisation. Je désigne à mes sauveurs l'endroit en question et la voiture repart.

Lorsque nous sommes arrivés à proximité d'un *free camp*, ce fut un vrai soulagement. J'ai remercié les deux Indiens avec ardeur, réussissant à les photographier correctement malgré la profondeur de la nuit. Certes, la qualité des clichés n'était pas extraordinaire, mais la bonté de ces deux hommes l'était assurément. Je n'aurais pas voulu les quitter sans emporter d'eux un souvenir physique.

À la sortie de la voiture, réconforté, je les ai serrés tous les deux contre moi, les secouant de haut en bas. Ils m'avaient sorti d'un tel pétrin ! Je n'arrêtais pas de leur dire "Merci !" et ils me répétaient, amusés : "No problem, no problem…" C'était un moment inoubliable. Je les ai finalement laissés partir avec beaucoup d'émotion, les yeux brillants.

Une fin heureuse

Selon Maps.me, il me reste 20 minutes de trajet avant de rejoindre le campement. Muni de ma lampe frontale, je marche, exténué mais l'esprit beaucoup plus serein et léger. En entrant enfin dans le périmètre réservé, qui se situe en bord de route, je remarque avec soulagement qu'il y a déjà là des tentes dressées. L'ambiance créée par les *backpackers* me rassure, c'est comme si je retournais dans ma famille ou chez des amis proches après de longs mois d'absence.

Je ne me souviens plus de mon heure d'arrivée. J'étais fatigué, mais calme. Mon dos me faisait mal, mais je pouvais enfin déposer mes sacs, préparer mon habitation de fortune et manger. Cette nuit-là, mon repas était maigre : un vieux morceau de pain et une boîte de thon. Mais ce n'était pas bien grave, après le cauchemar que j'avais vécu ! Une fois rassasié, j'ai enlevé mes chaussures pour me coucher. Je devais me lever tôt le lendemain ; je n'avais pas eu le temps de planifier la suite de mon aventure et il n'était pas question de m'en charger à cette heure. Je me suis endormi immédiatement. À vrai dire, je ne crois pas, de toute ma vie, m'être déjà assoupi à une telle vitesse.

Une plage pas comme les autres

Je me réveille dans une chaleur étouffante, une vraie fournaise. Je tire la fermeture éclair de ma tente, accueillant avec délectation le souffle d'air frais qui m'accueille. En quittant mon étuve, je constate que la célèbre brume du pays a conquis toute la zone. Suis-je dans un campement militaire ? Un camping de touristes ? En m'y promenant, pieds nus et enjambant les nombreux fils des tentes, j'observe les *backpackers* qui apparaissent les uns après les autres. Certains mangent, d'autres bâillent encore, tous me semblent détendus.

Je me dépêche de ranger mon matériel humide. Tous ceux qui m'entourent sont de potentiels conducteurs désireux de visiter l'île du Nord. J'ai donc l'opportunité d'éviter un auto-stop sur les routes en m'adressant directement à eux. Je repense à ma galère d'hier, à l'autoroute, à la chance qui m'a souri depuis mes premiers pas dans l'aéroport d'Auckland, jusqu'à aujourd'hui.

À la recherche d'un conducteur

Sous un soleil désormais rayonnant, je grignote hâtivement deux, trois craquottes. Ça me change du pain et du thon. J'enfile mes habits de la veille et emballe mes affaires restantes dans mes sacs. J'assemble ces derniers sous la forme d'une grosse boule, de manière à ne jamais les perdre de vue, afin d'éviter un vol. Je suis toujours très prudent, même quand l'atmosphère me paraît *"peace & love"*.

Face à moi déambule une foule colorée. Chaque individu, chaque couple, chaque groupe possède son style, du célibataire tranquille à la bande de copains, de la hippie portant ses lunettes rondes aux fiancés branchés, du *junkie* aux étudiants paumés. Il va falloir demander à chacun s'il veut bien m'aider dans mon aventure. Et le bal commence...

Et non. Et re-non. Et re-re-non. J'essuie un dixième, un quinzième refus. Je m'impatiente, insiste, me vends au maximum. Je ne lâche pas le morceau. Je ne me souviens plus du nombre de "non" qu'on m'a envoyés. J'ai quadrillé pendant une heure la totalité du camping, me hasardant même au bord de la route qui le longeait. Au bout du compte, il ne me restait plus que deux voitures où dormaient des bienheureux. Malgré mon agacement, j'hésitais. Réveiller les gens qui dorment paisiblement pour mon propre intérêt ne figure pas dans mes habitudes. Malgré tout, la peur de perdre du temps et l'envie d'être enfin fixé sur mon sort m'ont amenée à transiger avec mon code de conduite.

Mes premiers coups sur la portière sont timides, d'une discrétion exemplaire. Personne n'y répond, évidemment. Alors je m'enhardis, provoquant enfin une réaction. Une jeune fille ouvre ses yeux d'un bleu céleste, sublime.

— Hé ho ! C'est quoi ? Qu'est-ce qui se passe ?

— Je suis désolé mais…

Je répète mes explications, croise les doigts pour que la conclusion soit en ma faveur. Pendant ma tournée des *backpackers*, j'ai analysé les coins et recoins de la région. Mon intention est de visiter Cathedral Cove, une plage surmontée d'une grande arche créée par l'érosion, située au Nord-Est de mon campement. C'est tout ce que je sais à propos de l'endroit, mais le sable et la mer suffiront sans doute à convaincre mon éventuelle conductrice de m'y accompagner.

Et si la chance me souriait enfin ? Et si la solution se trouvait dans cette toute dernière possibilité ? Je me jette sur le van voisin et frappe sans m'arrêter à la portière. Elle s'ouvre sur un couple hirsute, débraillé, mécontent de commencer la matinée avec une telle brutalité. Comme j'ai vécu six mois en Amérique du Sud, j'ouvre le dialogue dans leur langue natale. Je me présente, affirmant qu'ils peuvent avoir confiance en moi. Je leur signale que nous avons tous les trois le même objectif : Cathedral Cove.

Leur hésitation est palpable. La demoiselle chuchote à l'oreille de son copain :

— Ok. Tu nous laisses juste manger, débarrasser la table. On va prendre nos aises. Et ensuite, tu nous rejoins !

— *YES ! YES ! GÉNIAL ! MUCHAS GRACIAS !*

Je saute sur place, survolté. Les deux amoureux, Daniela et Alejandro, ouvrent de grands yeux en observant ma réaction exubérante. Manifestement, ils n'ont jamais marché sur une autoroute la nuit ! Les laissant en paix, je récupère mes sacs et m'assois non loin, profitant des rayons du soleil, heureux et décontracté.

J'attends un bon moment. Je ne m'éloigne pas d'un pouce. Avec tout ce qui m'est déjà arrivé, je ne peux pas me permettre de me reposer sur mes lauriers. Et s'ils changeaient d'avis ? Et s'ils me laissaient seul dans ce campement, finalement ? Le petit-déjeuner s'éternise, culture latine oblige. Les environs sont désormais déserts. Tous les *backpackers* se sont dispersés sur des chemins divers. Après une heure passée à me languir, je toussote et demande :

— Vous voulez bien qu'on quitte le campement ? On gagnera du temps sur la journée ! Non ?…

Alejandro sort une face tachée de confiture, étudie les alentours vides puis, après un bref mouvement de surprise, déclare :
— Ok, ok, nous sommes prêts !

Cathedral Cove

Daniela, qui conduisait, n'avait pas un sens de l'orientation très développé. Tel un prestidigitateur, j'ai donc sorti de ma poche mon portable et déclenché mon application fétiche. J'ai montré tous les détails du parcours à ma nouvelle comparse, et nous sommes partis en direction de Cathedral Cove.

Très à l'aise, nous bavardions tranquillement en espagnol. J'ai appris que le couple venait de Valence, en Espagne, et qu'il se trouvait en Nouvelle-Zélande dans le cadre d'un *working holiday*. Ils étaient donc là pour les joies du travail et du *road trip*, un mélange pétillant que j'avais déjà expérimenté en Australie. Bien installé dans ce van qu'ils avaient acheté, j'éprouvais une réelle joie à lier connaissance avec eux.

C'était le mode de vie qui me convenait et qui rentrait dans mes valeurs, la trinité *Chill, Cool et Relax*. Je ne sentais pas les heures passer ! C'est donc dans la bonne humeur que nous sommes arrivés à Cathedral Cove.

Flanqué des deux amoureux, je me suis enfoncé dans la forêt subtropicale. De nombreux voyageurs nous accompagnaient au milieu de la végétation luxuriante. J'ai utilisé mon drone plusieurs fois afin de capter l'âme de cette contrée hallucinante. Au bout d'une demi-heure de marche, nous avons commencé à descendre une série d'escaliers extrêmement raides. Tout en restant attentif à mes pas, j'ai alors aperçu la plage de sable blanc qu'on m'avait tant vanté. Bien sûr, elle grouillait de monde. N'écoutant que mon instinct d'explorateur, je me suis mis à dévaler les marches hautes, droit sur ce paradis immaculé ! Après avoir cavalé quelques minutes, j'ai enfin atterri sur le sable. Dès que mes pieds s'y sont enfoncés, dans un crissement mat et étouffé, j'ai lâché mes sacs et sorti mon appareil.

Quel bonheur de mitrailler ces murs cyclopéens ! Juste à ma gauche, je pouvais observer, ébaubi, la Cathedral Cove. J'ai pris des photos dans tous les sens, libéré de mes lourdes sacoches. Je réussissais, avec force réglages, à immortaliser toutes les nuances de cette atmosphère unique, et à saisir l'intensité du lieu spectaculaire où je me trouvais.

Je me suis approché de l'arche gigantesque qui se déployait au-dessus de ma tête. Modelée par l'érosion, elle formait une immense grotte aux dimensions de cathédrale. Là-dessous, il y avait encore plus de touristes. J'ai voulu prolonger ma visite en passant sous l'arche, longeant les parois sur une distance de plus de dix mètres, subjugué par cette merveille de la nature. À la sortie, lorsque l'ombre fraîche de la cavité a redonné sa place au ciel étincelant, le panorama qui m'attendait m'a coupé le souffle. Te Hoho Rock, un rocher solitaire d'un blanc immaculé, semblait s'être posé sur les eaux pour m'accueillir. J'ai continué dans sa direction, évoluant sur une nouvelle plage que je n'admirais pas, comme hypnotisé par la taille et l'aspect de ce promontoire blanc brûlé par le soleil. J'étais coupé du monde, comme enveloppé dans un songe éveillé.

Je suis finalement revenu sur mes pas, même s'il a été difficile de m'arracher à la vision de Te Hoho. J'ai réutilisé mon drone, cette fois en le faisant voler à l'intérieur de la grotte vertigineuse. Surtout, je me suis assis sur le sable chaud pour contempler la mer, avec les falaises merveilleuses qui se dressaient derrière moi.

Lorsque je ne partais pas dans mes rêveries solitaires, je partageais mon émotion avec Daniela et Alejandro, dont je ne m'éloignais jamais trop. Nous n'avions pas besoin de mots pour exprimer ce que nous ressentions, le paysage parlait à notre place. Et puis, nous nous comprenions d'un regard, comme si l'évidence des beautés qui nous entouraient suffisaient. C'était l'un de ces moments où les paroles sont inutiles, superficielles, où il faut se contenter de ressentir et de vivre l'instant.

J'avais faim et le retour à la réalité a été rude. Dans mon sac, il ne restait que quelques quignons rassis. Alors, après avoir mangé mes vieux pains répugnants, j'ai décidé de quitter ce tableau de maître peint par les éléments et de retourner au véhicule. Devais-je continuer mon chemin avec le couple ou poursuivre l'auto-stop à partir de cet endroit ?

En étudiant ma position géographique sur Maps.me, j'ai remarqué que nous n'étions pas loin d'une curiosité de l'île du Nord, Hot Water Beach. J'ai suggéré à mes conducteurs de poursuivre notre route jusqu'à cet endroit :
— Vous allez voir, on va retomber en enfance !
Je restais très évasif, afin de laisser la surprise intacte, mais ils acceptaient de continuer l'aventure en ma compagnie.

*L'intriguante
plage de
Cathedral Cove*

Hot Water Beach

Ma voix pas très juste tentait maladroitement de couvrir la musique que crachaient les baffles disposés dans le van. Heureusement, les élans passionnés de mon couple d'Espagnols compensaient mes intonations foireuses. Lorsque nous sommes arrivés à notre destination, le parking était déjà rempli. Néanmoins, comme par magie, nous avons trouvé une place. À côté de nous était planté un panneau des plus alarmistes :

*Attention, les eaux peuvent dépasser 30 degrés !
Vous risquez de vous brûler !*

Nous avons enfilé nos tenues de plage, maillots et chapeaux en mode *"sea, sex & sun"*, puis nous nous sommes rendus dans l'ensemble de piscines naturelles qu'est Hot Water Beach. La plage semblait au départ normal, presque banale. Je remarquai toutefois, au bout d'un petit moment, que toutes les personnes autour de nous s'étaient munies de pelles ! Les parents, les enfants, les amis, tout le monde creusait son trou. En passant de zone en zone, je constatais que la chaleur de l'eau variait. Parfois simplement douce, souvent à la limite du supportable, voire au bord de l'ébullition.
Si tout le monde creusait dans le sable, c'était pour une raison toute simple. Sous le sable de Hot Water Beach se trouvent en effet des sources thermales d'origine volcanique. Et c'est ainsi que vous pouvez vous créer votre propre *jacuzzi* et vous relaxer dans une eau chaude s'élevant jusqu'à quarante degrés. Alors que généralement, en Nouvelle-Zélande, la baignade est plutôt fraîche ! Cette différence de température était due à la présence de fissures, loin en profondeur, qui faisaient remonter la chaleur du manteau terrestre.

Nous avons imité tout le monde et creusé nos trous respectifs, nous y plongeant avec délice une fois la tâche accomplie. La mer, à quelques pas, était glaciale. J'adorais passer d'un extrême à l'autre, suer dans un bassin et courir me revigorer dans l'eau salée, comme dans une sorte de hammam grandeur nature. Je prenais mon bain du jour en mode *backpacker*, cerné par la vapeur des eaux volcaniques. Il ne me manquait qu'un bon cocktail.

Après avoir profité des sources avec mes potes espagnols, j'ai programmé mon drone pour qu'il survole tous les trous de la zone. Tout se passait bien, j'ai même réussi à saisir, depuis le ciel, les sourires béats des deux amoureux. Soudain, un gars furieux s'est approché de moi :

— Si ce machin n'atterrit pas tout de suite, je t'arrache la télécommande !

Je me suis exécuté, intimidé par la carrure de la brute, partie aussi vite qu'elle était revenue. Néanmoins, en examinant la vue panoramique obtenue par mon engin, qui transmettait ses images sur mon téléphone portable, j'étais terriblement fier du résultat. C'était impressionnant de voir toutes ces vapeurs naturelles qui sortaient de la terre.

Nous sommes repartis pour plusieurs heures de trajet. J'ai pu tisser des liens plus forts encore avec Daniela et Alejandro, et leur ai promis de rester en contact. Ils se sont arrêtés à Tauranga, près d'une plage, à ma demande. En effet, si je n'arrivais pas à trouver un logement, je pourrais toujours dormir sur le sable.

— On y est... Nos chemins se séparent ici, Gaël.

— *Muchas gracias* ! J'ai passé une si agréable journée avec vous ! Je vous enverrai les vidéos du drone.

— Courage à toi, de tout cœur ! Poursuis ton voyage et tes rêves !

Nos contacts échangés, j'ai saisi tous mes sacs. La portière a claqué derrière moi, la voiture a redémarré. Seul à nouveau, je me posais encore cette question lancinante, pétrie d'une excitation mêlée de crainte...

"Que va-t-il m'arriver désormais ?"

Nous voilà sur la plage ou l'eau bout, avec mes comparses espagnols rencontrés sur la route

Chapitre 7 – Un accueil chaleureux

Vers la montagne

J'observe le paysage aux alentours. En face de moi, la mer, tranquille et majestueuse, m'invite au repos et aux plaisirs. Pourtant, une intuition me pousse à pivoter subtilement, et me voilà hypnotisé par une immense montagne. Elle se dresse au loin, au bord de l'eau. Elle m'appelle, je le sens. Bien que mon envie première soit d'aller à sa rencontre et, pourquoi pas, de l'escalader, le soir tombe et je suis trop encombré. En outre, la distance entre nous me semble trop importante pour me risquer à cette aventure périlleuse.

Il est temps de me remettre au stop. Ma technique est désormais excellente, si bien qu'au bout de quelques minutes, une longue voiture de sport noire, aux vitres teintées, s'arrête. La portière s'ouvre lentement et une très belle femme se présente à moi. Elle est accompagnée d'un véritable macho italien aux lunettes noires. En désignant la montagne du doigt, je m'adresse à eux :
— Pourriez-vous me déposer à proximité ?
— Oui, pas de souci. Ça ne nous écarte pas de notre destination. *Benvenuto !*

J'entre dans le véhicule fastueux, stupéfait face à un tel luxe, moi qui suis plutôt habitué aux intérieurs des vans de *backpackers*. Le couple me pose les questions traditionnelles concernant mes origines, mes objectifs, mon but dans la vie. Je réponds mécaniquement, focalisé sur le confort de l'habitacle où je prends mes aises. Ma curiosité finit par prendre le pas et je les interrogent également.

— Alors, euh… Vous faites quoi, dans la vie ?
— On tient un camping, plus loin sur la route. Si tu as besoin de poser ta tente, passe nous voir !

Ils me déposent à l'endroit convenu. Je n'oublie pas de leur demander leurs coordonnées, au cas où je ne trouverais pas de campement pour dormir. Ils disparaissent dans l'ombre naissante avec leur Batmobile à l'italienne. Les reverrai-je un jour ?

Je suis au pied de la montagne, en face d'un pub comme il en existe pléthore dans la région. Tout en songeant aux opportunités qui s'offrent à moi, je m'approche de la mer. Je n'ai pas très envie de m'endormir sur la plage, alors je téléphone à mes deux nouveaux amis. Finalement, autant profiter des bienfaits d'une soirée de vrai repos.

Mon premier coup de fil n'obtient aucune réponse. Je retente une deuxième, puis une troisième fois. Rien. Dépité, je me dirige vers le bar et demande à recharger ma batterie. Je laisse mes sacs à l'extérieur et reconsidère la situation. Il n'y a plus de temps pour chercher un emplacement sécurisé cette nuit. L'horizon, que j'examine avec placidité, est éloquent. Il n'y a rien ici, hormis la plage. Puisque je suis en pleine ville, l'option la plus adéquate est de dresser ma tente sur le sable… Et tant pis, finalement, si je suis hors-la-loi !

Le stop en voiture de course, c'est pas la même chose !

Crédits : Google Maps

Mes étapes : je suis reparti d'Auckland pour Whitianga afin de découvrir Cathedral Cove, descendre Hot water beach et me retrouver au pied de cette montagne surplombant la mer : Tauranga.

Prise de décision, entre mer et montagne

Après m'être reçu une engueulade monumentale de la part d'un type qui est sorti uniquement pour me réprimander, je repars la queue entre les jambes, ma tente fourrée à la va-vite dans son sac de transport. Apparemment, c'est un camping, et je n'ai pas le droit de me placer là gratuitement... Merde ! Je suis dans une ville énorme qui ressemble à Miami, il y a des kilomètres de plage à perte de vue, et pas un seul centimètre carré où me poser sans devoir payer !

Je retourne au bar, maussade. Mon téléphone émet un bruit et un clignotement pour indiquer qu'il est enfin opérationnel. En moi aussi, une ampoule s'allume : je vais gravir la montagne, et dormir à son sommet ! Assister à un coucher de soleil de là-haut, admirer les lumières de Tauranga, voilà qui clôturera ma journée à la perfection. Un truc folichon, un challenge à la mesure de ma cuisante déception.

J'ai commencé à marcher en direction du mont Maunganui, ma destination. Pourtant, au bout d'une dizaine de minutes, j'étais déjà en sueur. Mon matériel, mes provisions et ma tente accablaient mon corps d'une lourdeur surprenante. Sur le chemin, j'ai repéré un attroupement de caravanes, garées juste entre la plage et le début de l'ascension. L'accès au campement étant horriblement cher, comme partout en Nouvelle-Zélande, je n'ai pas changé d'objectif, mais j'ai compris que cet espace était le passage obligé pour toute personne désirant randonner. Un point de départ et donc, sans doute, celui de l'arrivée.

C'est là que la chance me sourit. Assise en face de son camping-car, devant sa table en formica blanc, une dame lit sans se préoccuper de la nature autour d'elle. Je dépose mon barda, je la regarde et je me chuchote : "Gaël, tente le tout pour le tout. Il n'y a rien à perdre."

Je m'approche d'elle, la hèle et entreprends de lui raconter mon parcours :
— Veuillez m'excuser. J'ai un challenge : celui de faire le tour de la Nouvelle-Zélande en stop. Je suis bardé de sacs, et j'ai envie de passer la nuit en haut du mont. Puis-je laisser une partie de mon matériel ici, auprès de vous ? Bien sûr, je viendrai le reprendre.
Elle est un peu surprise. Hésitante.
— C'est-à-dire que...
Elle est aussi ma seule chance. Je passe à la vitesse supérieure.
—Il me suffit de le mettre en dessous de votre table ! Vous n'avez pas besoin de le rentrer. Et si vous n'êtes pas présente à mon retour, je ne ferai pas de bruit. Vous ne serez pas dérangée. Promis.
— Bon, dans ce cas... J'accepte !
— Merci beaucoup !

Je suis véritablement soulagé. Je vais pouvoir atteindre le sommet de la montagne sans trop de difficultés, admirer à mon aise le panorama et profiter pleinement de cette promenade. Néanmoins, il y a un risque. Mes affaires seront visibles par tout le monde, et la dame m'explique qu'elle compte sortir plus tard. J'étends donc une serviette pour masquer mes habits, ma tente et mes provisions, ne gardant avec moi que mes effets les plus chers, notamment mes caméras.

Une fantastique expérience

J'ai enfin commencé ma randonnée. Plus je grimpais, et plus la splendeur des paysages m'impressionnait. Sur ma droite, une large plaine cernée par la mer infinie. Sur ma gauche, les cohortes lumineuses de la cité se multipliaient. Mon dos courbé sous la masse dure des nombreuses caméras que je transportais, je ralentissais peu à peu. Je croisais beaucoup de *joggers* qui rejoignaient la ville pour le souper. Pour ma part, je cumulais les pauses pour pallier la difficulté de mon ascension. Au bout d'une demi-heure, j'ai finalement atteint le point culminant de ma marche.

De nombreuses personnes s'étiraient, s'exerçaient ou profitaient simplement de l'instant présent. Je me suis assis au bord d'une falaise de plus de soixante mètres. La hauteur et surtout le vide obscur sous mes pieds me procuraient une sensation inexplicable. Le sentiment qu'un simple pas en avant me précipiterait dans le vide, l'impression d'être attiré par une force maléfique, qu'un souffle de vent doux pouvait me faire voltiger des dizaines de mètres plus bas, tout cela me causait un vertige enivrant. Comme je l'avais escompté, le panorama était étourdissant. La cité baignait désormais dans mille et une lumières, tandis que les eaux du large se coloraient d'un bleu profond.

J'inspirais l'air pur, l'expirais lentement, juché sur un relief unique en son genre, perdu au milieu des plaines. La casquette entre les pognes, mes cheveux désormais libres, je me recueillais devant un magnifique coucher de soleil. Près de moi, deux jeunes filles profitaient des derniers rayons. Je leur ai demandé de me photographier, d'immortaliser cet instant particulier à mes yeux. Je me suis dressé à un mètre du précipice, sentant la puissance de la pesanteur derrière mon corps. Consciemment, je défiais les lois de l'attraction.

Ensuite, je me suis saisi de mon drone. Mon oiseau métallique s'est élancé au-dessus de Tauranga, juste au moment où le vent se levait. Les mains tremblantes de peur de perdre mon robot, je le maîtrisais tant bien que mal, captant les moindres lueurs, les teintes les plus subtiles, les coloris les plus délicats. Je devenais un peintre à la caméra !

À vrai dire, ma palette tanguait redoutablement. Le pire est venu d'une flopée de mouettes, qui se sont jetées par dizaines sur le pauvre drone. Elles fondaient sur leur proie à toute allure, avides et mesquines. J'avais remarqué que des nids décoraient les parois du mont, mais je ne m'attendais pas à être confronté à de tels avions de chasse ! Les bêtes au bec acéré s'élevaient dans les airs puis piquaient comme autant de kamikazes, droit sur mon appareil. Affolé, j'ai compris que je ne gagnerais pas cette bataille. Je me suis arrangé pour ramener le drone auprès de moi, l'attrapant au vol alors qu'un piaf rageur, qui passait exactement au-dessus de moi, s'apprêtait à le démantibuler. Je n'avais jamais vu un tel phénomène de toute ma vie.

Souriant après cet épisode cocasse, je regardais les personnes autour de moi. Les étoiles apparaissaient dans le ciel. Il était l'heure de me reposer. Mais une question lancinante me taraudait... Où donc prendre ce repos mérité ? J'examinais les visages avec attention. Qui me permettrait de dormir dans sa maison, dans son jardin, dans l'enceinte de sa propriété privée ? Avec qui me sentirais-je tranquille ? Je ne suis pas peureux de nature, mais la nuit est la nuit... Et ma sécurité était primordiale. Sommeiller en pleine ville, ou même au bord d'une plage, ça restait risqué ! Tout dérape parfois si vite, et je ne voulais pas qu'il m'arrive quelque chose avec des gens mal intentionnés.

Je repère une dame qui parle avec un groupe d'amies. Elle me paraît éminemment sympathique, respire la joie et le bonheur. Je me rapproche d'elle et, en toute confiance, lui raconte mon objectif en Nouvelle-Zélande, ainsi que mon désir de poser ma tente dans un lieu apaisant. La réponse ne se fait pas attendre :
— Non, je suis désolée. Ce n'est vraiment pas possible pour moi. Je te souhaite bon courage !

Je m'incline, déçu. C'était finalement ma dernière chance, car il ne reste plus personne au sommet du Maunganui. Ma journée a pourtant été radieuse... Je soupire et prends mon sac, quand une jeune demoiselle s'approche de moi.
— J'ai tout entendu, me dit-elle. J'étais près de toi quand tu expliquais ton histoire. Je ne te connais pas, mais je peux t'aider !

Je sens que, malgré la générosité dont elle semble déborder, elle hésite. Un craquement de doigts mental, et c'est parti. J'argumente au mieux, toujours de façon honnête. Je présente la Belgique, lui décris mes espoirs et mes envies d'aventure. Au bout de quelques minutes, elle est parfaitement rassurée. Elle téléphone à son mari pour savoir si ma présence ne le dérangera pas.

Sa silhouette élancée se dessinait au bord du précipice. Sur le fond irréel d'aquarelle que formait le ciel, elle semblait la protagoniste d'un théâtre d'ombres chinoises. Pour autant, la conversation était longue et mon désarroi grandissait. Elle a terminé l'appel, m'a posé deux ou trois autres questions, et le verdict est tombé :

— Bon. Ok. Tu viens ce soir à la maison. Mon mari prépare le souper.

— Super ! Vraiment, merci.

Mes espérances étaient largement dépassées. J'avais trouvé le gîte et le couvert ! Ma nouvelle amie venait de terminer son *footing*. Ses cheveux bruns coupés au carré lui arrivaient au niveau des épaules et ses yeux scintillaient dans une symphonie de bleus éclatants. Sautillant sur place, elle s'impatientait déjà.

— Viens, nous allons descendre en direction de la vallée ! Tu m'accompagnes !

— Je vais essayer de te suivre avec mon sac...

Aussitôt dit, aussitôt fait. Elle se met à trottiner, je l'imite avec peine. Mon hôtesse est très rapide et, avec mes jambes alourdies par l'ascension du mont, je ne suis pas à la hauteur. Nous arrivons cependant au début de la randonnée en peu de temps. Je retrouve le petit chemin et le campement où j'ai déposé mes sacs.

Un sentiment de stress intense m'envahit à ce moment. Vais-je retrouver toutes mes affaires, comme convenu ? La nuit est déjà tombée, je n'y vois plus rien. Je repère la caravane, je m'en approche. Personne. Je regarde sous la table. Rien !

Je panique. Mes vêtements, ma nourriture, mes objets personnels... Tout a disparu. Évidemment, ce sont les risques du voyage, mais à cet instant, je suis fatigué, je ne suis pas raisonnable et j'ai juste envie de pleurer, de taper du poing, de... En cherchant un peu plus loin, des larmes de rage affleurant sous mes paupières, je reconnais ma serviette. Je la soulève en tremblant et pousse un gémissement soulagé. Ouf ! Tout est intact. Quelqu'un a sans doute changé le paquet de place pour mieux le protéger.

Je reprends mon tipi et tous mes baluchons, chargé comme un militaire avant de partir au combat. La jeune femme m'aide dans cette tâche fastidieuse, et nous partons à son domicile à pied. Dans l'obscurité totale, éclairant le sentier à la lueur de nos lampes, nous parlons et rigolons comme de vieux amis. Nous réfléchissons au lieu où je pourrai poser ma tente. Je suis heureux de l'avoir rencontrée, elle est aussi pétillante que charmante. J'ai une telle chance de rencontrer toutes ces merveilleuses personnes !

Le conseil de l'autostoppeur :

- **Placez-vous toujours sur un endroit facile d'accès où tout le monde peut vous voir**

Il faut que les gens aient le temps de vous apercevoir, mais aussi la possibilité de freine, de s'arrêter, de se garer. Cela paraît bête mais c'est très important si vous faites du stop. Aussi, ne craignez pas de marcher un peu pour trouver un meilleur endroit. Cela m'est déjà arrivé d'attendre longtemps, de n'être repéré par personne, tout ça pour être pris direct rien qu'en ayant bougé un peu plus loin.

- **Essayez de vous poster près d'endroits fréquentés**

Privilégiez des lieux où les voitures passent régulièrement. L'idéal, c'est la ville car les voitures doivent ralentir ou s'arrêter partout, notamment aux feux rouges et aux ronds-points.

Le conseil de l'autostoppeur : bonus

- **Profitez de ces interactions uniques**

Quand on voyage (et surtout en stop), les gens ne nous connaissent pas. Ils ont donc souvent tendance à parler de sujets dont ils ne parleraient avec personne. Et parfois, il raconte toute leur vie sans filtre. De profondes conversations se déroulent alors, c'est l'une des merveilles du voyage en stop que j'aime par-dessus tout.

Après la débrouille, le luxe

Nous sommes arrivés dans un quartier assez reculé, qui se distinguait des autres par son aspect cossu. J'étais étonné, car je n'avais pas encore vu de villas aussi imposantes en Nouvelle-Zélande. Mary, ma guide, s'est arrêtée devant l'une d'elles, particulièrement élégante. Je me suis tourné vers elle pour lui murmurer :

— Ce n'est quand même pas ici ?

— Si si, nous sommes arrivés !

À peine a-t-elle ouvert la porte d'entrée qu'un homme au look très branché, juvénile d'apparence, s'avance vers moi et s'exclame, un énorme sourire aux lèvres :

— Salut, moi c'est Dylan ! Comment vas-tu ? J'espère que tout roule ! Le souper est prêt !

Je suis confus. Jusqu'à présent, je n'ai dormi que dans ma minuscule tente. Quelques minutes plus tôt, je me trouvais au bord d'une falaise, sans aucun plan pour la nuit. Et là, je me retrouve dans un palace. J'ai l'impression d'être dans un rêve bizarre, le contraste est trop périlleux pour mes neurones épuisés. Je n'ai d'ailleurs pas le temps de souffler, car le gaillard m'administre une tape virile sur l'épaule et m'ordonne : "Dépose tes affaires là-bas et viens te mettre à table."

Aussitôt installé, comme si je venais de pénétrer dans un restaurant étoilé, je vois une entrée apparaître. Fruits de mer frais, salade de saison, vin odorant... Ma boîte de thon et mon vieux pain ne sont plus que des souvenirs. Le ventre vide, je dévore tout ce qui passe par mon assiette. Je suis à deux doigts de lécher mon assiette ! Avec ma bonne humeur retrouvée, je croque dans une tomate, goûte une soupe délicatement assaisonnée, et une explosion de saveurs envahit ma bouche gourmande. La fille de mes hôtes, une petite rousse de quatre ans prénommée Alicia, me dévisage avec malice et gaieté, intrigué par ce sympathique glouton que ses parents ont invité.

La discussion s'est engagée facilement sur fond de festin. Je racontais mon histoire. On rigolait beaucoup car, avec son accent néo-zélandais très prononcé, je comprenais tout ce qu'exprimait Dylan de travers. Nous évoquions l'Australie, ses rapports internationaux, les différences entre ce pays et celui des Kiwis. Ils m'ont appris une des spécificités du pays. Puisque l'isolement insulaire entraînait des tarifs aériens exorbitants, il n'y avait pas de ligne directe vers d'autres pays que l'Australie, où les escales étaient obligatoires.

Je n'arrêtais pas de les remercier pour leur hospitalité. Je leur ai assuré que si Mary n'était pas intervenue en ma faveur, j'aurais dormi sur une plage déserte et peut-être hostile. Une question me brûlait les lèvres néanmoins, et je l'ai posée timidement :

— Pourquoi moi ? Pourquoi m'avoir accepté dans cette famille ?

— Tu es jeune, tu es pétillant, tu en veux ! Un jour, tu accueilleras aussi un étranger dans ton logis, qui sait ? Pour Dylan et moi, c'est très enrichissant d'inviter des personnes du monde entier.

De temps à autre, je jetais un œil, toujours stupéfait, aux proportions colossales de la cuisine. C'était Cathedral Cove ! J'avais l'impression de séjourner aux USA, à Los Angeles, dans une demeure de star. Et je n'étais pas au bout de mes surprises.

Nous sommes dirigés vers ce qui serait ma chambre pour la nuit. Arrivé devant le lit, je suis resté bouche bée. "Oh mon Dieu…" Un matelas géant, moelleux, chaud et sec occupait presque un mur entier de la pièce. Si j'avais été un participant de *Koh-Lanta*, ç'aurait été le moment où, affamé et épuisé mais ayant triomphé d'une rude épreuve, j'obtenais ma récompense de "confort".

J'avais enfin l'occasion de recharger mes batteries, physiques comme technologiques. Mes caméras et mon drone ont retrouvé leur vigueur. J'ai vidé mes sacs pour y mettre de l'ordre. Luxe suprême, je suis passé sous la douche, alors que je ne m'étais pas lavé depuis des jours. Sentir cette eau chaude et propre se déverser sur mon corps… Quel délice ! J'exprimais toute ma reconnaissance à Mary et Dylan.

La joggeuse m'a alors averti du programme du lendemain :
— Nous allons bientôt dormir, Gaël. Je dois travailler tôt, mais mon mari sera toute la journée ici. Je te donne mon numéro de téléphone au cas où. Nous te souhaitons une bonne nuit, dors bien !
— Bonne nuit, et encore merci !

Je n'en revenais pas. J'étais époustouflé que ce couple donne ainsi sa confiance à un parfait inconnu. Après avoir sauté sur le nuage duveteux qu'était mon matelas, je me suis endormi à poings fermés, plus apaisé que jamais.

Tour du propriétaire

Je savoure ce matin exquis. Je ne connaissais pas cette sensation de redécouverte du confort, ce passage initiatique de la pauvreté du *backpacker* à la richesse de l'invité. Dylan m'apprend qu'il a été champion de Nouvelle-Zélande de skateboard. J'ai droit à l'énumération de ses cascades, mais aussi de ses blessures de guerre, puisqu'il a subi de graves accidents qui l'ont mené tout droit à l'hôpital. En visionnant avec lui ses vidéos, je me rends compte qu'il est très connu dans le pays. Je réalise également pourquoi Mary avait l'air d'avoir si peur, hier soir, lorsque j'ai voulu aborder le sujet.

Usant de sa notoriété, Dylan a peu à peu arrêté le skate et créé une marque de t-shirts et de shorts, destinés aux amateurs de ce sport. Depuis, il les vends en ligne et travaille donc de chez lui. En écoutant son histoire, je comprends mieux son style jeune et décontracté, son allure tout en muscles, son maillot de corps, ses cheveux très courts…
— Fais comme chez toi ! *Be cool !* Si tu veux visiter la région, prends un de nos vélos. Tiens, je te laisse mon numéro.

Je commence donc le tour de la propriété, m'attardant auprès de la piscine extérieure. Je me pose sur la pelouse, réjoui de me prélasser par ce temps exceptionnel. Le stress de l'auto-stoppeur n'existe plus ! Cependant, mon désir d'explorer les environs est plus fort que mon attrait pour le farniente. Mes caméras et mon drone dans mon sac à dos, je me lance à la découverte de la ville de Tauranga.

Dans un premier temps, je suis reparti vers le mont Maunganui. Mon désir n'était pas de retenter l'ascension, mais plutôt de me promener le long de la plage, au milieu des habitants du coin. L'ambiance de la cité était digne de la Californie, tranquille, très *chill*. Mon attitude suivait. Pour une fois, je ne me trimballais pas avec mon fardeau habituel. Je pédalais à ma guise, en toute liberté. J'ai repéré, au pied de la montagne, de hautes herbes.

Je m'y assois, en toute simplicité, mon dos accolé à la falaise. Je contemplais l'horizon, m'adonnant à la méditation avec sérénité. Je m'exerçais dès que je le pouvais à contrôler ma respiration et à ressentir le moment présent. Je me suis ensuite couché dans la végétation soyeuse, reportant l'élaboration de mes futurs projets à l'après-midi.

Ma sieste a été brève. J'ai sorti un trépied, y ai disposé ma caméra et me suis photographié face au paysage miraculeux qui m'entourait. Sûr de moi, je défiais à nouveau les mouettes en faisant voler mon drone, afin de réussir à filmer la ville, les étendues de sable et les eaux apaisées, en journée. Comme la veille, les volatiles ont attaqué mon engin... M'avaient-elles reconnu ? L'une d'entre elles m'a même frôlé la tête ! Désireux de conserver mes yeux, j'ai pris la résolution de ne plus les agacer ainsi.

J'ai donc enfourché mon vélo pour quitter ce troupeau de kamikazes. Mes cheveux attachés en chignon, je flottais en toute quiétude dans des nuages bienveillants, sans orage. Au revoir le stop et les bagages encombrants, bienvenue dans les quartiers tranquilles et radieux. Je me perdais dans mes réflexions, m'interrogeant sur ce qui faisait la particularité de ce pays.

Peut-être est-ce son isolation du reste du monde qui fait de la Nouvelle-Zélande une contrée préservée. Les Kiwis ont peu d'occasion de sortir de leur pays, les voyages coûtent cher et le seul continent proche est l'Australie, elle-même relativement solitaire. C'est donc dans leur bulle de nature, une nature tout droit sortie d'un conte merveilleux, que les Kiwis accueillent leurs visiteurs, avec la bienveillance et la curiosité des habitants d'une île reculée. J'en oubliais les minutes qui passaient. Jusqu'au moment où il m'a semblé nécessaire de rentrer à la maison pour planifier les jours suivants.

Sauf que… La veille, si fatigué par mes pérégrinations, j'avais omis de noter l'emplacement de la demeure de Mary sur Maps.me. J'ai passé deux heures à chercher la propriété, tournant dans toutes les directions. Manque de bol, le couple ne répondait pas à mes appels téléphoniques car tous deux travaillaient. Malgré mon bon sens de l'orientation, j'étais déboussolé. J'ai dû recouvrer mon calme, me remémorer lentement le trajet effectué le matin, revenir sur mes pas. Je passais et repassais devant mon point d'arrivée sans y prendre garde, bifurquais à gauche quand la solution était à droite. La balade commençait à être longue, quand soudain, un souvenir ressurgissant des abîmes de ma mémoire, j'ai reconnu la toiture de mes amis et ses tuiles noires. La cave était ouverte, et Dylan y travaillait ! J'étais enfin à bon port.

Ma petite chambre et le jardin, chez Mary et Dylan. Quel plaisir d'avoir un grand lit pour moi tout seul !

Le point de vue du premier jour de mon arrivée, avant de rencontrer Mary. On peut apercevoir le camping dont j'ai été éjecté et, en dessous, l'endroit où j'ai déposé mes affaires. L'une des plus belles vues pour moi, aussi près d'une ville.

De nouveaux projets

Mon hôte est concentré sur son ordinateur et les commandes de ses clients. Il m'accueille avec un tonitruant "Hey Gaël !", tout en me tapant dans la main, comme les skaters à la mode australienne. Je rejoins ma chambre pour ne pas le déranger dans son travail, et commence à étudier les sites intéressants de la région. Je repère deux grandes cascades proches l'une de l'autre, mais mon attention se porte davantage sur un lieu mythique pour les cinéphiles : Hobbiton. Pour celles et ceux qui ont vécu dans une grotte ces dernières décennies, c'est là qu'a été bâti le village des Hobbits, qui apparaît dans la saga du *Seigneur des Anneaux*. Depuis tout petit, je rêve d'un jour pouvoir flâner dans le hameau de Frodon, Sam et Bilbo, or il ne se situe pas trop loin de mon logis actuel.

Le site attire un grand nombre de touristes et je dois réserver ma visite en avance. Il est essentiel que je calcule bien mon coup car si j'arrive en retard, les guides ne me laisseront jamais entrer. Or, être ponctuel pour un auto-stoppeur, c'est quasi-mission impossible ! Muni de mon portable et grâce au service de téléphonie que j'ai pensé à acheter dès mon arrivée en Nouvelle-Zélande, j'entre donc en contact avec le service de billetterie. C'est le seul moyen de savoir s'il reste encore des places, et dans quel délai. L'attente, qui ne dure sans doute que quelques secondes, me semble interminable. Mon ventre émet des bruits terribles. Je ne peux pas laisser passer ce fantasme de gosse, il faut absolument qu'on me case pour une visite, dès que possible. Je dois voir Hobbiton, je ne veux pas être déçu. Heureusement, la chance frappe : il reste une seule place libre, pour le lendemain matin !

En raccrochant, je me retiens de sauter de joie pour pousser un formidable "Merde !". J'ai mal préparé mon planning. Il me faut une voiture pour être présent à Hobbiton à... 8 heures du matin. Précises. Le trajet durera entre 30 minutes et une heure. C'est extrêmement juste, d'autant plus que je veux aussi visiter les deux cascades du coin. En me penchant sur ma carte, je décide ainsi de partir le soir même. D'abord, je visiterai les chutes d'eau, ensuite je passerai la nuit dans la nature, et je me réveillerai tôt pour commencer mon auto-stop dès 6 heures du matin. Avec un peu de chance, j'arriverai au village au moment de l'ouverture. C'est chaud, mais faisable.

Je me rends dans le salon. Mary, qui rentre de son boulot, m'accueille avec toutes ses énergies positives :
— Hey Gaël ! Tout se passe bien ? Si tu le désires, j'ai prévu plein d'activités pour cette nuit et demain !
Un peu gêné et mal à l'aise, je lui réponds :
— Désolé mais... J'ai réservé Hobbiton pour demain matin. Tu pourrais m'y conduire ? Comme ça, je passerai le reste de la journée avec vous ? Sinon, je partirai ce soir pour arriver à l'heure sur le site.
Nous gagnons le jardin, rejoints par Alicia. Nous discutons de tout et de rien, savourant une atmosphère agréable avec un bon verre de vin. Le soir venu, malgré l'accueil extraordinaire vécu dans cette famille, j'annonce ma résolution :
— Écoutez... Vous êtes magiques, mais je dois vous laisser et continuer mon chemin.

Fort ému, je serre dans mes bras ces personnes épatantes qui se sont décarcassées pour me fournir le gîte et le couvert. Des milliers de "mercis" se déversent de ma bouche. Ils ont été mes anges gardiens, m'ont accueilli, protégé, avec une telle chaleur, une telle abnégation ! J'ai envie de leur donner tout ce qu'ils m'ont donné, et même encore plus - un sentiment que je revivrai plus que de raison. Je ne veux pas les quitter, mais c'est ainsi.

Elle me dépose en dehors de la ville, le long d'une voie très fréquentée, stratégiquement idéale pour persévérer dans mon entreprise. Nous nous quittons avec regret. En voyant l'automobile s'éloigner, je comprends que je suis redevenu un simple *backpacker*. C'est ainsi. Mon temps en Nouvelle-Zélande est limité du fait de mon visa touristique, si je m'arrête plusieurs jours à chaque étape, je risque de ne pas réussir mon challenge. J'ai beau me le répéter, ça ne rend pas les adieux plus faciles, évidemment. Le soleil n'est pas encore couchant mais le crépuscule approche. J'ai deux heures devant moi avant que les étoiles n'apparaissent. J'ai peu de temps… Aurai-je assez de chance ?

Dylan et Marie, qui ont eu la gentillesse de m'accueillir chez eux

Le conseil de l'autostoppeur
- **N'ayez pas peur de demander ou d'expliquer vos problèmes à des inconnus.**

Cela peut paraître bizarre mais vous ne savez jamais qui est en mesure de vous aider. Si je ne m'étais pas forcé à demander de l'aide aux gens ce soir-là, je n'aurais sans doute jamais rencontré Dylan et Marie... Ç'aurait été dommage. Osez aborder les gens sur votre route, vous verrez la différence !

Chapitre 8 – Histoires de cascades

McLaren Falls

Au bord de la route, mon pouce bien haut, je constate avec étonnement que personne ne s'arrête. Les voitures foncent en sortant de la ville, et les minutes s'égrènent, chacune similaire à la précédente. Ai-je commis une grosse erreur en quittant le foyer doux et luxueux de Mary et Dylan ? Le soleil va se coucher, et je suis coincé à un emplacement peu propice à la détente.

De plus en plus nerveux, j'agite mon carton comme un fou. Je ne vais pas dormir à cet endroit ! Ce serait une honte, après le matelas duveteux de la veille ! Je me pose de sérieuses questions concernant ma façon de planifier mes aventures quand, enfin, une automobile s'immobilise. Elle contient Richard, un homme d'affaires revenant de son boulot, dont la chemise grise unie est assortie à ses lunettes. Il me prie d'entrer dans son véhicule en lançant :

— Je t'ai vu, je me suis arrêté, bienvenue !

— Merci, j'avoue que vous êtes d'un grand secours !

Richard sourit et démarre. Après l'interrogatoire habituel, auquel je réponds en habitué, je regarde Maps.me et demande à mon conducteur de me déposer le plus près possible de la première cascade.

— Pas de problème. En revanche, tu descendras au bord du chemin qui y mène, si c'est OK pour toi !

J'acquiesce sans y penser. Qu'est-ce qu'un petit chemin de plus, après tous ceux que j'ai connus ?

Au fil de notre bonne demi-heure de trajet, nous sympathisons, tant et si bien qu'à l'endroit prévu, Richard change d'avis et décide de me conduire tout près des McLaren Falls. Il emprunte une petite piste au milieu des bois qui accumule les lacets très serrés. À vrai dire, si j'avais dû suivre ce chemin accablé par mon barda, il m'aurait fallu 30 minutes de plus pour arriver à mon objectif. Motorisé, j'en gagnais 25, très précieuses vu mon emploi du temps. Le *selfie* obligatoire est saisi, Richard signe mon drapeau, puis il repart dans la bonne humeur, me laissant seul à la découverte de ces fameuses cascades.

Un groupe d'individus était déjà présent sur le site. Je les ai dépassés de quelques pas pour apprécier le spectacle que m'offrait de nouveau la nature. Perçant à travers les broussailles, j'ai levé les yeux et découvert une flopée de cascades foisonnantes. Elles s'élançaient dans les airs et s'abattaient parmi un ensemble de rochers affleurants, surgissant de tous les côtés et titillant la verdure qui les entouraient. Je ne regrettais pas d'avoir visé cet endroit. Un coucher de soleil, qui s'annonçait derrière moi, est venu sublimer ce paysage splendide. L'eau tumultueuse poursuivait sa route en dessous d'un pont, enfonçant son tracé au cœur des forêts mystérieuses.

J'ai lancé mon drone pour qu'il survole ce camaïeu de gris, de blanc et de vert teinté d'émeraude déroulé par les pierres, les eaux translucides et la végétation. J'immortalisais un souvenir incroyable, et ma vidéo se devait de rendre justice à la beauté des lieux, aux émotions qu'ils versaient en moi. Après avoir contemplé une dernière fois cette aquarelle merveilleuse, j'ai rangé mon appareil et me suis posé la question fatidique : "Où dormir cette nuit ?"

J'ai aperçu certaines personnes qui me semblent bienveillantes. Elles ont observé avec attention et intérêt le manège de mon robot aérien. Une jeune fille m'a d'ailleurs abordé, je lui ai parlé tout en manœuvrant le drone. Son visage rond, jovial, débordant de gentillesse, trahit son inexpérience des voyages. Accompagnée d'un homme âgé et d'amis, c'est la première fois qu'elle part aussi loin de chez elle, et son enthousiasme est contagieux. Je la questionne dans l'espoir de régler mon problème :
— Dis, tu connaîtrais pas un endroit où me reposer cette nuit ?

La complexité de ma situation semble s'épaissir au fur et à mesure de la discussion. Non seulement le temps file, mais ni elle ni personne ne sera assez flexible pour s'adapter à mon programme, bien trop serré. J'aspire à rejoindre les Omanawa Falls, situées un peu plus loin, dans l'idée de dormir auprès d'elles. Le lendemain matin, je me lèverai aux aurores pour les admirer, puis je rejoindrai Hobbiton à 8 heures.

Je réfléchis en contemplant ma carte, tentant d'expliquer mon programme nocturne. Je lui reformule mon propos en désignant les chutes :
— Pourrais-tu me déposer aux alentours de cet endroit ?
— Non, c'est impossible pour moi. Par contre, j'ai cru comprendre que ces gens, là-bas, s'y rendent.
— J'hésite. Je ne sais pas quoi faire. Demain, je me rends à Hobbiton, et ma réservation est très matinale. Il me faut quelqu'un qui passerait sur cette route à l'heure indiquée.
Je désigne un point sur Maps.me, guettant sa réaction. Elle ne se fait pas attendre !

— Mais je passe par là pour mon boulot ! Je pourrai te charger, aucun problème !

— Vraiment ? Eh bien, *why not* ?

— Mais oui, il n'y a pas de souci !

Intrigué par ce retournement, je reste méfiant. Je lui demande son numéro de mobile, car la vie m'a appris à me méfier des "Peut-être" comme des "Oui" prononcés à la va-vite. J'ai besoin d'une assurance totale. J'insiste donc, tout en pointant le lieu où nous devons nous rencontrer le lendemain :

— Es-tu certaine ? Je te téléphone demain ! Je serai ici !

La jeune fille m'observe avec assurance et répète :

— Oui, pas de souci. Voici mon numéro ! Je m'appelle Célia.

Je la teste en lui envoyant un message, qu'elle reçoit sans problème. Tout fonctionne, je suis rassuré... Mais pas pour longtemps. Sans m'avertir, Célia se dirige vers deux gaillards, un géant torse nu et un plus trapu, très typé Maori. Elle leur parle très rapidement dans un anglais que je ne comprends pas. Puis, se retournant dans ma direction, elle m'affirme :

— *Wow ! Great !* Les gars vont te déposer aux chutes ! Si tu veux, tu peux monter avec eux.

— Mais... Tu les connais ? Ce sont tes potes ? Tu ne viens pas avec nous ?

— Moi, je ne pars pas. Je retourne chez moi. Quant à eux, ben... J'en sais rien. Ils sont simplement d'accord de s'occuper de toi !

— Un tout grand merci Célia ! On se voit demain matin. Demain matin, tu me téléphones. Je me rends à Hobbiton avec toi. Demain matin.

Je fais de gros yeux pour m'assurer qu'elle m'a compris, au cas où j'étais trop subtil.

— Mais oui, oui oui oui ! *Ciao ciao Gaël !*

— *Ciao Célia !*

Ma tête tourne un peu. Je suis légèrement tracassé. "Tout va si vite ! Elle ne sera pas au rendez-vous, ce n'est pas possible... Il me reste à croiser les doigts." Célia s'engouffre dans son véhicule, démarre au quart de tour, et je me retrouve seul avec les deux hommes. Ils semblent avoir commencé la soirée en avance, si je me fie à leur haleine. L'ambiance est festive, mais étrange.

Voici la photo, prise par drone avant que la nuit tombe, d'un superbe endroit pas loin de Tauranga.

Les tarés de la nuit

La veille, j'ai repéré les Omanawa Falls sur internet. Elles sont interdites d'accès car extrêmement dangereuses. Elles affichaient un mort au compteur. Les cascades se jetant dans une immense crevasse, l'homme avait malencontreusement glissé pendant sa descente, qui s'était avéré plus abrupte qu'il ne l'avait prévu. Néanmoins, l'aventure m'appelle et, d'après ce qu'on dit de l'endroit, le jeu en vaut la chandelle. Même si je dois m'y rendre en compagnie de parfaits inconnus à la mine inquiétante !

Intimidé, je m'approche des deux types bourrus. Ils fument du cannabis, s'enfilent des bières et ont poussé la musique à fond sur la chaîne installée à l'arrière de leur vieille caisse. Le premier est grand, costaud, les cheveux noirs de jais et me semble jeune, avec sa casquette retournée. Il semble ailleurs, un peu je-m'en-foutiste. Le second, entre deux âges, me paraît déjanté. Il lui manque une dent à l'avant, et il baragouine des phrases inintelligibles à mes oreilles. Sa façon de parler accentue son air louche. Mon instinct me recommande d'entamer la conversation avec le moins bourru, soit le géant.

— *Hi !* Hum hum… J'aimerais donc me diriger vers les Omanawa…

— *Yeah yeah…* On a le temps. Pas de souci.

— On n'a… pas tant de temps que ça, je tente, gêné. Elles ne sont pas visibles en pleine nuit, du coup…

— J'ai pas fini ma bière et ma clope. On part après.

Je m'assois sur mes deux sacs. Le temps s'allonge, mais mes prétendus conducteurs persistent dans leur routine du soir. Alcool. *Weed*. Pause. Alcool. *Weed*. Pause. Alcool. Beaucoup de *weed*… Je retrouve ma Bob Marley rigolote, puissance mille. Sans Bob ni Marley, mais avec deux créatures bizarres perdues dans leur monde. Constatant que l'attente risque de se prolonger indéfiniment, je me lève d'un bond et assène, de ma voix la plus virile :

— Bon, les gars, *please* ! Je dois vraiment y aller. Il fait de plus en plus noir, je sens venir la galère !

— Oki !

L'un des bourrins prend mon sac et le balance à l'arrière de la pauvre camionnette. En pénétrant dans celle-ci, je remarque un détail qui me frappe :

— Euh… Il n'y a pas de place pour trois personnes ? Je fais comment ?

— Facile, tu t'assieds sur le bœuf à l'arrière, dans le coffre.

— Bon, d'accord…

Je m'installe dans mon coin réservé, de moins en moins rassuré. Pendant ce temps, les deux soudards, canettes à la main, en profitent pour s'alimenter en blonde. Enfin, comme par miracle, le plus vieux prend les commandes du véhicule et, à mon grand soulagement, nous démarrons ! J'ai craint que le vieux torse nu ne prenne la décision de conduire.

J'allume Maps.me. J'ai besoin de vérifier que nous roulons dans la bonne direction, c'est plus fort que moi et j'en ressens l'urgence plus que d'habitude. Je n'ai pas confiance en ces bonhommes. De temps à autre, l'un ou l'autre me questionne. Mes réponses sont d'autant plus brèves que mon conducteur insensé accélère sur les sentiers forestiers comme s'il était à bord d'un monoplace !

Je m'accroche à ce qui me passe sous la main, estimant définitivement que j'ai affaire à deux dingues. Si la police nous croise, nous risquons une amende phénoménale… D'un autre côté, la présence d'un gendarme me rassurerait et me permettrait de sortir de cette situation infernale. Nous sommes désespérément seuls dans les parages : aucun *backpacker* ne nous suit ni ne nous précède.

Parfois, le plus âgé tourne la tête vers moi et me lance des réflexions bizarres, tout en ricanant avec sa bouche édentée. Afin d'éviter le drame, je me permets de leur donner des indications : "À gauche, maintenant à droite, puis la première à gauche…" Je n'ai pas l'intention de me perdre en leur compagnie, ni de me retrouver complètement paumé dans la cambrousse.

Entre les regards en coin du plus jeune et les suggestions bizarres du plus âgé, je ne me sens pas à l'aise. J'ai un mauvais pressentiment et, cette fois, ne pas savoir ce qui va se passer, ça ne me donne aucun frisson d'excitation. Juste des tremblements d'effroi. Je ne veux pas rester avec ces deux gars visiblement perturbés, je préfère qu'ils me déposent au plus vite.

Nous arrivons enfin près du but, quand le début d'un film d'horreur s'amorce. Le Maori m'interpelle :
— Tu dors où ?
— Près des cascades !
— T'es sûr de toi ? C'est vraiment ce que tu veux ?
Je répète, comme un automate :
— Je suis sûr ! C'est ce que je veux…
— Hmmm… La nuit tombe vite, tu le sais. Pourquoi ne pas nous accompagner dans notre ferme et te reposer avec nous ?
— Non, non, vous me déposerez là, c'est très bien, merci.

Paralysé par la peur, je le vois chuchoter de courtes phrases à l'oreille de son comparse. Ce dernier s'esclaffe en dodelinant de la tête. Je ne suis pas serein. Il va me falloir user de psychologie pour me sortir de cette embrouille.
— Je vous remercie beaucoup. Merci, merci, merci… Mais je… Je dois retrouver quelqu'un qui m'attend là-bas. Il doit m'héberger, j'y serai bien, vous inquiétez pas !
— Hum… Notre logis est attirant, tu sais. Tu t'y plairais…
— Je n'en doute pas… Mais non. N'ayez pas peur pour moi !
— Hin hin hin…

Je vois bien qu'ils se payent ma tronche, même s'ils restent discrets. La voiture s'arrête brusquement et le silence se fait. J'en profite pour sortir prestement de mon coffre en empoignant mes sacs, puis m'éloigne à une distance raisonnable. Toutefois, afin de rester poli jusqu'au bout et puisque je l'ai fait pour tous les autres conducteurs qui m'ont pris en stop, je leur propose de se faire photographier avec moi. La séance est épique : l'ancien passe juste sa tête au-dessus de mon épaule et grimace de tous ses chicots en tirant la langue ; tandis que l'autre, les yeux hagards, pose à la manière d'Eminem, en peinant à rester droit. Ils quittent les lieux à une vitesse inimaginable, la camionnette vacillant de gauche à droite. En tout cas, je ne risque pas de les oublier... Mais nom d'une pipe, à quoi je viens d'échapper là !

Voilà les deux personnes qui m'ont pris en voiture. Je n'oublierai pas ce moment...

Le conseil de l'autostoppeur
- **Évitez le stop à la tombée de la nuit**

Soit vous avez beaucoup de chance, soit vous vous retrouvez dans le noir et ce sera la galère pour trouver un endroit où dormir. Le mieux, c'est de trouver un tel endroit avant le coucher du soleil.

- **La nuit comme le jour : ne montrez pas que vous êtes seul(e)**

Si une personne bizarre vous embarque, n'hésitez pas à dire que vous êtes en contact avec quelqu'un qui sait où vous êtes, ou bien dites qu'on vous attend quelque part. N'ayez pas peur de vous montrer ferme et d'indiquer où et quand vous voulez vous arrêter.

Omanawa Falls

Dans les ténèbres les plus totales, ma lampe frontale jette une lueur trop faible pour éclairer les environs. Chargé de mon fardeau, j'emprunte un long chemin très angoissant menant normalement aux cascades. En ces lieux où la nature est reine, je me concentre uniquement sur mes pas. De toute façon, je ne vois presque rien, hormis les branches fantomatiques qui bordent le sentier boueux. Elles se tendent vers moi comme autant de mains décharnées prêtes à m'emporter dans l'au-delà. Je repense aux nombreuses victimes de cette chute, nichée en pleine forêt, accessible au prix d'un périple dangereux. Je n'ai pas oublié qu'un homme est mort, là-bas.

Alors que ma frayeur atteint un nouveau pic, un épais grillage apparaît face à moi. J'embrasse du regard les lourdes chaînes qui l'enserrent, les nombreuses pancartes qu'on y a suspendues. Les teintes fluorescentes des signaux, dominés par un rouge alarmiste, mettent en valeur une série d'avertissements très clairs :

Interdiction de passer sous peine d'amende

Sentier fermé pour votre sécurité

Danger

Site inaccessible

Je suis devant les portes de l'enfer. Même ma torche tremble à la lecture de ces interdictions, qui me barre l'accès à une béance sombre et lugubre. Heureusement que je peux recharger mon téléphone grâce à mon Mac… Que ferais-je sans lumière ?

Je m'interdis d'hésiter, car j'apprécie les défis. J'avance, me mets à terre, et franchis la barrière en rampant sous elle. Désormais, je suis seul contre la forêt. Je la distingue à peine dans le halo émis depuis mon front. Elle semble prête à m'avaler comme une bouche avide. Le poids de mon matériel m'oblige à progresser lentement sur ce nouveau sentier, plus menaçant encore que le précédent. Après ma rencontre avec les deux étranges conducteurs, mon esprit se projette un mauvais film. Un *backpacker* seul sous les étoiles, que peut-il lui arriver ?

Mal à l'aise, déconcerté par ma propre audace, j'entends le bruit effroyable des chutes et sens le vent se refroidir. Je n'ai aucun autre moyen de savoir où je me trouve, même pas d'étoiles ni de lune dans le ciel pour m'éclairer. Je me souviens des renseignements pris la veille sur les circonstances habituelles des accidents, dans le coin. La crevasse invisible, la glissade inattendue. La fracture. La paralysie. La mort. Prudemment, je fais marche arrière.

Alors, comme par magie, de petites lumières bleues s'allument, pareilles à celles de la grotte visitée quelques jours plus tôt, comme pour saluer ma prudence et me dire : "Tu es sur la bonne voie". Déconcerté, je m'arrête. Mon cœur bat à se rompre depuis que mes deux conducteurs dérangés ont démarré leur voiture et se sont élancés sur la route de l'horreur. J'ai l'impression de ne faire que passer d'un péril à l'autre, et là, une cohorte angélique de champignons luminescents descend de la voûte forestière pour me guider. Je me recueille, ému, me sentant plus proche que jamais de la nature à cet instant fantastique.

Ces lueurs surnaturelles me rappellent celles des vers lumineux qui m'ont plongé dans les confins de l'univers, au début de mon *road trip*. Celles-là se trouvent au bord du chemin et surgissent par centaine, poursuivant la tâche qu'elles semblent s'être données : m'aider à sortir de cet enfer vert en me montrant quel passage sûr emprunter. Me laissant hypnotiser par elles, je retrouve et franchis de nouveau la grille démoniaque, puis cherche une clairière où m'allonger et dormir.

Je ne suis pas tranquille dans cette forêt glauque. Je perds les notions de temps et d'espace, les sons inquiétants bourdonnant autour de moi envahissent mon esprit. Le souffle court, je repère une maison avec une lampe allumée. Et si c'était la sortie de ce cauchemar ? Je crains que mes deux gaillards ne se ramènent pour me surprendre en plein sommeil, aussi, dormir dans un jardin privé me permettrait de soulager mes angoisses. Je m'approche de la demeure, un chien se met à aboyer. Même si je n'ai pas envie de me faire croquer un mollet, je le préfère à mes hypothétiques poursuivants. J'accélère le rythme et sonne frénétiquement à l'entrée.

Pas de réponse.

Je suis livide. Je retente le coup en frappant violemment contre le bois. Dans un profond grincement, la porte s'ouvre sur un vieillard étonné et tracassé.

Grand, élancé, ses cheveux ondulés retombant doucement sur son visage très fin, le fermier m'écoute avec attention quand j'halète :
— Bonsoir Monsieur... Je me prénomme Gaël. Je viens de Belgique et je suis auto-stoppeur. Je voulais observer les cascades, mais l'obscurité est terrifiante ce soir. Je ne veux pas vous déranger, mais pour ma sécurité, est-ce que je peux déposer ma tente dans votre propriété ? Je ne vous dérangerai pas du tout, promis !

Le papy me regarde, effaré. J'ai l'air malin avec ma torche sur le front ! Il semble fatigué mais accueillant. D'une voix douce, il me répond :
— Allez ! Pose des affaires dans les herbes. Pas de souci. Fais-toi plaisir !

D'un pas lent, il se dirige vers son garage, dont il entrebâille le vieux battant. Il pénètre à l'intérieur et allume un spot donnant sur l'avant de sa maison, afin que je puisse déployer plus aisément ma tente. Je réalise que j'ai la bouche sèche comme un vieux parchemin, et je lui demande un verre d'eau qu'il m'apporte en trottinant. Je n'avais pas bu depuis l'après-midi et le délicieux breuvage me fait revivre !

Après m'avoir souhaité la bonne nuit avec un merveilleux sourire, mon hôte rentre chez lui. Je range mes effets personnels, constatant que l'humidité est omniprésente dans mes bagages. À cause d'elle et du froid, je dois rentrer dans mon sac de couchage habillé de trois pulls et de deux pantalons. Comme mon ordinateur est chargé et qu'il me reste quelques films sur mon disque dur, je m'offre une séance de cinéma. Vu de l'extérieur, je dois donner l'image d'un *backpacker* de luxe, qui organise sa soirée cinéphile dans le jardin d'un inconnu.

Je programme mon horloge numérique pour un réveil extrêmement matinal. Mon emploi du temps se présente déjà chargé : visiter les chutes, remballer mes affaires, marcher le plus vite possible vers la route où devrait m'attendre Célia, puis trouver et parcourir Hobbiton ! Je ferme mon ordinateur portable et en profite pour recharger mon téléphone. Sans mon vieux Mac qui s'improvise ainsi recharge mobile, je serais foutu, désorienté, incapable de mener à bien mon aventure. Après avoir vérifié encore et encore si tout est bien en ordre dans mes affaires, qui ont aussi mauvaise mine que moi, je m'endors, exténué.

Je m'éveille à l'aube au son désagréable du "bip bip" de mon téléphone. Tel un robot, je me lève et entreprend de démonter ma tente puis de ranger mes sacs. Tout est mouillé par la rosée : mes vêtements, mes chaussettes et même ma casquette. Je constate que je n'ai rien oublié et que les lieux sont impeccables. Je peux donc cacher l'ensemble de mes affaires dans un buisson du jardin, ne gardant avec moi que le strict nécessaire.

Maintenant, direction Omanawa Falls ! Je me mets à courir sous les premiers rayons du soleil. Le portail de sécurité démesuré semble moins inquiétant qu'hier, voire tout à fait banal. Je passe dans l'ouverture repérée lors de ma première visite et augmente la rapidité de ma course, le dos courbé par mon sac. Je n'ai qu'une idée en tête, ne pas rater mon rendez-vous avec Célia ! Je me grouille donc, ignorant les arbres, la boue et le froid. Au bout de quelques minutes passées à ahaner, je découvre soudain une nouvelle grille, encore plus chargée de chaînes et de pancartes d'avertissement que la première. C'est pas possible, ils sont complètement paranos dans le coin ou quoi ? J'escalade cette nouvelle clôture dissuasive tel un para-commando, retombe de l'autre côté et me retrouve sur un sentier.

Mes pas se faisaient plus lents. Je pouvais sentir le vide à ma gauche, le palper presque physiquement. Je me suis arrêté pour respirer profondément et j'ai tourné la tête vers lui. Le souffle m'a brusquement manqué. À quelques centimètres de mes pieds plongeait une gigantesque crevasse débordant d'une végétation riche qui déployait tous les tons de vert qu'on pouvait imaginer. Sa profondeur me donnait le vertige. Au loin apparaissait la cascade, majestueuse, déversant tranquillement ses eaux sauvages dans un écrin bleu transparent. Je me retrouvais dans un tableau du Douanier Rousseau, un paradis pour plantes !

J'avais l'intention de descendre au fond de ce fabuleux cratère émeraude afin d'inspecter la flore davantage et, surtout, pour me baigner dans le lac. J'ai constaté qu'une corde avait été disposée afin d'aider les voyageurs dans cette périlleuse escapade, mais même avec son aide, le chemin était bien trop dangereux et glissant. Je me suis donc hasardé à un tour du lieu, m'évertuant à déceler une alternative pour me rapprocher des chutes, mais rien n'y faisait. Et puis, ma raison m'intimait de ne pas me montrer imprudent. Deux barrières de sécurité, un décès, des blessés... Si je tombais et me cassais une jambe ou pire, personne ne viendrait me chercher, personne ne me retrouverait dans cet endroit perdu ! Même mon drone ne pouvait pas voler jusqu'à la cascade, tant les vents soufflant dans la cavité des Omanawa le déstabilisaient. J'ai néanmoins photographié ce joyau sous toutes les coutures, définitivement charmé par la beauté de l'endroit.

Le passage interdit qui me disait de ne pas aller sur ce chemin, le lendemain matin.

Cet aimable grand-père n'a pas hésité à m'accueillir pour la nuit, quand j'ai toqué à la porte de sa grange

Un stress intense

Le temps presse. J'en ai à peine profité et je dois quitter, à toute allure, ce jardin d'Eden ! Je saute la première barrière, rampe sous la seconde, regagne le buisson du fermier, reprends mes affaires. Ma course folle reprend. Extrêmement limité au niveau du temps, je n'ai que dix, peut-être quinze minutes pour être à l'heure au rendez-vous fixé avec Célia, au bord d'une grand-route qui mène à Hobbiton. Mon cerveau fait tourner la même inquiétude en boucle : "Purée Gaël, t'y arriveras jamais, la distance est trop longue, t'as mal géré ton planning, tu verras jamais le village des Hobbits…"

Étant d'un naturel malgré tout positif, j'augmente encore la cadence. J'atteins enfin une route qui me paraît plus ou moins passante. Une automobile pourrait me trouver là, un conducteur sympathique m'aider à rejoindre Célia. Mes sacs s'agitent dans toutes les directions tandis que je fends l'air, atteignant ma vitesse de croisière. Entourée par mon barda, ma silhouette n'est plus visible. Je ressemble à un Nain corpulent qui se presse pour aller travailler à la mine, un moteur à ses trousses.

Un moteur à ses trousses ? J'entends effectivement ce ronronnement si particulier qui rythme mon existence d'auto-stoppeur. Je regarde derrière moi et, surprise, une camionnette blanche surgit ! Je ne laisse aucun choix à son propriétaire. Je dépose mes affaires et me positionne carrément au centre du bitume, quitte à me faire écraser. Le fourgon s'arrête net.
— Excusez-moi ! Excusez-moi ! Excusez-moi ! Je dois absolument me rendre au bout de cette route ! Le temps presse !
— Entre, vite !

En moins de cinq minutes, l'homme que je viens de rencontrer, un ouvrier halluciné de sa découverte étrange, me dépose à l'endroit exact où je dois attendre Célia. L'objectif est presque atteint ! Je remercie chaleureusement l'homme à la fourgonnette, le vois repartir et, essoufflé, envoie un bref message à la jeune femme :
"Je suis prêt. Je t'attends. Gaël"

Pas de réponse. Je ne me tracasse pas : c'est une fille sympa, elle n'a simplement pas encore ouvert son portable. Ce n'est qu'au bout d'un long moment, pourtant, qu'une courte réaction s'inscrit sur mon écran.

"Je démarre."

Son message bref me laisse sans voix. J'ai plus ou moins un quart d'heure d'avance sur mon programme, certes, mais les secondes passent. Je perds patience, la relance.

"J'arrive."

Oui. Mais elle n'arrive pas. Je m'oblige à attendre patiemment 20 minutes encore, quitte à arriver *in extremis*. Elle n'est toujours pas là. Elle s'est foutue de moi ! Je me suis fait avoir ! Furieux, je reprends mon auto-stop. Je m'enflamme, levant mon pouce hargneusement. "Merde. Merde. Merde." Hobbiton s'éloigne de moi. Et les véhicules déboulent sans me voir. J'insulte ces automobilistes qui ne s'arrêtent pas, féroce et frustré par cette attente inutile. Le trafic est intense et personne ne réalise l'étendue de mon désarroi. J'enrage, j'explose littéralement. C'est fini. Mon objectif, ce rêve dans le rêve s'évanouit.

La colère et la tristesse finissent par former une mélasse languissante qui semble sortir par mes oreilles. Ma pancarte s'agite par habitude. J'ai commis une erreur en accordant ma confiance à une inconnue. Je commence à déballer une série de grossièretés quand, enfin, une voiture freine devant moi. Enfin, la chance me sourit ! J'atteins la portière côté passager, l'ouvre et reconnaît… Célia, en tous points radieuse. Toute ma colère s'envole, remplacée par un intense soulagement.

— Oh mon Dieu, c'est toi ! J'ai cru… J'ai cru… que tu m'avais abandonné !
— Je crois que je me suis trompée d'heure !
— Ce n'est pas grave ! Ce n'est pas grave ! Mais maintenant fonce ! Roule vite ! Nous allons rattraper le temps perdu !
— *Let's go !*

Je parviens à me détendre et à retrouver toute ma jovialité. Célia engage la conversation et j'apprends, stupéfait, qu'elle est jeune maman de deux enfants. Elle devait évidemment les conduire à l'école ce matin, d'où son retard. Elle me révèle qu'elle vient de divorcer et qu'après avoir vécu cette épreuve, elle se trouve un peu désorientée. Son boulot ne lui plaît pas plus que ça et elle continue de se chercher. Un comble, pour une personne qui a suivi toutes les étapes de la vie considérées comme « normales » : un mariage, des enfants, un métier stable…

Nous poursuivons notre discussion et rigolons beaucoup en découvrant nos différences culturelles. Nous nous entendons bien. Je lui donne même mon profil Facebook, acte que je pratique très rarement. D'ailleurs, pour vous qui croyez peut-être que ce genre de rencontres est toujours éphémère, détrompez-vous ! Célia continuera de me demander des nouvelles tout au long de mon voyage.

Quand elle me dépose à l'endroit où le bus charge les visiteurs d'Hobbiton, je la photographie auprès de la statue de Gollum, ainsi qu'aux alentours d'une maison de Hobbit. Je suis fou de joie et elle voit bien que j'accomplis l'un de mes vœux les plus chers. Après cette belle séance de *shooting*, Célia me déclare : "Mon boulot m'attend. Nous devons nous quitter maintenant."

Je la serre tendrement dans mes bras, la remercie pour son aide précieuse, et nous nous promettons de garder contact. Me décochant en guise d'adieu final un magnifique sourire, elle repart, me laissant seul à la conquête de ce village merveilleux !

Chapitre 9 – Le pays des Hobbits

Depuis que je suis gamin, je reste subjugué par le monde du *Seigneur des Anneaux*. Cette série de films a bercé mon enfance. Aussi, l'idée de me promener sur les lieux du tournage m'excite au plus haut point. Après être passé par la réception, j'entre dans un bus qui m'emmène dans la vallée des Hobbits.

Peuplé de moutons paisibles, le paysage était relativement plat. De-ci de-là se présentaient à ma vue des collines élégantes aux herbes grasses, idéales pour se reposer sous un soleil resplendissant. Avec une pipe au bec, si on s'appelle Bilbo. Assis dans ce car où était diffusée les mélodies épiques de la saga fantastique, je ne perdais pas une miette de ce panorama mythique. Au bout d'une dizaine de minutes de voyage au milieu des larges étendues de verdure accueillante, le véhicule s'est arrêté. Nous en sommes sortis et avons été répartis en plusieurs groupes.

J'ai comme l'impression que, le temps étant limité et les visiteurs nombreux, notre guide travaille à la chaîne. En effet, Hobbiton est l'un des endroits les plus touristiques de la Nouvelle-Zélande. D'ailleurs, d'autres bus s'annoncent déjà au loin. Avant d'entrer plus profondément dans le vif du sujet, la dame explique avec moults détails le récit né de l'imagination de J. R. R. Tolkien. Cela m'étonne profondément, mais je comprends vite que beaucoup de voyageurs visitent le village uniquement d'après sa réputation, sans connaître les œuvres d'où il a été tiré.

Pour me plonger à fond dans la narration, j'ai posé sur mes oreilles des écouteurs qui diffusaient les airs inspirants de l'anneau, de la marche des Rohirrims et, bien sûr, de la Comté. Nous avons pénétré au cœur du domaine et des maisonnettes sont apparues. J'ai frissonné à la vue de ces buttes aménagées, de ces portes rondes en bois peint, de ces allées charmantes bordées de palissades sommaires. Mon âme s'envolait sur les accords du génial Howard Shore, grisée par cette sensation que j'éprouvais d'être devenu un personnage de mon film préféré.

J'ai longé une série de battants colorés, admirant les toits végétaux encastrés dans le val. Une rivière s'écoulait, tranquille, enjambée par un pont en pierre. Je flânais, regardant dans toutes les directions et imaginant qu'un Hobbit allait sortir de sa demeure et converser avec moi. Je me suis faufilé entre les dunes d'herbes, qui formaient des habitations très chaleureuses, jusqu'à accéder au majestueux chêne de Bilbo. Afin d'atteindre l'auberge culte où avait été tournée une grande partie des scènes du film, j'ai gravi un enchaînement de chemins pentus et gravillonneux.

Étourdi, au fil de ma marche fantasque, par la précision avec laquelle la richesse du village avait été recréée, admiratif face à la finesse des détails, j'ai donc clôturé ma visite par la Green Dragon Inn, soit l'Auberge du Dragon Vert. J'y ai bu un long verre de cidre et demandé aux personnes qui m'accompagnaient de me photographier dans ce décor pittoresque. Je dévorais des yeux la campagne, quand la guide nous a enjoints à nous retirer, mon groupe et moi, afin de laisser la place à d'autres touristes.

Tout s'est déroulé à la vitesse de l'éclair, en une demi-heure maximum, mais la magie avait opéré. Le linge des Hobbits étendu dehors, les tables nappées pour le dîner, les bouquets de fleurs flamboyantes, les barrières retenant un bétail imaginaire et encadrant des potagers bien réels… J'étais définitivement sous le charme de la Comté. J'avais vécu hors du temps au cours de ces quelques dizaines de minutes, vivant un retour doux et doré à mon enfance et à son innocence.

Ma conductrice pour Hobbiton

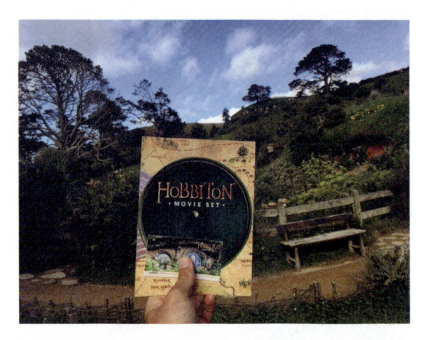

C'est la première image qui vous frappe lorsque vous arrivez à Hobbiton. On a vraiment l'impression d'être en plein film !

Te Wahiou

Après toutes les péripéties de la veille et de la matinée, ému encore par cette excursion dans l'imaginaire des génies qui ont pensé, séparés par les époques mais reliés par le talent, ce monde des Hobbits, je me rends dans le hall des souvenirs de Hobbiton. Mon objectif ? Repérer des automobilistes qui auraient la bonté de me charger pour une nouvelle étape, située plus au sud de ma localisation. Je demande dans un premier temps aux voyageurs dans quelle direction ils se dirigent, effectuant ainsi un premier tri. Dans ma stratégie, je me tourne vers les personnes jeunes car, par expérience, elles se montrent plus réceptives à ma vision des choses.

Un couple de jeunes Anglais m'écoutent raconter mon histoire. Le courant passe aussitôt entre nous. Emily est tout en courbes, avec des cheveux ondulés, elle vient directement du Royaume-Uni ; Gaith est musclé, très distingué, et m'apprend qu'il a des origines indiennes. Elle est médecin et lui commercial. Ils ont voulu mettre le holà sur leurs carrières prenantes et ont choisi de se lancer dans une aventure en Nouvelle-Zélande. Très sympathiques, les amoureux forment un duo harmonieux. Je leur explique que je me rends non loin du village des Hobbits, à la rivière Te Wahiou.

C'est avec grand plaisir qu'ils acceptent de m'y conduire. Je me retrouve dans leur camionnette blanche aménagée avec soin. Me voilà donc de retour parmi les *backpackers* ; je le ressens pleinement à la vue du lit désordonné, à l'arrière, rempli d'objets usuels pour les nomades. Installé confortablement aux côtés de mes conducteurs grâce au troisième siège dont pouvait disposer le cockpit, la musique à fond la caisse, je repars sur les routes en bonne compagnie. La conversation est plaisante et décontractée. Mon téléphone au poing, Maps.me ouverte, je suis le chef d'orchestre de notre épopée, orientant le véhicule vers la rivière remarquable que j'ai repérée. Nous arrivons en plein milieu d'une prairie et sortons du van, parés pour notre randonnée.

Un chemin serpentait au milieu des collines verdoyantes. Suivi par le mignon petit couple qui se tenait main dans la main, j'ai passé une barrière, puis une autre. Quelques minutes ont suffi à nous conduire à un ruisseau dont l'eau cristalline et turquoise ne ressemblait à aucune autre. Je me suis penché comme un gamin qui traque les têtards, les yeux brillants. Le flot était quasi transparent. J'ai aperçu de longues algues vertes qui bougeaient en fonction de la force du courant. C'était un mélange de couleurs incroyable. En utilisant mon drone, j'ai surpris des touches d'émeraude, de saphir et de diamant qui se mêlaient et se démêlaient au fil des humeurs de la nature.

Avais-je réellement quitté Hobbiton ? La Nouvelle-Zélande me dessinait des tableaux inouïs et pourtant, je n'avais pas parcouru l'île du Sud, réputée plus somptueuse encore ! Je me suis assis au bord de cette palette chatoyante, songeant à la Belgique et à ses vals bucoliques. En toute quiétude, nous avons sorti notre repas et j'ai mangé en compagnie de mes amis mon éternel croûton de pain accompagné de thon. Je m'amusais beaucoup en parlant de l'Angleterre et en testant les réactions des deux amoureux. Je me figurais qu'Emily était la colonelle en chef et Gaith son caporal dévoué. Tout en les observant, un sourire aux lèvres, je me demandais : *"What's next ?"*

Photo prise avec le drone pour admirer pleinement les grandes algues ondulant dans la rivière

Réservation pour Tamaki

Voyant que nous restons indécis, la colonelle prend le taureau par les cornes et nous annonce son plan :
— Bon, j'ai envie de faire un truc. Je veux m'allonger au bord du lac Rotorua, qui se trouve à… Rotorua. Qu'en dites-vous ?
En bons soldats, nous suivons sa demande et notre troupe rejoint son van, non sans avoir fait ses adieux au cadre envoûtant de la campagne néo-zélandaise.

Lorsque je séjournais en Australie, des potes m'ont indiqué que, dans la région du pays des Kiwis où je me trouve actuellement, se situent deux villages maoris. Le premier, Whakarewarewa, est réputé "authentique". Les autochtones y vivent en préservant leurs traditions, tout en jouissant d'une technologie du XXIème siècle. Le second, Tamaki, ressemble plutôt à un parc à thème. Il présente l'existence du peuple néo-zélandais, avant l'arrivée des Néerlandais et des Anglais. L'un comme l'autre, ils m'ont été chaudement recommandés.

Comme nous nous approchons de Rotorua, je demande à mes Anglais si je peux me rendre au centre de la cité, afin de réserver un billet pour Tamaki. Je me retrouve vite au centre touristique, un immense bâtiment en bois aux allures d'église, mais de style maori. Un peu perdu par l'énormité du bureau de réception (qu'il est loin, déjà, le monde des Hobbits…), j'ai la chance phénoménale d'obtenir une place pour l'après-midi même. Je rejoins ensuite Emily et Gaith, qui m'ont attendu dans le véhicule en veillant sur mes sacs, et leur annonce que j'ai encore quelques heures à leur consacrer.

Lac Okareka

Abandonnant son envie de s'étendre au bord du lac Rotorua, la colonelle Emily nous ordonne de la suivre au lac Okareka, un autre plan d'eau. C'est un projet intéressant, car nous allons pouvoir lézarder sans nous tracasser pour notre planning futur. La plage, familiale et remplie de bambins, me détend totalement. Néanmoins, mon ventre gargouille atrocement.

Il faut dire que j'ai dévalisé le peu de réserves qu'il me reste. Elles se sont épuisées sans que je m'en rende compte. Pendant que je m'inquiète de ma faim grandissante, mes compagnons de route, en *backpackers* organisés, sortent une cuisine de leur camionnette : jambon, pain, salade et fruits ornent désormais la table extérieure, ce qui augmente ma faim de manière sadique. Je bave !
— Est-ce que… je peux avoir un peu de nourriture, *please* ?
— Oui, *of course*. Sers-toi !

Quel bonheur ! Depuis mon séjour dans la famille de Mary et Dylan, je n'ai plus fait de courses et toutes les saveurs autres que le thon me ravissent les papilles. Étendu sur le sable, entièrement rassasié, je prends le soleil, profitant de ses rayons sans me soucier de l'heure.

Emily et Gaith, qui m'ont récupéré à Hobbiton

Mes étapes : voici les étapes effectuées de Tauranga aux cascades, sur la route de Hobbiton, et de Hobbiton à Rotorua.

Chapitre 10 – Parmi les Maoris (mais pas que)

Début de l'excursion

Alors que je somnole sur la plage en compagnie de mes Anglais, je regarde brièvement mon portable. J'ai lézardé plus que prévu ! Il est temps pour moi de découvrir Tamaki. Je demande à mes conducteurs s'ils acceptent de me conduire au centre-ville, là où j'ai réservé ma place. En effet, un bus doit venir m'y chercher.

Le bâtiment du centre touristique me fait la même impression que quelques heures plus tôt : majestueux, solennel, débordant de nobles sculptures maories. Je me tourne vers Emily et Gaith. C'est l'heure des adieux. Notre rencontre a été intense et je les remercie chaudement. Pour le trajet, certes, mais aussi pour leur agréable compagnie. Je les connais depuis ce matin seulement, mais c'est comme si nous avions passé quelques jours ensemble. Pudeur anglo-saxonne oblige, nos embrassades se limitent à une poignée de main solennelle, et je leur dis en riant :

— Si vous me voyez sur la route, n'oubliez pas de vous arrêter. Cela m'aiderait énormément. De tout cœur, prenez soin de vous !

— Toi aussi, Gaël, et bonne chance dans tes aventures !

Je les couve des yeux tandis qu'ils quittent les lieux puis, muni de tous mes sacs, je me positionne dans l'attente du véhicule qui va m'emmener dans le village maori reconstitué. D'autres personnes arrivent, manifestement pour le même tour. La file s'allonge. Un bus de style scolaire arrive, d'où surgit un mec petit, mais extrêmement musclé. D'une voix forte, il nous lance un puissant :

— *Kia ora*[3] !

Toutes les langues de la planète lui répondent. Le type trapu, bronzé, une paire de lunettes solaires sur le nez et des tatouages couvrant ses bras, est notre guide. Il nous annonce :

— Ceux pour Tamaki, par ici !

---

[3] Salutation maorie qui peut se traduire par "Portez-vous bien !", "Avec santé !", "Bonne journée !" ou simplement "Salut !"

Je prends toutes mes affaires sous l'air consterné des gens qui m'accompagnent. Je dois avoir l'air d'un déménageur. Je me place à côté d'un petit groupe de personnes qui parlent français. Notre guide costaud commence à nous expliquer des traditions maories avant même l'entrée dans le véhicule. "Quand on se dit bonjour chez les Maoris, lance-t-il, on frotte son nez contre celui de son interlocuteur, par deux fois !" Je suis à la fois gêné et excité par cette future séance de… frottement ? Comment qualifier cet acte traditionnel ? Les premiers courageux se mettent à saluer Monsieur Muscle, puis vient mon tour. L'homme affiche un long nez et une bouche épaisse. J'espère ne pas l'embrasser malencontreusement, car adieu l'excitation et bonjour la gêne absolue… Je m'approche, et le guide heurte son appendice nasal sur le mien avec une certaine virilité. Il frotte l'aile gauche, puis la droite, et me gratifie d'un gai : *"Kia ora !"*
— *Kia ora !* je réponds fièrement.
Ouf ! La séance est un succès. Je monte dans le bus en sueur, comme si je venais de passer un concours, et m'installe au fond. Tout le monde ayant satisfait au rituel de bienvenue, notre moyen de locomotion s'ébranle pour 20 minutes de trajet.

Avant d'entrer dans le bus, je salue à la manière maorie

Arrivée et visite

Nous avons quitté Rotorua pour nous enfoncer dans une réserve boisée. Je suis sorti avec mon barda et me suis retrouvé face à une haute barrière. C'était un rempart de bois couronné de pics acérés, protégeant ce village établi en pleine forêt. Deux dames habillées de manière traditionnelle ont surgi d'on ne sait où et ont commencé à hurler. J'ai sursauté et me suis brièvement demandé si j'allais me faire attaquer. L'une des deux femmes a soufflé avec force dans un coquillage en forme de corne de brume et le guide a proclamé :
— Entrez dans Tamaki !
Les portes se sont aussitôt ouvertes. Je les ai franchies et je me suis arrêté sur une surface en pierre, cerné par la jungle inhospitalière. Notre guide a poursuivi en tonnant : "Maintenant, tout le monde dans le fond ! Et surtout, ne bougez pas !"

Les demoiselles à la corne poussent un cri strident. Deux Maoris jaillissent du bois et crient à leur tour. D'autres apparaissent en chantant, juchés sur un bateau de rondins et voguant sur la rivière qui longe le site. Ils sont suivis par une trentaine d'autochtones vêtus uniquement de pagnes, pour les hommes, et de deux pièces en fibre végétale, pour les femmes. Tous ont de longs cheveux noirs très serrés et des tatouages que mettent en évidence leurs muscles saillants. Ils se placent devant nous. Je songe au début d'un match de rugby avec les All Blacks, mais en bien plus impressionnant. C'est le style de personnes avec qui on n'a pas envie d'avoir des problèmes ! Même les nanas étaient gigantesques. Comparées aux leurs, mes mains étaient celles d'un bébé.

Le silence qui suit m'intimide, d'autant plus que les Maoris regardent dans ma direction. Deux d'entre eux, situés à l'arrière du groupe, entonnent un chant auquel les autres joignent leur voix, d'une puissance phénoménale. Le célèbre *haka* débute alors. Je ressens l'énergie et le charisme de ces hommes et femmes grimaçants, leurs yeux exorbités prêts à me foudroyer. Tout mon corps frissonne. Si leur but est de m'intimider, c'est réussi. Les puissants Maoris tirent chacun une longue langue frétillante et nous invectivent à s'en démettre les mâchoires.

J'ai l'impression d'être remonté dans le temps. Je suis un colon anglais kidnappé par un groupe hostile, et ma fin méritée est proche. Le terrible groupe se rapproche de nous, nous tourne autour comme une meute de félins traquant leurs faibles proies. Je suis captivé par ce mouvement spectaculaire, par la cohésion de cette tribu et par l'harmonie qui se dégage d'elle. Le sol vibre, la rage envahit les êtres. Ils chantent d'une seule voix, munis d'armes pointues, frappant la terre de leurs pieds ! De la poussière s'élève, formant dans mon esprit des nuages d'orage.

La cérémonie d'accueil s'achève, nous laissant tous fébriles. Nous sommes séparés en plusieurs petits groupes et nous nous enfonçons dans la jungle. L'objectif est désormais pédagogique. Nous allons étudier l'origine des Maoris, l'histoire et les traditions de ce peuple mythique. Je plonge avec joie dans la culture des habitants originels de la Nouvelle-Zélande.

On nous enseigne que les tatouages représentent les ancêtres des individus qui les portent, mais aussi que le *haka* est codifié et que chaque geste y a son importance. J'apprends même à le pratiquer. Diverses autres questions sont abordées par nos professeurs. Comment allumer un feu ? Quelle est la hiérarchie de la société maorie traditionnelle ? Comment s'y nourrit-on ? Dans chaque recoin de la forêt, un Maori nous expose une partie de son histoire, de ses us et coutumes. Je suis suspendu aux lèvres de chacun des intervenants. De l'arrivée des premiers habitants en pirogue dans le pays aux conflits avec les Néerlandais et surtout les Anglais, de la cohabitation d'abord fragile puis bien plus positive à partir du XXeme siècle, l'Histoire comme la légende nous sont racontées avec passion et intensité.

Après la théorie, nous passons à l'application. Je rejoins des membres de la tribu et prends le risque d'exécuter un *haka*. Je m'implique au mieux, désireux de pousser l'expérience au maximum. Étirant ma langue comme un serpent menaçant, je me mets à pousser des cris terribles ! Je me retrouve vite torse nu et frappe sur mes pectoraux bombés, sur mes coudes aussi, avec insistance. J'attrape au vol les clameurs que me lancent les Maoris et les répète en hurlant, ma voix pleine d'accents gutturaux que je ne lui connais pas. Bourré d'adrénaline, je ne me contiens plus. Suant et haletant, j'ai l'impression d'avoir été intégré à la tribu hilare autour de moi.

À la fin de cette riche journée, j'aboutis à une salle de spectacle. Après une présentation des divers instruments de musique utilisés par la communauté, l'atmosphère devient festive. Des Maoris dansent et entonnent des airs anciens. Un nouveau *haka* s'organise, avec tous les participants cette fois ! Je finis par monter sur scène, ce qui donne lieu à trois photos épiques où je me mets en scène : la première avec mes compagnons maoris, la deuxième avec le drapeau néo-zélandais, la dernière dans une position fiérote de guerrier.

Premier haka de ma vie, dans le village de Rotorua !

Banquet maori

Après avoir fait mon choix parmi la nourriture succulente du buffet dressé par les Maoris, je passe à table, accompagné des membres de mon groupe. J'ai tellement faim, faute d'avoir mangé jusqu'ici, que je ne parle pas, trop concentré sur les salades, les poissons et tous les produits locaux colorés posés dans mon assiette. Les conversations se déroulent en anglais et, juste en face de moi, en français. J'essaie de repérer à l'accent le pays d'origine des personnes francophones, mais je n'y parviens pas.

Enfin rassasié, je commence à expliquer mon parcours à qui veut l'entendre. Le fait que je voyage depuis ma prime jeunesse et que je visite la Nouvelle-Zélande en stop, sans rien organiser, laisse toute l'assistance bouche bée. Les gens semblent impressionnés, j'entends des "incroyable", des "whaou", je me fais volontiers mousser. C'est un peu facile, je sais, mais je suis toujours satisfait de ce genre de situations. Il faut bien se faire plaisir de temps en temps !

Bon, pour le coup, je suis un peu gêné par l'odeur qui se dégage de mon corps... Depuis le départ de la maison de Mary, je n'ai pas acheté de quoi manger, certes, mais je ne me suis pas non plus douché. Et puis, je n'ai pas eu accès au moindre point d'eau. Résultat, je sens le voyageur. Mon ample t-shirt noir dégoulinant de sueur et la mèche grasse qui sort de ma casquette ne plaident pas non plus en ma faveur.

Au moment où je raconte mes péripéties à ce public conquis, ma raison me chuchote : "Purée Gaël, tu fais le malin, tu te vantes avec tes exploits... Mais une fois ramené par le bus dans le centre-ville, le soir sera tombé et tu devras dormir dans un parc, un trottoir, n'importe où, en te cachant comme un SDF... Les Rangers te contrôleront et, pompon sur la cerise, tu vas te taper une amende salée. T'es dans la merde, alors, sois stratège. Autour de toi, qui va te loger ? Cherche et trouve !"

J'opte dans un premier temps pour ceux qui discutent dans ma langue natale. Le monsieur est imposant, vêtu d'une chemise élégante. Des cernes noirs montrent une fatigue qu'il masque adroitement par un réel charisme. Peut-être un Italien d'origine... Sa femme aux cheveux noirs ondulés l'accompagne, ainsi que ses trois enfants. Je m'adresse à l'homme de la famille, qui semble le plus avenant.
— Bonjour ! Vous êtes Français, non ? Vous venez d'où ?
— Bonjour... Eh bien, j'ai grandi à Paris, mais je vis en Israël. Je suis juif et je voulais retourner sur la terre de mes ancêtres.
Je reste bouche bée. C'est la première fois que je rencontre des Israéliens francophones !

Emporté par un élan de curiosité, je le questionne sur son pays, ses traditions, sa gastronomie. Il me répond avec gentillesse et me présente une de ses filles, une femme musclée qui n'a pas sa langue dans sa poche. J'apprends qu'elle vient de terminer son service militaire. En effet, celui-ci est mixte en Israël. Je comprends mieux pourquoi la demoiselle possède un si fort caractère.

Après avoir discuté de long en large au sujet d'Israël, de sa famille et des différences entre l'Europe et le reste du monde, je lui avoue dans un soupir :
— Écoutez, c'est très agréable de converser avec vous, mais ce soir, je ne sais où loger !
Pendant que la phrase sort de ma bouche, je rigole nerveusement. Ma tête déborde d'anxiété à l'idée d'essuyer un refus. De plus, mon interlocuteur a une famille nombreuse et, à mes yeux, cela l'empêche de m'aider. Aussi, plutôt que de me prendre un râteau, je me lève et fait le tour des touristes qui savourent les mets maoris.

— Non.
— Impossible pour moi.
— *Sorry.*
— Nan, désolé.
— Je ne vis pas ici !
— Mon hôtel n'acceptera jamais !

En désespoir de cause, je tente d'user de mes charmes pour convaincre une nana de me laisser dormir chez elle. Mais entre l'odeur que je dégage et mon aura de crève-la-faim, je me fais planter en beauté. Dans mon esprit, c'est foutu pour ce soir. Je rejoins mon siège, ma casquette masquant ma figure honteuse, discret et comme muselé, un chien sans collier. Je m'apprête déjà à rejoindre Tauranga, son bitume, ses grandes artères...

La bouche tordue par une moue de déception, je finis mon dessert. Il risque de constituer mon seul apport calorique avant un certain temps. En face de moi, l'Israélien interrompt le silence pesant qui s'est installé depuis que les touristes ont commencé leur digestion. L'homme me déclare :
— Tu sais quoi ? Je te regarde depuis tout à l'heure. Nous avons un peu bavardé. Je comprends que tu as besoin d'un lieu pour passer la nuit. Tu n'es pas un mauvais bougre, tu es même sympa. Je viens d'en parler avec ma femme et si tu le désires, tu peux rentrer à la maison avec nous !

C'est vraiment à moi qu'il s'adresse ? Je n'aurais jamais parié sur eux ! N'empêche, dans les situations extrêmes, ce sont toujours les individus les plus improbables qui me sortent de la boue.
— Alors, qu'est-ce que tu en dis ? lance son épouse.
Elle sourit devant mon air béat.
— Eh ben, j'en dis... Ouf ! Oui, j'accepte ! Merci, merci mille fois !

Kuirau Park

Accompagné de mes nouveaux comparses, j'ai embarqué avec tous mes sacs dans un bus en direction de Tauranga. Nous nous sommes arrêtés devant l'énorme demeure en bois, siège de l'office du tourisme de la ville. Ma méfiance naturelle m'obligeait à rester le plus proche possible de la famille israélienne : et s'ils changeaient d'avis à mon égard ?

C'est Natan, le père de famille, qui a rapidement tranché la question :
— Viens avec nous, Gaël. Dépose tes affaires dans notre voiture de location. Comme je suppose que tu n'as pas eu le temps de visiter la cité, je te propose une excursion dans un parc étrange !

L'endroit en question, Kuirau Park, n'était pas très loin du centre-ville. Au coucher du soleil, il m'a offert un spectacle intéressant, un peu lugubre, en tout cas hors du commun.

Ce qui m'a frappé, au début, c'était l'odeur peu ragoûtante. Pour être franc, ça sentait très mauvais. Des remugles rappelant l'œuf pourri saturaient l'atmosphère, nous causant en premier lieu de légères suffocations. Cette puanteur provenait en fait du soufre, Kuirau Park étant connu pour son activité géothermique.

Je me suis donc baladé au milieu de vapeurs qui s'élevaient d'eaux presque bouillonnantes. Les fumées dégagées étaient très chaudes, à tel point que des barrières protégeaient les intrépides auxquels serait venue l'idée de s'approcher trop près des trous fumants. Parfois, de petits geysers apparaissaient. Cerné par les roches ternes, les fumerolles méphitiques et les marécages bulleux, j'avais l'impression d'être plongé en plein Crétacé. Il ne manquait plus qu'un tyrannosaure !

C'est au milieu de cet endroit cauchemardesque que j'ai été frappé par une terrible peur rétrospective. Heureusement que cette famille m'avait accueilli. Sans elle, alors que le soir tombait, je me serais retrouvé seul dans cette zone inhospitalière. Dormir à proximité de ces bulles répugnantes et infectes, de ces crevasses boueuses qui éclataient sans cesse, de ces jets torrides capables d'entamer ma peau aussi profondément que l'acide… Non merci !

Profitant de l'instant présent sans me soucier d'un logement ou d'un véhicule à trouver, j'errais dans ce fantomatique paysage. J'étais accompagné par les deux sœurs et leur frère. L'une dirigeait notre minuscule troupe d'une main de fer, l'autre était plus calme que les pierres, le troisième plus réservé encore. J'ai préféré échanger avec le père. Je le voyais comme le parrain d'une mafia inconnue. Petit, imposant, son sac noir à la main, sa démarche pesante mais contrôlée… Un vrai Don Corleone. Vu la taille modeste du parc, nous avons achevé notre tour rapidement et il s'est penché vers moi pour me souffler : "Rentrons, mon petit Gaël."

Un souper sympathique

À peine rentré dans la demeure, Natan me prend à part :

— Tu dormiras dans le salon, où tu déposeras tes sacs. Et puis… prends une douche. Désolé mais tu ne sens pas très bon ! Ensuite, tu viendras nous rejoindre à table afin de manger avec nous. Je te réserve une surprise !

Tout cela m'intimide. Je croyais réellement qu'il m'offrirait le gîte, mais pas le couvert. Après m'être lavé consciencieusement et avoir rangé mes affaires, je me présente à table, où toute la famille m'attend.

— Euh... Bonsoir...

Natan s'empresse de m'indiquer ma chaise :

— Tu peux t'asseoir là, Gaël. Ma femme nous a préparé des plats typiquement israéliens. Bon appétit à toutes et à tous !

J'obéis et un amoncellement de nourriture se présente à moi. Le Parrain nomme tout ce que croise mon regard, me conseillant sur la manière traditionnelle de goûter chaque élément du festin. L'ahurissante générosité de cette famille me permet de remplir mon estomac famélique.

Mia, la maman, me décrit les alentours d'Eilat, la plus âgée ses souvenirs d'armée, la cadette son adolescence et les deux hommes observent, avec le sourire. On passe de l'anglais à l'hébreu, que Natan me traduit comme il peut vu le rythme effréné de la conversation. Je ressens une bouffée d'énergie au fond de moi, mélange de satisfaction, d'excitation et d'une profonde gratitude. Partager un plat et une agréable conversation avec des inconnus de la veille, voici ce qui rend l'auto-stop magique et me fait vibrer. Vivre dans le doute, s'éloigner du confort moderne, dans le même temps communiquer avec des êtres humains si différents les uns des autres, si différents de moi... je ne crois pas que de tels plaisirs se trouvent au volant d'un van de location.

Le père, ingénieur, m'explique qu'il est d'origine française. Il a installé sa famille en Israël, qui donne automatiquement la nationalité israélienne aux personnes pouvant attester qu'elles ont un grand-parent juif. Pour lui, ces vacances sont précieuses, car il peut enfin revoir sa fille qui revient du service militaire et son fils désormais adulte. Au bout de trois heures, il me déclare :

— Gaël, un de ces jours, il faudra venir nous rendre visite sur nos terres !

Ému et tout rouge, je me replonge dans mon assiette. À peine mon plat terminé, je suis resservi. Quel plaisir ! La nuit tombe sur la Nouvelle-Zélande. Nous nous saluons toutes et tous avec bienveillance. Je rejoins mon coin douillet dans le salon et m'endors facilement, exténué par ma riche journée.

Un échange incroyable avec la famille de Natan

Whakarewarewa

Le lendemain, après m'être levé, je constate que la famille est partie se promener en ville. Je prends le temps de préparer mon itinéraire. Mon attention se porte sur un village au nom délicat à prononcer pour un francophone, Whakarewarewa. Cet endroit semble plus typique que Tamaki : les Maoris y vivent réellement, 24 heures sur 24, en respectant leurs traditions ancestrales. Une belle opportunité d'approfondir mes connaissances sur la culture des Kiwis s'offre donc à moi !

Les Israéliens étant rentrés au domicile, je leur suggère de m'accompagner à Whakarewarewa. Ils s'inclinent face à mon insistance. La visite, prévue cet après-midi, devrait en valoir la peine. Tandis que Natan, Mia et leur troupe s'adonnent aux préparatifs de leur voyage retour, j'immortalise mon passage chez mes merveilleux hôtes, le drapeau de la Nouvelle-Zélande et ma pancarte en évidence. À la fin de notre séance de shooting, j'apprends avec surprise que la fille aînée de la famille veut lire un discours en mon honneur !

J'en suis tout ému, d'autant plus qu'elle renouvelle avec insistance l'invitation de son père à séjourner en Israël. Après ces moments de joie, nous nous résolvons à lever le camp et à nous diriger vers le village, à quelques centaines de mètres seulement de notre logis.

Deux vigiles, extrêmement musclés mais gentils comme des nounours, nous accueillent aux abords du site. Nous payons notre entrée, puis me vient une idée saugrenue. J'ai l'impression de faire partie du décor, du peuple maori, aussi je décide de pratiquer un *haka* au milieu de ces cerbères athlétiques. Seront-ils à la hauteur des champions de Tamaki ? Sous les flashes de mes amis, qui se joignent à la danse, nous nous lançons dans la cérémonie de l'accueil, langues tirées et frétillantes, yeux exorbités, nos corps bandés au maximum. Une réussite !

À mon entrée dans Whakarewarewa, une odeur d'œuf pourri a assailli mes narines. Désormais, j'en avais la certitude : le soufre, ce n'était pas mon pote. Il me prenait à la gorge et tout mon corps rejetait ses effluves insupportables. Je me suis courageusement avancé vers les petites maisons en bois, surélevées par une couche de pierres et coiffées de paille. En les examinant sous toutes les coutures, j'ai constaté que j'étais bien loin d'un décor reconstitué, comme à Tamaki, et que j'entrais au contraire dans la vie réelle du peuple maori.

Les autochtones avaient convenu de résider à côté des geysers et des fumerolles brûlantes. Je saluais leur témérité, qui détenait un réel avantage : ils cuisinaient en chauffant leurs repas sur les flots bouillonnants. C'est ainsi que j'ai pris le soin de cuire dans la vapeur nauséabonde, comme tout le monde, un épi de maïs confié par les habitants. Pour être franc, il n'était pas mauvais du tout.

Tandis que je poursuivais ma promenade, le village m'est apparu vaste et très actif. Les amateurs de BD y auraient vu le village d'Astérix. Je passais d'un logis à un autre, admirant les objets artisanaux mis en vente et entrant aussi dans la vie privée des résidents. J'ai croisé un homme qui se faisait tatouer en respectant les techniques anciennes de sa communauté. L'artiste utilisait un ciseau en os et de l'encre, l'œuvre recouvrant l'entièreté du corps. La peau évoluait, mutait sous les coups précis du tatoueur. Il déployait au bout de son outil des volutes sombres symbolisant les anciens de la famille, les esprits et la communion avec les éléments naturels.

La brume résultant de l'humidité générale cernait Whakarewarewa. Je me croyais dans les temps médiévaux ou dans un récit d'*heroic fantasy*, m'imaginant en chevalier ou en Conan le Barbare des temps modernes. Ensuite, je me suis rendu dans la forêt afin de contempler Pohutu, un geyser de 30 mètres qui se réveillait toutes les heures, avec la précision d'une horloge. La pression des eaux était colossale, comme palpable, et la puissance du jet, projeté à cette hauteur, effarante. J'ai lancé mon faucon d'acier juste au début du spectacle et immortalisé cette explosion aqueuse dans une somptueuse vidéo. La nature me livrait, au sein d'un paysage à la beauté virginale, un moment unique. Deux Français qui m'observaient ont entamé la discussion après m'avoir observé. Ils se sont étonnés de mon jeune âge et de mon parcours. Nous nous sommes raconté nos vies, comparant nos contrées respectives et les réactions que faisaient naître en nous le pays des Kiwis.

La famille s'étant dispersée, j'ai décidé d'accompagner Mia dans une salle sombre, pour un spectacle de *haka*. Encore, me direz-vous ? Eh oui, ce rituel était devenu une addiction pour moi. Et puis, ma technique ne cessait de s'améliorer. À la fin de la cérémonie, j'ai pu monter sur scène, tout comme le reste du public, et quel succès ! Endiablé au milieu des jolies filles et dans la chaleur du moment, j'ai même arraché des moues d'approbation à quelques danseurs.

De retour au grand air, fier de mon exploit, j'ai exploré la tête haute les ruelles du hameau. Je me suis mêlé aux natifs du lieu, fixant mon regard sur les bijoux, essayant d'apprendre des rudiments de la langue locale, perçant les secrets de fabrication d'un potier que j'ai rencontré. Impossible de tout voir en une seule journée !

Tout au long des dernières 48 heures, je m'étais aventuré dans les profondeurs de la civilisation maorie. Il était hélas temps pour moi de remonter à la surface et de quitter ces abysses étonnants. Par la même occasion, il fallait me séparer de mes compagnons de route, Natan, Mia et leur famille. Je les ai serrés dans mes bras, les remerciant chaleureusement pour leur générosité et pour m'avoir accueilli dans leur intimité. J'ai repris mes sacs dans la voiture et, avec un grand pincement au cœur, je les ai vus partir, espérant les revoir un jour dans leur pays.

À mes côtés se trouvait un Maori dont le visage était entièrement tatoué. Même en Nouvelle-Zélande, c'est extrêmement rare de rencontrer des individus étant allés jusqu'à se couvrir ainsi de signes traditionnels indélébiles. J'avais appris que c'était dans certaines lignées une manière de transmettre la tradition. Ainsi, de père en fils et sur plusieurs générations, l'âme des ancêtres ne s'éteignait jamais. L'homme portait autour du cou une énorme pierre verte, un pendentif de jade traditionnel nommé Pounamu et symbolisant la force. Tout le village possédait ce magnifique bijou. J'aurais bien voulu me munir d'un tel artéfact, mais j'avais pâli plusieurs fois en voyant leur prix.

C'est sous le regard de ce guerrier que j'ai repris la route à pied, tortue affublée de sa carapace, marchant lentement et ballotant de gauche à droite. Je ne pouvais m'empêcher d'être impressionné par l'ancrage de la culture originelle de la Nouvelle-Zélande. Quand on compare ce territoire aux autres colonies anglaises, dont la culture a été limitée, réduite, voire détruite, on se rend compte que les Maoris ont réussi à conserver une certaine influence. La langue maorie est reconnue dans le pays, une chaîne de télévision uniquement maorie existe et cette culture n'est pas rabaissée, mais plutôt célébrée. Bien sûr, des discriminations idiotes persistent comme partout, mais il me semble qu'elles s'imposent bien moins qu'ailleurs.

Laissant mon admiration de côté, je me suis ensuite concentré sur l'instant présent. Je devais me placer à l'endroit le plus stratégique possible ! Mon choix s'est porté sur un virage situé quinze minutes plus loin, où les véhicules ralentis par le trafic s'arrêtaient. J'ai lancé mon pouce, agitant ma pancarte… en vain. Étais-je déjà redevenu invisible ?

Me voilà en plein haka avec les gardiens de l'entrée de Tamaki

Le hasard et le lac vert

Au bout d'une heure, la vision de ces automobilistes à l'arrêt mais ne me chargeant pas devient tout simplement insoutenable. Je sens que je vais stationner dans cet endroit jusqu'au bout de la journée. Je décide donc, pour me calmer les nerfs, de m'asseoir et d'écouter de la musique, la bande originale du film *Into the Wild*. "L'attente monotone, ça fait partie du jeu…" me chuchote la voix de la raison. "Ouaip… mais ça fait chier !" rétorque la voix du cœur.

Me reposant sur mes sacs à dos, agitant ma pancarte, je contemple le temps qui passe en philosophe. Enfin, j'essaie. J'aperçois au loin des individus étranges qui commencent à gesticuler, visiblement pour moi. Des coups de klaxon, des "hello" déformés retentissent à mes oreilles. Certainement les tarés du coin. Ou pire, les deux compères des Omanawa Falls qui arpentent les routes à ma recherche, torse nu, ivres et toujours aussi disjonctés. Constatant que la camionnette s'est arrêtée au loin et que la portière est ouverte, je me pose une simple question…

"Qui sont ces gens ?"

Je m'approche prudemment quand une tête familière apparaît, suivie d'une seconde. Je les reconnais de suite, c'est mon couple d'Anglais, mes comparses Emily et Gaith, avec qui j'ai visité Hobbiton ! Je saute de joie, trop heureux de retrouver des amis parmi un foule d'inconnus qui m'ignorent copieusement depuis des heures. La probabilité que je tombe sur eux était si faible ! Nous nous étreignons avec émotion et, afin de ne pas bloquer la circulation, je rentre prestement dans le véhicule, qui démarre aussitôt.

J'avoue que dans cet habitacle, je m'éclate bien ! Je repars à l'aventure avec un couple que j'apprécie fortement et cet agréable hasard nous amuse beaucoup. La vie m'offre une seconde chance d'épanouir cette rencontre palpitante. Après les retrouvailles d'usage, la question fut posée par Gaith :
— Bon, Gaël, tu vas où ?
— J'ai prévu de visiter Wai-O-Tapu. C'est un lieu très connu dans le monde, un parc géothermique avec des couleurs magnifiques, des fumées partout... Vous allez voir, on va se croire en pleine Préhistoire !
— *Ouch*, on n'avait pas prévu de visiter cet endroit... Mais on peut t'y déposer en passant, à la réception si tu veux, pour t'éviter trop de chemin.
— Merci beaucoup ! Et sur la route, on pourrait faire un détour par le lac, euh... Attends, laisse-moi checker le nom... Rot... Rota... Rotowhero ?
— Oui, pourquoi pas !

Emily a mis la radio à fond la caisse et nous avons retrouvé l'ambiance joyeuse qui m'avait tant plu quelques jours plus tôt. L'arrière du van était toujours rangé n'importe comment, avec les outils nécessaires aux *backpackers*, les plantes qui tentaient de survivre au voyage et ce décor hautement hippie, digne des années 70. Grâce à Maps.me, nous avons pu nous orienter sans encombre afin de découvrir Rotowhero, le "lac vert".

Au bout d'une vingtaine de minutes de conversations enflammées et de karaoké approximatif, nous avons laissé la voie rapide qui menait tout droit à la ville, pour emprunter la vieille route de Wai-O-Tapu. Entourés par les arbres, nous nous sommes arrêtés au bout de quelques mètres seulement. Là, une trouée dans la forêt donnait directement sur le lac, suivant l'arrondi d'une berge douce où s'échouaient des amas de mousse. Je suis descendu de la voiture pour mieux contempler cette belle étendue liquide, qui m'a immédiatement bluffé.

C'était la première fois de mon existence que je posais les yeux sur une eau aussi verte. On aurait juré que la nature, après avoir dressé ces collines verdoyantes, moutonnantes de feuillus vert sombre, avait versé le reste de sa palette dans le lac, lui donnant cette merveilleuse teinte qui passait de l'impérial à l'émeraude, quand elle n'était pas tout simplement fluorescente ! De gracieuses vapeurs blanches se déroulaient à la surface, au loin, comme pour mieux souligner ce camaïeu de verts. Il était évident que je me rapprochais du Wai-O-Tapu multicolore qu'on m'avait raconté, et que Rotowhero en était le fabuleux amuse-bouche. J'ai lancé mon drone, bien sûr, pour capter toutes les nuances du chef-d'œuvre.

Un peu pressés par mon programme cependant, nous avons sauté dans le van et sommes repartis, en direction d'un nouveau joyau, plébiscité cette fois par les voyageurs qui passent en Nouvelle-Zélande. Les quelques kilomètres restants ont défilé dans la bonne humeur et je ne me suis même pas rendu compte de mon arrivée à destination. Alors, le stress m'a frappé. Il était tard, le parc s'apprêtait à clore ses portes et je ne voulais pas rater cette étape de mon aventure. Tant pis ! S'il était fermé, j'irais me cacher dans une forêt avoisinante afin d'y dormir.

Sur la route, court arrêt pour admirer le bleu intense de ce lac

Wai-O-Tapu

Comme convenu, Gaith et Emily me déposent à la réception. Ils me prennent dans leurs bras et me déclarent :
— Quel plaisir de te revoir et d'avoir passé un moment ensemble ! Qui sait ? Nous nous reverrons peut-être… Jamais deux sans trois !
— En tout cas, si vous me revoyez en bord de route, n'hésitez pas à me charger ! Encore un grand merci. C'est vraiment top de vous connaître !

Muni uniquement de ma caméra et de mon appareil photographique, je pénètre à travers des émanations d'œufs pourris. Décidément, cette odeur de soufre me poursuit. Mais elle n'est pas si gênante, car les merveilles qu'elle cache valent généralement le détour. Entouré par les fumerolles et les geysers, je discerne entre eux de grands points d'eaux torrides. J'avance sur un sentier très bien balisé. Des barrières et des passerelles me sécuriseront tout au long du parcours, qui durera approximativement deux heures. Et le spectacle commence.

Tout d'abord, la "palette de l'artiste" ! C'est sans doute de là qu'est tombée la peinture verte de Rotowhero… J'ai vu toutes les couleurs de l'arc-en-ciel étalées devant moi. Des jaunes éblouissants, des roses bonbon, des violets profonds, des oranges chaleureux, des rouges terreux… Selon l'endroit où je me tenais, les teintes des reflets qui chatoyaient sur la surface liquide variaient à l'infini. Je ne sais quelle magie était à l'œuvre, m'interdisant de détacher mon regard d'un tel spectacle. À l'autre extrémité de l'étendue vaporeuse mais proches néanmoins, les volutes la Champagne Pool donnaient à l'atmosphère une curieuse pesanteur.

Je me suis dirigé vers ces fumerolles intrigantes. Très vite, environné par la brume et les vapeurs chaudes, je me suis retrouvé comme au milieu d'un nuage. À la fois rêveur et inquiet, je ne discernais plus rien dans cette purée de pois digne d'un sauna surchauffé ! Wai-O-Tapu, les "eaux sacrées", m'avaient propulsé dans un monde à part, rempli de mystères fantomatiques. En écartant enfin ce rideau nébuleux et blanchâtre, j'ai découvert la Champagne Pool, un gigantesque bassin d'eau fumante. Un cercle minéral orange vif encerclait ses eaux bouillonnantes, qui oscillaient calmement entre le glauque et le gris.

J'ai marché quelque temps pour trouver un dernier point étonnant, qui partageait soi-disant la couleur verte du lac Rotowhero. Un pont de planches plus tard, je découvrais le Devil's Bath, ou le "Bain du Diable". Je constatais en effet que l'enfer était vert... et même vert fluo ! Si Rotowhero représentait un élégant miroir de la forêt vivant autour de lui, le Devil's Bath était un trou rempli d'acide, dans un sol sec et blanc. Je m'attendais presque à en voir sortir le Joker !

Malheureusement, il était temps de partir. Je tentais de ralentir le rythme en m'attardant sur les eaux bouillantes et les fumées voltigeantes, méditant encore et encore devant cette peinture de maîtresse aux tons si diversifiés. En sortant du parc, les images sensationnelles se superposaient les unes aux autres dans mon cerveau. Je devais emprunter un long chemin avant d'atteindre une route passante. Or, il n'y avait personne sur le parking pour me mener à bon port.

Un soupir las aux lèvres, je me munis de tous mes sacs. "Encore marcher... C'est la vie." Heureusement, j'aperçois aux loin deux camping-cars qui démarrent. Ma petite voix m'ordonne : "Gaël, tu sais ce que t'as à faire... Allez !" Je me mets à courir le cent mètres, alors qu'un des deux véhicules commence déjà à rouler. Pour augmenter ma cadence, je jette une partie de mes affaires par terre, au bord du sentier. Comme si j'avais le diable aux trousses, je me rue en direction de mon seul espoir, le rejoins et, échevelé, suant, rouge comme une tomate pas fraîche, je hurle à m'en déchirer la gorge...

"STOP !"

...tout en écartant les bras afin d'empêcher le mastodonte roulant de poursuivre son parcours ! L'homme au volant, un vieux monsieur totalement surpris et les yeux écarquillés, s'exécute et freine brusquement.

En m'entretenant avec lui pour lui raconter ma situation, je comprends qu'il est d'origine allemande. Son accent à couper au couteau ne laisse place à aucun doute. Jamais je n'ai argumenté aussi rapidement. Qui je suis, quel est mon but, mon parcours, mes envies... Cerise sur le gâteau, je lui explique qu'habitant en Belgique, je suis quasiment son voisin. Je conclus en appuyant sur une dernière corde sensible :
— *Please*, pourriez-vous me prendre ? Je risque de marcher pendant des kilomètres et ce soir, je ne saurai pas où aller dormir ! Vous n'iriez pas dans le sud ? Ce serait extraordinaire !
Un peu hésitant, le grand-père, qui se prénomme Helmut, prononce malgré tout la formule magique :
— *Ach, kein Problem ! Kommen sie mit mir !*

— Par contre euh… j'ai laissé mes sacs là-bas !
Je lui désigne le tas balancé négligemment pendant ma course.
— *Kein Problem !*
Je monte à ses côtés et il opère une manœuvre pour récupérer mes affaires. Pour la première fois, j'expérimente le camping-car. Helmut est rigolard et me demande où précisément je désire me rendre. Je regarde vite la carte sur Maps.me, dans une atmosphère très sympathique. Mon doigt pointe Huka Falls, des rapides réputés. Il acquiesce. Ce n'est pas sa destination, mais il peut faire un crochet pour me déposer.

Avec ma ceinture de sécurité bien attachée, tranquillement installé, je lui résume ma vie. J'aimerais remarquer ici que, malgré mon envie de rencontrer des gens, de discuter avec eux, et même s'il me paraît plus poli de parler avec les personnes qui me secourent ainsi… c'est toujours assez fatiguant de redire la même chose, encore et encore, à chaque nouvel interlocuteur. Parfois, je suis exténué par mes journées remplies d'émotions, et cette répétition obligée me pèse. Je me fais violence alors que, dans ces moments-là, je préférerais me taire, qu'on laisse couler, qu'on me laisse roupiller un bon coup.

Évidemment, cela ne m'empêche pas de trouver ces interactions enrichissantes, de créer de nouveaux contacts avec plaisir, de nouer de véritables liens, même éphémères mais sincères. Simplement, ne croyez pas que les *backpackers* sont des monstres de conversation qui se lient d'amitié comme ils respirent. Ça demande des efforts qu'on n'a pas tout le temps l'énergie de fournir, mais que, pour beaucoup, on fournit quand même.

Pour le moment, j'espère surtout arriver avant que la nuit tombe. La musique qui sort du poste de radio est agréable, mais je n'en peux plus. Je veux dormir mais, outre mes considérations sur la politesse, il est hors de question que je somnole en présence d'un inconnu, pour des raisons pragmatiques de sécurité. Nous continuons le chemin et c'est maintenant au tour de papy Helmut de me relater son périple. Il a loué ce véhicule avec des copains, apprécie énormément son séjour et me raconte ses virées avec tous les détails que la barrière de la langue laisse passer.

La Belgique et l'Allemagne n'ont jamais été aussi potes qu'aujourd'hui.

Mon ami allemand, qui m'a emmené dans son camping-car. Il dégage une belle énergie !

Toutes les nationalités

Toujours dans l'immense camping-car de mon ami Helmut, je me dirige vers les Huka Falls. L'Allemand m'admire visiblement et n'arrête pas de me l'affirmer ! *"Ach ! Das ist gut !"* Un garçon si jeune qui voyage pour réaliser ses rêves ! Heureusement que j'étais sur le parking pour t'aider !" Je continue de répondre à son interrogatoire, en règle mais convivial. Alors que nous bavardons, nous approchons d'un lieu bien situé pour continuer à exercer mon activité d'auto-stoppeur.

Helmut appuie à peine sur la pédale d'accélération qu'un autre véhicule survient et s'arrête. Un homme rondouillard au crâne rasé, typé arabe, solaires sur le pif, l'air éreinté, ouvre sa portière. Je n'ai pas tellement envie de poursuivre ma route avec lui car il me semble louche. En effet, il me fait penser à Tony Montana, dans *Scarface*, mais avec un certain nombre d'années en plus ! Finalement, n'ayant pas envie de rester bloqué au bord de la route et soucieux de ne pas perdre de temps, je m'engouffre dans la voiture aux vitres teintées.

Très sérieusement et sur un ton monocorde, il me demande :
— Vous allez où ?
— Huka Falls, Monsieur.
— C'est sur ma route. Je peux m'en approcher.
— Parfait. Merci beaucoup, Monsieur.

Je suis bien loin du chaleureux accueil germanique, mais je ne me plains pas. Curieux de nature, alors je le questionne sur son pays d'origine. En effet, la communauté arabe n'est pas grande en Nouvelle-Zélande. À ma question, mon hôte se réveille ! J'apprends avec surprise que Malik est homme d'affaires et qu'il vient de Palestine.

D'après ce que j'en sais, Palestiniens et Israéliens ne s'apprécient guère. Alors que je me suis habitué à relater mon parcours en Nouvelle-Zélande à qui veut l'entendre, je me mords la lèvre. Mieux vaut ne pas évoquer mon séjour avec Natan et sa famille… D'un autre côté, intellectuellement, mon intérêt est piqué au vif. Je trouve cela intéressant de passer d'un point de vue à l'autre, d'autant que je ne maîtrise pas parfaitement les tenants et aboutissants du conflit entre les deux pays.

La musique arabe, douce et lancinante, accompagnée par l'agréable brise de la climatisation, me berce gentiment. L'atmosphère se détend. Je me lance dans mon discours habituel de présentation, avide d'en savoir plus sur mon conducteur, quand une alarme retentit soudain. Malik se tourne vers moi et m'avertit :
— C'est l'instant de la prière !

Le silence se fait, sacré. Mon conducteur murmure une série de phrases inintelligibles à mes oreilles. La puissance de son recueillement m'apparaît dans toute son intensité, même s'il continue de conduire. Grâce à ce covoiturage, je baigne désormais dans les mystères de l'Islam, assis avec respect dans une mosquée en mouvement. Une fois qu'il a terminé ses dévotions, Malik se met à m'entretenir politiquement au sujet de son pays. Je me chuchote : "Surtout Gaël, tu restes neutre. Écoute, apprends, et ne juge pas !"

Dans mon cerveau s'emmêlent la Cisjordanie, la bande de Gaza, les tentatives de paix, des échecs, le mur... Ses critiques portant sur les habitants de Jérusalem et de Tel-Aviv sont vives, de même que celles qu'il émet sur les colons et les juifs orthodoxes. Pour autant, et cela me donne autant d'espoir que cela m'attriste, je suis certain que des individus comme Natan et mon conducteur pourraient s'entendre sur bien des points... Encore faudrait-il qu'ils se rencontrent ! Moi, dans cette histoire, je ne suis qu'un léger point central qui constate que les convergences sont plus nombreuses que les oppositions.

Ne désirant pas pénétrer plus loin dans ce sujet que je ne connais pas assez, je tente de le détourner vers quelque chose de plus futile, poussant des "oui...", des "c'est dommage" ou "c'est triste". Ce n'est pas très courageux, certes, mais n'est pas diplomate qui veut. Par la suite, il me confie qu'il s'est expatrié en Nouvelle-Zélande, et m'explique sa routine dans les affaires.

L'ambiance retrouve la chaleur qui l'avait un peu quitté avec notre discussion sur le conflit, et nous commençons à rire des petites choses de la vie. Plus nous avançons sur notre chemin, plus je découvre un chouette gars, honnête et droit. Autant pour Tony Montana... Le trajet est si agréable que je ne m'aperçois même pas que nous sommes arrivés à destination.

Malik me fait descendre près d'un rond-point, sur une route de campagne. Nous prenons le *selfie*, lui avec ses grosses lunettes et moi avec mon éternel t-shirt noir, et il signe mon drapeau de la Nouvelle-Zélande. Il commence à être recouvert de signatures et je m'en réjouis.

Il me fourre dans les mains des spécialités culinaires palestiniennes préparées par sa femme. Quel bonheur ! Je vais donc aussi découvrir l'aspect gastronomique de sa culture, sans avoir rien demandé, et j'admets que c'est toujours le genre d'aspect qui me plaît ! Je ne peux pas refuser. Hors de question d'offenser mon comparse, et puis, de mon vieux pain, il ne restait que quelques miettes immangeables.

Après d'affectueux adieux, je retrouve mon asphalte en solitaire. Heureusement, je peux compter sur le mets fantastique que j'ai entre les mains. Des légumes juteux, du riz parfumé, des préparations à pâte fine. Je savoure la délicatesse de ces saveurs orientales, tout en levant mon pouce vers le haut. Je ne suis pas loin de mon objectif, le fleuve Waikato… Il me faut simplement trouver un bon Samaritain pour m'y mener.

Une merveilleuse rencontre

Je marche, car aucun véhicule ne pointe à l'horizon. Je commence à m'habituer à ces randonnées imprévues. De temps à autre, quelques automobilistes surgissent, mais ils ne s'arrêtent pas. Contrairement au début de mon *road trip*, je ne m'impatiente plus, attendant que la chance me sourit.

Cette dernière survient sous les traits d'un énorme 4x4 qui s'immobilise devant moi. Il remorque deux motos tout aussi impressionnantes. J'étais stupéfait de ce que me réservait le destin… Tant de moyens de transport et d'êtres humains différents ! Un gaillard avec une longue barbe, un ventre replet et une casquette poussiéreuse ouvre sa portière : un Texan ? Un habitant de Nashville égaré ? Un Américain perdu ? Non. Lorsqu'il relève son couvre-chef, je vois bien qu'il s'agit d'un Kiwi.

— Hey ! Tu vas où ?
— Je cherche Huka Falls !
— OK, viens avec moi ! Je te conduis là-bas.

Je le remercie, intrigué. L'homme revient, avec ses deux bolides, d'un *track*. Il s'agit d'une sorte de course ayant lieu dans des forêts où il plante sa tente. Le trajet n'est pas long mais nous discutons un peu de sa passion. La force tranquille qui se dégage de lui m'intimide, bien qu'il reste des plus sympathiques. En une journée, j'aurais donc été confronté à une famille israélienne, des Maoris, un couple d'Anglais, un Allemand, un Palestinien et un natif de l'île… qui semble sortir tout droit d'un ranch !

C'est fou la diversité des gens que l'on rencontre sur la route ! Voici la personne qui m'a conduit aux Huka Falls

Huka Falls

Les gens que j'ai rencontré en Nouvelle-Zélande n'étaient pas toujours néozélandais, c'est un fait. Ils partageaient pourtant cette caractéristique d'être toujours de bonne humeur, *chill*, un peu hippie sur les bords et… très amateurs de joints ! L'homme des bois ne fait pas exception.

Il me dépose sur un parking, je le salue et me retourne, interpellé par le bruit terrifiant qui emplit l'air. Je connais ces cascades de réputation, mais je ne m'attendais pas à une telle cacophonie ! Je m'approche lentement du monstre assourdissant et observe, à la fois horrifié et attiré par leur puissance, les violents rapides qui se tordent en bas des chutes. Les eaux descendent à une vitesse phénoménale. Elles filent, fusent, fondent avec vitesse et fracas, tant et si bien que j'en ai le tournis.

La force du vent remontant de la gorge abrupte, le tourbillon incessant des flots, me laissent entrevoir une fois encore la domination totale de la nature sur l'homme. J'en ai des frissons. Je me sens tout petit. Si quelqu'un par malheur tombe dans le Waikato, c'en est fini de lui, alors... "Ne sois pas ce quelqu'un", me souffle ma petite voix. J'ai lu que le débit de cette cascade est de 220 000 litres par seconde. Entre l'observer sur le net et dans la réalité, il y avait un sérieux pas mental.

C'était une chance fabuleuse d'être présent dans l'un des endroits les plus réputés de la Nouvelle-Zélande. J'en ai profité pour me promener avec mon sac à dos, prendre un moment pour moi, me relaxer, car la journée était loin d'être finie. J'ai fait voler mon drone discrètement, car les chutes étaient strictement surveillées. En tout cas, c'est ce que je croyais. J'hésitais, mais pas longtemps. Je ne pouvais pas manquer cette occasion, la vue du haut des Huka Falls était inimaginable. Je perçois encore aujourd'hui leur fureur et leur bleu transparent, qui se mêlait aux rochers dans une harmonie sauvage.

Entouré de touristes japonais et chinois, j'ai traversé le pont qui enjambait le fleuve, priant pour qu'il ne cède pas. Puis, je me suis rendu à un nouveau point de vue qui me rapprochait encore plus du phénomène. Le grondement des éléments y atteignait son apogée. Le vertige m'a gagné instantanément. J'avais la vision d'un tsunami qui se dressait devant moi, une catastrophe inarrêtable, une pureté de beauté et de destruction.

Je repars, étourdi par ma vision, et ouvre Maps.me afin de tracer mon futur itinéraire. Je ne sais plus trop où je suis ou ce que je fais après cette claque aqueuse, mais en inspectant attentivement la carte et malgré mon esprit confus, je comprends que j'ai manqué les Wairere Falls. Mince. Je me parle à moi-même, une vieille habitude qui me vient et m'apaise un peu, quand le stress me gagne.

"Bon, le stop fonctionne de mieux en mieux. Ma technique d'approche frise la perfection ! J'ai traversé tout le Sud et je dois trouver un lieu situé au nord d'Hobbiton. Ça veut dire que je dois remonter toute la carte... Je fais quoi ? Je dors ici près du fleuve ? Donc j'oublie les Wairere... un coin unique... la cascade la plus connue et la plus grande du pays ! C'est impossible, je peux pas louper une merveille pareille."

Je m'agite, pesant le pour et le contre, prêt à jouer les prochains jours à pile ou face. "Je vais le regretter toute ma vie si je n'y vais pas. C'est quoi, un jour ou deux de perdu ? C'est-à-dire rien du tout !" En avisant une dernière fois la cascade, bloc liquide comme planté derrière moi, sa toute-puissance, son autorité, je prends ma décision : "*YOLO*. On ne vit qu'une fois !"

Et je repars sur la route qui me ramène vers le Nord. À contresens, souriant, heureux.

Les Huka Falls à vue de drone. Un bruit immense, une incroyable force de la Nature

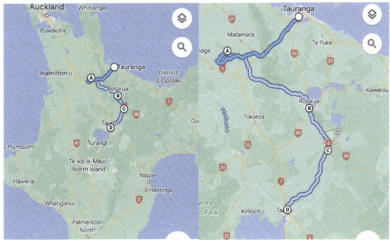

Mes étapes : je suis partie de Rotorua pour arriver à Waiotapu Thermal et descendre au Huka Falls, tout près de Taupo.

Chapitre 11 – Une erreur sur le trajet

Au fur et à mesure que j'avance sur cette route qui me fait revenir sur mes pas, un sentiment de malaise m'envahit. Je suis allé trop vite et ça m'a valu de rater un lieu emblématique. Quel idiot ! J'ai l'impression d'avoir fait la plus grosse bêtise de tout mon auto-stop. Et par-dessus le marché, je fais demi-tour pour corriger mon erreur ? Alors que mon visa limite la durée de mon séjour dans le pays ? Alors que j'ai gagné assez de temps pour découvrir le Sud de l'île l'esprit apaisé ?

La fin de l'après-midi approche. Mes chances d'observer les cascades sous le soleil s'amenuisent, tandis que le risque d'installer ma tente dans une forêt ou une quelconque vallée perdue augmente. Je contemple une dernière fois les rapides, replace ma casquette sur ma tête et me dirige vers l'axe rapide le plus proche.

J'agite à peine ma pancarte et, après deux brèves déceptions, un véhicule s'arrête. Le conducteur se rend justement à mon objectif. Est-ce un signe du destin ? En tout cas, je le comprends ainsi. Toutefois, je n'ai plus aucun souvenir de l'automobiliste, de sa silhouette, de ses croyances, de sa vie… Il ou elle me dépose à proximité d'une route importante, quasiment une autoroute. Pendant le court trajet, le soleil continue de descendre dangereusement. Les minutes défilent.

Le silence environnant l'artère principale de la région me stupéfie. Je ne distingue plus aucune voiture à des lieues à la ronde. Rien du tout. Mon seul horizon, hormis la bande d'asphalte, est une végétation luxuriante. "Si je reste sur place, c'est foutu de toute façon… Je n'ai pas le choix." J'attrape mes deux sacs et marche.

J'ai sorti mon téléphone de ma poche pour enclencher ma playlist de voyageur. La lumière du ciel virait à l'orange. Isolé de toute civilisation, j'ai randonné pendant quelques kilomètres. Je chantais, pensant à ma grande chance de vivre des moments aussi particuliers et précieux. Le défi était d'avancer, coûte que coûte. Je me remémorais les personnes que j'avais rencontrées depuis le début de mon vagabondage et ces pensées s'envolaient dans un océan de calme. Le trafic avait disparu. Il ne subsistait qu'un Belge solitaire qui, vaillamment, poursuivait un idéal.

Épuisé par la masse de mon matériel, j'ai enfin pu observer, au bout de 30 minutes, une lueur au loin. Celle-ci arrivait vers moi à toute allure. Me mettre en plein milieu de la route aurait été, d'une inconscience totale. Néanmoins, il fallait qu'elle s'arrête !

Je dépose au sol tout mon barda, prends mon carton "*I have a dream, I want to see New Zealand* ! *Can you help me* ?" et le secoue dans tous les sens. Certes, personne ne peut lire ce qui y est inscrit vu la rapidité avec laquelle je bouge ma pancarte, mais mes mouvements incongrus de singe sous acide, accompagnés de mon pouce levé vers le ciel, ne devraient pas laisser indifférent le conducteur ou la conductrice qui arrive. En outre, je vocifère :

— Je suis là, je suis là, je suis là ! Aidez-moi !

N'importe quel œil, même distrait, pourrait croire que quelque chose de désastreux vient de se produire, que je suis une victime de je ne sais quel larcin. Un petit jeune agressé. Le stratagème fonctionne : l'automobile freine et s'immobilise. À son bord, et ce n'est guère courant en Nouvelle-Zélande, un couple d'Afro-descendants. L'heure de convaincre était venue !

— *Something wrong ?* lâche le conducteur, l'air inquiet.
— Excusez-moi, excusez-moi ! Je suis paumé dans ce lieu et vous êtes les seules et uniques personnes que j'ai rencontrées. J'aimerais m'échapper de cette zone !

L'homme, un grand musclé qui porte d'épaisses lunettes teintées sur le nez, me répond sous le regard approbateur de sa femme :

— *Hey, why not ?* Allez, viens dans la voiture !

Surpris par la rapidité du verdict, j'entre promptement dans l'habitacle. Je suis un sacré veinard. Me coltiner à pied une distance aussi longue, même avec toute ma volonté, m'aurait découragé. Me connaissant, je n'aurais pas abandonné… Mais combien de jours aurais-je gaspillé pour atteindre mon but ?

L'homme me lance un sachet de chips et une bouteille de thé glacé et me dit :

— Fais-toi plaisir !

Je suis un peu embarrassé. J'ai l'impression, non, la certitude que les gens ont de la peine lorsqu'ils me remarquent au bord des chemins. Ils m'alimentent, comme une mère son nourrisson. Je ne refuse pas, car je crains que cela soit mal perçu. Et puis, mon éducation me l'interdit.

J'ouvre le paquet et l'homme redémarre en trombe. Il roule à tombeau ouvert sur le bitume. Je vérifie la trajectoire du bolide à l'aide de Maps.me : à cette allure, je m'approcherai rapidement d'un carrefour où le couple continuera tout droit, tandis que je prendrai à droite. Je lorgne également le paysage, constatant avec effroi que nous ne croisons personne sur ce territoire, manifestement abandonné ! Après une heure de Formule 1, nous arrivons à l'endroit convenu, où ils me déposent.

— Merci... Et merci pour l'en-cas, ça m'a fait du bien !
— Pas de souci ! Bon... Je te souhaite bonne merde, parce qu'il n'y a pas un chat ici ! Courage pour trouver quelqu'un et surtout, bon voyage à toi !
— Gloups... Merci beaucoup !

La dernière vision que j'ai est celle de la dame empoignant une poignée de chips. Je chemine de nouveau, mon fardeau sur le corps... "Aujourd'hui, c'est la journée calme. La journée du silence", je songe. Le chemin se réduit au fur et à mesure et je constate qu'il n'y a plus aucune opportunité de rencontrer un être vivant. En approfondissant mon détour par le fin fond de la campagne, je me demande si je ne me suis pas habitué trop vite à avoir de la chance. Face à l'horizon bucolique de pâturages accueillants, je m'immobilise, pose mes sacs et choisis d'attendre. Soit quidam me charge, soit je dresse ma tente pour la nuit afin de me lever tôt demain.

Je me suis couché au bord de la route, la tête sur mes provisions, mes baffles et ma musique à mes côtés, une brindille en bouche. Je me suis remémoré l'Équateur, le Costa Rica et les contrées que j'avais visitées dans le passé. Je profitais aussi de l'air pur et de la douceur du moment. Cet instant, je voulais le garder dans mon âme. L'ancrer. La vie passe tellement vite que même la banalité, parfois, est précieuse.

En bord de route, j'essaie de remonter au plus vite mais le soleil se couche et je dois me dépêcher

Mes chansons préférées envahissaient l'espace, je somnolais. Rien n'interrompait l'ouate s'insinuant dans mes pensées. Ces moments passés seuls m'autorisaient des détours réflexifs, des vagabondages intérieurs pendant lesquels je me questionnais. Des moments d'introspection où je me demandais notamment ce que j'attendais de la vie. Ce que je ferais de cette vie, après ce voyage. Je me remettais en question.

Alors que ma playlist se terminait avec la course du soleil, j'ai entendu le moteur caractéristique d'un 4x4. Je me suis réveillé lentement, constatant son passage. Trop lentement. J'ai compris soudain que je venais de rater une occasion.

"Merde !"

Mon corps se lève par réflexe, oubliant matériel, téléphone, boîtes de thon et portable dans le pré. Je cours avec l'énergie du désespoir, les bras en l'air, hurlant de toutes mes forces… NON, je ne veux pas dormir avec les vaches !

La voiture s'arrête. Je me rue vers elle tandis qu'un jeune en sort. Habillé d'un marcel, les cheveux mi-longs ornés d'une casquette, il ressemble à un agriculteur. Je lui expose rapidement mon histoire avant de lui demander, dans un souffle :

— Est-ce que tu peux me charger ? *Please !*

— Je ne suis pas sûr que...

— Écoute. Si tu ne me prends pas ici, je me retrouve seul, en pleine nature. Sans voiture... Sans confort... Sans rien. Tu es le seul que j'ai croisé aujourd'hui. Dépose-moi où tu veux, même dans une station-service, juste dans les environs.

Mon gaillard reste indécis. Il bredouille quelques mots inaudibles, gêné. Puis, sans doute fatigué de m'entendre gémir, il finit par céder. Je lui indique mes bagages dans la prairie, lui demandant encore un peu de temps pour les récupérer.

Je pique un cent mètres dans l'autre sens pendant qu'il entame sa manœuvre, regagne à toute allure le bolide et m'y installe confortablement. Notre cible, repérée sur Maps.me, est simple : il y a des pompes à essence à la fin de la route. Elles apparaissent après une distance sommaire et, l'homme, avec cordialité mais aussi un certain soulagement, me signale le parcours :

— C'est ici que nos chemins se séparent. Je continue tout droit, tes cascades se situent vers la gauche.

— Merci beaucoup, et bonne route !

La zone

Parfait ! Ce lieu correspond davantage à mon objectif, qui est d'arriver rapidement aux Wairere Falls. Dresser ma tente dans une station reste malaisé, surtout avec des gens qui passent constamment. Je commence à douter de ma décision. Et si la campagne que je viens de quitter était la meilleure solution pour la nuit ?

Assis par terre avec mes gros sacs, je donnais l'impression d'avoir été abandonné. Parmi les bovidés, j'étais au moins un être humain. Ici, je devenais un chien sans collier, soumis aux regards désapprobateurs de la populace. Mon long t-shirt noir pendouillait, ma casquette masquait mon visage, mon pantalon ne ressemblait plus à rien. Mes chaussures de marche faisaient peine à voir. Mes baffles diffusaient la même musique qu'une heure plus tôt, mais les notes résonnaient autrement, se perdant sous la voûte lugubre de l'auvent qui protégeait les pompes à essence. Je frissonnais, confronté à l'ambiance glauque de la station. Mon pouce se levait par automatisme. Je quêtais les automobilistes qui remplissaient leur réservoir, mais n'osais pas me déplacer vers eux, de peur qu'on me vole mon matériel.

En observant avec attention les clients, je constatais qu'ils prenaient tous la même direction que le jeune homme au marcel. Ils allaient tout droit, mais jamais à gauche. J'en étais bien embêté, car je voulais absolument éviter de dormir ici. Non loin de moi étaient installées des cages dignes d'un décor d'abattoir. Elles enfermaient des chiens qui aboyaient sans arrêt, parfois en me scrutant. Pour couronner le tout, le soir s'installait inexorablement.

Décidé à provoquer le destin, j'arrêtais tous les véhicules qui se rendaient à la station. Mais même si ma motivation était intacte, j'ai vite annulé cette stratégie, les gens restants sourds à mes appels. J'ai mis fin à cette frustration en marchant plus loin, pour m'y asseoir avec ma pancarte bien en évidence.

Une voiture arrive, à une dizaine de mètres de ma position. Elle freine !

Une dame et ses enfants sortent du véhicule. Je m'élance vers eux : pas le choix. Je suis trop stressé à l'idée de dormir près des pompes, dans une zone peuplée de canidés agressifs et dans l'insécurité la plus totale. Je jette mes sacs dans un talus, gardant uniquement sur moi celui qui contient mon ordinateur. J'atteins mon but avec célérité, estimant qu'une maman ne peut pas refuser ma demande.

Affolé, je bredouille une explication confuse tandis que la dame me regarde avec des yeux ronds. Je fais peur à voir, à vrai dire. Elle est peu rassurée. Je me mets alors à sa place. Un mec vient de lui foncer dessus, il s'agite dans tous les sens et lui raconte une histoire décousue. Elle pense, j'en suis persuadé, à la sécurité de ses enfants. À la sienne également. Je commence à désespérer de la convaincre.

D'une autre automobile, garée à l'avant de la première, émerge alors une nouvelle mère de famille, pensant devoir défendre son amie face à un dangereux agresseur. Pour les rassurer, je change la teneur de la conversation.
— Que faites-vous dans la vie ?
— Nous sommes femmes de fermier et là, ce sont nos enfants qu'on doit ramener à la maison avant qu'il fasse trop noir. On n'aime pas rouler la nuit.
— Écoutez, écoutez. Je sais que cela peut paraître incroyable mais mes grands-parents sont agriculteurs. Je connais votre profession. Je suis Belge… *Please*… Vous me déposerez à quelques minutes de la ville et vous serez débarrassées de moi.

Les deux femmes échangent quelques regards. La première maman se tourne vers moi et accepte. Après avoir récupéré mes sacs au fond du fossé, j'entre dans la voiture, cerné par les enfants. La distance semble courte pour des automobilistes mais à pied, dans des conditions pénibles, elle m'aurait paru insurmontable, surtout dans l'obscurité. La conductrice s'arrête, bien que l'endroit ne soit pas idéal.

— Je ne peux pas aller plus loin… elle déplore en faisant la moue. Je te laisse là. Bon courage !

Je les enjoins à prendre un *selfie*. Une patrouille d'enfants, issus des deux véhicules, m'entourent et je les photographie avec les deux mamans. Ce moment me marque, car je n'aurais jamais cru qu'une mère prenne le risque d'embarquer un étranger dans son automobile. Je lance un "au revoir" à tout le monde, puis entreprends d'inspecter les environs.

C'est assez rare de voir des mamans avec des enfants prendre des auto-stoppeurs !

Je me trouve dans un village et il n'y a désormais plus qu'une route directe pour les chutes. Il ne me reste qu'un stop ou deux avant d'atteindre ma destination. Le passage des automobiles, plus régulier, me satisfait. Pourtant, personne ne me voit. Ou alors on ne veut pas m'aider. Décidément, rien ne tourne rond aujourd'hui.

Des jeunes marchent devant moi, sur le trottoir où j'évolue timidement. De temps à autre, ils se retournent et me dévisagent. Les environs transpirent l'hostilité, la région semble néfaste, la tension est palpable. Je suis un vulgaire étranger et je ne suis pas le bienvenu dans ce quartier visiblement malfamé. Même si les lieux sont verdoyants et calmes en apparence, les ondes que j'absorbe sont encore pires que dans la station-service.

Le soir tombe complètement. Je m'arrête près d'un chemin boueux qui plonge dans la nuit. Les chutes sont si proches de moi, j'enrage ! Je suis au mauvais endroit, au mauvais moment. Ces villageois ont-ils déjà vu un auto-stoppeur sur leurs terres ? Suis-je un danger pour eux ? Je peux affirmer que ma confiance en moi s'ébranle à petit feu. Mon souhait est de rejoindre un pré quelconque, à l'abri de toutes et tous, pour discrètement y somnoler, mais en restant aux aguets. Je ne discerne plus rien du tout, à défaut d'éclairage public.

Ma modeste tactique ? Attendre qu'il fasse noir comme dans un four, puis descendre le chemin de campagne que j'ai repéré. Alors, avec prudence et dans le secret, je pourrai dresser ma tente auprès des vaches. Muni de ma lampe frontale, je tente en même temps d'arrêter quelques véhicules, égarés tout comme moi dans cet enfer flippant. Aucune réponse ! Me serais-je attiré la colère du dieu des Voyageurs en m'approchant de trop près des Wairere ? Je suis dans le pétrin…

Vérifiant à la lueur de mon téléphone que je n'ai pas oublié l'un de mes sacs sous un arbre, j'agrippe le plus lourd d'entre eux et poursuis ma marche afin de trouver un refuge. Soudain, je remarque qu'une maison, juste en face de moi, allume ses lumières extérieures. La porte s'ouvre et des gens, probablement à l'issue de leur repas, se font la bise. Ils s'apprêtent sans doute à quitter leurs hôtes pour rejoindre leur propre logis.

"Tente le tout pour le tout, Gaël ! Si tu ne vas pas voir ces personnes, t'es foutu ! Fonce, et s'ils te refusent… Tant pis !"

Je m'approche de la demeure et me présente à eux, sortant ainsi de l'obscurité la plus totale. Les Néo-Zélandais, d'abord effrayés et assez inquiets, me scrutent ensuite avec mépris et froideur. Un mur de glace ! J'explique ma situation, leur "non" est immédiat. Heureusement, alors que je m'apprête à repartir vers le néant absolu, les voisins, qui eux aussi fêtent je ne sais quel événement, sortent avec leurs invités. Je me presse pour rejoindre la clôture et j'aborde une dame :

— S'il vous plaît, Madame, ce soir, je n'ai pas de logement. Je risque de dormir en pleine nature. Je ne connais pas ce village, ni même son nom. Je suis perdu. Est-ce que vous pourriez simplement m'emmener aux Wairere Falls ? C'est à dix minutes d'ici en voiture, mais à pied, c'est une randonnée dangereuse !

Je gêne cette dame blonde aux formes généreuses, c'est évident. Je m'attends à un tonitruant *"NO"*, d'autant qu'elle ne me répond pas, préférant discuter avec son amie.

— *So, you see, I...*

J'insiste :

— La distance n'est pas bien grande et pour moi, c'est très important. Je me sens pas en sécurité ici !

— *Ok, wait a second*, je l'entends dire à son amie avant de se tourner vers moi. *Hey, calm down !* Bon, tu me laisses terminer ma conversation, je t'emmène ensuite !

Ma nervosité croît au fur et à mesure que la conversation se poursuit. Elle m'a affirmé cela pour que je reste tranquille. Cependant, quand l'autre femme part, à ma grande surprise, ma nouvelle conductrice allume sa voiture et me déclare : "Bon, tu viens ou tu viens pas ?"

J'entre dans la Mini Cooper, m'installe à ses côtés. Elle démarre. Un peu enveloppée, elle a du mal à s'installer dans sa toute petite voiture. Ses cheveux en bataille ressemblent à des pailles bouclées, et son regard noir aux lourds cernes en dit long sur son état de fatigue. Elle n'a sans doute qu'une envie, aller se coucher. Le silence s'installe, pesant. Je sens bien que je l'ai dérangée en fin de soirée. Nous descendons la route des chutes, monstrueusement obscure, même sous le halo des phares. Nous nous éloignons des habitations et les prairies succèdent aux champs des agriculteurs. Je regarde Maps.me, zoomant au maximum pour être certain de ne pas me tromper d'endroit.

Nous nous rapprochons rapidement de l'objectif. Lorsqu'elle l'atteint, je pousse, soulagé, un vif : "C'est là ! C'est là !" Mais nous roulons sur un sentier de terre et dans ma tête, le doute se réinstalle. Vais-je encore vivre une épreuve harassante et finir mon périple dans un coin effrayant ? À la fin du chemin, heureusement, trois véhicules typiques de *backpackers* sont garés illégalement bien sûr. La conductrice arrête l'auto et, d'un ton irrité, me signale :

— Bien. Nous sommes arrivés.

— Ok. Je vous remercie énormément.

— ...

En sortant mes affaires du coffre, je suis mal à l'aise. Elle semble très mécontente. Je me dois de redresser la situation. Je me dirige vers sa portière et lui propose :

— Écoutez. Je suis jeune. Je voyage en stop. Pour me souvenir du moment passé en bonne compagnie et parce que votre aide a été primordiale… Je peux nous photographier ?

Un grand sourire illumine soudain son visage. Son comportement change sous mes yeux, je ne la reconnais même pas. Elle me lance un joyeux :

— Bien sûr !

Elle pensait vraiment que je l'aurais "utilisée", puis jetée ? Quand même… Ce voyage n'est pas une série de trajets froids, calculés méthodiquement pour optimiser mon temps et voir le plus de choses possibles ! C'est une aventure humaine, une série de rencontres, certes plus ou moins intenses, avec une multitude d'êtres et de destinées qui s'entrecroisent.

Ainsi, nous posons devant l'objectif. À vrai dire, nous sommes quasi invisibles sur la photo, car pas une étoile au ciel ne nous éclaire. Quand elle me quitte au volant de sa Mini, je me retrouve totalement seul dans d'invincibles ténèbres. Avec mes affaires sur le dos, des pierres aiguës à la place de l'asphalte et trois vans aveugles face à moi, je n'en mène pas large. Pas de bruit, pas de passage. Une immense forêt… Et quelques criquets.

Avec son grand sourire, elle m'a bien aidé dans cette galère du noir le plus total

Le conseil de l'autostoppeur

- **Si vous vous retrouvez malgré vous à faire de l'auto-stop la nuit, prenez les choses en main**

Comme je vous l'ai expliqué, la fin de journée, c'est toujours le pire moment pour un stop. Mais si vous voulez une opportunité, même infime, il faut la prendre. Si je n'avais pas toqué à cette porte dans le noir, j'aurais peut-être fini par m'endormir seul dans ce village paumé.

La pancarte imprévue

J'étudie Maps.me, à la recherche des Wairere Falls. En agrandissant la carte et en calculant les mètres qui me séparent d'elles, mon angoisse monte d'un cran. Je me serais trompé dans mon trajet ? Impossible ! Armé de ma torche, je rejoins une énorme pancarte. Les mots qui s'y trouvent inscrits impriment de longs frissons à mon dos en sueur. Je me situe, non pas tout près des chutes, mais au départ d'une randonnée. Avec horreur, je découvre qu'il me faudra entre quarante-cinq minutes et une heure de marche pour y arriver ! J'ai oublié que les chutes se situent dans un parc naturel, aussi cette randonnée, en pleine nuit, avec tous mes sacs sur le dos, ne sera certainement pas une partie de plaisir.

Je m'assois. J'inspire, expire, lentement, calmement, contrôlant les émotions contradictoires qui jaillissent en moi. Je me suis lancé un défi : arriver aux Falls, peu importe les contraintes et les conditions. Néanmoins, entrer seul dans cette immense forêt, muni uniquement de ma lampe frontale, c'est de la pure folie. La solution envisageable est de demander de l'aide or, si des vans sont garés à cet emplacement, c'est que des personnes y dorment.

Avec toute l'énergie et le culot qu'il me reste, je me lève et me dirige vers l'un des véhicules au hasard. Je frappe à la porte, à coups secs, rapides, excessifs. L'ouverture est spontanée. Un homme se présente, honteux et confus. Il croit sans aucun doute que je suis un policier chargé de dresser des contraventions pour les stationnements illégaux. Je dois le rassurer, c'est la moindre des politesses !

— Hem, Hi, I mean, Hello, I'm… Errr… A problem ?
— Oui, bonsoir, excusez-moi. J'ai été déposé dans ce trou perdu ! Ce sont bien les Wairere ici ?
— Uh ? Euh… Oui, c'est ça, pas d'erreur !
— Je ne sais pas quoi faire, ni où dormir… Vous avez déjà visité les chutes ?

— Non, pas encore ! Le chemin pour y accéder est très pentu et la promenade est rude.

La conversation s'engage. Mon interlocuteur, un barbu aux cheveux ondulés, porte un t-shirt long comme le mien et vient de République tchèque. Il voyage en couple avec sa copine, dont les *dreadlocks* fabuleuses tressautent tandis qu'elle s'active aux fourneaux, dans une cuisine de fortune éclairée par une minuscule ampoule. L'ambiance est *cool*, mais ma décision n'est pas encore prise. Soit je laisse mes sacs dans le van et je monte aux chutes, soit je m'allonge dans un champ et j'entreprends l'ascension avec mes nouveaux amis le lendemain.

Le Tchèque me conseille le repos mais, au fond de moi, je juge que ma volonté ultime est d'aller jusqu'au bout de mon exploit insensé. Il faut que ça pétille, que ça vibre, que ça pique ! À ce moment, mon ventre gargouille et ma réflexion est interrompue par un :
— Tu as faim ?
— Hum... Oui.

Installé confortablement à l'arrière du van, je déguste un succulent plat de pommes de terre sautées. Les mêmes idées continuent d'agiter mon esprit : "Ce soir, je somnole dans un pré et demain matin, en route pour notre excursion ! Ou alors je laisse un sac ici... Ou bien je pars ?"
En terminant mon mets, j'observe la taille du véhicule. Mes deux hôtes possèdent une planche de surf extraordinaire et un kayak. La qualité de leur équipement m'impressionne. Mes pensées vagabondent, dans mon cerveau et dans mon cœur, tandis que j'examine cette caverne d'Ali Baba. "J'ai vécu une journée de dingue, pleine de rebondissements, pour finalement me reposer devant un van, sur un parking, sans voir la nature, à quarante-cinq minutes des cascades ? Sans l'intensité que me procure l'aventure ? Non. Je dois sortir de cette situation."

Je me lève, rends mon couvert à l'homme qui le prend sans broncher et remercie le couple pour son accueil. Ils tentent de me dissuader, mais c'est trop tard : j'ai mon défi en tête. Je m'empare de mes énormes bagages, les serrant fort contre moi, pose ma casquette sur ma tête, me munis de ma lampe frontale ainsi que de ma musique, puis les salue et pars.

L'ascension

La marche reprend. J'arrive devant la grande pancarte vue précédemment et constate que les ténèbres sont plus profondes encore. J'y pénètre néanmoins, avec la certitude de passer une nouvelle fois les portes de l'enfer. Les bois me terrifient. Quand je ne braque pas ma lampe sur les branches spectrales des arbres, je sens l'ombre de leur masse griffue, prête à m'engloutir. Aux abords immédiats du chemin, la végétation est composée de buissons touffus, prêts à me réserver d'affreuses surprises. Qui sait ce qui s'y cache ? J'ai peur de mourir sous les crocs d'une bestiole. En Australie, n'importe quel animal, même minuscule, pouvait me tuer à tout instant. Cette ancienne peur ressurgit, stress intense arrivant par vagues de frissons. Je reste sur mes gardes, incapable de savoir où je plonge.

Constamment inquiet, je commence à regretter mon choix. Je monte le son de mes écouteurs au volume maximal, et j'augmente la cadence. Des bruits m'accompagnent, les hululements des chouettes mais aussi les cris d'animaux inconnus à mes oreilles. J'avance, j'avance, je m'enfonce dans cette jungle noire qui paraît infinie. Vaillamment, je persiste dans cette randonnée d'angoisse. Je suis dans la position de la proie. Qui, quoi s'apprête à surgir ? Et d'où ?

Au début, tout se déroule en fait comme sur des roulettes. Le terrain est plat et, s'il n'y avait pas ces satanées plantes qui ralentissent mon rythme, je me croirais presque sur une piste d'athlétisme. Ma musique tonitruante rythme mes pas. Linkin Park me protège, m'encourage, me motive. Pour autant, la lourdeur de mes affaires ne favorise pas une progression aisée. Le ciel, invisible, se dissimule derrière les frondaisons et je ne distingue rien, excepté ce qui se situe en face de moi, grâce à ma lampe frontale.

Je regrette de ne pas avoir laissé à l'arrière un sac. Ai-je manqué d'audace en ne confiant pas mes objets inutiles aux Tchèques ? Toujours est-il que ma randonnée se poursuit et que progressivement, j'accède à des escaliers en bois. Ces derniers montent diaboliquement. Je ne compte pas le nombre de marches, me concentrant sur mes efforts et sur mon repérage dans l'espace, quasi impossible. Je grimpe cinq, six étages ? Je ne sais pas. Je finis par retrouver un sentier plat.

Peu à peu, je constate l'humidité du sol terreux et des feuilles qui frôlent mon visage. Les montées sont plus radicales. Oubliée la douceur relative du départ, qui s'apparentait à une promenade : j'ai maintenant droit à du costaud, du rigoureux, du bien viril... Mais ma volonté ne faiblit pas ! Au contraire, j'aime l'effort et la notion d'impossibilité n'existe pas dans mon cerveau. Je passe à côté d'une falaise colossale et saute d'une pierre à l'autre. Les vers bleus qui, apparemment, sont toujours là pour m'encourager, parsèment mon parcours et l'illuminent d'une lueur faible mais fantastique.

Je chancelle sous les 30 kilos de mon fardeau, dont 20 sont ceux des caméras, des batteries, de l'ordinateur et du drone. Ma casquette et mon t-shirt trempent dans ma sueur. J'avance, conscient que ce moment de bravoure est un défi à relever, et ma voix intérieure m'encourage : "Gaël, ce soir, tu vas arriver aux Wairere et le matin, au réveil, tu admireras une vue fantastique ! Encore mieux qu'un hôtel cinq étoiles !"

Malheureusement, je ne suis pas au bout de mes peines. Constatant que je glisse dangereusement, je comprends à temps que je traverse un ruisseau. "Surtout, ne pas trébucher, ne pas tomber", je me répète comme un mantra, inlassablement. Les rochers mettent en péril mon frêle équilibre et je tangue, tentant de résister à la masse qui me brise le dos. J'ai marché presque à quatre pattes pendant 30 minutes, m'agrippant au moindre caillou dans une obscurité abominable. Après une succession de dénivelés ahurissants, je m'arrête enfin sur l'une des rares sections planes de mon trajet et regarde l'heure tardive.

"C'est pas possible ! Je vais jamais y arriver. Je suis complètement fou de me lancer dans un délire pareil !"

Ce calvaire incessant m'a déjà épuisé, tout mon corps crie à l'aide. Je m'assois pour relever une nouvelle déconvenue. Ma batterie est presque vide, je vais devoir couper ma musique. Metallica, la voix de Chester Bennington, le rock, les hymnes des voyageurs vont me manquer. Et ces foutus sacs qui me cisaillent le dos... "Pourquoi il a fallu que je sois aussi orgueilleux, hein ? Pourquoi j'ai pas voulu faire cette randonnée à l'aube ? Merde..." Je me redresse, têtu.

Je suis un sportif, mais l'effort surhumain demandé est près de m'achever. La pente augmente encore, je suis vaincu en apparence et je me traîne dans la boue répugnante. Celle-ci décore désormais mes jambes, mes bras et mon barda. Je participe à *Koh-Lanta* sans caméra, en cachette, ou alors à un marathon sadique organisé par une association de fêlés. Qu'importe. Mon instinct de survie me dicte de ne pas abandonner. Jamais !

Je harcèle mon mental. L'épuisement me dépasse, je m'arrête cinq minutes, puis je repars. Je suis devenu un soldat para-commando. Un vrai Rambo. Toutes les images de films d'action que j'ai pu visionner me reviennent, comme si elles avaient prédit ce moment. Jamais je n'ai bouffé autant de gadoue de ma vie. J'en déguste ! La notion de temps n'existe plus. Celle d'espace non plus. Un pied devant l'autre, voilà tout ce qu'il y a au monde à cet instant.

Soudain, comme une bulle qui éclate, un cauchemar qui prend fin, je me rends compte que l'ascension est terminée. Est-ce une illusion ? Je m'avance prudemment, n'osant y croire, quand l'évidence jaillit...

"Je suis au sommet."

Wairere Falls

J'entends un vacarme liquide qui se rapproche. Ce n'est pas une petite source ni une maigre rivière. Non, c'est un fleuve. Pire. Imaginez la Seine, la Tamise ou la Meuse coulant ensemble, à pleine vitesse, sans aucun frein à leur déchaînement. Ce boucan écrasant de puissance me tient compagnie, alors que je m'entête dans ma randonnée. Des plantes m'arrivent aux hanches, tentacules sombres et gluants. La brume est apparue et la boue me semble encore plus dangereuse. Je comprends qu'il me faut suivre le bruit des eaux pour me rendre aux cascades. Plus ce sera humide, plus je serai proche.

Je chemine sereinement, enfin rassuré quant à ma destination. J'ai toujours l'impression d'être aveugle dans ce noir complet. C'est alors que mon pied se pose sur une pierre glissante et part en l'air, suivi du bas de mon corps. Par réflexe, je lève la tête, agrippe la branche d'arbre qui m'apparaît et serre fort le poing, juste avant de me retrouver les fesses dans un flux d'eau qui veut m'arracher à ma prise. Le cœur battant, je braque ma lampe frontale dans la direction du courant et l'horreur surgit sous mes yeux. Le courant où j'ai failli me noyer est large de dix mètres, mais surtout, il me tire vers un autre vacarme... Celui des Wairere.

Je n'ai pas le choix, ma prise se desserre à chaque à-coup des flots. Je me hisse avec effort sur les planches dégoulinantes d'humidité et me risque à l'emprunter. Il mène à de nouveaux escaliers que je gravis, en ressentant l'énorme vide sous moi. J'inspecte alors l'espace sur ma droite et, dans le halo de lumière, les gigantesques cascades se dévoilent.

Un automatisme me prend. Je m'empare de mon téléphone et je me filme en hurlant à pleins poumons : "Putain, je suis arrivé ! JE SUIS ARRIVÉ !"

À bout de souffle, je dépose mon sac, me couche dessus et ne bouge plus pendant une dizaine de minutes. Je suis dégueulasse. Mes affaires aussi. Complètement claqué, je mange un pain rassis et grelotte dans le froid.

Je me résous à dresser ma tente, jetant mon dévolu sur une terrasse en bois. Je remarque, quand je m'y installe, que je disposerai demain matin d'un panorama majestueux sur les chutes, mais aussi sur les villes du coin, qui rayonnaient au loin. Contempler en solitaire ce décor, pour ensuite me laver dans la rivière, quelle volupté ! En attendant ce plaisir, j'entasse tout mon barda à l'intérieur de mon tipi et me pose au bord de l'eau.

Sous la voûte céleste immobile, je médite, me repose, me félicite. "Whaou. Gaël. Tu l'as fait. Tu as accompli ton objectif. Tu as vaincu la boue, les montées vertigineuses, pendant au moins une heure et demie, avec ton fardeau de forçat. En glissant, en faisant du surplace, sans rien y voir... Tu peux être fier !"

J'inspire lentement, expire avec joie. Mon cœur déborde face à l'apothéose de ma récompense, rempli de gratitude pour toutes les personnes que j'ai rencontrées au cours de cette journée. À tout moment, j'aurais pu dévier de ma trajectoire et m'arrêter. Le périple a été ponctué d'épreuves et ma façon de faire face à chacune d'entre elles a été déterminante. Le couronnement de ces efforts se présente à moi, ici et maintenant.

Après ces pensées sereines, désireux de me réchauffer et constatant qu'il est 2 heures du matin, je regagne mon abri. J'entre dans mon sac de couchage avec mes vêtements maculés de boue. J'avais tenté de les sécher, sans grand succès. Je m'allonge. Le vacarme de la cascade est assourdissant. Mes pieds, mes mains, que dis-je ? Tout mon corps gèle. Je songe au gars qui m'a donné sa tente Quechua en Australie. Grâce à lui, je me suis installé en deux secondes, alors qu'avec une tente classique j'y serais encore. Je souris, enfile tous les vêtements que je peux enfiler, bonnet compris... et m'assoupis enfin !

Les rayons du soleil me réveillèrent vers 6 heures. Je fais glisser la tirette de ma tente. J'émerge, tel un bonhomme de neige, de mon igloo humide. Les doigts poisseux de condensation, dégoulinant de boue, je me retrouve sur le balcon de la cascade. Face à moi, un monde de verdure foisonnante, de projections hydriques explosives, d'air pur. Je ne m'imaginais pas la hauteur colossale des Wairere, imposantes et royales. Je distingue au loin le parking, minuscule, où j'ai commencé mon parcours la veille. J'apprécie immédiatement l'amplitude de mes efforts. Plus entêté qu'un mulet chargé de son fardeau, j'ai parcouru une demi-montagne !

Je prends la résolution de me baigner. Mes affaires resteront encore un peu sur place. Je reviens sur mes pas, le chemin s'avérant bien moins effrayant à la lueur du soleil. Au bout de quelques minutes, je repère un modeste lagon situé avant les chutes. Ses eaux apaisées me permettent d'y plonger tête la première et de m'y doucher sans risque. Certes, mon immersion brutale me transperce la peau et glace mes os, mais il n'y a rien de tel pour reprendre ses esprits complètement. Je suis devenu acteur de mon propre film, un héros perdu dans la jungle fluviale, victime d'un coup du sort et capable à tout instant de sombrer dans un précipice mortel ! Enfin, ça, c'était hier. Là, je profite de ma baignade pour laver mes cheveux longs, sans m'aventurer trop près des cascades furieuses. Mes coudes adossés à un rocher, un léger courant derrière moi, j'observe l'horizon et le spectacle des cascades. Je savoure profondément ce chapitre magique de ma vie.

Je sors, frigorifié mais radieux, de ce bain en pleine forêt. À l'aide de ma GoPro, je me filme au plus près des Wairere, alternant ces vidéos avec des photographies plus artistiques. Il aurait été dommage de ne pas utiliser mon drone. Je le place dans ma main, le lance et le fais voler au-dessus de la grande rivière où j'ai failli me noyer hier. Le stress commence à me gagner quand je vois mon robot vaciller dans tous les sens, sous la puissance du vent qui jaillit des monstrueuses trombes d'eau.

Après quelques minutes de tâtonnements, l'automate navigue plus facilement dans les airs et je découvre des perspectives inattendues. Le site est plus grand que prévu. Loin de ma caméra, ma tente vert fluo paraît ridiculement petite, comme écrasée par la dimension monumentale des éléments. Quant à moi, je ne suis qu'une puce égarée sur la planète. Grâce à la technologie, je visite le lieu sous tous les angles, capturant ce cadeau accordé par le destin.

Bien que mes affaires soient rangées, je n'arrive pas vraiment à quitter l'endroit, captivé, sinon rendu captif par ses charmes majestueux… J'entends alors des bruits humains derrière moi. J'ai vécu une nuit en ermite et la civilisation me rattrape déjà. Cela m'étonne, pourtant, car il n'est que 8 heures du matin. Lorsque je me retourne, je découvre mon couple de Tchèques, levé tôt pour profiter de la magnificence des Wairere.

"Hey, Gaël, pas trop rude la nuit ?" Aussitôt dit, sans attendre ma réponse, ils plongent dans le lagon. Assis sur mon roc de méditation, je les regarde s'ébattre, leur laissant un moment de répit avant de leur raconter mes péripéties. D'autres personnes commencent à se joindre à nous.

Je savais que les Wairere étaient prisées mais je ne m'attendais pas à une telle affluence. Les visiter tard la nuit et tôt dans la journée représentait un réel privilège que je m'étais accordé sans le savoir. J'avise une famille qui se place sur "mon" balcon. Je comprends encore plus la chance que j'ai eu de déposer mes affaires à cet endroit précis, l'espace s'avérant très restreint. Une autre réalité me frappe : pour que ma vision d'une nature vierge reste intacte, il est nécessaire que je parte d'ici.

Je contemple une dernière fois le panorama, remercie les Tchèques et m'éclipse. En randonnant sous le soleil, mes souvenirs récents se matérialisent : la boue, les escaliers, les petits cours d'eau, les pierres glissantes. Je termine ce parcours désormais facile, je croise un afflux de touristes. Je me murmure : "Merci d'avoir été seul. Avec tous ces gens autour de moi, j'aurais échoué dans ma soif de découverte. J'aurais même été déçu d'accompagner cette masse de visiteurs."

Sur le parking, j'ai de la peine à sortir de ma bulle de confort, de l'intensité du moment. Néanmoins, il me faut redevenir pragmatique et retourner dans ma vie d'auto-stoppeur. D'ailleurs, les Tchèques m'ont suivi… Devrais-je continuer ma route en leur compagnie ?

C'était difficile, mais quelle vue au matin !

Juste devant moi, un précipice. Et ce panorama incroyable…

On ne voit même pas le bas de la cascade tant c'est haut. Alors quand vous voyez cette image, imaginez que j'ai dû monter tout cela avec mes sacs ! Ça en valait la peine

Le conseil de l'autostoppeur
- **N'ayez jamais peur de vous lancer des défis même s'ils vous paraissent durs**

C'est ce genre d'expériences qui vous marque à vie. Plus ce sera fou, plus vous serez fier-ère de vous !

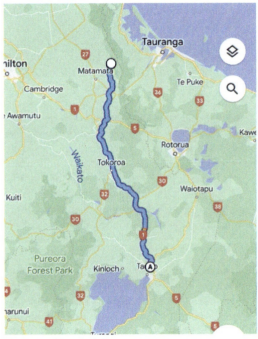

Crédits : Google Maps

Mes étapes : j'ai effectué toute cette remontée à pied, presque au point de départ de Tauranga, en à peine plus d'une journée. Pfiou !

Chapitre 12 – Retour dans le Sud

Un trajet tranquille

Surtout, regagner le Sud au plus vite ! L'itinéraire, je le connais par cœur. Je croise donc les doigts afin de trouver des bonnes âmes prêtes à me charger pour de nouvelles aventures. D'ailleurs, mes deux amis de la veille ne sont pas loin derrière. Je les attends, avec mes sacs à dos, devant leur véhicule. Quand ils arrivent, nous évoquons, secoués, les émotions que nous avons ressenties dans ce somptueux endroit. Je laisse traîner ma demande mais, au moment où ils s'apprêtent à démarrer, je ne peux plus m'empêcher de lancer :

— Attendez, attendez, attendez ! Vous m'avez aidé hier soir et c'était super cool ! Mais ici, il n'y a que des familles et nous sommes les seuls *backpackers*. Est-ce que vous pourriez me déposer sur une route où il y a du trafic ?

— Mais oui, pourquoi pas ? Entre donc !

Je vous l'ai déjà expliqué, j'adore découvrir de nouveaux modes de vie. Or, voyager dans le véhicule de *backpackers* est le meilleur moyen de dresser leur portrait. Le kayak posé sur le toit, qui dépassait à l'avant et que j'avais repéré la veille, mettait ainsi en évidence le caractère sportif de mes hôtes. La musique traditionnelle de la République Tchèque, pleine d'accordéons et de clarinettes, ajoutait une certaine authenticité à l'atmosphère. Nous n'avons pas beaucoup discuté, vu la brièveté du parcours, mais nous étions connectés sur un plan différent, un partage d'émotions simples qui nous suffisait.

Pour approfondir cette connexion, nous avons échangé nos coordonnées avant de prendre un *selfie*, suivant ma tradition. Bien sûr, mon fidèle drapeau déjà bien couvert de noms en tous genres a eu droit à une nouvelle signature. Il fallait cependant se quitter, car mes hôtes se rendaient au Nord, et moi à l'extrême opposé. C'est ainsi que j'ai facilement quitté les Wairere Falls, pour me retrouver sur une voie où le trafic intense m'ébouriffait les cheveux. Je redevenais un explorateur !

Un explorateur chanceux car, à peine installé au bord de l'artère, j'entends une voiture freiner. Je me tourne vers le conducteur qui me fait signe de venir et m'engouffre à l'intérieur. Le trajet est calme, je somnole par à-coups. De temps en temps, je zoome sur Maps.me afin de vérifier si nous approchons du but. En effet, j'ai repéré un endroit où dormir, la réserve de loisirs Hipapatua, aussi nommée "Reid's Farm", où je pourrai camper gratuitement.

Je salue mon discret automobiliste, qui repart à toute vitesse vers sa demeure. En me retournant sur Hipapatua, je comprends que j'ai affaire à un campement aux proportions titanesques. Je ne suis même pas en mesure d'en voir le bout. Et pour cause, c'est le plus grand de l'île du Nord.

Des gens dynamiques qui m'ont accompagné pour un bout de route. Plutôt fun, ce kayak au-dessus du van !

Hipapatua

Le lieu est, comme prévu, totalement gratuit. Installé sur une petite colline, traversé par le cours d'eau Waikato, "Reid's Farm" est quotidiennement prise d'assaut par un nombre incroyable de véhicules provenant de tous les côtés. Cerise sur le gâteau, il attire des *backpackers* comme moi. Des Canadiens, des Italiens, des Espagnols, des Français, des Australiens… Sous mes yeux écarquillés, toutes les nationalités surgissent de nulle part et disposent les tentes comme elles le désirent.

Moi, le Belge habitué à la solitude de l'auto-stoppeur, je m'insère avec plaisir dans cette communauté de voyageurs, de nomades issus de la planète entière. Je vais pouvoir rencontrer, découvrir les valeurs, écouter les témoignages de ces individus extraordinaires… Je m'en réjouis d'avance !

En entrant dans la zone, je constate que certains cuisinent et que d'autres se baignent dans le ruisseau. L'apéro bat son plein devant quelques installations, des 4x4 se garent tranquillement : c'est un mouvement perpétuel. J'ai l'impression d'être dans un camp militaire, mais sans armes ni trompettes et dédié uniquement à la découverte du monde. J'observe les groupes. Des dreadlocks et des crânes rasés, des saris et des jupes longues, des adeptes du minimalisme et des *hippies* modernes… Je visite tous les pays rien qu'en observant l'habillement de tous ces individus si différents. Les ressemblances, elles, se nichent dans deux évidences : tout le monde souriaient et personne ne se prenait la tête.

Je pose mes sacs au bord du Waikato. Je retire mes vêtements et me rafraîchis, étape nécessaire afin de me décrasser de cette harassante journée. Je grimpe ensuite sur la branche d'un arbre et m'exerce au plongeon, une corde permettant de me lancer dans l'eau. Un retour à l'enfance et à ses plaisirs simples, certes, mais je n'oublie pas de vérifier régulièrement que mes affaires sont en sécurité.

De mon poste d'observation, je réfléchis à ma situation. L'avantage du campement, c'est que j'ai un logement idéalement situé. Pour peu que je me balade un peu, je devrais trouver de quoi manger, de quoi boire et même, avec un peu de chance, une douche. Le seul point négatif réside dans mon absence de véhicule, ce qui implique d'en trouver un.

Je tends l'oreille, captant des bribes de conversations. Au bout d'un certain temps passé à scanner les alentours, je reconnais l'accent caractéristique du français, langue peu entendue depuis le début de mon séjour. Curieux et désireux de discuter comme de visiter la région, je descends de mon plongeoir de fortune et me dirige vers un groupe installé confortablement sur des chaises, à côté d'une automobile, sous les frondaisons. Je me présente à eux, détendu…

Au fil de la conversation, j'entends parler du lac Taupo. Je me souviens des coins intéressants qui m'y attendent et que j'ai enregistrés sur Maps.me. Parmi ceux-ci, un McDonald's connu pour son emplacement… incongru. Rien que d'y penser, j'ai faim. J'en parle aux francophones, leur avouant que je ne suis pas un adepte de la *fast-food*. Eux non plus, vu leurs réactions. Ils proposent tout de même qu'un de leurs amis m'y amène.

Taupo

J'embarque dans un bolide rouge vif en direction de la ville. Mon conducteur a plaqué son métier et ses responsabilités, s'est rasé le crâne et voyage désormais au fil de ses envies, suivi de sa douce. Le couple, bien sympathique, me dépose après dix minutes devant le restaurant. Nous prenons un *selfie* et le couple part s'adonner à une virée shopping.

Je me campe devant le McDonald's, les mains sur les hanches.

Sachez que j'ai perdu beaucoup de masse musculaire depuis l'Australie. Aussi, ma présence dans ce temple de la malbouffe est calculée. Je vais prendre des calories, ce qui n'est pas du luxe à ce stade, et me remplumer un peu. Vous commencez à me connaître, non ? Vous pensez bien que je n'ai pas choisi cet endroit par hasard.

En effet, ce restaurant-là n'a ni toit ni murs mais plutôt… une carlingue et une paire d'ailes ! C'est un avion entier, un McDonnell Douglas précisément, vous apprécierez le jeu de mots. Je commande donc mon hamburger à l'accueil, au sol, puis monte à l'intérieur de l'habitacle, qui est vide pour l'instant. Les McDonnell Douglas sont de petits appareils, doté de minuscules chaises et tables, on est loin des Airbus. En outre, le sol est légèrement incliné pour donner l'impression que l'avion décolle. J'aimerais éviter de glisser et de tomber, alors je m'installe au fond de l'engin. Un vrai steward !

Plutôt heureux pour l'instant, je déchante en ouvrant l'emballage de mon repas, qu'on m'a servi en quelques minutes. Ce n'est ni un Airbus, ni un cinq étoiles, c'est sûr… Alors que je mords à pleines dents dans mon sandwich spongieux, je darde un regard sur ma gauche et marque un temps d'arrêt. Certains Français du groupe que j'ai rencontré une heure plus tôt sont là, ayant finalement décidé de me rejoindre. La bouche encombrée d'huile et de viande dégoulinante, je crache à moitié quand je leur demande :
— Mais… Pourquoi vous gêtes venus ?
— Ton idée était étrange, Gaël, mais on s'est dit "pourquoi pas", alors on t'a suivi !
J'avale ma bouchée pâteuse et reprend un peu de dignité pour les inviter à ma table :
— Hem… Installez-vous !

La gastronomie, même répugnante, réunit toujours les francophones ! De même que l'art de la conversation qui s'éternise. Après avoir terminé mon repas, désireux de déambuler dans la cité, je les salue chaleureusement et descends de l'avion. Peut-être vais-je les retrouver cette nuit au camping ?

Le village était modeste. Le seul point d'intérêt restait le lac gigantesque qui la bordait, où mes pas m'ont naturellement porté. M'asseyant sur un banc, entouré de mes affaires, je me relaxais en observant cette profonde étendue et ses eaux aux mille tonalités de bleu. En tant qu'auto-stoppeur, j'adorais me poser, savourant toujours le moment présent. J'aimais également observer les gens autour de moi, posant souvent le même constat : les Néo-Zélandais forment un peuple admirable. La sérénité et la convivialité qui les animaient m'enthousiasmaient de plus en plus.

Après avoir découvert Taupo, ses quelques restaurants et bars, et m'être tranquillement promené sur les berges, l'heure de rejoindre le bercail est venue. La cité n'offre pas suffisamment d'attractions pour y rester plus longtemps, alors je choisis de trouver un véhicule pour retourner au camp avant qu'il ne fasse noir. Surtout, je prie pour ne pas vivre une nouvelle galère.

Je me remets au stop, le scénario cauchemardesque reprend forme, je me décide à utiliser la manière forte, à savoir accoster des gens au hasard. Malgré tous mes efforts, ma stratégie ne fonctionne pas. Attentif aux précieuses minutes que je perds, j'ajuste ma technique en me concentrant sur une seule cible : les jeunes ! Je me dirige vers un couple au hasard et le questionne :
— Bonjour ! Je voudrais me rendre au *free camp*, à Hipapatua. Y a-t-il un bus ? Une ligne directe ?
En dévisageant mes interlocuteurs, je n'ai aucune illusion. J'ai choisi un couple bien trop jeune, sans doute des ados qui n'ont pas le permis. Le garçon, qui ne doit pas avoir plus de seize ans, réagit pourtant.
— Non, il n'y a pas de moyen de transport qui va jusque-là. Mais moi, je t'y emmène !
Je suis surpris, mais puis-je vraiment refuser ?
— *Let's go !*

Tant pis pour les lois, les amendes et le code de la route. Je rentre dans le véhicule noir de mon nouveau conducteur, Billy, qui est accompagné de sa copine Mandy. En fait, mon "adolescent" s'avère parfaitement en règle, comme le prouvent ses papiers qui débordent de la boîte à gants ouverte. Comme quoi, il ne faut jamais se fier aux apparences.

Moi et mon repas dans cet avion très particulier

Retour aux Huka Falls

J'admets que malgré son air prépubère, Billy conduit redoutablement bien. J'arrive sans encombre au *free camp* et m'apprête à remercier le couple, quand les deux amoureux me proposent de les accompagner aux Huka Falls.

J'ai été impressionné par ces rapides, par ce torrent incroyable qui m'a laissé sans voix. La perspective de revoir les cascades me plaît, et surtout l'idée d'y faire voler mon drone de nouveau. En effet, je ne possède aucune vidéo qui me satisfait pleinement, après visionnage et par rapport au souvenir puissant que j'en garde. M'assurant de pouvoir compter sur l'aide de Billy et Mandy au retour, je ne quitte pas l'automobile et pars avec eux sur des chemins bien connus.

Au lieu de s'arrêter sur le parking principal, je leurs conseillent de se garer plus loin, à l'abri des regards des *rangers*. Comme le vol de drones flirte avec l'illégalité, comme l'indiquent des panneaux virulents qui entourent l'endroit, je recherche la discrétion ! Après avoir regardé à gauche et à droite de notre emplacement comme si je m'apprêtais à traverser une route dangereuse, désormais certain d'être "invisible" dans la forêt, je lance mon oiseau robot dans les airs et les Huka Falls se révèlent sous un autre jour.

La vitesse des eaux m'a stupéfié. Je l'avais constaté en me rapprochant du fleuve Waikato, la dernière fois, mais vue d'en haut, la férocité de la cascade me semblait plus forte, son fracas plus violent encore, le lieu quasi irréel. Son bleu intense, écumant de blancheurs cristallines, ressortait davantage, éclatait en gerbes fulgurantes dans mes rétines hallucinées. La vidéo, bien sûr, était magnifique. Quant à mes jeunes comparses, ils étaient époustouflés par la beauté des Huka et ne s'arrêtaient pas de souffler, enthousiastes :

"Waow ! It's so sweet man !"

Mon drone s'éloignant trop, je le fais revenir à toute allure, le dépose et déclare : "On démarre direct. Faut pas qu'on ait des problèmes et que des gens repèrent le lieu d'atterrissage de l'engin ! On file, on file, on file !" On saute dans la voiture. Billy, notre pilote, redémarre à toute allure. Après une journée dans le trafic, mais aussi dans la bonne humeur et pleine de découvertes multiples, il faut vraiment que je m'installe au *free camp* pour me reposer. C'est là que, comme promis, les amoureux me déposent.

Je les remercie chaleureusement pour l'aide, mais aussi pour leur convivialité et leur joie de vivre. Pendant que je poursuis mes adieux de la main, je remarque, sur ma gauche, un van que je crois reconnaître. Je baisse le bras, tourne la tête. BINGO ! C'est improbable, impossible. J'aurais peut-être pu m'en douter vu la taille de ce camping et sa renommée, c'est moins irrationnel qu'il n'y paraît, mais tout de même... Face à moi, je retrouve ni plus ni moins que Gaith et Emily, mon couple d'Anglais préféré, croisé et recroisé tant de fois ! Un grand sourire s'étale soudain sur mes lèvres. Surexcité à l'idée de retrouver des visages connus, une boule d'énergie me parcourt le ventre et je cours vers le véhicule, qui s'arrête non loin.

Préparatifs du lendemain

De chaleureuses accolades s'ensuivent. Emily, Gaith et moi n'en revenons pas de voir le destin nous rassembler encore une fois.

— Alors Gaël, ce voyage ? Tout se passe bien ? entonne Emily d'un air enjoué.

— Oui, parfait ! Je suis toujours vivant et en pleine forme !

— Tu es situé où, avec ta tente ? s'inquiète Gaith.

— Sur la colline, j'ai vue sur l'ensemble du campement. On dirait un festival de musique techno !

— Ou des militaires version *peace & love* ! ricane Emily.

Ils s'installent juste devant ma Quechua, dans laquelle je dépose toutes mes affaires, ne prenant que mes caméras. Ne voulant pas troubler l'intimité des amants, je me balade sur le site au fil de mes humeurs, m'informant sur la contrée. Je m'amuse à entrer dans des cercles formés selon des critères linguistiques, germanophones, hispanophones, anglophones, francophones ; demandant un verre à gauche, goûtant une spécialité culinaire à droite.

Une demoiselle germanophone très sympathique me sert de l'eau. En l'examinant, je remarque qu'elle porte une casserole à la main. À l'intérieur... Des pâtes au pesto !

— Si tu les veux, je te les donne, propose-t-elle. Je n'ai plus faim !

Je m'assois au sein du groupe et me munis d'une fourchette. Ma boîte de thon et mon pain rassis, mon repas quotidien, ne font pas le poids comparé aux saveurs de la cuisine italienne. Après deux minutes d'engloutissement en règle, fort bien accueilli par tous les *backpackers*, je converse en anglais. Des Français se joignent à nous. Les souvenirs de voyage abondent, les anecdotes incroyables, les échecs aussi. Revient sans cesse une certaine marche dans les montagnes, dont on m'a parlé préalablement. Il s'agit de gravir le volcan Tongariro, célèbre pour avoir servi de décor à la Montagne du Destin, dans *Le Seigneur des Anneaux* ! Je n'étais jamais bien loin de Tolkien et Jackson, ici.

Cette longue randonnée, qui exige la réservation d'un premier bus pour accéder au départ et d'un second pour poursuivre le chemin de l'autre côté des monts, je ne me vois pas vraiment l'entreprendre. J'ai trop de sacs et je n'ai aucune envie de les confier à quelqu'un que je ne connais pas.

Après avoir lavé la casserole et ma fourchette grâce à un robinet situé près de la rivière, je rencontre Marion, une fille dans la trentaine. Venue du Midi de la France, elle sillonne seule le pays. Fait surprenant, elle pratique elle aussi l'auto-stop ! Je lie donc connaissance avec mon double féminin. Rapidement, je lui propose de former une équipe. Elle semble séduite par la proposition.

Marion paraît intégrée à la Nouvelle-Zélande. Portant fièrement à son cou un Pounamu, la pierre verte symbolique des Maoris, elle me confie qu'elle est sur l'île depuis quelques semaines. Elle l'a traversée à partir du Nord. Nos chemins s'avèrent très similaires ! Malgré cette succession de signes, elle m'annonce qu'elle préfère réfléchir et rejoint sa tente, en haut de la colline.

Tandis qu'elle s'éloigne, j'ouvre Maps.me afin d'étudier les possibilités qui s'ouvrent à moi. Outre le Tongariro, un lieu nommé Mud Crater, niché au sein des "cratères de la Lune", semble intéressant. Situé pas très loin de ma position, ce paysage lunaire est rempli de creusets géothermiques. Est-ce que je m'apprête à retourner dans le monde des fumerolles et de l'œuf pourri ?

J'oublie le Tongariro, dont les chemins sont difficiles, je ne veux pas risquer de perdre mes caméras. Les cratères de la Lune sont facilement accessibles, pourquoi pas le lendemain matin, peut-être en compagnie de Marion. Ensuite, je mettrai le cap sur Taranaki. À deux, l'itinéraire sera moins ennuyant.

Plus sûr de moi alors que le soir tombe, je retourne auprès de mes deux amis anglais. Mon organisation se met en place, il me manque seulement des automobilistes chevronnés. Je parie pour l'instant sur l'appui de Gaith et Emily, mais il me faut trouver un aventurier motorisé et matinal pour les cratères. Je fais le tour de l'entièreté du camp, interrogeant les personnes sur leurs intentions.

— Hé, salut, bonjour, excusez-moi ! Quelqu'un pour les cratères de la Lune ? Quelqu'un de Taupo à Turangi ?

Je ne lâche pas le morceau, circulant de cercles en cercles jusqu'à atteindre un groupe d'Allemands, au bout de ma quinzième tentative au moins. Deux filles refusent d'abord, arguant qu'elles doivent poursuivre vers le Nord.

— Mais justement ! Les cratères sont sur votre chemin ! C'est juste au Nord-Ouest. Et j'ai vraiment besoin de vous, j'ai *vraiment* pas envie de me réveiller à 5 heures du matin ! Déposez-moi à l'entrée du parc…

— Bon… Ok… concède la première.

— Pas de problème, lance sa compagne en me lançant un regard faussement exaspéré. Par contre, on te déposera rapidement, la visite ne nous intéresse pas.

C'est déjà ça ! Nous décidons de l'heure de départ et je les remercie chaudement. Une bonne chose de faite, je barre le premier point de ma liste. Maintenant, je prie intérieurement pour rentrer à Hipapatua avant 10 heures et, surtout, pour trouver un véhicule qui me mènera de Taupo à Turangi.

Devant moi se dresse un couple dans la quarantaine, crâne rasé et lunettes pour lui, chevelure abondante pour elle.

— Bonsoir. Vous partez bientôt vers Turangi ? J'aimerais descendre avec vous !

— Notre voiture n'est pas très vaillante. Tu as beaucoup de sacs à transporter ?

Je ne mens pas : c'est le cas. Ils me donnent néanmoins rendez-vous le lendemain midi sur le parking face au lac. « T'as une bonne tête », se justifie le gars dans un grand sourire.

Nous échangeons nos coordonnées et ils me promettent encore et encore d'être mes automobilistes pour le lendemain. Soulagé, fatigué, je m'assois enfin. J'ai accompli mon challenge au bout de deux heures. L'organisation est même optimale, excepté pour l'itinéraire entre les cratères et le camp. Je me relève d'un bond, puis rejoins Emily et Gaith.

— *Hello !* Tout est parfait ! Par contre, est-ce que je peux laisser mes vêtements dans votre van ? J'aimerais bien ne pas être trop chargé ! Et puis, je dois vous prévenir que je ferai du stop pour vous retrouver… Ou bien une course à pied !

Courir, c'est l'une de mes spécialités en Nouvelle-Zélande, non ? Tout sourire, je regagne ma tente, retrouvant Marion qui me salue. Nous nous asseyons ensemble et contemplons calmement la vue. Tous les groupes de *backpackers* allumaient leurs lumières dans la nuit tombante, illuminant joliment les alentours. Marion allume une cigarette dans un frottement discret d'allumette. Elle souffle avec délicatesse un élégant nuage de fumée. Nous discutons un moment des merveilles qu'apportent la vie de *backpackers*, puis je n'y tiens plus et lui lance :

— Tu as décidé de ce que tu veux faire ? Tu vas te joindre à moi ?

Marion aspire une nouvelle bouffée de tabac. Elle la retient un instant, puis la laisse échapper entre ses dents, accompagnée d'un soupir d'aise.

— J'ai réfléchi longtemps. Je vais rester ici… Quelques jours, une semaine, qui sait ? Le destin, parfois, est incroyable. Nous nous reverrons au bord d'une route, d'un sentier ou… jamais.

Elle sourit, les yeux perdus dans l'abîme du ciel étoilé. Je l'imite.

Elle me présente son profil Facebook, je lui confie le mien. Nous n'arrivons pas à nous séparer. Elle me raconte une anecdote, je lui expose mes péripéties à Hobbiton. Nous comparons nos aventures, dans l'atmosphère tendre d'une nuit magique. Doucement, elle me dit :

— Je dois dormir. Prends bien soin de toi, Gaël. Poursuis tes rêves.

— Prends bien soin de toi, Marion… Prudence sur les routes !

Elle s'enfuit sans un mot de plus. Mon regard balaie la voûte nocturne mouchetée d'éclats blancs. Quelle joie d'organiser mon expérience tout en liant connaissance avec des êtres aussi variés et enrichissants. Je rentre dans mon tipi vert fluo, prépare mon matelas gonflable sur les cailloux de la colline, ôte mes chaussures répugnantes. Je m'endors, les conversations des jeunes *backpackers* à travers la toile me servant de berceuse.

Course contre la montre

Le matin, mon réveil perce le silence à 7 heures. C'est parti ! Après avoir vérifié mon emploi du temps de ministre et bien récapitulé la liste de mes trajets, je me lave sommairement et me rends à mon premier rendez-vous. Les deux Allemandes m'attendent déjà, pile à l'heure, suivant la tradition germanique.

Le coffre de leur automobile est bourré de tout et n'importe quoi… "Elles doivent avoir des gènes latins", je me dis dans un sourire, heureux de partager mon aventure avec elles. La plus grande des deux, constatant mon léger embarras, me commande le processus à suivre.

— Gaël, il n'y a pas de place pour tes affaires donc tu les poses sur toi, comme si c'était des couvertures !

— *Backpacker* version plaid, je comprends !

J'entre dans la voiture, m'installe avec quelques difficultés, et nous partons en direction du paysage lunaire, tous les quatre.

Tous les… quatre ?

À l'avant, les demoiselles, à l'arrière ma modeste personne et à ma gauche… une silhouette. Je me tourne lentement, discernant des traits que je crois reconnaître. Ne soufflant mot, je me recentre sur le trajet, mais il est vain de lutter contre ma curiosité naturelle. Un coup d'œil plus tard, j'en arrive à la conclusion qu'une pancarte en carton de forme humaine, grandeur nature, siège à mes côtés.

Une silhouette, donc. Presqu'un fantôme. Célèbre dans le monde entier… Mon cerveau s'active, parcourant l'Europe, l'Afrique, l'Asie… Où ai-je vu cet individu ? Qui est-ce ? Soudain, la chanson que viennent de lancer mes conductrices m'apporte la réponse.

— Les filles… Vous n'avez pas osé !

— Et siiiiiiiii !

— C'est pas possible… J'ai tout vu dans mes voyages, mais là, c'est n'importe quoi ! Je suis quand même pas assis avec une effigie de… Justin Bieber !

Et elles se mettent à chanter, tout en s'esclaffant devant mon air stupéfait :

My first love broke my heart for the first time,
And I was like
Baby, baby, baby ohhh
Like baby, baby, baby noo
Like baby, baby, baby ohh
I thought you'd always be mine

Baby, baby, baby ohh
Like baby, baby, baby noo
Like baby, baby, baby ohh
I thought you'd always be mine, mine OH

Que toutes les divinités me viennent en aide… Je suis tombé sur des *Beliebers*. Heureusement pour mes oreilles, le trajet n'est pas long. Je sors Maps.me pour me donner de la contenance, vérifie les données et les leur fournis :

— À gauche… Parfait. Maintenant tout droit !

— *Okayyy*, elles me répondent avant d'entonner de plus belle :

If I was your boyfriend, I'd never let you go
I can take you places you ain't never been before…

Je finis par me laisser conquérir par leur enthousiasme de fans. Hilare, je tente de suivre les paroles mais je n'ai pas la carrure face à deux *Beliebers* ! Pressées par le temps, les Allemandes me déposent à l'endroit convenu. Je leur demande :

— *Please*, la photo souvenir ! Mais avec Justiiiiiin ! J'ai trop ri pendant notre petite aventure !

Elles me répondirent en chœur :

— Ouiiiiiii !

Je les vois sortir le chanteur de la voiture. Nous posons avec fierté et, après de chaleureuses accolades, elles repartent sur les routes avec leur *boyfriend* en carton.

Les deux Beliebers et leur boyfriend en carton !

Les cratères de la Lune

Je m'approche de la réception au milieu d'un silence absolu. Il n'y a aucun touriste aux cratères de la Lune aujourd'hui, apparemment. Après avoir payé mon sésame, je demande à la dame qui me l'a vendu :
— Combien de temps pour visiter l'ensemble du site ? Et est-ce que je pourrais laisser une partie de mes bagages ici ? Je crains de ne pas être à l'heure au campement pour retrouver Emily et Gaith. Je dois chronométrer la moindre de mes activités aujourd'hui, au risque de rater l'un de mes covoiturages. Et me promener avec tous mes sacs me fatiguerait d'autant plus. La réceptionniste me répond gentiment :
— Vous en aurez pour 20, 25 minutes maximum, et il n'y a pas de souci pour vos sacs. Laissez-les-moi.

Désireux de filmer le paysage, j'ajoute dix minutes à ses estimations. Je remarque que l'hôtesse d'accueil me sourit avec insistance. Je commence à croire que les visiteurs ne sont pas nombreux.

Au sortir de la guérite, j'ai été accueilli par un désert vert. Malgré la présence de végétation, je sentais que l'endroit n'était propice qu'aux plantes les plus résistantes. J'ai aperçu, au loin, un pont en bois cerné par un épais brouillard. Les amas de mousse coriace adoucissaient ce paysage néanmoins aride, comme le trahissait la terre sèche et poussiéreuse qui apparaissait entre eux. C'était une vallée profonde, percée de cratères immenses. J'avais l'impression d'être très éloigné des villes et de la civilisation.

S'attaquant à mes narines, l'odeur d'œuf pourri emblématique des parcs géothermiques m'a rappelé des souvenirs des jours passés, notamment au Kuirau Park. Afin de ne pas tomber dans les eaux chaudes, je marchais sur un chemin en hauteur qui balisait le parcours. En m'avançant dans ce décor lugubre, je ne percevais rien de nouveau par rapport à mes précédentes expériences dans ce genre d'endroit. Même le brouillard restait modeste., finalement Mais un quart d'heure plus tard, alors que je tenais ma caméra au poing, de premières fumerolles ont surgi devant moi pour m'entourer de toutes parts, se posant également sur les herbes comme la rosée au petit matin. Je me croyais perdu dans des landes particulièrement mystérieuses.

Dans la peau du premier homme qui a marché sur la Lune, je photographiais tous azimuts, tout en accélérant mon rythme. Neil Armstrong ou pas, toutefois, il ne me fallait pas tarder, car à force d'admirer cette précieuse peinture science-fictionnelle, je risquais de louper mes rendez-vous suivants.

Un retour difficile

La prochaine étape consiste à trouver des individus quittant le parc pour retourner sur la route. Je suis un véritable Robinson Crusoé sur son île. Je commence à paniquer à l'idée de ne pas retrouver Emily et Gaith au campement, d'échouer dans mes stops et de poireauter au bord des chemins pendant des heures. Je cours.

Chargé comme une mule, je pousse mes capacités au maximum. Je m'arrête à de rares occasions pour récupérer mon souffle, mais doit à chaque coup repartir de plus belle, sans l'avoir vraiment retrouvé, motivé par mes objectifs.

Au bout de quinze minutes, j'entends une voiture qui déboule à fond. Enfin ! C'est la seule à des kilomètres à la ronde qui s'aventure dans ce trou perdu. Je montre mon plus beau sourire, agite mon pouce avec assurance et m'apprête à partager le trajet avec l'inconnu quand celui-ci accélère, filant à mes côtés à une vitesse de monoplace, le tout en klaxonnant.

"Mais quel fils de…"

Mon index dressé se charge d'achever le fond de ma pensée. J'étais pourtant persuadé que cette personne s'arrêterait pour moi, au fin fond du monde. De temps en temps, dans la vie, j'ai des certitudes. Je me dis que tel événement va se produire, que c'est évident, logique, rationnel. Je crois en la bonté des gens, ou même en leur simple sympathie. Mais l'existence s'avère parfois plus complexe et la réalité très éloignée de mes désirs, pourtant simples. Un être humain en rencontre un autre. Ils sont seuls à un rayon de dix kilomètres. Le second n'aide pas le premier. Le premier se dit que c'est absurde, antisocial, infect, mais non : c'est ainsi. Rien n'est certain en ce bas monde.

Je poursuis mon cent mètres, qui devient un marathon. Le parcours avec les filles, plus tôt dans la matinée, m'a semblé court ; là, il se transforme en calvaire. Arrivé sur l'axe principal menant au *free camp*, je suis frappé par l'absence totale de véhicules. Certes, je suis résolu à pratiquer l'auto-stop, mais l'île du Nord ressemble à un désert au petit matin ! Mon stress augmente quand mon portable affiche un message. Mes cuisses sont en béton et mon pantalon les drape comme si ma sueur était de la colle forte, sans compter que je suis en plein sprint. Aussi, j'ai toutes les peines à retirer mon portable de ma poche pour découvrir qui m'a envoyé ce SMS : Emily.

"Gaël, hello ! Où es-tu ? Nous démarrons !"

J'appuie mon pouce glissant sur le bouton d'enregistrement et envoie, dans un vocal ahanant :

"Sur la… route. Je me démène… pour rappliquer… ouf… auprès de vous !"

Quelques secondes plus tard, le téléphone vibre à nouveau :

"Ok. Pas de souci !

Un quart d'heure passe. Emily m'appelle, cette fois, mais je n'ai pas le temps de décrocher. Je lui réponds par un autre vocal et elle comprend, à ma voix haletante, que ma situation est désespérée. Je sprinte, mais mes forces diminuent.

— S'il vous plaît, ne m'abandonnez pas !

Les minutes passent encore et l'Anglaise me téléphone une seconde fois, le ton grave :

— Gaël… Franchement, tu es où ?

Mes muscles hurlent de douleur. Je lève mon téléphone qui semble peser cent fois plus qu'à l'accoutumée.

— Je t'envoie… ma localisation… Ce sera plus facile. Si tu dois y aller, pars… Je ne veux pas te faire attendre… Mais j'aimerais tellement que tu viennes me chercher !

— Bon, j'ai bien reçu ta position. Gaith et moi, on ne te lâche pas. On arrive.

Je m'arrête net, le cœur battant à 100 à l'heure. Essoufflé mais soulagé, je tente de reprendre ma respiration. Je réussis à dire :

— Merci… Merci beaucoup !

L'attente n'est pas longue. Un klaxon résonne à mes oreilles dix minutes plus tard. Le couple, hilare, m'accueille dans le van.

— On t'a trouvé !

— Mon Dieu, oui, merci !

Ma gratitude est sans borne. Je suis ruisselant de sueur, mes habits vont devoir être arrachés à ma peau. Je crains de puer mais tant pis ! Le bonheur de me retrouver en sécurité dans un moyen de locomotion et, surtout, de rattraper le temps perdu, surpasse ma gêne.

Le soleil est désormais haut dans le ciel, aussi j'enlève mon pull. Assis à l'avant, je raconte mes histoires, passant de Bieber aux cratères. L'atmosphère détendue de l'habitacle calme mes nerfs soumis à rude épreuve. Nous nous dirigeons vers le parking du lac Taupo, où nous arrivons très rapidement. Je reprends tous mes sacs et nous nous disons adieu.

"Adieu" car, même si le hasard est capricieux, c'est véritablement la dernière fois que nous nous quittons. Nous nous apprêtons à vagabonder dans des directions très opposées les uns des autres et nos prochaines interactions se feront uniquement par les réseaux sociaux. Alors, émus comme si nous nous quittions en amis de longue date, nous nous étreignons. Je n'arrête pas de les remercier pour leur gentillesse et leur gaieté. Après un nombre infini de "Bon voyage !", ils partent vers un nouvel horizon, me laissant voguer à la conquête d'un autre.

Le changement de véhicule se fait sans attendre. Sorti de celui de mes Anglais, j'entre dans celui de mes Marseillais à l'accent chantant. Le couple m'accueille avec un cordial "Entre, mon ami ! Nous partons !" digne d'un Pagnol, et je soupire d'aise. La course, l'endurance, le challenge, la pression de mener à bien mon programme de la veille, l'intensité du moment, le départ des uns, le sourire des autres… Mon corps et mon âme ne peuvent pas soutenir tant d'émotions en une simple matinée ! L'homme à la bouille joviale, le crâne rasé, me parle avec plaisir et je lui réponds par automatisme. Petit à petit, je réussis à sortir de ma coquille et à bavarder avec les deux Français, me présentant de nouveau à eux et leur contant mes ennuis du matin.

Mon jeune âge les surprend. Mon parcours autour du monde, mon côté baroudeur, mes séjours sur les océans et au fin fond des forêts, tout est sujet à discussions.

— Quelle chance tu as Gaël. Et quelle maturité pour ton âge ! me dit la femme à travers sa cascade de cheveux bruns.

— C'est clair ! renchérit son mari. Nous, nous avons décidé de voyager après la quarantaine, et nous découvrons et comprenons le monde avec un regard émerveillé. Nous aurions aimé franchir les frontières à 20 ans, comme toi.

Leurs paroles me font réfléchir. Je ne me rends pas vraiment compte de ma jeunesse. Je pars du principe que tout le monde peut accomplir ce que je réalise. En fait, la question n'est pas vraiment de posséder la maturité, mais l'envie de découvrir. Découvrir des paysages, certes, s'en émerveiller, mais surtout échanger avec des cultures inédites et des personnalités inouïes. Faire du stop, ce n'est pas juste être de passage dans la voiture de quelqu'un. C'est apprendre à connaître vraiment, parfois plus qu'en d'autres circonstances, des personnes qu'on ne rencontrerait peut-être jamais autrement. Comme si la vie nous avait mené à cette réunion pour nous apporter ce plaisir.

Chapitre 13 - De petites impasses

Après un trajet agréable, les Français proposent de me déposer au bord d'un axe très important. Néanmoins, j'ai repéré sur Maps.me un lac dont la situation géographique me rapproche d'une série de petites routes menant au volcan Taranaki. Le couple accepte ma nouvelle proposition et nous prolongeons notre parcours. Les portes de l'Ouest de l'île sont encore lointaines mais ça me plaît de rester plus longtemps avec ces deux individus véritablement sympathiques.

Le plan d'eau n'est pas exceptionnellement beau, mais nous éprouvons une certaine joie à perpétuer nos discussions et à comparer nos expériences. Les aiguilles de l'horloge tournent toujours trop vite, et l'heure de se séparer est arrivée en un éclair. Après de chaleureuses accolades, les Marseillais ont fait demi-tour pour rejoindre la voie principale. Je me suis retrouvé sur le parking, en présence d'une énorme voiture avec des vitres épaisses.

À l'intérieur, j'aperçois une famille typée chinoise dont les membres agitaient frénétiquement leurs mains en égrenant une série de "coucou, coucou, coucou...". Je m'approche doucement de l'automobile, répondant par la même gestuelle à ce que je crois être une invitation. Arrivé à leur hauteur, tout sourire, je demande dans la langue de Shakespeare :
— *Hello*, acceptez-vous de me charger en direction de Taranaki ? Je ne prends pas trop de place et...
— *Nǐ hǎo...* commence l'homme au volant, qui affiche un rictus figé, avant de renchérir par : *No no... No English.*

Le conducteur dodeline de la tête à une vitesse incroyable, marquant sa désapprobation avec force. Prenant mon courage à deux mains, j'insiste :
— Eh bien, je suis auto-stoppeur, je viens de Belgique et...
— *No, no, no.*
— Je me prénomme Gaël et je...
— *English no.*

Manifestement, entre lui et moi se dresse une muraille d'incompréhension. Brusquement, il ouvre sa fenêtre et me dépose un œuf dans la main. Je l'accepte, stupéfait, veillant à me soumettre à cet us inconnu. S'ensuit un échange de regards. Le mien, éberlué. Le sien, perdu. Alors, tout en prononçant ses derniers "*No*, coucou, *no*, coucou", l'homme démarre son véhicule et part vers l'horizon, coupant net notre étrange discussion.

J'ai l'impression d'être un singe de zoo auquel on a donné sa banane pour qu'il se tienne tranquille. Je ne le prends pas mal, hein... Je comprends que la perception des situations était variable en fonction du vécu de chacun... Même si, bon...

Quelques minutes plus tard, riant de ma mésaventure, je mets ma musique, écoute "Follow the sun" et la bande originale d'*Into the wild*, des airs que j'associe à la solitude du voyageur. Je me chuchote, les yeux posés sur la colline verdoyante : "Que va-t-il se passer ?" Je n'ai qu'une chose à faire : patienter.

L'attente

Une nouvelle série de covoiturages courts et sans incident aboutit à Taumarunui, un village totalement paumé, inhabité. Mon but, en ce début d'après-midi, est d'emprunter l'immense route à sens unique qui se dirige vers Taranaki. Le hameau se niche au fond d'une vallée cernée par des bois somptueux. Quelques autochtones m'observent bizarrement, étonnés qu'un étranger, un touriste, foule le sol de leur territoire. En me promenant le long de la rivière et en contemplant le panorama, attendant un moyen de locomotion, je conserve ma bonne humeur. Je me dis : "J'ai la chance de découvrir de nouveaux espaces. Je m'imprègne de tout ce que je vis, de ce paysage. Je n'ai qu'une chose à faire : patienter et méditer."

Je marche une vingtaine de mètres pour me positionner d'une manière plus visible. Malgré toutes mes pensées positives, j'ai l'intuition que je vais rester coincé dans le centre de Taumarunui. Je décide donc d'allonger le pas et de me présenter à la sortie du village, près du fameux tronçon qui mène au volcan.

J'attends quelque chose. Quelqu'un. Un événement. N'importe quoi. Une heure, deux heures... Trois heures... Trois heures à poireauter dans un désert urbain, sans moyen de locomotion à me mettre sous la dent. Pendant tout ce temps, je m'interroge en boucle, incapable de me décider : "Est-ce que je suis bien placé ? Je devrais peut-être faire demi-tour ? Repartir sur mes pas ? Recommencer le tout ? Est-ce que c'était réaliste de prendre cette route ? C'est la bonne, d'ailleurs ?"

Quelques automobiles commencent à montrer leur museau. Des locaux qui passent et repassent sans cesse. Toujours les mêmes, même si l'une d'elles m'intrigue particulièrement. C'est comme si ses occupants m'espionnaient or, avec la nuit qui tombe bientôt, ça ne me rassure pas. Le dénouement de cet étrange comportement est l'arrêt du véhicule et l'apparition d'un jeune couple.

Accompagné de sa donzelle, un gaillard à peine sorti de l'adolescence me reluque tout en mangeant ses frites. Casquette en arrière, cheveux gras, doigts gluants recouverts de sauce Ketchup, il m'apostrophe :
— Hé, tu fais quoi ? Tu vas où ?
— Je me prépare pour une expédition au volcan Taranaki. Je suis bloqué dans votre village. Personne ne se rend dans cette zone ?
— Mais c'est super rare d'aller dans cette direction ! En plus, c'est risqué : y a presque pas d'circulation par-là ! Mais ouais, c'est la seule route.
— Tu pourrais me charger pour m'engager sur ce chemin ? Même pour pas longtemps. J'avance petit à petit !
— OK, j'te charge !

Et me voici dans la caisse du gamin, Ben. De même que sa copine Julie, qui me salue nonchalamment, il vient à peine d'atteindre les dix-huit ans. Pendant qu'il s'essuie les mains sur la portière, recouvrant celle-ci de rouge tomate, j'ai l'impression d'embarquer avec mon petit frère. Le couple me conduit, dans une odeur épouvantable de friture, pendant 20 minutes. Ils me débarquent avec le sourire, tout en m'offrant des frites et des *nuggets* de poulet. En les remerciant de m'avoir sorti d'un gros pétrin, je les saluent bien amicalement et retrouve le chemin de mes rêves... Ou plutôt de mes cauchemars.

À cet endroit, personne. Je me croyais isolé à Taumarunui. Là, je me retrouve plus seul que jamais. Aucun véhicule. Aucun être humain. Aucune vie. Le vide. Au bout de deux heures, je constate que le soleil entame la dernière étape avant son coucher. J'ai fait une énorme boulette.

Mon pourvoyeur de frites et sa copine

Soit je retourne au village, au point zéro donc.
Soit je reste sur place.

La majestueuse forêt qui cernait la route était mon unique compagne. Assis au bord d'un sentier de pierrailles, je ris jaune tout en mangeant le repas refroidi de Ben. "Je risque de camper dans ce coin sauvage pendant des jours, mais bon, qu'est-ce que j'ai à perdre ? Ça ne me fait pas si peur de dormir près de ces beaux arbres." À force d'attendre, je m'endors sur mon sac à dos. Combien de temps ? Je ne m'en souviens pas. Ce qui me revient en mémoire, c'est le bruit d'une voiture qui me tire de mon sommeil.

Petit espoir

Une voiture !

Excité, je me lève d'un bond et agite ma casquette dans toutes les directions. Mes énergies sont pointées vers un seul et unique objectif, me rendre au volcan Taranaki. La BMW tourne un peu plus loin, passe un pont et s'engouffre dans une allée privée, qui mène à la seule chaumière visible à des lieues à la ronde. Mes espoirs retombent. Déçu mais pas abattu, je me rassois.

"Je ne suis pas dans la merde…"

Je soupire, murmure quelques jurons dans ma barbe, juste le temps qu'un autre moteur surgisse ! Celui-ci, je ne vais pas le louper. "Je vais l'arrêter, cette bagnole ! Le coup du pont, une fois mais pas deux !" Je me mets à moitié sur la route : autant forcer les choses, et non patienter jusqu'à la nuit des temps quitte à me faire écraser comme une crêpe ! La Citroën stoppe net, la fumée dégagée par la caillasse friable l'enveloppe comme si elle venait de freiner dans le désert.

Lorsque le nuage se dissipe, un couple apparaît. Je l'aborde en bafouillant quelques phrases. Je ne trouve pas mes mots, l'extase d'avoir trouvé un véhicule est trop forte ! Et puis, l'angoisse qu'on me laisse dans ce trou perdu me rend confus.
— *Hello. I… I mean, I am…*
— *Yèsse ?*
— *I'd like… Well… I wish !*
— *Aïe dou note eundeurstinde anissing, youngue mane !*
— Oh… Mais vous êtes francophones !

Cet accent est trop caractéristique pour que je me trompe. Ils sont bien Français. Tous deux ingénieurs, ils habitent en Nouvelle-Zélande grâce à leur visa Vacances-Travail. Ils semblent bien installés dans leurs habitudes et font leur petite sortie du week-end. Lorsque je leur demande s'ils peuvent m'embarquer, la dame intervient auprès de son mari et lui affirme :
— Mais Jean-Luc, y a pas de place dans la voiture… Notre lit est à l'arrière. Si la police nous arrête, on risque une prune.
Ma gorge se serre. Une bouffée de stress m'envahit l'esprit. Ma chance est réduite à néant à cause d'un plumard mal disposé et de sièges baissés. Je devrais me défendre contre ce coup du sort.
— Je vous en prie, vous êtes le seul événement heureux de ces dernières 24 heures. Si vous ne me chargez pas, je passe la nuit ici… Et les prochains jours ne seront pas de tout repos ! Je vous en supplie, prenez-moi ! Vous êtes ma seule opportunité. Et si nous rencontrons les gendarmes, je paie l'amende.
— Laisse-moi en discuter avec Florence !
Ils bavardent à voix très basse. Nerveux, je me ronge les ongles, trépignant sur place. Jean-Luc hoche la tête, se tourne vers moi et déclare :
— C'est bon ! Monte. Je te préviens : s'il y a des flics, tu te caches sous la couette !
— Oui, oui, oui, pas de souci ! Merci, merci, merci !
J'entre dans la Citroën, comblé, rayonnant, me couche sur le matelas et nous démarrons.

Au départ, l'atmosphère n'est pas bienveillante. J'ai fortement insisté pour voyager avec eux et ils masquent assez mal leur gêne quant à ma présence. Heureusement, les kilomètres aidant, nous entamons la conversation.

— Pourquoi allez-vous à Taranaki ? Je croyais être le seul à m'intéresser à ce volcan !

— On veut en faire l'ascension, déclare Florence. Il est réputé pour sa difficulté : le brouillard, là-bas, descend très rapidement et il y a de grands risques de tomber dans le vide. On aime randonner le week-end, c'était l'occasion !

Une fois allongé, je refais connaissance avec des draps doux à l'odeur apaisante et fraîche. Par contraste, mon corps ne sent pas la rose et mes chaussures sont toujours aussi boueuses... Mais je n'ai pas vraiment le choix. Désolé pour vos draps tout propres... J'aperçois par la fenêtre les lacets de la route, je sens bien les virages serrés que prend le véhicule. Je me rends compte qu'à pied, il m'aurait fallu des jours pour arriver au bout de cet enfer.

Sous les draps

Nous avons roulé pendant des heures. Nous circulions à faible vitesse, toujours à cause de ces foutus cailloux et des tournants très secs. Les bois qui nous entouraient nous empêchaient de distinguer la couleur du ciel. Tout était sombre, lugubre, et nous progressions avec précaution. Nous n'avons croisé absolument personne et je ne voyais aucune habitation : jamais je n'aurais pu aborder un être humain ici ! Bercé par le moteur et fatigué par ma journée, je me suis endormi, détendu.

Florence et Jean-Luc me réveillent dès que nous approchons d'une route à la circulation dense :

— Gaël ! Gaël ! On ne prend pas le risque de te conduire plus loin ! Les Rangers veillent !

— Je... Je comprends ! Merci beaucoup, c'est tellement gentil de votre part de m'avoir aidé !

Je descends de la voiture, un peu sonné par mon brusque lever. Comme toujours, je photographie mes sauveurs mais cette fois, eux aussi me demandent de poser pour eux, étonnés encore d'avoir vécu une histoire aussi étrange. Ils l'intituleront certainement "Le petit Belge caché sur le matelas".

Après les accolades traditionnelles, ils repartent, me laissant seul dans un lieu inédit à découvrir.

Le couple d'ingénieurs français qui m'a sauvé de la route solitaire. Que serais-je devenu sans eux ?

Le conseil de l'autostoppeur
- **N'hésitez pas à insister quand vous vous retrouvez dans une situation compliquée**

Il ne faut pas avoir peur de déranger les gens, cela vaut mieux que de vous retrouver dans une énorme galère…

Crédits : Google Maps

Mes étapes : à gauche, mon parcours complet dans l'île du Nord. Au centre et à droite, un plan plus rapproché.

Inglewood

J'ai vite constaté que ma nouvelle situation représentait le fantasme de tout auto-stoppeur : une grand-route, des alentours sécurisants, des beaux bâtiments anciens en bois pour s'abriter au besoin. J'avais l'impression de séjourner au Far West américain, sans la teinte ocre du désert. Au loin, des montagnes dominaient la plaine. L'une d'elles, la plus grandiose, était couverte de neige à son sommet, alors que l'été battait son plein. Le volcan Taranaki, car c'était de lui qu'il s'agissait, resplendissait sous les couleurs du crépuscule. Quelle majesté ! Je contemplais ce spectacle, où tout semblait sorti d'un songe, quand mon esprit m'a rappelé à l'ordre. Il fallait que je trouve une habitation pour y dormir à l'abri.

Je repère une station-service, m'y installe et lève mon pouce à l'adresse du trafic intense. Bingo ! En toute logique, une automobile me charge rapidement. Au bout de dix minutes, mes deux jeunes conducteurs me déposent au centre du village d'Inglewood. Nous n'avons même pas eu le temps de bavarder ! Après les traditionnels *selfie* et signatures, je fais mes premiers pas dans la cité.

Mes sacs me pèsent, comme d'habitude, mais particulièrement lorsque je n'ai rien d'autre à faire que déambuler et espérer. Je ne peux pas me permettre de trop marcher avec eux, mais c'est comme ça : sans toutes ces affaires, je ne tiendrais pas longtemps... Quoi qu'il en soit, ma casquette posée sur mes cheveux de plus en plus longs, mes sacs qui entourent ma silhouette, à la fois puant et fier, je ne risque pas de passer inaperçu.

Très peu de monde se promène dans les rues et les véhicules sont rares. Je passe d'un endroit fréquenté à un trou perdu. Je garde l'objectif de me trouver un logis de fortune sécurisé, alors je me balade, rencontrant surtout des adolescents. Je me présente sommairement à plusieurs groupes, les uns à la suite des autres.

"Bonjour. Je suis un *backpacker* et je cherche une chambre pour cette nuit !"

Peter le pompier

Les gaillards ne sont guère réceptifs. Néanmoins, en arrière-plan, je perçois un attroupement qui se forme. Ma dernière possibilité ! Vite, je me dirige vers le nouveau cercle, laissant mes derniers interlocuteurs sur place après leur avoir lancé un *"Ok guys ! Thanks !"* précipité. Devant moi se tient un groupe d'enfants.

— Excusez-moi ! J'imagine que vous habitez ici ? Vous auriez des parents ou des membres de votre famille qui pourraient m'aider ? Je voudrais loger dans le coin !

Une môme de quinze ans maximum, l'air espiègle et déterminé, me répond avec un sourire en coin :

— Suis-moi ! Mon père a déjà accueilli des voyageurs comme toi !

— Des… voyageurs comme moi ?

M'interrogeant sur ce qu'elle insinue, je me résous en urgence à l'accompagner, elle et ses amis, à travers Inglewood. J'ai l'impression d'être un membre de la jeunesse du patelin qui se rend à une quelconque activité de scouts. La gamine, prénommée Olivia, me précède, fière et pétillante, tandis que deux autres me suivent. Je tente de me calquer sur les pas de la jeune fille, encombré par mes multiples bagages. À la queue leu leu, nous arrivons devant une maison, pas bien éloignée de mon point de départ.

— Allez, on rentre !

Olivia frappe à la porte, l'ouvre et m'invite à pénétrer dans sa demeure, tout en criant *"Daddy, Daddy, Daddy !"*

Un homme d'environ cinquante ans se présente, me serre chaleureusement la main et me fait subir une avalanche de questions.

— *Hey ! What's up ! I'm Peter.* Comment vas-tu ? D'où viens-tu ? Que fais-tu ?

Bouche bée, je peine à trouver mes mots, ne m'attendant pas à un tel accueil. Je réussis à articuler :

— *Hey, I'm Gaël. Nice to meet you.* J'ai rencontré Olivia dans la rue principale. Elle m'a conduit à vous, parce que j'aimerais séjourner une nuit dans la ville. Vous n'auriez pas des conseils ?

Peter regarde sa fille avec une légère désapprobation, puis va s'asseoir dans un divan rustique posé au fond de la pièce. Il se frotte les yeux, me regarde avec gêne et ne répond rien. Un silence étrange se glisse entre nous. De l'invité de l'année, je passe au statut plus réaliste d'inconnu bizarre… Il se demande sans doute s'il peut me faire confiance et, bien que je ne veuille pas le vexer, je ne veux pas non plus m'en aller. Pour l'instant, c'est le seul plan que j'ai pour ne pas dormir dehors ce soir…Sur le mur derrière Peter, je distingue des photos de pompiers. Plus bas, sur une étagère, la miniature d'un camion tout droit sorti d'une caserne trône fièrement. Certain que mon observation et mon intuition sont correctes, je le hèle :

— Dites, Peter… Vous êtes pompier ?

— Ah oui, admire mes trophées et mes souvenirs. Je suis retraité, mais je suis heureux de mon parcours !

— En ce qui me concerne, j'ai suivi une formation de cadets en Belgique !

— Non, c'est pas vrai ?

— Eh si, pendant trois ans !

Ragaillardi, le vieil homme se frotte les mains.

— Demain, nous visiterons la caserne et je te présenterai à mes anciens collègues.

— Super, parfait ! Mais... Où est-ce que je peux dormir ?

— Ben... Ici, à la maison ! Je vais te préparer une chambre. Dépose tes affaires et va te doucher ! Tu es ici comme chez toi !

— Merci infiniment !

Bien que j'aie calculé mon coup en le lançant sur son ancien métier, l'enchaînement des faits me laisse pantois. Parfois, j'attends des heures au bord d'une route, parfois, je suis nourri logé blanchi grâce à une simple question. Bien sûr, n'importe quel propriétaire de capteurs olfactifs m'aurait proposé une douche, tant j'empeste. Quant au reste... autant en profiter !

Je me rends dans la chambre qui m'est destinée et y dépose mon matériel – cet instant magique où je redeviens léger est ineffable. Ensuite, mû par une idée subite, je regagne le séjour et demande :

— Euh... Peter ? Pourrait-on contempler le coucher de soleil ?

— Oui ! Viens avec ma fille et moi. J'emmène également les enfants des voisins ! Je connais un panorama sublime, tu verras !

Oubliant de me laver, j'ai pris mon drone ainsi que ma caméra et nous sommes partis sur une petite colline, non loin de la maison d'Olivia et Peter. La vision de la plaine et du village d'Inglewood, couronnés par le volcan aux neiges éternelles, méritait grandement d'être immortalisée. Mon robot s'est élancé vers le ciel sous les cris de joie des gosses. J'ai appris à Peter à piloter l'engin. Pour ma part, je captais sur la pellicule ces moments splendides et rassurants, complétant mon album de souvenirs.

L'astre a disparu en un instant. Sur notre petit nuage, les yeux pleins d'étoiles, nous sommes donc rentrés à la maison. J'en ai profité pour sortir de mes bagages le strict nécessaire afin d'accomplir ma toilette et de m'habiller.

La voix joviale de mon hôte m'interrompt :

— Que veux-tu manger ce soir ?

— Ce que tu souhaites !

Peter prépare des omelettes goûteuses que nous dévorons goulûment. Une discussion s'engage, qui nous mènent aux portes de la nuit. Nous échangeons à propos de nos parcours et des différences culturelles entre la Nouvelle-Zélande et la Belgique. Je pense toujours qu'on peut s'acheter des voyages, des excursions, des randonnées. Mais ces moments d'authenticité auprès des habitants sont aussi gratuits que riches à mes yeux.

J'ai l'impression de faire partie de la famille, nous écoutons même les actualités à la télévision. Soudain, Peter prononce une phrase qui me fait sursauter. En effet, ce sont les mêmes propos que sa fille, quelques heures auparavant :

— Ah, j'en ai déjà vu des voyageurs comme toi ! J'ai rencontré un Brésilien dans la rue un jour. Son objectif ? Le tour du monde en skateboard.

— Whaou ! Tu as des photos de cet aventurier ?

— Bien évidemment ! Il est resté une petite semaine ici et nous sommes devenus amis. En te voyant, j'ai songé à lui. C'est pour cette raison que je t'ai accueilli sans trop hésiter.

Il me montre ses souvenirs avec émotion. Le déroulement de notre discussion, à mon arrivée, prend alors tout son sens. Tout se joue sur des détails… Je suis assis dans ce divan, à côté d'une personne extraordinaire, grâce à un habitant de Brasilia ou de Rio, mais aussi grâce à des stops réussis, à Olivia, à mon intuition… Grâce à toutes ces choses que je ne contrôle pas, finalement.

Vers minuit, Peter se lève et me dit :

— Il est tard. Je ne suis pas tout jeune, Gaël, alors… Je vais dormir. Bonne nuit ! Tu es libre de t'occuper comme tu en as envie, bien sûr.

Après lui avoir souhaité une bonne nuit à mon tour, je regarde un peu la télévision tout en songeant à mon programme du lendemain. D'abord la visite de la caserne, puis l'ascension du volcan !

Peter et sa famille

Le fameux camion de pompiers de Peter

Le fameux volcan derrière lequel se couche le soleil, à vue de drone

La brume

Je me lève tôt le matin et me dirige vers la cuisine, où m'attend Peter. Ce dernier m'a préparé des toasts que je déguste avec plaisir. La journée promet d'être longue, autant accumuler un maximum d'énergie. Après avoir fait mes adieux à Olivia, je range mes affaires et pars pour la première étape de ma journée. Direction l'ancien quartier général de mon hôte.

Peter me fait faire le tour du bâtiment. Il me montre avec fierté le camion qu'il conduisait autrefois, un mastodonte rutilant. Le nombre de tuyaux, la qualité du moteur, la robustesse de l'engin, tout me semble impressionnant et nous échangeons en connaisseurs nos expériences, comparant les techniques de lutte contre le feu. D'anciens collègues de mon guide se joignent à nous, heureux de le retrouver et de rencontrer un Belge pompier. Cette visite est tout à fait charmante, mais le temps défile. Or, Taranaki m'attend.

Nous sommes remontés dans la camionnette de Peter et nous sommes dirigés vers l'objet de ma quête. Une fois le village d'Inglewood derrière nous, j'ai aperçu au loin la masse volumineuse du volcan. J'étais assez inquiet, car il était connu pour ses brumes meurtrières. De nombreux promeneurs négligents y ont trouvé la mort ! Il me faudra rejoindre ses flancs et entamer son ascension avant que les fumerolles ne gagnent le sommet. Sur la route, j'ai observé de vastes plaines ponctuées de vaches paissant au sein de bocages verdoyants. En fermant les yeux, puis en les rouvrant, j'avais l'impression de sillonner la Belgique ! Malgré tout, plus nous nous approchions de mon objectif, plus la silhouette du Taranaki me paraissait monstrueuse.

— Arrête-toi, Peter ! j'intime à mon hôte. Le brouillard se lève ! Regarde, un anneau commence à entourer la base de la montagne !

La voiture stoppe et je sors, muni de mon drone. Je l'actionne rapidement, craignant de ne pas posséder d'images nettes de la cime. Mon robot survole une multitude d'arbres, pour ensuite se diriger vers la montagne. Celle-ci est encore plus colossale que dans mes prédictions... mais l'heure tourne.

Lorsque j'arrive sur place, il est déjà trop tard. Un groupe de touristes moqueurs achèvent de me décourager en m'avertissant du danger que je cours, si j'entreprends l'ascension à cette heure. Je rejoins Peter, déçu.

— Je ne me risque pas sur le volcan. J'ai trop de bagages, c'est trop dangereux. J'aimerais que tu me déposes un peu plus loin que chez toi.

— Ben monte ! Tu as choisi la voie la plus sage. On repart pour un tour !

Je récupère vite mes objets sur le chemin et entre dans la camionnette, ayant préalablement vérifié sur Maps.me le lieu le plus adéquat pour le prochain auto-stop. Désabusé de ne pas avoir effectué la randonnée qui m'a valu un tel détour, je reste satisfait d'avoir réalisé une vidéo du Taranaki. Ce type d'imprévus façonne l'âme du nomade, n'est-ce pas ? Je me dirige vers une autre histoire, voilà tout. Maintenant, il s'agit de ne pas me tromper dans mon étude cartographique. L'idée de faire du surplace dans un autre bled paumé me fait frémir !

Après une demi-heure de trajet, je me sépare de Peter. Le pompier regagne son foyer et mon auto-stop reprend, en direction de Palmerston North. La distance pour rejoindre la ville est sidérante : vais-je devoir dormir dans un champ ?

Chapitre 14 – En direction de Wellington

Une grande famille

Après quelques brefs trajets, on me dépose au milieu de nulle part. Autour de ma modeste personne, une plaine majestueuse se déroule, vide de toute âme humaine. De l'herbe, quelques clôtures et très loin, trop loin de moi, une habitation. Bucolique, sans doute, mais peu enthousiasmant pour un auto-stoppeur.

Un panneau de signalisation peint en vert, à l'américaine donc gigantesque, indique que la prochaine ville se situe à une vingtaine de kilomètres de mon nouveau lieu de largage. Je me mets à ses côtés, me demandant si c'est une bonne idée. Écrasé par la masse colorée de la pancarte, je dois paraître minuscule voire invisible pour un automobiliste.

Au bout de deux heures, une voiture, enfin ! Je gesticule dans une danse improbable, agitant mon pouce avec vigueur... pour rien. Elle passe sans broncher. L'attente s'éternise, comme toujours. J'envisage de dormir non pas sous un arbre, car pas un seul ne se dresse dans les environs, mais dans un champ. Parfois, des véhicules surgissent, comme perdus dans cet enfer, repartant aussi vite vers un lieu plus hospitalier.

Je deviens nerveux. Le manque de nourriture s'annonce. Il ne restait dans l'un de mes sacs qu'un pain rassis de la veille et l'une de mes odieuses boîtes de thon. Pour me calmer le cerveau et l'estomac, je songe à ma matinée avec Peter, à sa sagesse et à sa gaieté. Soudain, je vois pointer une camionnette. Elle s'approche et, à ma grande surprise, s'avère être un bus scolaire. Celui-ci s'arrête devant moi et ouvre ses portes coulissantes. Le conducteur, un homme corpulent et très souriant, m'intime sans même me demander mon avis :
— Monte ! Tu vas où ?

Je ne cherche pas à comprendre. J'entre, suivant ses ordres, désireux de quitter la zone. En le saluant, j'indique mon objectif sur ma carte :
— Tout droit, le plus loin possible vers le Sud !
— Parfait. De toute façon, tu n'as pas le choix. Tu peux t'installer au fond, à l'aise !

Il y a des mômes partout. Des jumelles m'observent en riant, les autres crient, chantent... Je revis mon enfance ! Ils sont tous habillés avec classe et allure. Chemises blanches, chaussures vernies, cartables en cuir, apparemment l'uniforme est de mise dans leur école. Les fillettes ont un nœud dans les cheveux et portent des robes en laine légère. Rien de nouveau, rien de moderne ; l'élégance dans la simplicité du siècle dernier.

Assis à ma place désignée, je souris, étonné. Comment vais-je raconter à mes amis la suite de mes péripéties ? Qui me croira ? Tout est si improbable, je passe d'une caserne de pompiers à un volcan inaccessible, pour voyager enfin avec des enfants se rendant visiblement dans un prestigieux établissement privé. Les garçons se lancent des boules de papier et me regardent en chuchotant, interdits devant mon look peu conforme. L'un d'eux se gratte le fond du nez de façon un peu niaise. Quant aux filles, plus sages, elles conversent entre elles.

Le plus âgé des passagers attire mon attention. Il doit avoir entre 18 et 20 ans. Je l'aborde :
— Bonjour ! Alors, comment ça se passe à l'école ?
Pas de réponse. Gêné, je me recroqueville sur mon siège quand le chauffeur du bus se tourne et m'interpelle en criant, vu le boucan causé par les écoliers :
— *Hey what ! What's happening ?* Tu viens d'où ?
— De Belgique. Je fais mon tour du monde et, en Nouvelle-Zélande, je fais du stop pour voyager. D'ailleurs, je vous remercie du fond du cœur, parce que personne ne s'arrêtait ! Alors que vous et votre car scolaire, vous avez osé accueillir quelqu'un que vous ne connaissiez pas !
— Pas de problème !
— Et donc, je tente, comment se passe votre activité dans cette école ? Vous avez des horaires précis, des trajets multiples ?

Le bonhomme se met à rire... Décidément, je ne suis pas fichu d'engager la conversation aujourd'hui... Peut-être que je suis trop loin de lui ? Il ne m'aura pas entendu ! Néanmoins, je peux deviner qu'un autre élément m'échappe. L'homme hurle alors, de sa voix forte et virile :
— Mais non. Ce sont mes enfants !

Consterné, je passe en revue la totalité du groupe, tentant de calculer le nombre d'individus présents dans le véhicule. Il y en a huit, de quatre à dix-huit ans. Je bredouille en lui répondant :
— Whaou, vous avez une famille nombreuse... Vous êtes mormons ?
— Nous revenons de la messe !
— Outch. Je suis perdu dans les jours. On est dimanche, alors ?
— Eh oui ! Et nous retournons à la maison.

— Est-ce que je peux vous accompagner ? Vous pourriez me conseiller un *snack* proche de chez vous ?

— Pourquoi ? Tu as faim ? Je t'invite à la maison, ma femme est une redoutable cuisinière.

— Vraiment, je laisse échapper, stupéfait. Merci, merci beaucoup !

Je ressens une bouffée de sympathie pour cet homme, qui accepte sans hésitation de me transporter et de m'accueillir chez lui. Comment gère-t-il une famille aussi nombreuse ? Toutes ces bouches à nourrir ! Je suis estomaqué. Au bout d'une heure, nous arrivons enfin devant le domicile de mon hôte, une sorte d'ancien château. Son épouse en sort, tenant dans ses bras… deux bébés. Je n'en reviens pas, pauvre maman… Joyeuse et pétillante, elle me met à l'aise directement :

— Viens, entre ! Fais comme chez toi, dépose tes affaires ! Je m'active aux fourneaux !

Je la suis, entouré de toute sa tribu. L'intérieur est sens dessus dessous. Des piles de vêtements, de couverts, d'assiettes, de photos, de jouets, d'objets hétéroclites jonchent le sol, les meubles et les murs. Le moindre mètre carré est rempli à craquer. Au centre de la pièce principale trône une table en bois, énorme, d'approximativement douze mètres de long. On dirait le buffet d'une cantine, ou un décor de film de chevaliers. Tout est si disproportionné.

À peine ai-je le temps de m'habituer à cette maison de géants que la matrone exprime un retentissant : "C'est prêt !"

Vlan ! Toute la marmaille se déplace d'un bloc et chacun prend place, comme la plus chaotique des réunions d'entreprise. Je me faufile et on m'assigne un siège. Au menu ? Un croque-monsieur au fromage, délicieux. Ça crie, ça s'agite dans toutes les directions, mais j'éprouve beaucoup de plaisir à vivre ce moment intense et hors du commun. Je me crois dans un internat. Une immense gentillesse émane de chacun et je suis accueilli en cousin, en vieil ami en qui on a confiance. Je découvre aussi que sous le désordre apparent se cache une fourmilière en ordre de marche. Ainsi, sur un tableau sont notées des tâches ménagères, vaisselle, lessive, nettoyage de la cuisine. Le nom de chaque enfant est accolé à l'une d'entre elles. Tout le monde doit mettre la main à la pâte et faire sa part ; maman n'est pas la boniche et on n'est pas à l'hôtel !

L'heure passe et j'ai encore de la route. Même si l'atmosphère est géniale, je ne me vois pas dormir dans ce que j'imagine être un dortoir. Je me lève et proclame :

— Je dois y aller, le chemin est encore long avant ma prochaine destination. Est-ce que je peux faire une photo pour me souvenir de vous tous ?
— Oui, avec plaisir !

Tous les mioches posent avec plaisir et je reste encore marqué par l'image des parents entourés par leur progéniture, par tout l'amour qui émane d'eux. Même si je n'ai pas visité de lieux touristiques dans cette région, le fait d'expérimenter, ne serait-ce que quelques heures, la vie en communauté d'une famille d'un autre temps me met en joie. Le papa me serre avec force la pince, la maman me salue gaiement. En les remerciant encore et encore, je reprends mes nombreux sacs et m'installe au bord de la route principale, où je suis chargé quasi directement.

Je me suis posé ici de longues heures avant que ce bus d'enfants n'arrive vers moi

La photo de la famille avec tous les enfants : on peut voir le bus à droite. Quelle organisation et quel accueil, merci à eux !

Objectif Palmerston North

Je salue mon conducteur et vois un imposant véhicule arriver à ma hauteur. Est-ce un car ? Un camion ? Le monstre ralentit et stoppe net. Je n'ai jamais vu un moyen de locomotion aussi énorme. Ça ressemble presque à un *mobil-home* mais c'est encore plus massif. Pour monter à l'intérieur de l'engin, j'éprouve d'ailleurs de grandes difficultés. Mon pied n'atteint même pas la marche d'accès ! La portière s'ouvre, un adolescent en surgit. Il me sourit, de même que sa mère assise au poste de conductrice. Celle-ci se penche et crie pour se faire entendre, tant elle est haut perchée :
— Tu vas où ?
— À Palmerston !
— Monte ! *Let's go ! Yahooo !*
— Euh… Comment je fais ça exactement, je me murmure doucement.

Encombré par mes sacs, j'agrippe une poignée très élevée, m'appuie sur mes jambes et utilise toutes mes forces pour arriver auprès d'eux. L'épreuve me rappelle les tracteurs dans lesquels mon grand-père me hissait, lorsque j'étais petit et que les engins me paraissaient colossaux. Je m'assois, haletant, dans cet espace spacieux. La maman, chemise à carreaux dans les tons bleus et chapeau de cowboy vissé sur la tête, me fait songer à une héroïne de western. Les enfants, car il y en a deux, sont surexcités. Pétillante, Calamity Jane m'adresse la parole, avec un accent à couper au couteau :

— Tu fais quoi ? Tu vas où ? Raconte !

Tout en lui relatant mes aventures, j'observe le monumental pare-brise, me délectant de siéger au-dessus de tous les automobilistes. À mes côtés, les gosses participent à la conversation. De temps à autre, je me retourne afin de contempler la profondeur de l'habitacle, meublé comme un salon, dont le sol est couvert de paille.

Une certaine odeur emplit l'atmosphère, qui me rappelle la campagne, la ferme et les animaux. De nature curieuse, je questionne la très belle dame aux cheveux blonds ondulés, aux dents blanches et au regard étincelant.

— Que faites-vous dans la vie ?
— Ah, je suis compétitrice dans les courses de chevaux. Et derrière nous, j'en transporte deux !

Je comprends soudain la taille du véhicule, qui est donc en effet un *mobil-home*... prolongé par un van pour les bêtes ! Le parfum étouffant qui emplit l'habitacle est celui de mon enfance et malgré sa force, il m'apaise. Jamais je ne me serais douté que je voyagerais ainsi. C'est le genre d'absence de contrôle qui me comble, l'attente toujours récompensée par une nouvelle folie, une nouvelle surprise magnifique. Toute la beauté du stop est là.

Au son de la musique country, la dame me décrit les sensations qu'elle éprouve quand elle chevauche ses montures, mais aussi son amour pour la vie. Elle est réellement passionnée. Avec son rire tonitruant, elle empoigne la vie et fonce pour accomplir ses objectifs. Moi, je reste bouche bée à l'écoute de son parcours. Passer d'une famille de Mormons à une autre sortie du Far West, ce n'est pas commun en une journée ! Je filme avec ma GoPro ces moments irrésistibles, tout en regardant l'horizon où les autos roulent comme des bolides de Formule 1... Tout comme nous !

Nous avons en commun notre existence de nomade ; elle pour un motif professionnel, moi pour pimenter mon existence. La distance à parcourir n'est pas longue mais notre conversation est profonde, c'est un partage unique, radieux. À un moment, nous atteignons la destination fixée par ma conductrice pour me déposer. Eux continuent tout droit, je m'en vais sur la droite. La maman me propose : "Pourquoi ne pas venir à la maison ? Tu peux y rester quelques jours. Et monter mes chevaux. Et rencontrer plein de monde !"

Je suis partagé. D'un côté, la découverte d'une famille incroyable m'attire ; de l'autre, mon temps est précieux et je ne peux pas me permettre un nouveau détour. Je n'ai pas une année devant moi et je risque de louper des lieux dans l'île du Sud si je m'arrête trop longtemps.

— Je ne crois pas. Merci, mais je manque de temps... Je suis vraiment désolé.
— Écoute, je te donne le numéro de mon fils. Appelle, si tu changes d'avis !

Elle sort son portefeuille et me tend une petite liasse de billets. Interloqué, je lui demande :
— Mais... Pourquoi vous me donnez ça ?
— Eh bien... Tu es un chouette garçon, j'aime discuter et j'apprécie les jeunes qui voyagent. Voilà ! Maintenant arrête de discuter, tu manques de temps je te rappelle ! elle achève en riant.

Je la remercie, bien qu'embarrassé de recevoir de l'argent. Elle aurait sans doute mal pris mon refus. De toute façon, je n'ai pas l'occasion d'en discuter car elle redémarre à toute berzingue. Je peux enfin apercevoir la tête d'un des chevaux, qui semble me regarder et me saluer. Je pense encore au grand chapeau de cowboy de cette dame et, surtout, son caractère bien trempé.

Ce sont ces moments simples et uniques, ces détails qui marquent une existence et font toute la différence. Un véritable cadeau qui montre la bienveillance des gens. Je vis l'instant présent, chaque moment je les aspire en moi, les expirant avec respect. Plus simplement, le sourire de la conductrice m'a mis du baume au cœur. Le genre de petit rien qui consolide cette chaîne de mains tendues me permettant de pousser le voyage dans ses plus éblouissants retranchements.

Fort ému par cette rencontre éphémère, je me poste au carrefour près duquel la cowgirl m'a déposé. À droite, c'est la route pour Wellington. Ma position n'est pas la meilleure. En effet, s'il y a beaucoup de trafic, les gens roulent très rapidement et ne me chargent pas. Je prends donc mes sacs et entame une marche vers la ville, tout en levant mon pouce. Personne ne s'arrête car je me trouve sur une voie d'où débouchent les voitures sorties de l'autoroute, donc peu enclines à s'arrêter.

Plus je m'avance, plus les lieux se transforment en une véritable voie rapide. Je m'assois sur la bande d'arrêt d'urgence, désespérément immobile à côté de la vitesse des automobiles, et je me repasse le film de ces stupéfiantes 24 heures.

Je ne me serais jamais attendu à rencontrer une cowgirl conduisant un camion rempli de chevaux !

Crédits : Google Maps

Mes étapes : je suis parti d'Inglewood, d'où j'ai continué au fil de nombreux stops. Je me suis arrêté avec la famille aux chevaux tout près de Marton.

Wellington

Je me retrouve encore une fois au bord d'une autoroute ! Reflétée par le bitume, la chaleur étouffante accompagne l'odeur des pots d'échappement des voitures. Je continue un peu ma marche périlleuse, environné par un trafic impressionnant, certainement l'heure de pointe. Ma motivation s'ébranle, mes bagages me semblent plus lourds qu'à l'accoutumée. En outre, je suis invisible aux yeux des conducteurs malgré mes gestes répétés de la main.

J'avance, désireux de ne pas perdre de temps, tout en sondant les possibilités que m'offre le soir. Une rencontre improbable, comme avec les Indiens sous les roues desquels je me suis presque jeté, ou alors un sommeil inconfortable dans un fossé, pas loin de la voie rapide ? Tout est possible et j'espère que le destin me restera favorable. Des individus klaxonnent dans le vide, pour rire de moi ou me faire peur. Je reste indifférent à ce vacarme inutile, me concentrant sur mes pas.

Une auto, portant à son bord deux petites nanas, arrive à ma hauteur. Comme les autres, elles actionnent l'avertisseur, me saluant de la main. J'ai l'air malin avec mon pouce, devant ces donzelles qui se foutent royalement de moi ! Je leur fais un vague coucou et elles poursuivent leur chemin à fond la caisse.

En les regardant s'éloigner et en constatant le comportement des uns et des autres, surtout des jeunes, je commence à perdre espoir. Pourtant, mon intuition me dicte de lever les yeux. Surprise ! Au loin mais bien visible, l'automobile des demoiselles s'est arrêtée. "Je ne comprends rien. C'est un traquenard. Si je m'approche, elles repartiront à tous les coups. Et pourquoi est-ce qu'elles stationnent aussi loin de moi ? C'est bizarre. Vraiment improbable."

Malgré mon hésitation, je décide de courir vers elles. Comme le véhicule est très éloigné, j'accélère la cadence. Si elles veulent réellement m'aider, je ne veux pas qu'elles changent d'avis en m'imaginant désinvolte. Je pique un sprint, encombré par mes sacs à dos. Alors, l'automobile entame une marche arrière sur la bande d'arrêt d'urgence.

"Elles sont complètement fêlées !"

Lorsque j'arrive enfin à mon objectif, dégoulinant de sueur, je comprends aussitôt que j'ai affaire à deux backpackeuses : les matelas à l'arrière, les bagages, les provisions me semblent des indices suffisants. Des bribes de conversations me parviennent aux oreilles. Un accent qui m'indique la direction de Berlin, avec des mots hachés et des "r" bruyants.

Tentant de reprendre ma respiration, je halète, meurtrissant mes phrases à la recherche d'une bulle d'air.
— Je... Je... me... rends à Wellington...
— Calme ! *Relax !* Monte avec nous !
— Ok... Ok.

En entrant dans le véhicule et vu son encombrement, je m'assois en posant mes sacs sur mes genoux. Les deux amies, l'une dans la trentaine, aux cheveux blonds ondulés et aux traits fins, la seconde dans la vingtaine, une brune souriante, proviennent bien d'Allemagne. Elles séjournent dans leur vieille voiture, une américaine allongée. Pétries de bienveillance, elles me relatent leurs aventures. Moi, je raconte mes histoires de marin et de requin.

Je suis éreinté. Les émotions, l'attente, les moments de grâce, de mélancolie… Mes jours sont plus intenses que les années de beaucoup. Le crépuscule s'annonce et l'une des éternelles questions de l'autostoppeur me trotte en tête : "Où vais-je passer la nuit ?" Je compte me diriger directement vers la capitale, sans emprunter de chemins de traverse ni visiter un quelconque site. J'estime qu'il est toujours délicat de demander à un conducteur un logement mais, quand il s'agit de deux filles, c'est encore plus compliqué.

Elles résolvent le problème avant même que celui-ci ne soit évoqué. La plus âgée se tourne vers moi et m'explique gravement la situation :

— Gaël. Nous n'allons pas à Wellington. Notre but, c'est un camping au Nord de la ville où on pourra dormir : il n'est pas cher. Ce sera également plus aisé pour garer notre voiture. Nous continuerons notre trajet demain. Désires-tu que nous te déposions à l'entrée du campement ? Ou dans les alentours ? Je me suis promis de ne pas séjourner dans un hôtel, ou une auberge, car je n'ai aucune envie de dépenser le peu d'argent que j'ai en poche.

— Les filles, voici mon plan. Vous allez à la réception et moi, je reste couché et caché dans l'auto sous les draps. On dépense pour deux personnes et non pour trois. On entre et le tour est joué. On a deux tentes, je dormirai ni vu ni connu.

— Ok… Mais si tu es rattrapé, nous ne sommes pas responsables !

Elles pénètrent dans le bureau principal et louent un emplacement pour une nuit. Les minutes s'écoulent, interminables, et la chaleur des couvertures déposées sur moi devient étouffante. Enfin, les deux reviennent avec l'autorisation d'entrer en main. La barrière s'ouvre et nous nous engouffrons dans un bois touffu avec un "Ouf" de soulagement.

— Bien joué les copines, je murmure doucement. Allez le plus loin possible, près d'un arbre. Quand le soir arrive, hop, je sors de la voiture.

C'est donc sous la lumière des étoiles que je foule enfin la terre ferme. Je prends une douche bien méritée, avale le contenu d'une boîte de thon, bavarde avec mes hôtesses. Alors que j'entre dans ma tente, les demoiselles me lancent :

— Gaël, nous quittons le campement. Nous allons visiter Wellington.
Je suis stupéfait mais leur lance :
— Je viens avec vous. Je voudrais aller au phare du cap Palliser, à l'Est de
la capitale.
— Nous aimerions rester sur les rues principales, Gaël. Demain matin, à
partir du camp, nous prendrons le ferry pour rejoindre l'île du Sud.
Et nous repartons sur les routes, dans la nuit. La ville se situe à une demi-
heure de notre lieu de villégiature, soit pas trop loin. Après un trajet sans
histoire, j'affirme à mes amies :
— Je vais me promener seul, afin de chercher des personnes intéressées par
mon excursion au cap. On se retrouve ici !
— Et tu seras à l'heure !

J'ai laissé mes sacs contenant mes habits et mes réserves de nourriture dans
le camping, mais conservé mon matériel audiovisuel avec moi. Je ne suis
pas parano, toutefois il est hors de question de confier aux Allemandes mes
biens les plus précieux. En flânant dans les rues, j'arrête les gens en me
basant sur mon intuition, qui s'est fortement améliorée depuis le temps que
je pratique ce petit exercice. À leur allure, à leurs habits, je distingue les
backpackers des autochtones. Au bord de l'eau éclairée par les lumières des
berges du port, en profitant de la fraîcheur du vent marin, je m'approche
de deux jeunes filles.

— *Hello !* Êtes-vous voyageuses ?
— Oui, on l'est.
— Je ne veux pas vous déranger, je me présente : Gaël, de Belgique. Je fais
le tour de la Nouvelle-Zélande en stop. J'aimerais vous demander si vous
êtes motivées pour partir dans la zone est de l'île ? Là-bas, on peut voir un
phare magnifique et les falaises Putangirua Pinnacles. On les voit dans le
Seigneur des Anneaux.

Elles ne paraissent pas très intéressées. L'une des deux soupire même,
désabusée. L'autre, une blonde à la coupe carrée, aux yeux très bleus, au
visage fin et altier, parle à son amie en allemand, il y a tellement de
représentants de cette nation dans le pays ! J'essaie tant bien que mal
d'engager la discussion, de paraître sous mon meilleur jour sans paraître
trop lourd. C'est tout un art de convaincre des automobilistes de vous
embarquer, et j'utilise toutes les cartes dont je dispose pour ne pas sembler
trop insistant, sans pour autant abandonner trop vite. Après quelques
hésitations, la fille aux beaux yeux bleus les plongent dans les miens et me
sourit.
— OK. Pas de problème.

Je n'y croyais pas, pourtant. Je reprends néanmoins mes esprits et leur affirme, en montrant ma carte sur Maps.me :

— Je serai dans ce camping. Demain, à 9 heures, vous pouvez me rejoindre là-bas ? Et nous nous échangeons nos numéros de téléphone ? Nos Facebook ? Instagram ?

— Oui, sans hésitation !

Je demande toujours beaucoup de détails afin de ne pas perdre les gens, de ne pas me tromper dans les numéros et, surtout, d'éviter les mauvaises surprises le lendemain. On n'est jamais trop prudents ! Retenez bien ce conseil, c'est gratuit et ça peut vous sauver la mise…

Déjà enjoués en prévision de notre future excursion, nous nous embrassons et je reprends ma marche. Les choses arrivent sous mon nez, il suffit de croire en mes chances… J'ai parfois l'impression que le chemin est tout tracé. Alors qu'il n'y a pas foule ici, je suis tombé sur mes bonnes étoiles.

Je salue d'un grand *"Hey"* chaque individu que je croise, respectant ainsi une coutume tacite du pays, et questionne un groupe de jeunes sur les activités nocturnes de la cité. Une demoiselle m'écoute posément, puis m'offre un carton contenant une moitié de pizza.

Elle s'en va sans se retourner. De mon côté, je m'assois dans le port, au bord des eaux, contemplant les illuminations du lieu. Le chant des vagues et des mouettes, attirées par ma nourriture, m'ensorcellent. J'observe l'horizon, m'imprégnant du moment, ancrant dans mon esprit cet instant simple et bon. Je mords dans ma part dégoulinante de fromage. Quelle vie !

Les filles qui se sont arrêtées pour moi sur l'autoroute, avec lesquelles je suis resté au camping cette nuit-là

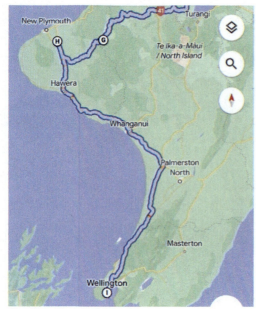

Crédits : Google Maps

Mes étapes : je suis arrivé tout en bas de l'île du Nord, mon trajet s'étant accéléré grâce aux autoroutes.

Les alentours de Wellington

Je rejoins à l'heure dite mes deux amies allemandes, tout en terminant ma pizza. Aussitôt, nous nous dirigeons vers le camping, dans la nuit totale. Je déploie ma tente à proximité de la leur. Après une ultime discussion, j'entre enfin dans mon abri. Je place mes vieilles chaussures puantes au fond de celui-ci, les dispose de façon à ce qu'elles le coincent et l'empêchent de s'envoler avec le vent. Éreinté par tous les événements de la journée, je m'endors rapidement, mon sac à mes côtés.

Je me réveille très tôt le lendemain. Je remballe mes affaires promptement, mangeant avec les filles un petit-déjeuner succinct. L'heure de nous quitter est proche. Elles ont un ferry à prendre pour l'île du Sud, je me dois d'être à temps pour mon rendez-vous. Après les embrassades et le *selfie* coutumiers, sans oublier la signature de mon drapeau, je me rends devant la réception du camping, au bord de la route conduisant au phare. Bien que la matinée soit à peine entamée, il fait très chaud.

Comme j'ai encore affaire à des Allemandes, j'ai décidé de me placer au point de rendez-vous une demi-heure à l'avance, certain que leur ponctualité germanique ne me décevrait pas. 9 heures passent, puis 9 heures 10... 9 heures 20... Je m'inquiète. J'envoie des messages, téléphone, examine leurs profils Facebook. Pas de réponse. Je suis bloqué, attendant des fantômes et perdant ma journée patiemment construite la veille.

La vie est pleine de choix. J'ai fait le mauvais aujourd'hui. J'ai donné ma confiance à des inconnues dans une rue. Le plus intelligent aurait été de partir avec les filles dans le ferry. Là, je me trouve planté devant un chemin où personne ne passe. Décidément, les préjugés, c'est idiot ! Je commence à rouspéter sur place quand je reçois un appel.

"Sorry... Sorry. We are coming... We are coming !"

Dix minutes, 20 minutes, puis une heure s'écoulent encore ! Lassé de cette situation, j'arrête toutes les voitures qui sortent du campement, leur demandant de me conduire vers Wellington. De la capitale, il reste possible de rejoindre Putangirua Pinnacles. Un Monsieur à bord d'un véhicule gris accepte ma requête et j'ouvre sa portière, quand un gros van vert fluo arrive à toute allure, avec à son bord les deux nanas de la veille. Mes conductrices ne m'ont pas laissé tomber ! Je referme la portière, m'excuse auprès du bonhomme et rejoins les retardataires.

— *I'm so sorry, I'm so sorry !*

La belle blonde à la coupe au carré balbutie des excuses à n'en plus finir. Elle essaie de relater ses mésaventures devant mon mécontentement assez visible. Néanmoins, voulant calmer le jeu et boucler mon programme, je proclame :
— Pas de souci. Vous êtes venues me chercher, c'est le principal. Nous partons. Ce n'est pas grave.
— Ok, où allons-nous ?
— Ben euh... Comme prévu, les Pinnacles, et ensuite le phare.

Plus nous approchions de notre objectif, plus la beauté du chemin me captivait. La route que nous prenions s'approchait peu à peu du littoral, jusqu'à se tracer au plus proche des falaises. Au bout d'un moment, nous roulions tout au bord de l'eau, comme dans le film rêvé d'un *road-trip* de beatnik. La mer, spectaculaire, agitée de soubresauts écumeux qui léchaient les murs de pierre à nos pieds, semblait infinie. J'avais l'impression d'être seul au monde sur cet asphalte lisse et noir, cerné par la flore à ma gauche et les eaux à ma droite.

Cette fois, je ne circulais pas dans une automobile traditionnelle de *backpacker*, mais dans une voiture de location, un gros Jucy confortable et rapide. Assis avec mes deux comparses à l'avant, je regardais Maps.me pour vérifier notre parcours. Balloté par tous les virages, j'observais le paysage majestueux s'étendant au loin. Soudain, un signal de Maps.me m'a fait sursauter : nous y sommes.

Les Allemandes que j'ai rencontrées le soir à Wellington sont venues me chercher pour faire la route avec elles

Nous nous sommes garés sur un parking hébergeant quelques voitures et sommes sortis nous dérouiller les jambes. Il était midi, nous avons donc décidé de nous sustenter avant d'explorer l'endroit. La randonnée était très connue grâce au *Seigneur des Anneaux*. Elle ne durait que quinze minutes. Grâce à un escalier en bois, nous avons accédé à un point de vue donnant sur les Pinnacles. La roche était creusée de part en part. Elle formait des pics innombrables semblant sortir du sol. On aurait pu suggérer que l'ensemble, très harmonieux, était le fruit de l'imagination d'un sculpteur sensible.

En face de moi se tenait Nathalie. Après s'être abreuvé des merveilles des Pinnacles, mes yeux ont quitté le spectacle de la nature pour se porter sur ma comparse éphémère de voyage. Celle-ci se retournait justement en me souriant et je plongeais dans ses yeux océan. Je rougissais, peu habitué à m'attarder sur le physique de mes conductrices.

— Viens, viens, on fait une photo.

Nous avons pris la pose tous les trois, les Putangirua derrière nous, puis mon drone s'est envolé afin de filmer le précieux paysage. Hélas, nous devions le quitter pour nous aventurer au Palliser. Nous avons rebroussé chemin et sommes rentrés dans le van.

Ingrid introduit alors les données géographiques puis nous fait part de ses doutes :
— Je ne sais pas trop. C'est très loin, le double du trajet que nous avons effectué. Au retour, nous devrons circuler dans le noir !
Immédiatement, muni de mon téléphone, je cherche sur le web une photo du phare. Je tends l'image aux filles.
— Franchement ! C'est à ne pas rater ! C'est un *must* ! Personne n'y va, sauf les passionnés de la Nouvelle-Zélande !

Mon entêtement réussit à vaincre les résistances. Nathalie alluma la voiture et regarda la jauge d'essence.
— Mais Gaël, nous n'aurons pas assez de jus…
— Il y aura bien une station d'ici là !
Ma motivation dépasse leurs inquiétudes.
— Bon, on verra…
— Tout se passera bien !

Et nous repartons, un peu étonnés que tous les véhicules qui stationnent sur l'aire de repos partent dans le sens opposé au nôtre. À force d'avancer, nous remarquons que les plaines à notre gauche sont de plus en plus arides. Les arbres sont désormais absents du paysage et la mer se fracasse plus agressivement sur les rochers, à notre droite. Nous percevons une route sinueuse au loin, éclairée par un ciel d'un bleu idéal. Une porte de sortie, peut-être.

Libres comme des oiseaux, accompagnés par des mouettes qui suivent le van, nous sommes en harmonie avec notre environnement. La musique à fond, un attrape-rêve sur le rétroviseur de l'habitacle, deux jeunes filles épanouies et pétillantes… Que demander de plus ? L'attirance que j'éprouve pour Nathalie grandit peu à peu. Nous échangeons de nombreux regards en coin, communiquant sans dire un mot. Tout me semble magique dans ce décor paradisiaque.

En rentrant dans les terres, nous éloignant ainsi des eaux, nous apercevons un frigo. Imaginez une vallée creusée par un sentier plein de lacets, et un réfrigérateur portant l'inscription *For sale*[4] au milieu. Je crie, surpris : "Arrêtez-vous ! Arrêtez-vous ! Je veux savoir ce qu'il y a dedans !" À peine sorti du Jucy, j'ouvre l'étrange appareil. J'y découvre avec stupeur des tomates, des carottes et des salades. Une petite pancarte indique le prix de chaque légume. Posée à côté de la portière se trouve une caisse, dans laquelle de l'argent peut être déposé.

C'est quoi ce truc ? C'est une farce, c'est pas possible. Les amies interviennent :

— Mais voyons Gaël, c'est connu pourtant ! En Nouvelle-Zélande, des fermiers laissent de la nourriture dans des frigos. Tu paies en fonction, les gens font confiance.

Ingrid dépose deux dollars pour des tomates dont elle s'empare.

— Mais… Ce serait impossible de pratiquer ce système en Belgique !

— Eh bien, ici, c'est dans les traditions ! Les habitants sont honnêtes, achève Ingrid.

Derrière la machine, un câble mène à deux maisons situées en haut de la vallée. Des fermes, sans doute. Cette rencontre incongrue me plaît beaucoup. Non seulement la confiance qui régit les relations en Nouvelle-Zélande m'apparaît encore une fois dans toute sa splendeur, mais nous aurons de quoi manger au phare !

Je prends une photo du frigo et nous nous apprêtons à repartir quand Nathalie, d'une voix angoissée, m'annonce.

---

[4] "À vendre".

Le frigo trouvé sur la route, au milieu de nulle part. La confiance des Néozélandais force l'admiration

— Gaël, nous n'avons plus assez d'essence. Nous en avons pour à peine cinq kilomètres. Ensuite, la voiture tombera en panne. Nous n'avons rencontré personne ni aperçu de station-service…

— Passe-moi les clés. Nous allons nous rendre chez les fermiers qui possèdent ce frigo !

Je me mets au poste du conducteur, les filles s'assoient à mes côtés et j'entreprends de nous diriger vers les maisons que j'ai repérées. Le vent souffle sur les plaines tandis que je gravis un chemin de cailloux. Il fait trembler la carcasse du van, et nous avec. Notre destin dépend des fermiers. J'espère qu'ils seront sympathiques.

Après être passé devant le fameux potager d'où proviennent certainement les délicieux légumes du frigo, je sors du Jucy et frappe trois coups secs à la porte d'une des maisons. Une petite vieille dame m'ouvre dans un grincement digne du temps jadis, me regarde d'un air surpris et m'interroge :

— Oui, c'est pourquoi ?

— J'ai un gros souci automobile et…

— Pour les problèmes techniques, ce n'est pas moi la spécialiste mais mon mari. Allez le trouver. Faites le tour de la propriété, il est dans le jardin.

J'ai à peine pu parler avant qu'elle me coupe. Je me méfie, mais me rends à la rencontre de son époux. Ce dernier, âgé de plus de 80 ans, habillé d'une salopette grise, ratisse l'herbe devant une énorme grange en bois. Je l'examine, promène mon regard sur le panorama magistral de la vallée, puis l'aborde en ces termes :

— Veuillez m'excuser, Monsieur ! Je ne voulais pas vous déranger dans votre travail ! J'ai une contrariété. Mes amies et moi, nous nous sommes aventurés jusqu'ici pour voir le phare. Malheureusement, nous avons mal calculé notre coup et nous n'avons presque plus d'essence. J'aimerais vous acheter un bidon. Sinon, pourriez-vous nous indiquer une station pas trop loin d'ici ?

L'homme se gratte le crâne.

— Il n'y a rien dans la région pour vous aider, jeune homme. Pas une seule pompe. Je crois que je vais vous être inutile.

Nerveux, planté devant lui, je me murmure : "S'il ne nous aide pas, nous devrons appeler une dépanneuse. Ou alors, je fais du stop et les Allemandes sont bloquées. Mais il est hors de question que je les abandonnent. Et puis, personne ne circule à cet endroit."

Je lui fais une proposition :

— Je vous laisse le temps de réfléchir. Fouillez tout ce que vous pouvez. Regardez partout. Si vous arrivez à trouver cinquante centilitres ou même un litre, je vous l'achète. Je veux juste quitter cette route et me rendre dans un centre urbain pour faire un plein. Nous allons visiter le Palliser maintenant, puis nous revenons.

Je regagne le van et nous repartons en direction du phare.

Le van n'a pas trop gémi et nous sommes arrivés sans encombre à notre objectif. Le bâtiment blanc, coiffé d'un ruban de peinture rouge, nous offrait une vision saisissante et colorée de bande-dessinée. Il dressait sa masse droite au bord du précipice, sur une falaise où se jetaient les flots déchaînés. Des mouettes tournaient autour du Palliser, apportant à la scène une touche plus pittoresque encore. Nous nous sommes garés juste en dessous du phare car nous voulions grimper jusqu'au sommet.

La randonnée pour atteindre le dernier étage a été assez rude. Soutenus par une barre métallique, nous avons gardé la cadence, les yeux rivés sur notre but. Les rafales de vent étaient si violentes que même mon drone n'aurait pas survécu. Les cheveux des filles partaient dans tous les sens et les oiseaux de mer venaient à notre rencontre, comme si nous étions leurs compagnons d'altitude. Le panorama, à l'arrivée, était ahurissant. La vallée se présentait à nous dans sa totalité et l'air vif me grisait.

Nous ressortons de notre épreuve les cheveux perlés de sel. La fatigue propre aux balades en bord de mer alourdit nos jambes. Nathalie me présente une tomate et, d'un air espiègle, me lance :

— T'en veux ?

— Bien sûr !

Nous nous asseyons au bord de la falaise, les pieds dans le vide, le phare juste derrière nous, contemplant la mer, le goût sucré des tomates plein la bouche. Nous sommes seuls, nous n'avons croisé personne sur le trajet. Il est tellement rare de connaître des instants aussi simples et profonds. Je capte tout ce qui m'entoure et remercie l'existence de m'avoir présenté ces deux Allemandes pour accéder à cette balade splendide. Voyager en stop, c'est vraiment laisser le hasard jouer avec mon destin.

En rentrant dans la voiture, la triste réalité, que nous avons oubliée, ressurgit. J'actionne la clé de contact. Je remarque qu'il ne reste plus qu'une barre à la jauge d'essence. Une barre ! Nous roulons, mais j'ai l'impression que le van n'avance presque plus. Les yeux rivés sur la demeure du fermier, j'espère de tout cœur que celui-ci a trouvé une parade pour nous sortir de ce fichu pétrin. Mon pessimisme m'encombre l'esprit et notre van *Jucy* atteint son extrême limite lorsque nous nous arrêtons à proximité du vieillard. Je m'avance lentement dans la propriété. Le sol est encombré d'objets hétéroclites. Une tondeuse, une tronçonneuse, un taille-haie…

Je suis sans voix. Pendant que nous explorions le phare et admirions la nature, notre homme a passé tout son temps à trifouiller dans sa grange et dans les moindres recoins de la maison pour trouver du pétrole. Les monceaux d'appareils trahissent tous les tracas qu'il a dû subir dans cet exercice fastidieux. Le vieil homme m'apporte un bidon rempli de l'essentiel liquide.

— Et voilà ! Avec ça, vous devriez repartir tranquillement.

Je le regarde, ému, et lui demande, hagard :

— Monsieur… Monsieur… Combien est-ce que je vous dois ?

Il m'observe avec bienveillance. Un sourire émerge de son visage ridé, à travers son épaisse barbe blanche. Il pose ses mains usées par le travail de la terre sur le jerrican et m'annonce :

— **C'est pour toi, je te l'offre.**

Je ne comprends pas. Le gaillard a besoin d'outils de jardinage opérationnels pour entretenir sa ferme.

Je balbutie :

— Non, non, je ne peux pas accepter un tel cadeau. Je vous paie !

— Ne te tracasse pas pour moi. J'habite dans la région depuis longtemps et je suis capable de me débrouiller. Je n'ai quasi pas besoin d'essence. Dans le pire des cas, je possède une voiture, et je connais une station un peu secrète qui me dépannera. En revanche, toi, tu avais un besoin urgent d'être aidé.

— Mais…

— Je ne vois presque jamais de gens ici. En rencontrer me procure une telle satisfaction !

— Je vous remercie pour votre générosité ! J'étais déjà surpris par votre frigo. En Belgique, je ne crois pas qu'un altruisme pareil existe.

— Nous sommes en Nouvelle-Zélande, fait-il en haussant les épaules. Ce sont nos valeurs.

— Si j'en avais les moyens et l'opportunité, je vous donnerais trois, quatre, cinq fois plus que ce que j'ai reçu. Merci pour cette magnifique leçon de vie !

Je le salue de toute mon âme, bouleversé, et me dirige vers le Jucy. Les Allemandes sautent de joie comme si nous avions gagné un trophée ! Moi aussi, je suis enfin serein. C'est moi qui les ai poussées à découvrir ce phare. J'aurais été totalement responsable de la situation calamiteuse dans laquelle nous aurions pu nous trouver.

Nous rejoignons le campement où nous avons commencé le covoiturage. Elles sont ravies de l'expédition et me le font savoir :

— Merci Gaël, oh, merci ! Grâce à toi, nous avons parcouru des paysages stupéfiants… Et puis, nous avons désormais une belle histoire à raconter ! On a eu raison de te faire confiance !

— Merci à vous les filles. Sans votre confiance, je n'aurais pas été bien loin ! Et maintenant, qu'est-ce que vous comptez faire ?

— Nous allons rester encore un jour ou deux dans la capitale. Ensuite, nous gagnerons le Sud.

— En ce qui me concerne, je veux rejoindre *l'île* du Sud.

Mon temps est important. Sacré. Mon objectif est de me lever le plus tôt possible le lendemain, afin d'attraper un véhicule aisément, foncer vers l'île et la visiter au plus vite. J'ai envie d'emprunter le premier bateau disponible, en évitant cette fois les requins et les longues attentes au port.

Les deux Allemandes me déposent à Wellington et nous nous séparons.

Les deux Allemandes avec ma pancarte et notre fameux van Jucy

Une vue magnifique du phare au loin, au-dessus de la plaine verte et du bleu de la mer

Crédits : Google Maps

Mes étapes : la route effectuée pour parvenir au phare.

Dernières aventures dans l'île du Nord

Il est 15 heures quand ma balade commence. Excepté son statut officiel ainsi que son port, je ne connais rien de Wellington. Sa réputation est d'être paisible et douce à vivre : à moi de vérifier !

Mes pas me portent vers le principal musée, le Te Papa Tongarewa. Après avoir laissé mes sacs à la réception et sans avoir payé mon entrée, le lieu étant gratuit pour les jeunes, je pénètre dans cet espace consacré à la mémoire de tout un peuple. La taille monumentale de l'établissement me surprend. Ses six étages proposent une collection très variée et colorée. Je pourrais y séjourner des jours entiers.

J'ai l'impression d'être en face d'une encyclopédie infinie qui me raconte la vie de la Nouvelle-Zélande. Ce pays surgi des eaux appartient à la ceinture de feu du Pacifique, d'où ses chaînes de montagnes et ses séismes. Sa flore et sa faune sont restées intactes pendant de longs siècles, ce qui explique la variété des animaux encore présents, puisque ces derniers n'ont guère connu de prédateurs féroces avant l'arrivée tardive des hommes. Les Maoris ont débarqué en pirogues, venus de Polynésie, et ont été suivis bien après par les Anglais. Quelques tristes conflits et déboisements plus tard, le pays est désormais uni, avec pour emblème le kiwi, un petit oiseau en voie d'extinction visible exclusivement la nuit.

J'apprends aussi l'héroïsme dont ont fait preuve les Maoris pendant la Seconde Guerre Mondiale. Le haka se retrouvait alors sur les champs de bataille ! Dans mon éducation d'Occidental, je n'ai jamais entendu parler de cet étalage de bravoure sur le sol européen. Visiter un pays, c'est aussi se plonger dans sa culture, son histoire. Cela me fait du bien de retourner dans un musée, d'y apprendre l'histoire de mes hôtes, de contempler la richesse des collections. Tout est passionnant. La plupart des expositions sont interactives et je crois que c'est un des plus beaux musées que j'ai visités, dans le monde entier. J'y reste plusieurs heures, découvrant des habits traditionnels, un calmar géant, des dinosaures reconstitués… Un régal.

La ruche, bastion politique de la Nouvelle-Zélande

J'ai acheté, dès mon arrivée dans la capitale, mon billet pour le ferry de 7 heures le lendemain, mais je ne me suis pas fixé d'horaire précis. Aussi, au sortir du Te Papa Tongarewa, je décide de continuer à flâner dans les rues. Mon attention se fixe sur le Beehive, le Parlement exécutif du pays, qui ressemble en effet à une "ruche". Je le photographie de toutes les façons possibles et imaginables, imaginant les diplomates en costume sous la forme d'abeilles butineuses. Visible d'un peu partout pour qui se balade dans Wellington, ce bâtiment très moderne me séduit mais ne me fait pas oublier ma faim. Il est temps de renouveler mes provisions.

J'entre dans un supermarché et sélectionne mes mets habituels : du thon et du pain. Tout le monde me regarde. Ils ont l'air de se demander : "Qui c'est celui-là ? Qu'est-ce qu'il cherche ?" Qu'importe ce qu'ils pensent ; s'ils savaient ce que je vis…

Après avoir payé, je m'installe sur un banc public, ouvre mon pain sans couteau et ma boîte de thon, utilisant la capsule de cette dernière comme cuillère. Que d'émotions en une journée… Le vieillard, le musée, le campement. Tout me revient en tête. J'examine la route où passent quelques voitures et envoie un message aux filles.

"Vous rentrez ce soir ? Vous venez me chercher en ville ? Je ne sais pas où dormir !"
"On te dit quoi, réponse dans une heure."

Soixante minutes passent. Rien. Je me suis déplacé dans le centre, dans le parc au bord de l'eau, pour y goûter son calme et son isolement, au plus proche de la nature. Enfin, je reçois un appel de filles.
"Désolé Gaël, nous ne venons pas à Wellington ce soir. Et nous ne serons pas à l'heure pour ton bateau."

Il me faut donc soit trouver une auberge, soit rencontrer une âme charitable qui m'acceptera pour la nuit. J'allume mon téléphone tout en marmonnant : "Encore une péripétie à la noix… Je fais quoi moi maintenant ?" Je décide de lancer l'application *Couchsurfing*, qui me met en contact avec des personnes prêtes à m'accueillir pour dormir. Assis dans l'herbe, je compulse les réponses, le regard vide.

"C'est un peu tard pour aujourd'hui !"
"Ce n'est pas notre jour. Nous ne sommes pas disponibles."
"*Sorry*. La place est prise."

Je me lève, entamant la discussion avec les gens autour de moi. Vais-je trouver un sauveur ? Avec le vent en provenance du port et l'heure qui avance, le temps devient plus maussade, le froid s'installe. La population rentre progressivement chez elle. Des personnes m'indiquent une auberge, pas trop loin du port...

J'hésite. Les prix des *backpacks* sont exorbitants, entre cinquante et soixante euros pour une nuitée en dortoir parmi les pieds puants de mes congénères. En outre, je me suis promis de ne plus dormir dans un logement payant, afin de vivre totalement l'aventure d'un auto-stoppeur.

Tant pis ! Je fais le tour du parc et y trouve un endroit éloigné où se dressent une coupole et un banc. Vêtu de noir, je peux me cacher sans peine au milieu des buissons touffus qui poussent là. Personne, automobiliste ou autre, ne pourra me voir, même si je suis au centre de la capitale. Une vraie planque ! Ce sera mon plan de secours.

La température tombe, l'humidité me glace les os. Je déambule, entrant dans un parking sous-terrain où se déroulent des *battles* de danse. De nombreuses voitures y sont stationnées, en pleins phares pour mieux éclairer la piste de fortune. La lumière, omniprésente, m'empêchera de me reposer. Sans compter que l'endroit, visiblement peu sécurisé, baignait dans une odeur d'urine macérée. Après avoir vagabondé avec tout mon équipement dans la ville, je rejoins le petit groupe, m'assois avec eux, bois une ultime bière en leur compagnie. J'avale à peine quelques gorgées du liquide éventé, puis me résous à suivre mon premier choix.

Je ramasse mon barda, me lève et marche vers le parc. Le vent me souffle au visage. Je m'assois, observant les voitures qui circulent tout autour. Wellington ressemble à une petite New York finalement. Je ne suis pas tant préoccupé par ma sécurité que par celle de mes appareils. Me les faire dérober me dévasterait.

Avant de venir en Nouvelle-Zélande, j'ai prévu un tas de systèmes de sécurité. J'entreprends donc de cadenasser tous mes bagages. Je passe dans toutes les lanières de mes sacs un long câble en métal, l'enroulant autour de mes jambes, fermant je ne sais combien de loquets. Désormais, impossible pour un voleur de me dépouiller, sans me réveiller du moins ! Je mets une grosse partie de mes habits sur moi, fiche un épais bonnet sur mon crâne. Pourquoi ne pas installer ma tente, me direz-vous ? Parce qu'en plein milieu de la ville, elle aurait été repérée très rapidement par les autorités locales... ou pire. Là, je restais plutôt incognito et si quelqu'un tente quoi que ce soit, je peux me lever et courir.

Et puis, dormir dehors, ça fait partie du trip ! Je m'assoupis donc au centre de Wellington, sur un banc, mon réveil préparé pour le lendemain

Le banc sur lequel j'ai dormi cette nuit-là. Pas trop désagréable, mis à part le bruit des voitures et les lattes de bois que je sentais sur mon corps…

Le ferry

Je dois bien avouer que j'ai peu dormi cette nuit-là. Les klaxons des voitures à l'aube, ma présence au centre d'une capitale, l'obligation de rester sur mes gardes, l'inconfort du banc, tout cela laissait peu de place à un sommeil serein. Au bout d'un moment, j'en ai eu assez et me suis levé. J'ai entrepris de libérer mes divers cadenas, notamment celui qui m'enserrait la jambe. Mon corps portait les traces des chaînes et des serrures comme une série d'étranges scarifications. J'ai emballé tous mes sacs, fait un brin de toilette sous la coupole, pris un *selfie* désabusé à l'endroit où j'avais plus ou moins passé la nuit, avant de me diriger le plus rapidement possible vers mon objectif : le ferry. Je n'allais quand même pas rater ce dernier, alors que j'avais passé les dernières 12 heures dans un parc isolé, certes, mais proche de l'embarcadère.

J'entre sur le bateau, constatant que les passagers sont déjà nombreux, motorisés ou non. Le soleil est radieux, le vent doux, l'idéal pour une croisière. Cerné par mon barda, je m'assois dans une grande salle, le lieu de réunion de tous les voyageurs. J'apprécie beaucoup cet endroit pour sa largeur et sa hauteur spacieuses, mais surtout pour ses baies vitrées. Au travers, j'ai droit à une vue fantastique de Wellington.

Après avoir donné mon ticket, les yeux rivés sur le panorama, je ressens un petit pincement au cœur. Je m'apprête à quitter l'île du Nord dans laquelle j'ai vécu tant d'aventures. Mais je me rends à celle du Sud, bien sûr, pour en vivre autant sinon plus. On m'a beaucoup parlé des différences entre elles. Ces conversations débouchaient souvent sur la même conclusion, selon laquelle la première était somme toute "normale", comparée à la seconde, réputée "magnifique". Je me demande bien à quel point c'est vrai. Et puis, me retrouver au sein d'une nouvelle terre, de paysages inédits m'emplit d'une excitation fébrile. Ce nouveau bain dans l'inconnu me donne le sentiment que je me rends dans un pays tout autre.

Le ferry s'éloigne du rivage. Même si j'ai envie de dormir vu ma nuit, je choisis de ne pas perdre de temps et de mettre en action ma tactique. Au cours des prochaines heures, des centaines de gens vont être bloqués avec moi. Il me faut trouver parmi eux un bon Samaritain qui me chargera à l'arrivée, sachant que le terminus du bateau n'est pas une ville, mais le bord d'une route.

À l'affût, je me trimballe dans la cafétéria et sur le pont, tout en admirant l'horizon ensoleillé. Je goûte avec bonheur l'odeur marine qui m'emplit les narines. J'observe l'île du Nord s'éloigner, tandis que sa sœur du Sud se rapproche. Tout en parcourant de long en large le gigantesque bâtiment, j'écoute les conversations, tentant de reconnaître des langages connus. Soudain, je repère du français ! Je me dirige aussitôt vers le groupe d'où viennent ces échos familiers. De fil en aiguille, je fais la connaissance de deux filles, une grande blonde très fine au nez long et une autre, aux cheveux ondulés, dont le caractère bien trempé m'apparaît dès nos premiers échanges.

La conversation s'engage sur mes péripéties, mes réussites et mes expériences. Elles me disent qu'elles ont loué un van pour se rendre dans l'île du Sud et qu'elles n'ont pas vraiment de but, sinon profiter de la vie. Lorsque je leur explique que je pratique l'auto-stop, elles me répondent dans la foulée qu'elles ont une place pour moi dans leur véhicule. L'affaire a été rondement menée !

Installé confortablement dans la salle aux baies lumineuses, les yeux rivés sur l'océan, je commence à piquer du nez. J'ai regroupé mes affaires avec celles des filles par mesure de sécurité, mes sacs de caméras étant disposés sur moi. Or, certains *backpackers* m'ont prévenu que la traversée offre des paysages incroyables. Avec un peu de chance, il paraît qu'on peut voir des dauphins accompagner le bateau, alors pas question de dormir ! Je me redresse et observe les eaux cristallines. Leur masse vivante, aux couleurs changeantes, ne me lasse jamais. Subjugué par sa beauté, j'entends le capitaine nous proclamer : "Regardez, regardez, nous entrons dans les baies !"

Bienvenue dans l'île du Sud ! Des îlots ceinturés de bleu profond se présentent à moi, comme les bords émiettés du littoral, où les vallées et les falaises inhabitées rencontrent la mer houleuse. Les terres nous enserrent progressivement, forçant l'étendue liquide à se scinder en golfe, en baie, en bras de rivières s'enfonçant jusqu'au cœur de l'île. Les appareils des voyageurs crépitent, mitraillant tout sur leur passage. Une femme crie soudain : "Des dauphins, des dauphins !"

Imaginez un décor de collines et de côtes verdoyantes qui se déversent dans un monde turquoise et blanc, avec pour horizon le dos placide de l'océan. Des dauphins sautent autour de vous, à gauche, à droite, à côté du navire somptueux où vous êtes assis tranquillement. Le soleil est face à vous, étincelant. Cette rêverie, je la vivais.

Je n'avais pas encore posé un pied sur l'île, et ce voyage prenait déjà une tournure merveilleuse.

Chapitre 15 – Premiers pas dans l'île du Sud

Le capitaine nous annonce bientôt qu'il est temps de rejoindre les véhicules. Encore étourdi par le spectacle, je sors à pied, rejoignant mes deux amies françaises. À peine entré dans le van, je comprends que Christelle et Sophie ont prévu un planning bien particulier pour toute la journée. Elles veulent passer directement au camping pour prendre du temps, profiter du moment… Ne rien faire, en somme.

Au bout d'une demi-heure de route, nous trouvons le site pour la nuit. Le paiement se fait via une boîte aux lettres et, parfois, un Ranger vient vérifier que tout le monde a bien versé son obole. Comme pour le frigo sur la route, c'est la notion de confiance qui prime. Nous étions en début d'après-midi et j'insiste pour organiser une excursion. Pas moyen de les faire bouger. Elles sont atrocement têtues, surtout Sophie.

— On est fatiguées, Gaël, on reste ici ! Mais toi, tu es libre de ta journée, vas-y !

Me suis-je levé si tôt pour rester toute la journée assis dans un campement ? Certainement pas !

— Je prends vos coordonnées. Si ce soir, je reviens ici, je vous contacte. On se tient au courant !

Une promenade

Après avoir marché dix minutes au milieu d'un bois, sur un chemin de pierres, j'arrive au bord d'une route principale. Avec Maps.me en main, je suis persuadé de trouver un endroit à contempler et de découvrir des lieux prodigieux. De toute façon, il n'y a qu'un axe de circulation, je n'ai pas le choix.

Un véhicule me charge et m'emmène vers une première balade, tout proche de la forêt et des larges étendues de la mer. Toutefois, je ne suis pas encore parvenu à la destination que je me suis fixée. Après quelques stops infructueux, ne pouvant compter que sur les personnes qui tournent à droite du croisement où je me trouve, je fais la rencontre de deux retraités anglais, Philip et Margaret.

Britanniques jusqu'au bout des ongles, ce couple d'anciens avocats a le même souhait que moi, à savoir se promener dans la nature en toute tranquillité. Je tente tant bien que mal de me présenter avec mon accent français qui les exaspèrent sans doute, mais ils m'acceptent. Nous suivons ensemble le chemin qui nous sépare de notre objectif.

Nous nous sommes arrêtés à proximité d'une petite cabane en bois brun foncé, comme une tête d'épingle fichée sur la plaine verdoyante. Non loin de là, un lac étendait ses eaux d'un saphir éclatant. Cet écrin de beauté bucolique nous avait isolés de tout. La forêt avait fait place à ce décor épuré, magnifique, comme si la nature nous invitait à la rejoindre, loin de la pollution touristique usuelle. Devant nous, une montée abrupte piquetée d'arbres indiquait manifestement le début de la randonnée. Une ascension impensable, avec le poids de mes sacs.

Dois-je conserver mes affaires dans la voiture de Phil' et Ma' ? Non. Mes hôtes désirent s'enfoncer toute la journée dans ce paysage idyllique, ce qui n'est pas mon intention. Il me reste donc à trouver un espace où mes biens seront protégés. J'entre dans la cabane, suivi de mes acolytes. À ma grande surprise, celle-ci se révèle être un restaurant !

Je me dirige vers un serveur et entame la discussion :
— Bonjour. Je suis un promeneur. Comme vous le voyez, j'ai beaucoup d'affaires sur moi. Est-ce que je peux laisser mes principaux bagages derrière le bar ? Je reviendrai le chercher à la fin de mon parcours.
Le gaillard se montre réticent et indécis.
— Je sais pas… Je sais pas… répète-t-il.
— Écoutez. Montrez-moi où se trouve votre patron. Je vais bavarder avec lui.
Le chef arrive sans crier gare et se plante devant moi :
— Hmm… Hmm… Tu veux laisser tes affaires, c'est ça ? Hmm…
Je continue mon propos :
— Si vous perdez mon sac, vous n'en serez pas responsable. Je le laisse simplement ici.
— Ok, mais nous fermons à 17 heures. Tu seras de retour avant ?
— Oui, sans problème !

Dehors, le soleil rayonne. Il m'accompagne depuis mon arrivée dans l'île, d'ailleurs, illuminant le spectacle des dauphins, le camping et maintenant l'intérieur de la taverne. L'odeur des mets servis réveille mon appétit. Les deux Anglais, alléchés également, déclarent : *"Time for a tea !"*

Nous nous asseyons de concert. Tandis que nous sirotons notre tasse de thé brûlante, la conversation tourne essentiellement autour du Brexit, qui a causé énormément de tensions non seulement en Grande-Bretagne, mais dans toute l'Europe. C'est passionnant car je passe de bavardages oisifs avec des jeunes à une leçon de politique profonde avec des anciens. Le débat s'engage, sans violence, et j'apprends énormément d'éléments de diplomatie et d'économie avec ces spécialistes.

Phil et Ma sont *so British* ! Leurs chaussettes montent au niveau des genoux. Munis de leurs épaisses chaussures de marche, ils ressemblent à des aventuriers d'un autre temps explorant des contrées inconnues. Lui est vêtu d'une chemise rouge rentrée dans son pantalon, une ceinture fermant le tout. Elle porte une casquette ornée d'une raquette. Tout en eux respire l'élégance et la distinction anglaise.

— Gaël, que désires-tu manger ? Choisis ce que tu veux et nous le dégusterons ensemble !

Avisant l'assiette d'une personne du coin, je commande le plat le plus typique de la région, accompagné d'un bon café. Il s'agit de pommes de terre couvertes de crème, disposées dans un bol marron en terre cuite. Je plonge ma cuillère et, en la relevant, admire les longs filaments de fromage qui s'y suspendent. Quel bonheur ! Comme j'ai préalablement parcouru l'Australie et que les produits laitiers y sont extrêmement chers, comme partout en Océanie, je redécouvre des saveurs oubliées.

Cette sensation de replonger dans mon passé culinaire, aussi pragmatique soit-il, me met de bonne humeur pour toute la journée. Faut-il perdre ses habitudes, même gastronomiques, pour se rendre compte qu'elles sont fantastiques et uniques ? Cette question, je me la pose fréquemment au cours de mes voyages.

Les avocats repartent de plus belle dans leur analyse du départ du Royaume-Uni hors de l'Union européenne, listant les avantages et les inconvénients de cette décision. J'interviens volontiers, apportant ma vision du sujet en tant que Belge et la comparant à la leur. Soudain, Philip prend ses deux raquettes et lance un *"It's time !"*, donnant ainsi le coup d'envoi de la marche. Escorté de sa femme dont les cheveux sont aussi blancs que lui n'en a aucun, il me décrit avec moults détails ses enfants et ses petits-enfants. Je profite de ces instants heureux avec ce couple courtois, poli, très souriant.

Au bout de quelques minutes, nous nous apercevons que la promenade dans laquelle nous nous lançons doit durer plusieurs jours. Des lieux pour dormir sont même prévus sur les cartes. Nous n'avons pas dans nos projets d'entreprendre un si long déplacement mais décidons néanmoins de continuer notre chemin, tous les trois séduits par le côté préservé de ce paysage réputé.

J'ai pénétré dans une nouvelle forêt. J'ai grimpé à bonne allure une haute butte herbeuse, jusqu'à ce qu'elle dévoile le bleu profond des mers du Sud, aussi intense que lorsque ma route avait croisé celle des dauphins. Leurs teintes émeraude et turquoise s'accompagnaient, au cours de ma descente où je collais mon regard à leur camaïeu, des touches ocre des plages et des nuances fluos que portaient les kayakistes.

Les falaises plongeaient leur masse blanche dans cet étalage multicolore, comme lors de mon arrivée en bateau. Je les discernais cette fois avec plus de précision, à l'instar d'un explorateur découvrant des paysages similaires à ceux qu'il connaît, mais ajoutant en esprit sa propre palette aux merveilles qu'il découvre. En une journée, j'étais passé de la vision du marin à celle de l'autochtone. La richesse des panoramas était si fantastique, la présence des Anglais si agréable, que je ne voyais pas passer l'heure !

Je me retourne vers Philip et Margaret et, d'un air attristé, leur dis :
— Écoutez, je dois partir. Le temps file avec vous ! Si le restaurant est bouclé, je risque d'être bloqué sur place jusqu'au lendemain, en attendant de retrouver éventuellement mon sac. Je dois en outre aller dormir dans un camping. Je vous remercie tellement pour tout ce que vous m'avez appris. Vous êtes un couple épatant !
— Bonne chance Gaël ! Prends soin de toi et merci également pour tout !

À peine nos adieux achevés, je me mets à courir. Revenant sur mes pas sans regarder ni à gauche, ni à droite, redescendant à vive allure à travers les bois, j'arrive sans encombre devant l'auberge. En face d'elle se tient le serveur, mon bagage à la main. Pas très heureux, voire glacial, il me mitraille du regard.
— Tu as de la chance. J'ai terminé ma journée, je ferme.
Il me claque la porte au nez. Je suis essoufflé mais extrêmement satisfait de mon aventure : les avocats, la nature, la randonnée, tout m'a ravi au-delà de mes espérances. Réajustant mon sac dans mon dos, je me remets au stop. Direction le camping où m'attendent les filles.

Des touristes se baladent en kayak sur la superbe plage que l'on pouvait apercevoir

Les avocats Phil' et Ma' et ma petite pancarte

Une nuit pas comme les autres

À peine de retour dans le campement, je constate que tout le monde se prépare pour la nuit. Nous sommes pourtant en fin d'après-midi mais, comme je voyage en Nouvelle-Zélande entre l'hiver et l'été, les journées ne sont pas longues. Je pose mes affaires dans la voiture de Christelle et Sophie. Ces dernières, relaxées, assises sur des chaises de campeuse, profitent des derniers rayons du soleil.

— On a bien bronzé depuis que tu nous as quittées, se réjouit Christelle. On n'a rien fait d'autre. Le pied !
Sophie ajoute :
— Par contre, il faut qu'on te dise… C'est absolument interdit de dresser des tentes ! Le crépuscule envahissant le terrain, je me dirige vers la pancarte de l'entrée muni de ma lampe. Tentant de lire les instructions, je peux déchiffrer qu'effectivement, les filles ont raison. Quelle drôle de surprise ! Je les rejoins, décontenancé. Christelle en rajoute une couche :
— Gaël, si tu te fais choper, je ne suis pas responsable !
— Bon, je vais trouver une solution.
— Tu penses faire quoi ?...

Je suis perplexe. Il est bien trop tard pour chercher un autre camping, je n'ai pas envie de payer le moindre dollar pour dormir. En outre, la perspective de me retrouver en face d'un Ranger ne m'enchante guère. Après avoir réfléchi brièvement, je lance une idée.

— Écoutez les filles. Vous avez une camionnette.
— Oui !
— Vous possédez donc trois places.
— Ok...
— Je dors à l'avant, et vous dormez à l'arrière comme prévu ?
— On valide !

L'imprévu, inhérent à la vie du *backpacker*, a été contourné ! La nuit tombe. Nous mangeons sans excès et je constate que mes comparses ne sont guère bavardes. Elles vont se coucher assez tôt. Étendu sur un transat, fatigué par la marche, je me retrouve vite seul à la ronde. Je regarde les étoiles dans le ciel, entouré par la forêt de conifères.

Encore une fois, je suis enthousiasmé par le tableau de maître que me propose l'île du Sud. La cime des arbres se mêle aux constellations dans un ravissement de clair-obscur, tandis que le silence nocturne incite à la méditation. Je suis tranquille, coupé du monde, loin de tout et de tous. Un calme profond s'installe en moi. J'ai la sensation que chaque nouvel événement m'envoûte un peu plus que le précédent.

Deux ou trois bâillements plus tard, je m'extirpe de mon siège, prends mon bagage et, réussissant à ne pas réveiller les filles, m'allonge à l'avant du véhicule. Enfin, dormir !... Ou du moins c'est ce que je crois. Quelque chose me dérange. M'empêche de partir au pays des songes. Un objet incongru qui cogne contre mes côtes et me titille la colonne vertébrale : le frein à main du van. Je m'empare d'un tas de pulls et les dépose sur l'engin infernal, résolu à le rendre le plus mou possible. Il n'empêche que toute la nuit, mon corps subit cette torture inédite. Cerise sur le gâteau, le véhicule étant d'un autre âge, je sens l'humidité poisseuse du van contre ma peau et une odeur de moisi se ligue avec la poussière pour envahir mes pauvres narines.

Le matin, au réveil, une gêne douloureuse tenaille mon flanc gauche, comme si j'avais été subtilement poignardé. Vers 2 heures du matin, j'avais bien été tenté de sortir de l'habitacle et de dresser ma tente mais je m'étais ravisé assez vite ; l'amende me guettait trop. Je n'en perds pas pour autant ma bonne humeur légendaire Ça fera une histoire de plus à raconter à mes amis !

Après avoir rangé mes sacs et vérifié que je n'ai rien oublié, les filles acceptent de me charger à nouveau pour continuer la route. Elles s'arrêtent à un endroit que j'ai repéré sur Maps.me. Je les remercie, leur fait la bise à la française (soit une à gauche, puis une à droite) et nous nous séparons. Mon chemin ne suivant pas le leur, il est temps pour moi de vivre une nouvelle aventure.

Le conseil de l'autostoppeur
- **Attention où vous dormez !**

Il faut savoir qu'en Nouvelle-Zélande comme dans d'autres pays, on ne peut pas dormir où l'on veut. Il faut viser des emplacements bien précis qui sont, bien sûr, parfois payants, même si quelques petites recherches vous orienteront vers des coins gratuits. Si l'on se fait attraper à ne pas respecter ces règles, on risque des amendes administrées sans pitié par les rangers qui patrouillent !

Le conseil de l'autostoppeur - bonus
* **Les transports sont vos amis !**

Quand vous faites du stop et que vous vous retrouvez dans des transports en commun, n'hésitez pas à entamer la discussion. C'est un excellent endroit pour trouver des conducteurs ou des hôtes. Et puis, si les gens sont bloqués avec vous, ils ont le temps de parler...

Crédits : Google Maps

Mes étapes : ça y est, j'ai traversé la bande d'eau qui sépare les deux îles ! Havelock est l'endroit où je suis allé marcher avec Phil' et Ma'. Quant à mon campement, il se trouvait tout près de Blenheim.

Mes étapes : toutes mes étapes sur l'île du Nord, indiquées par Maps.me… quel parcours déjà !

Les merveilles du nord de l'île

Au bord de la route, je commence mon rituel du pouce levé, désireux d'atteindre le nord de l'île du Sud. Je suis dans un virage, sous un soleil majestueux, et personne ne s'arrête, comme traditionnellement lorsque je débute mon vagabondage. Quelques dix minutes plus tard cependant, une longue voiture blanche cabossée, conduite par un jeune homme, arrive à ma hauteur. Le gars prononce quelques mots et je reconnais automatiquement l'accent d'un francophone en goguette.

—— Attends, attends, tu parles français !

—— Oui, je viens de France.

— Je suis auto-stoppeur, je vais en direction du Nord.

— Ben moi, j'étais curieux de savoir ce que tu foutais dans le coin. Je dois déposer des affaires chez un pote, mais si t'es encore là tout à l'heure, je peux te charger !

— Pas de souci, merci !

Je patiente. Quelques véhicules apparaissent de-ci de-là. Certains freinent puis repartent. Les heures s'allongent, je m'assois. Je patiente. Enfin, ne l'attendait plus. Je retrouve pourtant la bagnole immaculée de mon Français, qui passe dans l'autre sens et me salue d'un coup de klaxon. Manifestement, les affaires ont été déposées chez le pote, et il a voulu tenir sa promesse. Il opère un demi-tour pour se replacer à ma hauteur.

L'Américaine, repeinte partiellement de plusieurs couches ivoires, n'est pas de première fraîcheur. À l'arrière, j'avise un matelas couvert de bricoles hétéroclites – un monstrueux bordel. Le jeunot, fier de sa barbichette noire et muni d'épaisses lunettes de soleil, me lance avec un accent qui sent bon Marseille :

— Allez, monte !

Mon nouveau comparse, Augustin, est étudiant mais a décidé de partir avec un permis Vacances-Travail pour profiter de sa jeunesse. Il travaillait et voyageait en Nouvelle-Zélande « pour se détendre » mais aussi, je le sentais, pour se ressourcer. Je lui propose de nous rendre à l'opposé de l'endroit où j'ai effectué ma marche de la veille, avec les Anglais, où se trouve en fait la fin de la randonnée en question. Je prends ma carte et nous nous rendons à la cascade qui y tombe. Nous nous émerveillons tous deux devant ces chutes majestueuses, qui nous donnent l'occasion de faire plus ample connaissance. De mon côté, je suis heureux d'avoir rencontré un nouveau compagnon de voyage, qui semble aussi prompt que moi à l'émerveillement. Augustin vient de terminer ses fermes en Australie et a choisi de parcourir la Nouvelle-Zélande. Il est heureux et l'exprime avec l'innocence d'un enfant :

— C'est cool, c'est génial ! Jamais je n'aurais cru qu'un tel endroit existait !

Il faut dire que le sentier arboré où nous cheminons, flanqué d'une route perdue d'un côté et de la belle cascade de l'autre, à l'abri de la meute touristique, est des plus féériques. Revenus dans l'automobile, je m'aperçois que le jeune homme, mon aîné d'environ trois ans, conduisait à une vitesse folle, surtout dans les virages. Je m'accroche à mes sacs, impressionné par ce rythme effréné. Je lance :

— Si tu veux, des bons plans comme ça, j'en ai plein sur Maps.me. Par contre, il faudra que je fasse des courses, ça ne te dérange pas ? Je n'ai plus rien à manger !

Nos visages, le froid s'attaquait à nos corps, les éléments nous laissaient tout étourdis devant une telle beauté. Je me suis assis, suivi par mon compagnon de voyage, ému devant cet espace inhospitalier abandonné par la civilisation. Comme Robinson Crusoé et vendredi, nous étions perdus – mais quel délice !

J'ai fait voler mon drone comme toujours, prenant garde aux courants aériens. Sur mon écran de surveillance, j'ai constaté que des formes ondulaient dans tous les sens. J'ai commandé à mon robot de s'approcher de plus près, de manière à reconnaître complètement ces silhouettes caractéristiques...

"Augustin, des otaries !"

Elles étaient cachées dans une grotte, et il y en avait un paquet.

"Allons de l'autre côté de la falaise, je veux les espionner !"

Les vagues se fracassent sur les rochers près de nous, comme pour dissiper notre curiosité. Nous avançons tous les deux, le souffle coupé par les bourrasques. Les eaux se déchaînent encore quand nous atteignons le poste d'observation idéal.

Je redeviens un gosse. Muni de ma GoPro et d'une perche imperméable, je filme les mammifères dodus, tentant de les atteindre sans faire de bruit. Mais dès qu'elles nous voient, elles se mettent à détaler à une vitesse incroyable pour se jeter à l'eau. Je suis très surpris par cette réaction que j'assimile à de la peur. Néanmoins, désireux de les photographier en détail, je les poursuis implacablement. Pour autant, certaines otaries ne bougent pas. Loin d'être effrayées, elles se demandent sans doute, finalement, ce que deux garnements leurs veulent. Leurs espèces d'aboiements me rappellent ceux des chiens.

Le Marseillais, qui me suit de près, me murmure :
— J'ai peur, Gaël, et elles mordent, il paraît ! Tu as vu ces dents !
— Pas de panique !

J'enregistre tout sur la pellicule, posté près des grottes, et notre discrétion paie. Certains animaux ressortent de la mer. Ils commencent à nous encercler, nous effleurant presque. Un miracle ! Le problème, c'est que j'ai complètement oublié la base de la balade littorale : surveiller la marée.

Cette dernière est montée rapidement à notre insu, obligeant mon pote et moi, toujours entourés de nos nouvelles compagnes, à nous réfugier sur les rochers, coincés entre l'eau et la falaise. Les cris des otaries s'intensifient à un tel point qu'Augustin, paniqué, prend ses jambes à son cou et fonce dans les eaux tumultueuses, pour contourner les bêtes et tenter de rejoindre la plage. Mis devant le fait accompli, je fais de même, fendant l'air et priant le ciel de ne pas me faire mordre un mollet.

Après avoir bien ri de notre déconvenue, je découvre qu'une otarie dort sur le sable près de nous, indifférente à tout le vacarme.
— Oh non… gémit Augustin.
— C'est le moment, c'est le moment ! je rétorque, sourd à sa plainte. On fait un *selfie*…
— Sérieux, Gaël… Je ne vais pas près d'elle. Même pas en rêve !
— On ne vit qu'une fois !

Et me voici à prendre la pose à côté de l'animal, prenant la pose comme en séance de photos professionnelle, cliquant sur le bouton de ma GoPro avec frénésie. Après m'être mitraillé auprès de lui, je me résous à me coucher auprès du monstre marin. Brusquement, le molosse se réveille et hurle plus fort qu'une victime de film d'horreur. Je me lève d'un bond et me carapate, poursuivi par mon féroce prédateur. Jamais je n'aurais imaginé à quel point une telle masse pouvait accélérer ; mes fesses risquent la morsure fatale !

Me démenant à gauche, bifurquant sur la droite, visant une ligne finale imaginaire, l'athlète qui sommeille en moi veut échapper à la bestiole gesticulante qui vient de transformer ma plage paradisiaque en théâtre cauchemardesque. Mon cœur bat à tout rompre, mais je sors victorieux de notre duel au bout de dix longs mètres. J'ai eu de la chance.

Je m'assois, sain et sauf mais encore haletant, et contemple le panorama avec mes yeux dégoulinants de sueur. L'eau envahit désormais les moindres recoins des cavernes où se réfugient les otaries. Respirant lentement, je prends le temps de savourer mes émotions intérieures. Quel bonheur d'être là, proche d'une faune inconnue jusqu'alors. Augustin brise ce moment sans vergogne :
— Bon, j'ai les pieds trempés. Après tout ce qui nous est arrivé, il est temps d'y aller.

Le moment juste avant que l'otarie ne se jette à ma poursuite… Croyez-moi, gardez vos distances avec ces animaux !

La Terre a rendez-vous avec la Lune

Je me relève et nous rebroussons chemin. Des touristes arrivent en nombre modéré sur notre baie, inconscients de nos mésaventures. Ce qui nous préoccupent, à l'instant, c'est de trouver un lieu où nous sécher et dormir. Nous n'avons pas vu le temps passer. En outre, j'ai entendu dire, à la radio, que ce soir se déroulait un événement étrange, unique, hors du commun.

Toutes les trois générations environ (la légende urbaine parle de cinq cents ans), la Lune se rapprocherait soi-disant de la Terre à son maximum. On la percevrait ainsi dans son rayonnement et sa taille optimale. Tout ceci est bien flou et, n'étant guère astronome, je me contente de ces rumeurs qui m'incitent au fantasme. À l'aide de Maps.me, je m'acharne donc à trouver un lieu entièrement dégagé, où le ciel sera entièrement visible.

La solution survient sans attendre. Peu éloigné de la plage, un *free camp* est niché, où il est possible de passer la nuit sans payer. Nous décidons de continuer l'aventure ensemble.

Vous savez, quand on fait du stop, le fait d'avoir quelqu'un qui t'aide est un cadeau. C'est le genre de détail dont on ne découvre l'importance que lorsqu'il nous manque. Sur la route, on ne trouve pas toujours ce qui nous semble acquis dans la vie de tous les jours : un repas, un transport, un compagnon. On se rend compte que ces détails de la vie, qu'on oublie souvent, font tout son sel. Augustin s'était arrêté pour moi, et ça valait toutes les richesses du monde.

Au bout de trois minutes de route, nous accédons à l'endroit. Je dégote le lieu parfait, au bord de l'eau, sur un chemin isolé, pour poser notre tente et situer notre contemplation du soir. Je prépare ma tente, y laissant mes affaires, sors mon thon, mon pain, et les mangent goulûment. Mon ami opte pour un ananas accompagné d'une bouteille de vin qu'il partage volontiers. Nous buvons un verre à notre santé et ne faisons qu'une bouchée du fruit juteux et sucré.

Pendant qu'Augustin prépare son matelas, qui pendouille à l'arrière de sa voiture, donc réussit à organiser son bordel, je m'assois tranquillement, attendant que la Lune se montre enfin. Au fur et à mesure que le soir approche, des automobiles entrent dans le campement. Au départ seuls et peinards, nous devons désormais partager notre coin de tranquillité avec la Terre entière. En quelques heures, tous les espaces sont pris.

Avec l'expérience, je m'amuse à deviner la nationalité des individus à leur comportement, leur manière de se mouvoir, de bouger les mains. Mon intuition s'avère bien souvent exacte. Des feux s'allument, des groupes se forment en toute simplicité. Le Français et moi avons toujours les pieds trempés et pas le moindre briquet pour nous réchauffer. Je commence à entendre le crépitement du bois, à humer cette odeur reconnaissable entre mille… Aussitôt, je propose à mon pote :
— Viens avec moi, nous allons faire un tour et demander s'il y a deux places disponibles autour de bonnes braises !
— Ok, j'apporte le reste de la bouteille !

Nous n'avons aucune difficulté à nous faire admettre au sein d'une communauté installée non loin de notre campement. En nous installant, je remarque aussitôt que tous les hommes autour de moi portent des sandales caractéristiques et des cheveux très frisés. Je mise sur Israël. En parlant avec eux, ma prévision se révèle juste, ce qui ne manque pas de susciter la curiosité de mes hôtes, au nombre de cinq.
— Mais… Comment connais-tu notre origine ?
— La chevelure et les babouches ! Ce n'était pas bien compliqué !
— Alors ça ! Viens donc nous rejoindre !

Et la discussion s'engage, toujours activée par ma grande curiosité. Je les bombardent de questions :
— Pourquoi êtes-vous en groupe ? Pourquoi la Nouvelle-Zélande ? De quel coin d'Israël vous êtes ? Et pourquoi...
Je n'arrête pas ! Les réponses viennent progressivement, résistant à mon flot intarissable. Nos nouveaux amis ont effectué ensemble un service militaire de deux ans et demi, obligatoire dans ce pays, même pour les filles. Frères d'armes, ils ont décidé de se changer les idées loin de leur patrie, auprès des Kiwis. Je découvre un autre pan de la communauté israélienne, encore différent de la famille modèle incarnée par Natan, qui m'éloignent un temps de la Nouvelle-Zélande.

Je ris beaucoup en les écoutants me confier leurs souvenirs de vétérans et leurs bêtises de bidasses. J'en profite pour partager mes expériences de *backpacker*. J'adore toujours autant ce mélange culturel, éloigné des habitudes européennes. Augustin, lui, est fatigué par la conduite de la journée et par nos péripéties. Assez tôt, il se dresse et, dans un profond bâillement, m'annonce :
— Écoute, je ne vais pas rester trop longtemps, je vais dormir dans la voiture. Tu me réveilles quand tu vois la grande Lune, d'acc' ?
— Pas de problème !

Restant seul avec les Israéliens, je parle de choses et d'autres. Je regarde les brindilles, le feu qui crépite dans la nuit étoilée, mais à ma grande stupéfaction, je ne vois toujours pas notre satellite. Interrogeant mes compagnons, ceux-ci m'affirment que le spectacle aura lieu entre 2 et 3 heures du matin ! Je suis éreinté. Aussi, je prépare mon réveil pour l'heure dite et les quittent dans un chaleureux :
— Todâ !

Je réplique "Todâ" à mon tour et déclenche leurs rires. Mon accent occidental est apparemment à côté de la plaque, mais ils saluent mon effort d'apprendre quelques mots de vocabulaire hébreu courants. Ici, un simple "Merci". Je me glisse dans ma tente, m'y allonge et m'endors aisément, surtout après tout le vin que j'ai bu.

À 1 heure du matin, je me lève d'un bond et sors la tête de mon abri. Les nuages recouvrent le ciel, on ne voit rien. Quelle déception ! Inutile de prévenir Augustin... Je retourne me coucher, avec un mauvais pressentiment que je ne m'explique pas. Mon instinct me suggère que quelque chose d'anormal se prépare. Je regarde une nouvelle fois le ciel assombri. Il n'augure rien de bon, mais je me recouche quand même. Que peut-il bien arriver ?

Quelques minutes plus tard, une énorme tempête se déclenche et des vents gigantesques déstabilisent ma tente. Même mes sacs, posés aux quatre coins, ne l'empêchent pas de se plier sur moi. Comme je dors sur des cailloux de la plage, je les utilise pour empêcher mes affaires de s'envoler. Un combat s'engage entre les éléments déchaînés et moi, qui durera 30 bonnes minutes.

Pendant que je me démène, l'eau de la mer gonflée se déverse en masse sous la toile, poussée par une vague mesquine. C'est probablement la grande Lune qui a entraîné cette terrible montée des eaux, aussi brutale que prodigieuse ! Mes bagages dégoulinent, mon matelas flotte à hauteur de mes hanches, mes provisions sont fichues ; je réalise soudain avec horreur ce qui ne doit surtout pas prendre l'eau.

"Mes caméras, mon ordinateur !"

Tant bien que mal, je m'échine à placer mon nécessaire informatique en hauteur quand une seconde vague s'engouffre.

"Mais merde, c'est pas possible !"

Je sors pour constater les dégâts. La mer avait gagné deux mètres et prenait d'assaut le campement entier. Glacé, trempé, perdu, je suis confronté à un vrai cauchemar. Les vents redoublent et je m'accroche à ma Quechua de peur qu'elle ne s'envole. Après des efforts surhumains, muni de ma tente, je me dirige vers la voiture d'Augustin et frappe à la porte. Je lui hurle :
— Augustin, viens m'aider, je suis complètement dans la merde !

Autour de moi, tout le monde se réveille, vivant la même galère.
— Vite, Gaël, rentre dans la bagnole ! Prends toutes tes affaires et pose-les au sec !

Aidé par mon ami, je balance tout barda mais ma tente est tellement mouillée que je n'arrive pas à la plier. Dire que je me suis installé dix mètres plus haut que le niveau de la mer… Moi qui calcule toujours tout en voyage !

Désespérés ou prudents, les voyageurs quittent le camping. Ils remballent tout. Un van part à droite, l'autre à gauche. C'est la fuite. Assis dans le véhicule, nous assistons à cette débâcle sous la pluie, qui pénètre même dans notre refuge. Je n'ai jamais vécu une telle situation. Les yeux enfoncés dans mes orbites, je déclare :
— Augustin, c'est trop dangereux. Partons d'ici !
— Ok, répond mon ami dont le visage est blême.

Il démarre et nous roulons sous le déluge, ballottés dans le vent. Des branches d'arbres tombent sur la route, parfois plus grosses que la voiture. Je suis très mal à l'aise, car nous nous déplaçons à proximité d'une forêt.

— Là-bas ! je lance en lui prenant l'épaule. On sera dans une plaine, on risquera rien. Pas un seul conifère, et le vent a l'air moins violent. On ne va pas se prendre de tronc sur la tronche et ils sont suffisamment loin pour nous éviter les bourrasques.

À peine ces paroles prononcées, Augustin tourne et s'arrête. Haletants, dégoûtants et frigorifiés, nous nous regardons comme deux survivants de l'apocalypse. Nous sommes au milieu de nulle part, cernés par des éléments dévastateurs. Il n'y a rien à faire, à part attendre en évitant de trop s'inquiéter. Nous nous installons le plus confortablement possible, malgré notre état lamentable. Parvenant à nous calmer tant bien que mal, nous tombons ainsi, au bout de longues minutes, dans un sommeil léger.

Le lendemain, nous sommes hébétés. Notre sommeil, trop fragile, ne nous a pas permis de récupérer la moindre force. L'eau imbibe encore tous nos habits. Je regarde la route : c'est une scène postapocalyptique. Des branchages brisés encombrent le sol, ainsi que des pans entiers de feuillus. Il y en a partout. Je prends mon téléphone, me connecte à l'actualité grâce à ma connexion Wi-Fi. J'apprends que cette énorme tempête a traversé tout le pays. De grands axes routiers sont bloqués, les inondations sont partout, des villages et des villes entières ne disposent plus d'électricité.

Ce que j'ai vécu la veille est donc loin d'être normal. Le monde s'est cassé devant mes yeux. L'impression que j'ai d'être la victime impuissante d'une catastrophe naturelle me serre la gorge, même si le pire est derrière nous. Je n'ose pas bouger, sauf pour mettre mes habits et mes chaussettes à l'extérieur de l'habitacle, en espérant qu'elles sèchent. J'ai perdu tout mon dynamisme, tout mon élan naturel, toute ma motivation à affronter le destin, même contraire, quand il me met au défi.

Je dois combattre ce stress qui m'envahit d'un coup, au risque d'y succomber. Je refuse de tomber dans une léthargie déprimée qui achèverait de briser l'espoir et la joie du voyage. Je m'en suis sorti, non ? Ce n'est pas comme si j'avais perdu une maison, comme si j'avais été blessé. J'ai un goût amer dans la bouche, mais je peux me réjouir d'avoir échappé à la catastrophe.

— Raah, fait chier !

Augustin se débat avec son pull mouillé, qui semble adhérer à son corps. Il l'arrache d'un coup, probablement de manière douloureuse, puis me regarde dépité. Je lui fais mon offre :

— Écoute, on va reprendre la route. On va voir ce qui se passera. Si tu pouvais juste… ne pas me laisser ici ? Personne ne me chargera avant longtemps si je reste dans le coin.

— Je ne t'abandonne pas avec tes fringues mouillées, en plus ta tente est en sale état. Où est-ce que tu dormirais ? Et puis, y a pas une seule voiture à l'horizon…

Je n'ose pas trop discuter cette aide qu'il me propose avec sa gentillesse accoutumée. Pour autant, je ne veux pas être un fardeau pour lui. Il refuse obstinément de me laisser, avançant qu'il est libre comme l'air. Je cède, reconnaissant et plein de joie à l'idée de rester en sa compagnie.

Le vent est toujours bien présent. Je suis ahuri par tous les événements. Je voulais simplement regarder la Lune, moi. Était-ce elle qui, par sa proximité, avait entraîné une telle série de catastrophes ? Aucune idée. D'un autre côté, je suis heureux de continuer l'aventure avec mon ami.

Augustin et "notre" cuisine, le jour avant la tempête. On peut apercevoir son lit à l'arrière de la voiture

Mes étapes : notre modeste parcours au départ de Nelson jusqu'à la pointe, vers Puponga - cette magnifique plage peuplée d'otaries. Le camp en bord de plage était proche de Collinwood.

Chapitre 16 – Entrée dans les terres

Lake Rotoiti

Tout va bien. Si je procède étape par étape, je peux revenir à une situation normale. D'abord, les batteries de mon téléphone et de mon ordi sont à plat. Aussi, sur les conseils d'Augustin, j'utilise l'allume-cigare afin de les recharger. Ensuite, j'entreprends de faire sécher mes affaires du mieux que je peux. J'étale le contenu de mes bagages à l'arrière de la voiture et lance le chauffage à fond.

Enfin, je dois trouver des activités intéressantes à faire dans le coin. J'ai drôlement envie d'entrer dans les terres septentrionales de l'île du Sud, et un endroit en particulier attire mon attention : le lac Rotoiti. Je le pointe du doigt sur Maps.me en m'adressant à Augustin :
— Intéressé ? C'est trois, quatre heures pour y aller. Il nous faudra bien ce temps pour que nos affaires récupèrent un état correct.
— *Let's go !* Je suis un peu juste en carburant mais vu les photos, ça me tente bien.

Pendant tout le trajet, il ne fait que pleuvoir. De la flotte en quantité astronomique, à une fréquence ininterrompue. Quelle bénédiction de pouvoir compter encore une fois sur Augustin ! En effet, en Nouvelle-Zélande, le climat est fort humide et j'avais peur, avant qu'il n'accepte de me garder avec lui, de rester seul sous un arbre, les habits trempés, en attendant que quelqu'un daigne me charger. J'aurais alors couru le risque de rester paralysé pendant des jours et des jours. Là, je reprends du poil de la bête, et ma gnaque revient.

Après un très long trajet assez monotone, nous nous sommes soudain engagés sur des routes magnifiques. Cette série de lacets traversait des vallées infinies plantées de conifères foisonnants. J'avais l'impression de retrouver la beauté du Canada et, étrangement, nous arrivions à une ville au nom très francophone, Saint Arnaud, la localité la plus proche du lac Rotoiti. Pas un seul touriste ne venait troubler le panorama.

La musique de la radio accompagnait le tapotement de la pluie, désormais apaisant, sur l'habitacle qui vibrait à leurs rythmes synchronisés. De rares éclaircies nous dévoilaient toute la splendeur du paysage par intermittence. Les heures passant, nous sommes arrivés sur le site visé et l'eau a repris de plus belle, prête à nous inonder de nouveau.

Nous sortons de la voiture. Je rigole, sidéré. Je me retourne vers Augustin.

— Haha... Bon ben... On est arrivés. Le lac est là-bas...

Vous n'imaginez pas la tête que nous tirons alors que je désigne le bloc grisâtre qui s'étale sous nos pieds. Un tel trajet dans une voiture qui embaume le moisi, pour contempler un lac sous la brume et la flotte, dans un froid glacial. Pour ne rien voir, en fait. Le temps est dégueulasse, et la vue aussi. Nous nous installons et l'après-midi passe, ennuyeuse à souhait.

Lorsque je suis enfin ressorti à l'air frais, le ciel dégagé offrait à nos regards un spectacle grandiose. Devant moi, j'apercevais le ponton en bois qui permettait de vagabonder à la surface du lac. Les montagnes vertes dominaient au loin, se coiffant des nuées devenues cotonneuses. Leur reflet massif se reflétait dans l'eau flegmatique, plus distincte que le plus pur des miroirs. Parmi tous les lieux que j'ai visités, c'est peut-être celui qui m'a le plus marqué par sa solitude, par sa magnifique simplicité. Ébahi face à ce panorama incroyable, je restais immobile, mes yeux et mon cerveau s'attachant à enregistrer chaque petit détail. Prendre le moment de savourer les choses avant de passer à l'action restait indispensable, à mon sens, et le moyen de profiter durablement de la joie que je ressentais en peignant mes souvenirs le plus fidèlement possible.

Accompagné d'Augustin, je sautille partout sur le ponton afin de photographier dans un maximum de directions, utilisant également mon drone. Il me vient alors une idée.
— Augustin, j'aime tellement ce paysage, j'ai envie d'en faire partie ! Je vais me mettre au début du ponton. Je vais courir et tu vas me filmer avec le drone.
— D'acc', donne-moi ta manette. Comment ça marche ?
— C'est pas compliqué. Ici, c'est pour aller en avant, ici, en arrière. Et quand je compte un, deux, trois, t'y vas !

Je me place à l'extrémité de la structure branlante. "Un, deux, trois" et j'entame ma course, le sourire aux lèvres. Au moment où le drone me survole, je saute en l'air, comme pour plonger dans le ciel sans pluie. Ma machine, qui a la capacité d'aller à plus de soixante-dix mètres de hauteur, n'est presque plus perceptible. Je rejoins Augustin et sur mon écran, je vois ce lieu spectaculaire se dévoiler au fur et à mesure.

Je m'assois sur le ponton, observant le cristal lisse des eaux du lac et les montagnes enchâssées à l'intérieur. Mes observations me font remarquer que des bestioles noires s'agitent là. Il s'agissait d'anguilles qui se tortillaient par dizaines, indifférentes à ma présence. Elles vaquent toujours à leurs occupations lorsque les premiers baroudeurs arrivent. Curieux, artistes ou *backpackers*, ils ne parviennent pas à perturber l'instant que je vis.

Je reste ancré. Je ressens pleinement mon corps et sa connexion à la nature qui me cerne gentiment. Je m'enracine, prenant conscience de la puissance de mon appartenance à la Terre et à ses merveilles. Très vite, pourtant, le soir s'annonce. Augustin me murmure :

— Nous devons trouver un endroit où dormir, Gaël.

J'hume une dernière fois le parfum frais du lac tranquille.

— Hmmm… Oui. Allons-y.

Une photo de moi sur ce joli pont, prise par Augustin. C'est une des plus belles vues sur lac que j'ai vu, je me croyais en Norvège

À la nuit tombée

Comme d'habitude, je recherche sur Maps.me un camping gratuit, peu désireux de commettre une infraction en dressant ma tente dans un coin sauvage. Augustin me fait remarquer :

— Mec, y a rien ici, sauf un endroit qu'on devra payer.

— On y va. Si personne ne nous réclame rien, on reste dessus. Si on nous demande du fric, on s'en va.

Quelques minutes plus tard, nous débouchons sur un parking. Deux voitures y sont déjà présentes. Je sors de la nôtre, le bruissement de l'eau et le chant des oiseaux m'accueillent. C'est une petite plaine, comme un jardin, cernée par des arbres et traversée par un humble ruisseau. Des montagnes surplombent cette oasis verdoyante. Magnifique ! L'énergie du lieu me reconnecte à la nature, que j'ai cru quitter en abandonnant le calme du lac Rotoiti.

Avec Augustin, je commence à préparer les affaires. Nous avons pas mal de routes dans les jambes et la fatigue s'installe. Par curiosité, je décide de m'approcher des autres campeurs, une famille de Belges dont les trois enfants jouent gaiement. Je commence la conversation, admirant leur camionnette. Tous les matelas sont empilés et rangés dans des caisses carrées. Tout est bien disposé.

— Pour une fois que je rencontre des Belges, c'est rare !

Le gaillard, un hippie à la barbe imposante que je presse de questions, me raconte son histoire avec un fort accent flamand :
— Eh bien, je vis dans mon véhicule, je travaille à distance. La plupart du temps, je prends mes enfants avec moi en voyage. Ce n'est pas facile niveau confort, il n'y a pas beaucoup d'espace dans la voiture, mais ça ne nous dérange pas. Le tout est une question d'organisation. C'est faisable et c'est un pur bonheur pour ma femme et mes trois enfants. D'ailleurs, tu sais ce qui est flagrant ? il ajoute, sur le ton de la confidence. Souvent, les gens ont besoin de matériel et moi, je n'en vois plus l'utilité. Ce qui est fascinant, c'est que j'achète des jouets à mes enfants, mais qu'ils ne jouent pas avec. Ils sont tellement connectés à la nature, tout le temps dehors, qu'ils s'amusent avec tout ce qu'ils trouvent à l'extérieur. Je peux leur donner des gadgets que je trouve dans les magasins, peu importe. Ça me marque vraiment. On quitte le matérialisme. On vit pleinement, dans une camionnette minimaliste, et on profite du temps qui passe.

Les mioches courent autour de lui, sautent au-dessus de la rivière, s'amusent sans fin. Les suivant du regard, attendri, je lui réponds :
— Je le vois bien ! C'est une belle réflexion que vous m'offrez.
— Fais-en bon usage, glisse-t-il avec un air malicieux.

Je passe un certain temps à faire connaissance avec cette belle famille. Mais pendant que je parle avec sa femme, qui organise les caisses, je sens une goutte d'eau tomber, puis une seconde. D'un coup, je ne suis plus sous un soleil agréable mais sous un amas de nuages, et une très forte pluie s'abat.
— Bon, je fais en riant, je crois que je vais aller m'abriter. Merci !

Le Flamand me serre fortement la main, un grand sourire aux lèvres, et je regagne la voiture de mon pote, toujours en train de regarder ses films.

— Hein ? Qu'est-ce qui t'arrive Gaël ?
— Augustin, je crois qu'on va pas pouvoir bouger de la nuit. Il faut qu'on dorme ici.

L'obscurité s'installe rapidement. Éreinté par tous les événements, notamment ceux de la veille, je suis content de dormir au sec. Un véritable luxe !

Je regarde quelques séries, puis mes yeux se ferment d'eux-mêmes.

BOUM, BOUM, BOUM

Je me réveille. Je me lève.

BOUM, BOUM, BOUM

Quelqu'un frappe de façon violente sur la vitre. C'est le matin.

"Mais il se passe quoi ?"

BOUM, BOUM, BOUM

"Oui, c'est bon, c'est bon… On sort."

Je réveille mon pote, qui n'a rien entendu. Je mets mes chaussures, ouvre la portière, sors dans un froid glacial et découvre une femme assez forte qui porte un képi et une tenue de type militaire. Elle commence à m'engueuler en parlant dans un anglais assez rapide.

— Vous avez payé le camping ici ?
— Euh…
Je la regarde avec ma tête du matin, les cheveux en pétard, en short et t-shirt, les poils hérissés par le froid.
— Vous avez payé le campement ou pas ?

Je me tourne vers Augustin, qui ne sait pas quoi répondre. Je prends les devants et joue le tout pour le tout.
— Mais Madame, il n'y avait aucun emplacement pour payer le camping !
— Faux, regardez ! elle vocifère en pointant une direction du doigt. Vous avez une boîte aux lettres ici, juste à l'entrée. Avez-vous payé ou pas ?

Trêve de plaisanteries : je suis dans la merde. Je vois mon adversaire brandir un Bic acéré, prête à l'utiliser pour me coller la prune de ma vie.

Avec une amende qui m'en coûtera deux cent cinquante, mon défi de réaliser le tour de la Nouvelle-Zélande avec seulement deux cents dollars en poche est terminé. Et ça me ferait mal au...

— Qu'est-ce qu'on fait, Gaël ? chuchote Augustin.

Je la regarde...

— Écoutez... C'est la première fois que je m'installe dans un camping payant. Je ne savais pas qu'il fallait mettre dans une boîte aux lettres. Je vous jure que cela ne se reproduira plus.

— Oui mais maintenant, vous devez me payer une amende !

— Je le sais, mais je croyais que j'étais dans une zone gratuite. Je n'ai rien vu comme système de paiement. Comprenez bien que c'est inédit pour moi... Mettez-vous à ma place ! J'avoue que c'est une erreur de ma part, mais vous pouvez comprendre...

Elle me regarde fixement, d'un air sévère, en bulldog peu souriante. Et là, surprise, elle me rétorque :

— Hum, c'est bon pour cette fois ! Mais mettez de l'argent dans la boîte tout de suite.

Et elle repart comme elle est venue. Aussitôt, je dis à Augustin :

— On se barre. Si elle revient, on aura droit à la prune.

— C'est clair !

Ce *"BOUM BOUM BOUM"* du matin, la carrure de l'agente et son Bic vengeur restent imprimé dans ma mémoire. Je ne m'y attendais pas du tout. Je sors mon téléphone, ouvre Maps.me et demande à Augustin :

— Maintenant, on va où ?

— Franchement, je ne sais pas.

Assis dans la voiture, je contemple la pluie. Je suis heureux d'avoir évité l'amende mais il me faut prendre une décision rapide. Je regarde Augustin et lui propose :

— Écoute... On va repartir sur les routes. Pourrais-tu me déposer près de la mer ?

Il me regarde droit dans les yeux, me tape sur l'épaule avec amitié et me dit, à mon plus grand soulagement :

— Je vais t'y emmener, je te l'ai promis. Tu pourras continuer ton aventure à partir de là-bas !

Voilà l'endroit où l'on a dormi ce soir-là, au bord de la rivière, juste à côté du ponton

Charleston et ses alentours

La voiture démarre, de nouveaux chemins et horizons s'offrent à moi. La pluie tombe de nouveau, inépuisable. L'humidité recommence son œuvre. Finalement, la Nouvelle-Zélande ressemble à la Belgique, avec ses passages fréquents entre le gris et le plein soleil. J'écoute de la musique tandis que l'eau ruisselle sur les vitres de l'habitacle.

Au bout de six heures, nous entrons dans Charleston, une zone plus similaire à un village qu'à une ville. Le ciel s'éclaircit enfin. Sans attendre, je sors toutes les affaires de l'automobile, aidé par Augustin. Il est temps de sécher l'ensemble et, surtout, de se débarrasser de cette odeur désagréable de moisi qui nous poursuit depuis notre rencontre. "Purée. J'en peux plus ! Un peu de fraîcheur, toutes mes fringues puent !" Je ris malgré tout car c'est, à mes yeux et surtout à mes narines, une vraie preuve de mon existence de voyageur.

Une urgence me vient à l'esprit, celle de recharger toutes les batteries de mon matériel. Au milieu de maisons toutes similaires et de quelques pubs vieillots, desservis par des routes droites quadrillant la cité, j'ai l'impression de me trouver dans un film américain. Je trouve aisément une bibliothèque, le lieu idéal pour ma mission. Dès mon entrée, un grand silence s'abat. Au fond, une vieille dame revêche au profil caricatural m'observe avec suspicion. Sa coiffure m'arrache un rictus que je m'empresse de dissimuler. Elle porte des bigoudis qui tentent vaillamment de discipliner sa chevelure blanche ondulée. Le cliché se poursuit avec ses lunettes munies de chaînettes et son attitude, digne de tout ce qu'on attend d'une intellectuelle perdue au fin fond du monde.

— Augustin, c'est ici pour les batteries !
— Ok, Gaël.

Un énorme *"Shhhhhhh !"* fend l'air dans notre direction, en provenance de la bibliothécaire qui nous dévisage avec une animosité renouvelée.

— Il est où le téléphone…
— Ici, et tiens, c'est le mien.
— *SHHHHHHHHHHH !*

Aïe. Nous parlons un peu fort… Toutefois, nous remarquons que ces appels au silence se succèdent toutes les deux minutes, sans véritable raison, comme un automatisme. Je déniche les prises, étale mes caméras sur une table et commence à recharger mes appareils. Je prends mon ordinateur et m'assois sur la chaise de mon ami. Je regarde à ma gauche et à ma droite. Nous ne sommes apparemment pas les seuls à avoir eu cette idée. Tous les voyageurs de notre espèce s'acharnent à redonner vie à 0leurs propres machines !

Je propose à Augustin de nous contenter d'une promenade et de passer du bon temps. Il accepte. J'ai repéré sur le web un phare pas très loin de la mer, sur le cap Foulwind qu'on dit fouetté par des vents violents.

Le chemin a été tranquille et, notre objectif atteint, nous avons pris quelques affaires avant de commencer notre randonnée. J'avoue qu'il n'y avait là rien d'extraordinaire ni même de remarquable. Qui dit phare, dit rochers ; qui dit rochers, dit vent. Certes, ce dernier nous envoyaient des bourrasques si agressives que je n'ai pas utilisé mon drone une seule fois. Mais c'était tout. Après avoir observé ce phare muet et ce paysage banal, il était nécessaire d'organiser mon planning.

Je regarde mon portable, il est 14 heures. Je ne dois pas tarder car mon ami m'a seulement promis de m'accompagner au Foulwind. Il compte donc reprendre bientôt son aventure en solo. Augustin est très fatigué de la veille. Des cernes soulignent ses yeux alourdis. Moi aussi, je suis exténué. De même, je me trouve dans une ville. Mon expérience de *backpacker* m'a appris qu'il est quasi impossible de trouver un logement, un espace pour dormir ou même des gens pour me charger, dans un tel environnement.

Je regarde mon ami dans les yeux et lui affirme :
— Écoute, franchement, de tous mes auto-stops, je crois que tu es la personne avec qui je suis resté le plus longtemps. Enfin, il y en a eu d'autres mais on s'entend bien, on a vécu de belles aventures, tu vois... Maintenant, il serait temps pour moi de partir, c'est le moment de continuer ma route. Je sais bien que tu ne voulais pas te rendre jusqu'ici et que ce serait trop te demander mais... Si tu veux faire encore un bout de chemin avec moi... Je...
— Oui ? m'encourage-t-il, un léger sourire sur les lèvres.
J'ajoute, ému :
— Je serais heureux de continuer avec toi et puis... Et puis que tu me déposes en dehors de Charleston, car cette ville est dans un cul-de-sac ! je lance, plutôt désespéré. Je risque de me retaper toute la rue principale pour retomber sur mon créneau et me diriger à l'opposé. Peux-tu me faire cette dernière faveur, après promis, je te fiche la paix !
Il me répond, toujours en souriant :
— Tu ne me déranges pas. Je vais t'aider et te conduire là-bas.

Sur le chemin, je rumine. C'est toujours difficile pour moi de dire au revoir. J'ai envie de lui dire : "Allez, on va découvrir la Nouvelle-Zélande ensemble !" Passer d'un solo à un duo pendant une partie de mon expédition m'a fait un bien fou. J'ai vraiment apprécié les moments passés avec ce gars, qui a épicé mon aventure et l'a même saupoudrée de sa gentillesse. Les moments passés ensemble, uniques, je les chériraient en pensant à celui qui, en l'espace de quelques jours, est devenu mon ami.

Il me dépose sur une route en direction du Sud. Je lui donne mes contacts, prends mon *selfie* avec lui, devant ma pancarte. Il signe ensuite mon drapeau, à l'instar de toutes les personnes qui l'ont précédé, et c'est comme s'il signait ma vie de son encre. Après une belle accolade, il rentre dans son véhicule et continue de tracer sa route, désormais loin de la mienne.

Dernier selfie avec Augustin avant qu'il ne parte, et avec ma petite pancarte bien sûr. Une rencontre qui restera gravée en moi

<u>Le conseil de l'autostoppeur</u>
- **Allez au bout de vos plus belles rencontres**

Plus vous trouverez de points communs avec les gens sur la route, plus ils voudront vous suivre dans votre aventure. Augustin en est un exemple : il n'avait pas prévu tous ces voyages avec moi, pourtant nous avons vécu tellement de péripéties que cela nous a rapprochés au point de vouloir faire durer ce compagnonnage.

Crédits : Google Maps

Mes étapes : c'est près de Saint-Arnaud que j'ai posé ma tente et que j'ai trouvé Augustin. Il m'a déposé à Charlestown.

Le voilà de retour, ce moment commun à tout auto-stoppeur. Je me retrouve au bord d'un chemin, dans le calme absolu. Pour le coup, à part le nuage de poussière dégagé par mon ancien hôte qui s'en va, je ne vois rien autour de moi. Le vide. Aucune automobile, aucune perspective.

"Ok... What's next ?"

Quand je fais du stop, c'est exactement cet instant pétillant que j'aime. Je suis dans l'inconnu. Qui va s'arrêter ? Quel moyen de locomotion ? Et s'il n'y avait personne ? Où vais-je dormir ? Que manger ? Le mystère total, l'excitation liée à la peur. Tout dépendra de l'être humain qui se présentera devant moi.

Exister dans le doute, c'est un peu ma came. Mon cœur palpite. La vie m'offre toutes les directions. J'oscille comme un pendule fou entre l'euphorie et la détresse. C'est intense, inconfortable. C'est la vie de voyageur.

L'asphalte est devant moi, sur le fond orange du soleil en fin de journée. Autour, la verdure silencieuse. Fatigué de ma position debout, je retire mon sac à dos qui me servira de pouf. Je me couche, pose ma casquette sur le front, les oreilles caressées par ma musique de bohème, tendues vers le moindre bruit suspect. Je suis prêt à bondir, mais je me détends. Je laisse les minutes défiler, me remémorant des souvenirs pas si lointains. J'ai de la chance d'évoluer dans ce formidable pays. Alors que beaucoup stressent, courent d'activités en activités, je prends le temps de me reposer. Attendre est un moment d'ancrage. Une, deux voitures passent ; d'un côté, de l'autre. Elles ne s'arrêtent pas. Dans une heure et demie, il fera complètement noir.

Soudain, une camionnette surgit. Au vrombissement du moteur, j'ouvre les yeux. Je ne dois pas rater cette opportunité. Comme je dis toujours, en tant qu'auto-stoppeur, il est nécessaire d'être visible pour le conducteur. Pour que la personne s'arrête, il faut bouger, se bouger, gesticuler même, afin de capter l'attention ! Rester statique, même avec une pancarte, est inutile. Tel un singe, je me lève d'un bond et applique donc ma méthode, en forçant le trait.

Les automobilistes freinent, généralement, persuadés que quelque chose de grave est arrivé. Et ici, bingo ! Mon stratagème réussit du premier coup. Un gaillard sort du véhicule et m'embarque.

Deux trajets plus loin, j'arrive à mon lieu de séjour. Deux plages magnifiques, soit une somptueuse chambre d'hôtel gratuite, en plein air ! Les baies se situent en contrebas de la route principale. Elles forment un croissant de lune dont l'eau entre et sort avec douceur. Le coucher de soleil souligne élégamment les lignes soyeuses de ce tableau délicieux. Plus qu'un spectacle, c'est de l'art ! Je m'arrête un moment, contemplatif, hypnotisé par la beauté de ce coin d'Eden. Le vent souffle sur mon visage, vif mais calme. Aussi beau que ce soit, je ne peux pas dormir ici.

Un de ces moments, à la fois paisibles et inquiétants, où j'attends le coucher de soleil en bord de route quand il n'y a personne

Le conseil de l'autostoppeur

- **Chaque fois que vous êtes en bord de route : bougez !**

Soyez dynamiques ! Il faut essayer de capter l'attention des gens, surtout si le crépuscule approche. Faites de grands signes, cela peut faire croire aux conducteurs qu'il y a urgence et les pousser à s'arrêter - la première étape, indispensable.

- **Ensuite, expliquez en une phrase qui vous êtes et ce que vous faites**
- **Enfin, renvoyez une énergie positive**

Rappelez-vous que les gens ne vous connaissent pas. Ils voudront certainement plutôt faire confiance à quelqu'un de joyeux et bienveillant ! Cela ne peut qu'aller à votre avantage, pour obtenir le "oui" qui vous permettra de reprendre la route.

Avec regret, je récupère mon robot puis grimpe le chemin qui me ramène à mon lieu de départ. Je reprends mon stop dans la pénombre naissante. Quelques voitures sortent de la nuit claire mais aucune ne me remarque. Un peu fatigué, je me place en tailleur, la ligne blanche à mes pieds, mon sac à l'arrière et ma musique en fond sonore. J'attends jusqu'à ce qu'il fasse le plus noir possible, dans mon désir de prolonger mon expédition. Personne ne m'aborde.

La pleine lune m'illumine mais je suis devenu invisible au commun des mortels. J'ai poireauté longtemps et la densité de circulation est trop faible. C'est problématique pour le lendemain, alors mon dilemme revient : "Gaël, tu as deux possibilités. Tu peux entrer dans le camping, rencontrer des gens qui partiront demain vers le Sud. C'est facile, pour toi, de les aborder. Sinon, tu te lèves tôt le matin et tu commences ton stop devant le campement. Mais l'approche est différente et les conducteurs te chargeront moins facilement."

Vu mes expériences nocturnes passées, l'humidité, la pluie torrentielle, le froid, l'envie de dormir sans vague inondant ma tente, mes pas me portent vers la sécurité. J'entre dans la réception du camping et loue donc une parcelle. Se rendant compte que je suis pressé, le gardien accélère lui aussi le pas, me donne un bracelet et m'aide à remplir les formalités. Je paie. Sitôt seul, j'arrangerai ma tente dans l'espace prévu.

Respectant un rituel auquel je tente de m'astreindre autant que possible, je commence la vérification de mes affaires. Mes appareils informatiques, mes vêtements, ma nourriture, mes papiers, ma trousse de secours, mon passeport... Je marque un temps d'arrêt. J'ai l'impression qu'il manque quelque chose. Une sorte d'absence, du genre de celles qui vous frappent quand vous préparez votre valise et qu'un point aveugle vous titille, alors qu'en général, vous n'avez rien oublié...

Mon portefeuille ! La panique me gagne. Tout mon argent, toutes mes cartes y sont, et je ne l'ai plus. "Je suis dans la merde." Soumis aux lois de l'auto-stop, la moindre démarche bancaire serait une gageure insurmontable ! Je sors mon sac et le vide sur mon matelas. D'un naturel très ordonné, je veille en général à ce que chaque élément se trouve à sa juste place. Je fais le tour de ma tente, puis du camping. Je ne le trouve pas. Est-il tombé au cours de mon trajet ? Je repars sur la route où je m'étais assis. Ma tête vrille.

Je l'ai sûrement fait tomber dans la voiture de quelqu'un, ou en gesticulant comme un macaque au bord d'un chemin. Je rembobine toute ma journée, y compris mon passage par la bibliothèque avec la vieille biquette. Dépité, à bout de forces, je me rends à la réception. S'il n'y est pas, je l'ai définitivement perdu. Je tremble comme une ombre en demandant au gardien :

— Rebonsoir Monsieur. Vous n'avez pas vu un portefeuille traîner ?

— Si, tiens, le voici !

— Ouf ! Whaou ! Merci... Merci... Merci !

J'étais tellement obnubilé par l'idée de placer ma tente et de rencontrer des voyageurs que j'avais oublié mon bien sur le bord du bureau de l'entrée. Ça ne m'est jamais, au grand jamais, arrivé. Je l'ouvre. Tout y est bien présent, en ordre. Dans d'autres pays, l'erreur aurait été fatale et je n'aurais rien récupéré. Heureusement, en Nouvelle-Zélande, l'honnêteté est une valeur fondamentale.

Je rebrousse chemin, muni de ma lampe car tout est désormais obscur, sur un petit nuage après avoir eu la peur de ma vie. Comme beaucoup de *backpackers* dorment, le seul lieu encore ouvert est la cuisine commune. Quand j'y pénètre, comme je m'y attendais, des personnes s'y trouvent.

Je me présente, posant des questions, organisant mon voyage du lendemain. Le problème, c'est que tous les groupes et même les solitaires se rendent au Nord. Je rencontre deux anciens en caravane qui se rendent dans le Sud.

Ils acceptent de m'emmener pour quelques kilomètres et je les remercie avec ferveur. Ils sont très étonnés de me voir si heureux. Il faut comprendre que, quand je suis dans ce genre d'état de désespoir, le moindre petit geste du genre me donne un sourire incroyable. J'éprouvais toujours une immense gratitude à l'égard de tous ceux qui me permettaient, à leur niveau, de réussir mon défi, un défi auquel ils n'avaient virtuellement aucun intérêt à favoriser. Le couple s'esclaffe devant mon enthousiasme enfantin. Leur joie est communicative, j'ai hâte de voyager en leur compagnie. Mais pour l'heure, je suis épuisé. Nous nous donnons rendez-vous le lendemain matin, à 7 heures 30.

Je retourne dans ma tente et règle mon réveil quinze minutes avant l'heure convenue. Mon PC est rechargé, j'ai téléchargé des séries et des films... Au programme du soir, *Stranger Things* ! C'est le retour du luxe dans mon bivouac de *backpacker*, même si je suis toujours accompagné de mon vieux pain et de mon thon en boîte. Je m'endors tranquillement, bercé par le son de la mer au loin.

Le conseil de l'autostoppeur
- **Toujours penser au trajet suivant**

Quand vous êtes dans un lieu passant ou en transports, là où les gens se concentrent, faites le tour pour trouver au plus vite une voiture, même si c'est pour le lendemain.

Le conseil de l'autostoppeur - bonus
- **Toujours faire "le check"**

Ce point est très important : faites attention à ce que votre sac soit plein en fin de journée. Quand vous montez dans une voiture, vérifiez plusieurs fois si vous n'avez pas oublié des affaires et n'ouvrez pas vos bagages trop facilement en voiture. C'est comme cela que des choses peuvent tomber et être oubliées.
- **Par ailleurs, soyez strict(e) dans l'organisation de votre sac**

Cela vous évitera de devoir fouiller de mille manières différentes pour retrouver la même chose…

Le côté sauvage de la Nouvelle-Zélande est incroyable, et le stop permet d'en profiter pleinement

Des paysages typiques de l'île du Sud

Le matin, je me lève avec mon réveil, réalisant que je vais voyager en caravane pour la toute première fois en tant qu'auto-stoppeur. Encore une nouveauté ! Mes hôtes étant déjà debout, je remballe ma tente, constatant que la rosée du matin l'a détrempée. Le froid de ce début de journée achève de me faire frissonner, d'autant que je suis en short. Je m'habille rapidement, prends tout mon barda et me rends à mon rendez-vous. Le papy, très souriant, me tapote sur l'épaule.

— Alors, t'es prêt ?

— Absolument !

Je regarde une dernière fois la baie et la route, où je suis resté une bonne partie de la nuit précédente, puis m'assois à l'arrière de l'automobile. J'ai l'impression de retourner dans mon enfance, quand je partais en vacances avec mes grands-parents. Des souvenirs me reviennent en mémoire : les fauteuils sentent bon le cuir neuf, les deux personnes âgées rient et délirent gentiment. Elles prennent le temps de conduire et d'observer le panorama, merveilleux comme d'habitude.

Je crois que nous roulions sur le chemin le plus extraordinaire du pays. Le soleil rayonnait enfin. En face de moi, de grandes falaises verdoyantes s'abattaient dans les flots cristallins. La route en lacets paraissait infinie et continuait le long de la mer. Étant donné la lenteur bienvenue de mes conducteurs, je pouvais observer tranquillement les eaux se fracasser sur les rochers. J'avais de la chance de contempler cela à bord d'une voiture, car aucun endroit n'était propice à l'auto-stop.

Au bout de 30 minutes, ils me déposent aux Pancake Rocks, le seul lieu à des kilomètres à la ronde où il est possible de se garer. De nombreuses voitures nous imitent et s'arrêtent également. L'endroit serait assez connu, mais je n'en sais pas plus.

Le conducteur prend la parole :

— Comme convenu, je te dépose ici. Nous allons plus loin. C'est un bon arrêt pour toi, pour trouver de nouveaux compagnons.

— Je vous remercient énormément. Je vais aller à la rencontre des voyageurs. Est-ce que je peux prendre une photo de votre femme et de vous, et vous faire signer mon drapeau ?

— Mais oui, bien sûr !

Les traditions accomplies, ils repartent joyeusement. En ce qui me concerne, je décide de suivre le mouvement de la foule. Tandis qu'il n'y a presque personne dans cette région, il est étrange de se retrouver devant un tel attroupement. Sous une chaleur étonnante après tous ces jours de pluie, je dispose correctement mon sac à dos. Je me dirige ensuite vers le centre d'attraction. Les appareils photos crépitent dans tous les sens et en m'avançant encore plus, je comprends soudain l'engouement des gens.

Les deux anciens qui m'ont pris avec leur caravane sur la route. Que de bons souvenirs : il n'y a pas d'âge pour l'aventure

Imaginez des sculptures creusées, créées par les flots dévorants qui les ceignent. D'immenses colonnes rocheuses, plus imposantes que celles des temples grecs monumentaux, qui se dressent un peu partout. Entre elles, des crevasses où vient s'infiltrer la Mer de Tasman. Les tours, rongées par les éléments, tiennent encore ensemble comme par magie et forment les vestiges surnaturels d'une cité ancienne usée par le temps.

Je photographie cette scène irréelle, puis me retourne pour constater la beauté de la route en lacets empruntée avec mes deux hôtes. Le vent fouette les visages ahuris, l'odeur salée du littoral comble mes narines de senteurs marines et les rayons solaires m'apportent une inépuisable énergie.

Je reprends mes esprits. Il est temps de trouver un nouveau conducteur.

Mes aventures avec un Suédois

Je suis sur un parking, m'imaginant dans la peau d'un participant à *Pékin express*. Il faut que je trouve au plus vite une voiture pour me conduire dans le Sud. Je suis un peu bloqué. Beaucoup de touristes s'arrêtent, mais me disent non. Pourquoi ? Je me rappelle que ce sont les *backpackers* qui me prennent davantage en stop, contrairement aux familles qui se pressent aux Pancake Rocks. Ces dernières me prennent plutôt pour un pouilleux. Les personnes âgées ont peur de moi, les bourgeois n'ont pas envie de donner un mauvais exemple à leurs enfants. Or, c'est l'intégralité de mon public actuel.

Pendant que je broie du noir, une camionnette blanche surgit, avec à son bord un gaillard moustachu aux grands yeux. Il me regarde. "Lui... J'ai ma chance avec lui !" Je traverse la route avec précipitation avec tous mes sacs, me jette devant le van immaculé, et l'arrête d'un *"Hey !"*. Le moustachu me répond, très cool :

— *Hey.*

— T'es un *backpacker* ?

— *Yeah !*

Le crâne rasé, le regard bleu, il ressemble plus à un Polonais qu'à un Kiwi.

— Écoute, je viens de Belgique. Je suis auto-stoppeur.

— *Mmmm, Belgium ! Beer...*

— Euh... Oui, certes. J'aimerais aller dans le Sud. Tu pourrais me charger ?

Il passe lentement sa main dans sa moustache, pousse un long *"Öhhhh..."* de réflexion. Il plante son regard profond dans le mien et ajoute :

— Je ne pense pas que ce soit possible. C'est compliqué. C'est plein dans la voiture. Manque total de place.

— Écoute, j'ai déjà tout vécu. Je peux mettre des draps sur moi, je me ferai tout petit. Je veux juste continuer mon aventure !

— Bon, ok... Vas-y ! Mais tu devras t'arranger avec les gens à l'arrière !

— Les gens à l'arrière ?

Il sort de sa camionnette, ouvre la porte coulissante et découvre deux gars, des baroudeurs comme moi, cachés dans le fond du véhicule. Manifestement, le conducteur les a chargés un peu plus tôt. Il lance :

— Bon, voici tes potes, faut vous arranger. S'ils sont d'accord, je te prends.

Les Allemands répondent rapidement.

— *Ja, kein Problem.* On mettra des couvertures si des Rangers se pointent !

Notre hôte rentre dans sa camionnette et nous partons au Sud. La voiture de Jason, notre hôte, ressemble à une petite maison et j'adore ça. La moitié de l'année, le moustachu conduisait des camions dans les immenses souterrains des mines de Suède, son pays natal. Il gagnait tellement bien sa vie qu'il occupait les 6 mois restants à voyager. Mais au bout d'un moment, ces 6 mois ne lui ont plus suffi et il a décidé de prendre une année sabbatique. Seul en Nouvelle-Zélande, il appréciait de passer ce temps avec lui-même, mais aussi avec ses comparses éphémères, comme nous.

Jason a créé une pancarte où il a dessiné des formes abstraites en guise de décoration. La cuisine se situe à l'arrière, le lit pliant est prêt pour vaincre les nuits les plus froides. Cette ambiance me plaît parce que je perçois tous les moments de vie et la personnalité de mon conducteur. Il nous accueillent chez lui, de plus, il se révèle extrêmement sympathique.
— Tu veux des bières ? Regarde dans le back, prends-en deux !

Assis sur le lit de Jason, les deux Allemands à mes côtés, lui à l'avant sirotant son breuvage, je savoure la simplicité du moment. Le Suédois doit avoir 30 ans, les deux acolytes un peu moins de 20, comme moi ; nous n'avons ni les mêmes cultures, ni les mêmes parcours ; pourtant, nous vivons les mêmes bonheurs et les mêmes galères. À force d'échanger nos histoires, tandis que nous partageons un bout de notre existence et de notre périple, nous vibrons, galvanisés. Je voyage à travers eux et eux à travers moi ; ainsi, nous nous découvrons nous-mêmes.

— Dites les gars, la route va être longue, je lance avec sérieux. Je voudrais aller au mont Cook : c'est une montagne très connue, beaucoup de gens s'y arrêtent. Un incontournable en Nouvelle-Zélande, comme Queenstown. Il y en a pour deux, trois heures de trajet… Il n'y a rien d'autre à faire d'ici là et j'ai envie de l'escalader.
Les trois compères me répondent qu'ils désirent aussi s'y rendre.
— Je comptais m'arrêter en chemin et ne pas conduire d'une seule traite… hésite Jason, avant d'ajouter : Mais tant pis, *let's go !*
— En route vers le mont Cook !

Quel trajet ! J'en profite pour dormir avec les Allemands sur le petit lit, à l'arrière. Ballotté par la voiture, les bières entre nous, je crains qu'un Ranger nous repèrent. Je prépare donc les couvertures et les draps pour nous servir de cachette. Le temps me semble long après cela. Après trois heures de somnolence et de cahots, j'entends enfin la voix du conducteur :
— Ok, nous sommes arrivés !

Je suis sorti de la camionnette. Le décor me semblait totalement différent, comme si j'avais pénétré dans un nouveau pays ! On m'avait souvent affirmé que le Nord et le Sud de l'île étaient absolument distincts. Le jour était encore là, mais le soleil commençait à s'estomper. Je ne disais rien. Je me contentais d'admirer, stupéfait, toutes ces maisons en bois, ces chalets accueillants, cette montagne immense hébergeant une motte de neige à son sommet. Moi qui adore le ski et la Suisse, j'étais au paradis !

Mes narines inhalent cet air froid et pur. Je suis satisfait de contempler de telles merveilles après un trajet aussi long. Les deux Allemands quittent le véhicule et nous saluent.

— *Good luck*, nous savons où nous allons ! Merci beaucoup !

Je crois comprendre qu'ils ont réservé dans une auberge. Jason se tourne alors vers moi et me demande :

— Et toi ? Tu vas où ?

— Euh… Moi, je sais pas. En tout cas, je suis content ici ! Pour le reste… Je me laisse guider par la vie !

Je rougis brièvement. Qu'est-ce que je raconte ?

— Ha…

Mon conducteur se moque gentiment de moi. Je lui rétorque, tout sourire :

— Toi, tu fais quoi ?

— J'en sais rien !

— Bon, j'ai une proposition avant que tu partes. Je laisse mes sacs dans ta voiture. Tu fermes à clé. Ensuite, nous allons au centre touristique pour nous renseigner sur les activités.

Flanqué de mon nouveau compagnon, j'entre dans un énorme chalet dont la majestueuse porte d'entrée, les poutres claires, les meubles élégants mélangent tradition et modernité. Nous comprenons que nous sommes proches de deux glaciers, le Franz Josef et le Fox, réputés pour les points de vue qu'ils offrent. Apparemment, on peut même les visiter en hélicoptère… pour la modique somme de cinq cents euros. Ça me tenterait bien mais c'est un sacré budget.

— Bon, Gaël, je comprends que tu ne veux pas dépenser autant mais… il faut bien qu'on trouve quelque chose à faire, non ?

— On peut se balader dans les alentours ? Il y a un lac, des randonnées… Il y a moyen de s'amuser.

Mon ami moustachu regarde son téléphone et me chuchote :

— *Tsss… Tssss… No, no, no…* Ce n'est pas bon.

— Ben, pourquoi ?

Il brandit l'écran de son téléphone.

— Regarde, on prévoit quatre à cinq jours de pluie !

— Quoi ! Non. Pas possible. On sort d'une tempête et de plusieurs jours de flotte, on est enfin sous le soleil et là, tu m'annonces encore du mauvais temps... Franchement... Faudrait vraiment pas de chance pour que ça revienne. On sera peut-être préservés pour cette fois ?

Au fond de moi, je me doute que Jason a raison. Il me scrute, désolé de m'avoir annoncé cette mauvaise nouvelle. Pour me remonter le moral, il m'annonce :

— Bon. On va boire des bières...

Manifestement, la Suède est avide du breuvage belge. Mais ce n'est pas ma priorité de l'heure.

— Je suis dans un petit village, c'est très mignon, je vais visiter, ne t'inquiète pas pour moi. Toi, tu dois garer ta voiture quelque part et trouver un endroit pour la nuit. Un endroit légal. Si je trouve quelqu'un qui me loge ou qui accepte que je mette ma tente dans son jardin, je peux aussi demander où tu peux placer ta camionnette.

— Ok... Pourquoi pas !

Le Suédois commence alors à me suivre, entrant dans mon délire, pendant que je m'incruste dans des propriétés privées par le biais d'allées fleuries. Nous sommes devenus des gens du voyage, à ceci près que nous tentons de séjourner chez les autochtones. Le linge sèche dans les jardins au milieu du quartier silencieux, que je dérange en frappant aux portes. Aucune réponse. Les gens ne sont pas présents, étrangement. Après avoir écumé dix maisons aux façades toutes plus jolies les unes que les autres, j'abandonne.

Je rejoins la camionnette de Jason et déclare :

— Si tu es chaud, nous pouvons nous dégoter un endroit caché dans les forêts du coin. On planque le véhicule... Si personne ne nous voit, tant mieux. Si on se fait avoir, on aura une amende. Nous dormirons bien quelque part.

— Ok, mais alors on prend des bières, des Stella !

— Pas de problème.

Nous quittons donc le village. Le soleil descend à vue d'œil, entamant peu à peu la luminosité. Maps.me n'est pas de trop pour nous orienter sur des chemins inconnus. Jason et moi osons des routes interdites ou des sentiers de terre à demi sauvages, avant de retourner sur des axes plus importants. Nous roulons depuis pas mal de temps sur la même voie. Enfin, nous apercevons une maison en bois, située le long d'un ruisseau. Des gens y organisent un barbecue, dans une atmosphère de rassemblement de *backpackers*. Enfin, un gîte accueillant pour nous !

On nous refuse l'entrée. Encore. Heureusement, le chemin ne s'arrête pas à la maison. Nous le suivons donc pendant 20 minutes, jusqu'au milieu des bois. J'avise une sorte de château d'eau dressé derrière un talus. Jason s'arrête et je lui demande :

— Descends le sentier. Je reste sur la route et je te dis si on te voit. Si des Rangers passent cette nuit, ils ne doivent pas voir la voiture.

Je m'exécute. Heureusement, le véhicule est bien masqué, impossible à discerner, dissimulé au bout d'une petite route, au fond d'un creux, entre un réservoir d'eau et la rivière. Indécelable. J'en informe Jason en levant mon pouce, il me répond en levant une bière :

— *Yes, Stella !*

— *Yes, Stella !* je l'imite, hilare.

Le soleil, éclatant, donne des reflets blanc aveuglants à l'eau qui ruisselle devant nous. Sous les feuillages, mon pote ouvre sa camionnette et la transforme presqu'en maison. Il sort deux transats et, après un *"Hmm"* indiquant qu'il prend tout cela très au sérieux, apporte deux Stellas ouvertes. Jason est un vrai nounours, je l'adore déjà. Lorsque je sors mon thon et mon pain, le voyageur à moustache affiche une moue de dégoût et défait l'arrière de la voiture. Un drapeau suédois apparaît, gravé à la craie sur un panneau en bois. À sa suite se dévoile une cuisine pratique et fonctionnelle. Une plaque chauffante, une casserole, un paquet de spaghettis, des sauces rangées dans un placard…

Quelques minutes plus tard, étendus sur les transats, nous examinons le paysage verdoyant tout en dégustant nos plats.

— *Thanks*, Jason, je laisse échapper. Merci. Ça me fait vraiment plaisir de partager cette aventure avec toi. On se connaît depuis peu de temps et tu m'invites à manger tes pâtes, au bord de l'eau… On va même dormir là… C'est vraiment-

— Ok, santé ! il me coupe.

Il tape nos bouteilles l'une contre l'autre, je m'esclaffe. Heureux de connaître ce bonhomme bourré d'énergie et de gentillesse, j'oublie mon stop, j'oublie le reste. Je suis ailleurs, en train de profiter d'un bon moment qui, dans mes souvenirs, restera gravé. Chercher un endroit, vagabonder, essuyer des refus, pour finalement se retrouver au calme à manger des pâtes, en bonne compagnie, dans un cadre merveilleux… Il ne m'en faut pas plus pour être heureux.

— Aaaah… On est bien.

Nous commençons à parler de la vie. Jason travaille dans les grandes mines de Suède. Il a une relation amoureuse avec une fille, mais c'est compliqué… Alors, pour se changer les idées, il a décidé de partir et de voyager. La main sur le cœur, jamais avare de détails, il me raconte la culture de son pays, notamment celle du Nord.

Le soir venu, je range les bols et l'aide à replier la cuisine. Jason installe son lit douillet au moyen de laines et de draps propres. Au moment où nous entrons dans notre "maison", une averse phénoménale nous tombe dessus ! La tempête annoncée est là ! Je regarde mon hôte, mon sauveur.
— Sans blague, tu avais raison ! C'est une sacrée pluie ! Heureusement que tu es là, sinon je me retrouvais encore dans une galère monstrueuse comme il y a quelques jours…

Sans mot dire, il sort son PC et nous regardons des séries et des films tandis qu'à l'extérieur, la météo s'affole.
— Tu fumes de l'herbe ? me lance-t-il soudain.
Je réponds par la négative. Il roule un joint, l'allume et le porte à sa bouche. L'habitacle s'emplit de fumée. Jason devient tout rouge, ses yeux sortent un peu de ses orbites. Après plusieurs épisodes de séries, nous nous sommes endormis.

Des montagnes et un lac merveilleux

Toute la nuit, la pluie se déchaîne, tant et si bien qu'au matin, l'humidité est partout. Nous ne sortons pas du véhicule et, comme la cuisine se situe à l'arrière, nous n'avons pas besoin de nous promener dehors. Comme la veille, nous occupons donc notre temps à regarder des séries. Quand les éléments ont décidé de vous bloquer en Nouvelle-Zélande, il n'y a rien à faire. Surtout dans une camionnette, en pleine forêt, entre les montagnes. Je prends du temps pour moi, en apprends énormément sur les mines suédoises. Néanmoins, le surlendemain, la tempête ne s'est toujours pas calmée. Perdant un peu patience, je dis à mon ami :
— Essayons de trouver des coins sympas. J'ai envie de bouger.

Je consulte Maps.me et déniche un centre touristique, hors de la ville, dans lequel nous pourrons trouver des informations. Il n'y a pas une minute à perdre après tant de temps immobile. Jason démarre.

Même en dépassant la cité, nous n'échappons pas à la pluie, toujours aussi intense, visiblement infinie. Enfin, le lieu convoité, planté au milieu d'une plaine sans arbre, se présente à nous. D'une architecture moderne, il m'impressionne par ses énormes baies vitrées. Lorsque j'y entre, suivi de Jason, un souffle d'air chaud bienveillant m'accueille. Il y a de l'espace, de la vie, mais surtout ces vitres immenses donnant sur la plaine, qui me ravissent. Même les gouttes de pluie en deviennent apaisantes.

En regardant ce somptueux paysage, j'observe les montagnes. Je sais que j'ai l'occasion de m'approcher des deux glaciers, le Fox et le Franz Josef. Je me rends à l'accueil pour demander les modalités pour m'y rendre. Malheureusement, la réceptionniste m'assure qu'à cause de la tempête de la grande lune, des arbres obstruent les chemins et que ces derniers sont désormais inaccessibles. Je ne m'étais pas rendu compte de l'étendue de cet événement. Des accès interdits, plus d'électricité dans certains endroits, des villages coupés du monde, une nature détruite.

Le lendemain, il est temps de se mettre en route pour profiter du soleil, quoique léger, qui est revenu !
Avec Jason, nous décidons de nous rendre au Franz Josef. Les chemins sont bloqués, bien sûr. La masse blanche que nous voulions observer est certes visible, au loin, mais le temps nous interdit d'en profiter réellement. Dépité, je propose à Jason d'aller visiter un lac du coin, le Matheson, surnommé le "lac miroir". La randonnée n'est pas très longue. Les nuages se dégagent et j'aperçois les monts Cook et Tasman dans le lointain.

Partout autour de moi se dressent des pancartes portant la mention :

En effet, la zone est encombrée d'hélicoptères qui déposent les voyageurs au sommet des glaciers. Un drone dans un couloir aérien constituerait un danger mortel pour tout ce beau monde. Je n'ose donc pas sortir mon robot, par peur de créer un accident atroce. Nous marchons donc autour du lac, peu emballé vu nos deux échecs et l'aspect commun du lieu. Lorsque nous arrivons dans une partie plus verdoyante du parcours, le lac face à nous, ma curiosité prend pourtant le dessus : "Pourquoi appeler ce lac *miroir* ?"

En scrutant l'eau avec attention, ce que je n'avais pas voulu faire jusqu'ici par caprice, j'ai obtenu ma réponse. Je découvrais dans cette étendue liquide le reflet exact des montagnes et de la flore alentour. C'était plus flagrant que n'importe quel lieu similaire que j'avais visité, comme un copier-coller parfait. Soudain, je passais d'une balade sans éclat à l'exploration d'une rareté suspendue dans le temps. C'était étourdissant. L'eau était transparente, si pure, si blanche que malgré la timidité du soleil, ses chatoiements me transportaient dans un autre monde. Une eau magique, entourée d'arbres et de plantes. Un mythe.

Après avoir pris quelques photos de cet endroit extraordinaire, je continue ma route pour rejoindre la voiture :
— *Beer ? Stella ?* m'accueille Jason. Où allons-nous ?
Manifestement, mon ami compte poursuivre la route avec moi. J'ai véritablement trouvé un compagnon avec lui. Notre lien se renforce au fil de nos pérégrinations. Après une brève consultation de Maps.me, je lance à Jason : "J'ai trouvé un *free camp* en bord de plage !"

Un *free camp* cosmopolite

Les heures passent. De la terre, toujours de la terre, qui ne nous mène nulle part. Je ne suis pas certain d'être sur la bonne route, mais je laisse mon instinct me guider. Les sentiers deviennent de plus en plus petits, du sable apparaît. Nous continuons de rouler en pleine nature, sans voir un élément de civilisation. Nous nous éloignons des cités, lancés dans des virages abrupts où nous craignons de rester embourber.

J'arrive enfin dans un grand espace où une multitude de voitures de *backpackers* venus du monde entier sont garées. La météo est grise, brumeuse. Nous sommes entourés par des dunes et j'ai l'impression d'être sur un champ de bataille, où des troupes motorisées se préparent pour je ne sais quel enfer.

Il y a longtemps que je n'ai pas vu de voyageurs, d'où ma stupéfaction d'en rencontrer dans un lieu aussi reculé. Lors de mon stop, j'ai peu cohabité avec des jeunes et ici, c'est tout un troupeau qui se présente. Certains dorment dans des vans aménagés, d'autres dans des tentes. Un véritable lieu de rencontre.

Je ressens toutes les énergies du voyage. Des nomades qui se retrouvent autour de valeurs essentielles, comme le partage et la solidarité. Certains portent des *dreads*, jonglent avec des quilles qui partent dans tous les sens, voltigeant au-dessus des voitures ; d'autres jouent de la guitare. Des individus portent des pantalons très larges, des sarouels, un ruban rouge flotte dans les cheveux d'une fille. Une marmite chauffe au-dessus d'un feu comme dans les temps anciens. Plusieurs personnes sont assises autour. L'une d'elles tourne, au moyen d'une grande cuillère en bois, les mets qui y mijotent. Et puis, une personne allongée dans un hamac, suspendu entre deux automobiles, joue du ukulélé, me regardant avec sympathie.

— Jason, je crois que nous avons trouvé l'endroit idéal pour dormir ce soir.

Comme toujours, mon esprit se met à élaborer automatiquement une stratégie. Surtout, profiter des occasions en face et autour de moi, les saisir sans attendre. Je ne veux pas glander et rester bloqué au milieu de ce petit désert mystique. Si je ne trouve personne pour m'emmener davantage vers le Sud, je risque de rester sur place des jours et des jours. Néanmoins, je prends le temps de déposer mon sac dans la voiture de Jason qui, déjà, ouvre son coffre et entonne son refrain fétiche...

— Stelllaaaaaa.

Il se met à préparer des pâtes à l'arrière, sous la protection de son drapeau suédois.

— Je vais voir la plage ! je lance.

Cette dernière n'est pas loin. Le temps d'une courte balade dans les dunes et je retrouve la mer. Je me débarrasse de mon sac à dos et respire à fond l'iode marin, le corps libre.

À ma gauche, j'avise un très beau couple. L'homme tire des accords légers de son ukulélé et sa compagne chante à ses côtés. Je m'assois auprès d'eux, les yeux rivés sur l'eau, tout en les écoutant. La fille m'observe en souriant, le gars oscille de la tête tout en poursuivant sa composition. C'est une nouvelle manière de se saluer, un grand *"Welcome"* élégant.

Je m'imprègne des détails, anodins pour certains, qui font pourtant tout le sel des destinations lointaines. Elle porte de longs cheveux ondulés, attachés par un foulard, qui lui retombent sur la poitrine. Le talisman des Maoris la protège de tous les sortilèges. Lui s'est glissé dans un pantalon large où il flotte comme dans un nuage. Tous les trois, nous avons les pieds nus, symboles de notre liberté de vagabonder. La musique s'arrête et l'homme, rieur, me gratifie d'un :

— *Hey, nice to meet you !*

Je lui réponds avec bonne humeur et mes nouveaux comparses se présentent. Shoshanna vient d'Israël, Lautaro d'Argentine. Ils se sont croisés au cours de leur périple et ne veulent plus se quitter. Ils sont amoureux, je le sens, je ressens toute la force de leur lien dans leurs regards langoureux.

— Nous sommes ici depuis deux, trois jours. C'est un carrefour : les gens viennent, s'en vont.

— Y'a des chouettes coins à visiter ?

— Ouais, quelques-uns…

Ils laissent échapper quelques noms que je m'acharne à retenir, je les saluent, puis je retourne dans le campement afin de demander l'avis de Jason.

— Que comptes- tu faire pour la suite ? Tu continues avec moi l'aventure ou…

Le Suédois est déjà en train de converser, avec une jeune nana dont le van se situe juste en face de notre véhicule. Il me regarde avec ses grands yeux bleus et son air un peu simplet.

— *No, man.* Je pense que je vais rester ici pendant un petit moment. On a pas mal voyagé ensemble et je me pose ici quelques journées, pour ensuite remonter vers le Nord. Le Sud ne m'attire pas. Tu peux rester avec moi, mais je ne sais pas si mon programme te convient.

Il me décoche un formidable sourire, ses deux bras grands ouverts. Je m'y blottis pour un *hug* amical, sincère, qui me remplit de bonnes ondes. Je réponds simplement :

— Merci.

— Merci à toi aussi, *min vän*, mon ami.

J'échappe lentement à son étreinte, puis soupire :

— Ce n'est pas une raison pour se quitter tout de suite. Il est seulement 17 heures…

— Bien sûr. Oh, et tu peux toujours dormir dans la voiture, Gaël, aussi longtemps que tu veux. Y a pas de souci.

Jason me tend un plat de pâtes et, bien évidemment, une bière. Je mange en sa compagnie, puis prends la parole.

— Écoute, finalement, ce n'était pas assez, un seul merci. Merci, car tu m'as littéralement sauvé la vie. Sans toi, j'aurais vécu plusieurs jours sous la flotte, avec des habits trempés. Je me serais foutu dans un bois sans manger. Tu m'as accueilli, tu m'as fait visiter la Nouvelle-Zélande, j'ai pu voir par tes yeux. En fait, je ne te remercierai jamais assez. Je te promets que le jour où je viens en Suède, on se fera une grosse fête à nous deux.

— Et on boira des Stellas ! Hahaha !

Je lui serre la main avec force et conclus :

— Bon, je dois encore trouver les prochaines personnes qui voyageront avec moi.

Je me lève et entame ma recherche. J'aborde tous les individus que je croise, avec les mêmes questions : "Quelqu'un pour le Sud ? Avez-vous de la place ? Même un kilomètre !" J'ai peu de succès, c'est habituel mais toujours frustrant. Certains descendent mais sont au complet. D'autres partent pour la direction opposée. Malgré le grand potentiel humain qu'offre ce campement, aucune opportunité ne se présente à moi, ce qui contrarie mes espérances. Il ne me reste plus que deux emplacements avant de m'avouer vaincu. Je m'y dirige en maugréant. "Merde, je n'ai vraiment pas de chance ! Si je n'essuie que des refus, je vais rester au minimum trois jours ici, en espérant qu'une bonne âme vienne à mon secours. Partir à pied, ce serait de la folie, il n'y a aucune habitation, aucun village à des kilomètres à la ronde."

En me baladant entre la plage et le camp, je repère une fille typée maorie qui remonte le chemin en direction de sa voiture. Je m'approche d'elle, ignorant son regard suspicieux et son brusque :

— *Hey, errr... who are you ?*

— *Hey.* Désolé de te déranger. J'aimerais te poser une question. Tu es bien kiwi ?

— Oui, absolument !

Comme si j'avais ferré un poisson trop naïf pour attraper mon hameçon, je me lance alors dans toute l'explication de mon problème, toujours le même, avec un résumé de mon histoire, bref, le *speech* que j'ai fini par apprendre par cœur. Elle m'analyse doctement puis, avec une moue dubitative, prononce un *"Ummm..."* qui ne m'enchante guère. Je ne lui laisse pas le temps de répondre, devinant le *"No"* fatal.

— Prends ton temps. Réfléchis. Parle avec ceux qui voyagent avec toi. Et reviens vers moi !

— C'est pas que je veuille pas, mais on est déjà huit dans une camionnette. On est des étudiants originaires d'Auckland et on visite l'île du Sud. Faut que je demande à mon copain et aux autres.

Cette jeune femme me fascine. Ses longs cheveux noirs ondulés, ses grands yeux expressifs, sa démarche séduisante, son collier typique : elle est aussi belle qu'élégante. Au moment où elle se tourne vers ses condisciples, elle me prévient : "On va se balader le long de la plage. Il paraît qu'il y a une curiosité à visiter. Viens avec nous !"

Je rejoins Jason pour le prévenir de mon absence momentanée, lui confiant mes affaires, et pars donc avec elle et deux autres membres de son groupe. La plage s'étale sur des kilomètres et des kilomètres. Personne, hormis nous quatre, ne semble avoir foulé cette terre sauvage. Au bout se trouve une colline supportant une forteresse.

Mes pieds nus s'enfoncent légèrement dans le sable. Heureux de vivre ce moment, j'entre dans une fine bulle de liberté, auréolé d'un panorama superbe malgré le temps couvert. Le caractère abandonné du lieu pourrait lui donner un style inquiétant, pourtant absent ici. Coupé du monde, nous profitons.

Je bavarde avec Louisa, la jeune femme qui m'a pris sous son aile. Ses amis sont également des Kiwis, en plus de s'avérer extrêmement gentils et ouverts à la discussion. Je relate mes péripéties, ils me parlent de leurs études. Parfois, nous évitons des arbres, déracinés par la fameuse tempête de la grande Lune ou amenés sur place par les flots.

Nous tombons sur une pente assez raide, un immense rocher couvert d'arbres touffus. En m'enfonçant dans cette jungle, je me retrouve au milieu de nulle part. Nous marchons, toujours aussi surpris par la grandeur de la flore, notamment des fougères dignes du temps des dinosaures.

Au sommet est creusée une caverne interminable. Un vent glacial souffle à l'intérieur, comme si un démon, un dragon ou une entité malfaisante y habitait. Je ne suis pas rassuré à l'idée d'entrer dans cet antre, mais je prends mon courage à deux mains et m'engouffre entre les rafales froides. Mon premier souci est de ne pas glisser sur les pierres humides qui jonchent le sol. Mon second est de rejoindre la lumière qui se dévoile au loin, mystique, similaire à celles que les héros suivent dans les contes… à leurs risques et périls.

Poursuivant mon périple, j'atteins ce trou béant qui révèle un précipice. Une barrière de sécurité m'arrête. Je darde les yeux par-dessus et suis frappé par une vue vertigineuse ! Installé au sommet du roc, j'observe la mer qui le heurte de toutes ses forces. Des mouettes innombrables parsèment le ciel. D'autres rochers inscrivent leur silhouette de silex dans les eaux tumultueuses, et les bourrasques d'air me prennent à la gorge, cisaillent mon visage. J'inspire, impressionné.

Je n'ai pas amené mon drone, uniquement mon appareil photo. Après avoir pris quelques clichés, je décide de rentrer au camp avec les étudiants, vu la longue marche du retour. Néanmoins, je leurs demandent de ne pas m'attendre. J'ai besoin de rester un peu en retrait. Seul. Je m'immobilise au pied de cette drôle de petite montagne dans les bois, m'asseyant sur un arbre. J'ai toujours adoré me retrouver au calme, dans le silence, distrait seulement par les bruits de la nature. Dans une forêt qui me rend anonyme aux yeux du monde, je médite, soucieux de ne faire qu'un avec les éléments.

Après quelques minutes de pure extase, les chants des oiseaux me berçant, comblé par l'atmosphère paradisiaque du lieu, j'ouvre les yeux et distingue les jeunes au loin. Je pique un sprint pour les rattraper, avant de rejoindre Jason qui boit sa Stella tout en séduisant la jeune fille rencontrée préalablement dans la journée. Je suis essoufflé, mais heureux pour lui.

Je retrouve Louisa pour lui demander :
— As-tu eu le temps de discuter avec tes compagnons pour que je puisse intégrer le groupe ?
— Non, j'en ai pas encore parlé.
Et la pluie se met à tomber. C'est reparti.
— Comme on dit en Belgique, une bonne drache ! je rigole en aparté.
— Gaël, il va pleuvoir toute la nuit et peut-être même toute la journée de demain. Le mieux, ce serait que tu viennes demander l'avis de tout le groupe, demain matin. Je suis pas certaine que ce sera oui, par contre...
Elle repart vers ses congénères, me laissant sur ma faim.

Sur le camp, c'est la débandade. Tout le monde se précipite dans toutes les directions pour se mettre à l'abri. Jason ouvre la camionnette et, hilare, me crie :
— Saute, haaaa ! Te voici de retour !
Je reprends mon ordi, visionne distraitement quelques épisodes d'une série. Mon hôte allume un pétard. Je lui fais part des émotions que j'ai vécu aujourd'hui, avant d'ajouter :
— Jason, je vais peut-être rester dans le campement. Est-ce que ça te dérange ? Je ne sais pas si j'aurai la chance de reprendre la route demain !
— Pas de souci, tu peux vivre ici encore quelque temps ! Tu es chez toi !

La nuit commence à tomber lentement. Il est bientôt temps de nous coucher. Je n'ai plus qu'à attendre les bonnes ou mauvaises surprises du destin.

Le réveil sonne à 8 heures du matin. L'humidité me cerne déjà et la pluie accompagne mes premiers mouvements du jour. Je quitte la camionnette sous le regard rouge de mon ami, qui remet immédiatement sa couette sur son nez, afin de rejoindre Louisa. À ma grande stupéfaction, les étudiants ont déjà tout empaqueté, tout préparé et se dirigent vers leur véhicule. Je m'empresse de rejoindre la jeune fille.

— Salut ! Alors ? Finalement, je viens avec vous ?
— Ah oui, c'est vrai… Mince ! J'ai totalement oublié. On en a un peu causé hier, sans plus ! On n'a rien décidé !

Outch. La situation me semble désespérée à ce stade. Les mots désinvoltes de Louisa m'ont abasourdi, j'ai l'impression que mon esprit est aussi froid que les gouttes qui s'écrasent sur mon visage déçu. Glacial, même. Mon cœur palpite, mais d'une ferveur blanche, trop excité pour se calmer, trop dépité pour me réchauffer. Néanmoins, une petite lueur d'espoir surgit lorsque Louisa me lance : "Écoute, viens avec moi !"

Je la suis à la rencontre de ses comparses. Elle s'adresse à eux ainsi : "Ça ne vous dérange pas si on prend ce jeune voyageur ?" Personne ne répond. Ils sont toutes et tous en train de ranger les derniers bagages. Au bout de longues secondes, elle me regarde et me dit : "Je crois que c'est ok."

En proie au doute, je lui demandai confirmation. Sa réponse ne change pas. Je ne suis pas habitué à un accueil aussi… inexistant. Néanmoins, désireux de ne pas laisser passer ma chance, je cours vers le véhicule de Jason pour reprendre mes affaires et lui dire au revoir.
— Mon ami, j'ai trouvé une voiture ! C'est le moment. Je pars.
— See you in Sweden, Gaël !

Je l'embrasse, nous échangeons un check affectueux. Nos adieux pressés m'étreignent le cœur, comme chaque fois que je quitte un ami avec lequel j'ai partagé des aventures sur les routes. J'ai vécu trop de choses avec Jason, ce Bisounours des pays nordiques, sorti des mines scandinaves pour sillonner la Nouvelle-Zélande, trop de belles choses pour m'en aller aussi vite, mais le choix ne m'appartient pas. Je pars, heureux malgré tout de l'avoir connu, min vän.

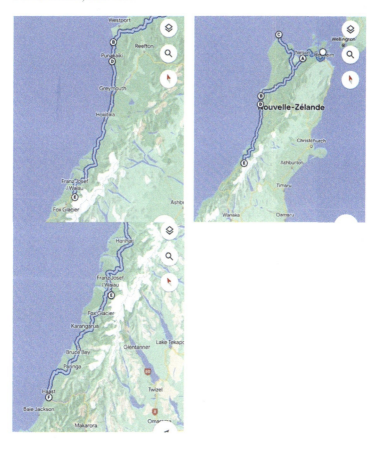

Crédits : Google Maps

Mes étapes : on voit jusqu'où je suis descendu dans le Sud, soit au glacier, le long d'une vaste chaîne de montagnes. Le camping se trouvait entre Haast et Bruce Bay, suivant la plage.

Chapitre 17 – Des vues imprenables

Wanaka et ses alentours

C'est dans une ambiance quelque peu inamicale, par un matin gris et pluvieux, que je m'installe pour la suite de mon expédition dans le véhicule des jeunes. Ces derniers ont loué un énorme van, une sorte de bus bien organisé où chacun a sa place, même les sacs à dos et la nourriture qui trônent à l'arrière. Sachant que je veux me diriger encore plus loin vers le Sud, la destination choisie par le groupe, Wanaka, me convient particulièrement.

Mais le silence reste pesant. Je redoute, vu le nombre d'heures de route, qu'il ne s'installe de façon permanente. J'observe discrètement les passagers, tous des Maoris en fin d'études, hormis une ou deux personnes plus âgées. Certainement des professeurs. À force d'échanger des regards, quelques occupants du bus commencent à s'intéresser à moi :
— Tu viens d'où ? Tu fais quoi ? C'est quoi tes objectifs ?

Des questions banales, certes, mais j'y réponds avec sincérité, racontant mes péripéties dans leur patrie. Henry, un gaillard natif d'Auckland un peu fort, aux cheveux ondulés et à l'accent anglais très prononcé, s'intéresse particulièrement à moi. Il me soumet à un interrogatoire bien sympathique. Je le vois vite comme un docteur, un savant très curieux, bienveillant. Le fait de discuter avec lui de façon plus approfondie me permet d'attirer l'attention de tous les autres membres de l'habitacle.

Des "Whaou", des "C'est dingue" et des "Ça donne envie" retentissent, accompagnés de sifflements admiratifs ou inquiets. Progressivement, j'établis des liens et arrive enfin à créer une atmosphère chaleureuse. Je leur propose même, grâce à l'application Maps.me, des endroits intéressants à visiter avant d'atteindre Wanaka. Notre bus en devient presque familial, avec en fond sonore de la musique agréable.

Les kilomètres passaient et le soleil a fait son apparition, trouant les nuages de la matinée. En appréciant les paysages à travers les vitres, je remarquais que le décor changeait de plus en plus. Alors qu'auparavant les plages et la mer bordaient les montagnes, ces dernières étaient désormais accompagnées par de longues et vastes plaines. Sur mes conseils, le groupe a demandé à leur chauffeur de s'arrêter à plusieurs points de vue où j'ai fait voler mon drone. Mes compagnons avaient également prévu un itinéraire mais nous nous sommes accordés sur un endroit unique : les Blue Pools de la Blue River.

À peine sorti de la voiture, je me dégourdis les jambes avec mes nouveaux amis. La randonnée nous mène dans les bois, où la nature me rappelle tout à coup le Canada. La surprise est plus grande encore à notre arrivée sur le site. Quelques marches franchies et je me retrouve sur une passerelle à admirer la rivière. La couleur de l'eau issue des glaciers, qui coule gracilement sur les galets, est incroyable. C'est un superbe bleu turquoise, d'une pureté à nulle autre pareille. Je me plais à passer de la forêt à la plateforme principale, garnie d'une rambarde de protection, et ainsi découvrir d'autres aspects de cette nature prodigieuse via des angles différents.

Je prends le temps de me poser sur le pont, placé juste au centre et au-dessus de la Blue River. Je pose mes mains sur le métal, me laissant bercer par le charme de cette véritable peinture, le vent faisant osciller la cime des sapins. Henry, le scientifique très poli, profite également du moment en compagnie d'un couple de Maoris - un castard sympa mais qu'il vaut mieux ne pas ennuyer et sa très jolie compagne, qui de temps à autre vient me trouver pour se fendre d'un : *"Heyyy, all is ok ?"*

Un peu plus loin, un jeune homme grand et fin, qui communique peu mais cache un côté comique, marche auprès d'une prof dans la trentaine. Celle-ci, réservée, se met parfois à parler très rapidement, avec un accent de cow-boy sous acide. *"Yeah, yeah, okay"*, elle répète souvent. Près de moi, des touristes se jettent brusquement à l'eau et confirment qu'elle est glaciale. Quant à moi, je photographie et filme avec ma GoPro, immortalisant nos sourires et cette contrée fascinante.

Au bout d'une heure, je reviens sur mes pas avec le groupe, en direction du parking. J'ai l'impression que nous sommes des personnages du *Seigneur des Anneaux* en pleine quête, tous avec un profil différent. J'adore cette diversité. Deux Maoris, un talisman vert flottant autour de leur cou, nous précèdent comme des gardiens fantasmés, s'apprêtant à nous défendre en cas d'attaque. Je m'assois dans le bus, satisfait. Désormais liés par un souvenir commun, nous conversons sans problème.

Snacks et soutifs

Assis entre Henry et le grand gars dégingandé, je bavarde à l'arrière du bus de leur vie d'étudiant, de la location du van et de leurs objectifs dans le sud du pays. Cette bande d'amis s'est assemblée à l'université : certains étudient la biologie, d'autres la psychologie… Ils cherchent à connaître leur pays, qu'ils n'ont jamais vraiment visité, et s'émerveillent régulièrement des beautés qu'ils trouvent dans l'île du Sud, eux qui viennent de celle du Nord. J'aime l'énergie qu'ils dégagent et la répartition équilibrée des rôles de chacun dans le groupe : celui-ci se charge de dégoter les endroits intéressants, celui-là de tracer l'itinéraire, etc.

Nous changeons de sujet régulièrement, désirant toujours en savoir davantage les uns sur les autres. À force de palabrer, le temps se déroule et nos ventres se mettent à gargouiller. Mes nouveaux amis se tournent vers moi et me demandent :
— Gaël, tu as faim ?
— Oui, bien sûr !
— Tu veux manger quelque chose de typique ?
— Oui ! Oh oui !
— OK !

Passé mon enthousiasme premier, je me rappelle que la cuisine du pays a été fortement influencée par la gastronomie anglo-saxonne, or ce n'est pas la plus appétissante qui existe… Mais j'espérais que mes compagnons connaissent un plat remanié par les Maoris, quelque chose d'insolite, de nouveau ! Ils me proposent donc de déguster une *pie* dans le restaurant spécialisé le plus célèbre du pays, tout en m'expliquant le concept.

À la base, une *pie* ou "tourte" est une tarte à la viande. Comme dans le passé cette dernière se conservait difficilement et qu'on n'utilisait pas de boîtes à tartines ou à emporter comme c'est l'usage aujourd'hui, les autochtones protégeaient la nourriture en la plaçant dans une pâte hermétique. En Australie, il existe ainsi la *pie* au kangourou, au fromage, aux légumes… La liste est longue.

Le groupe me guide dans une ruelle au milieu de nulle part et me désigne un pub.
— Hop, Gaël, c'est ici !
Une file interminable s'étale devant cet établissement digne d'un western, quoique situé au fond d'une vallée verdoyante et pas d'un désert. Le restaurant arbore fièrement le logo officiel assurant qu'ils servent la :

"Meilleure Pie de Nouvelle-Zélande"

Les étudiants, galvanisés par la variété des menus, me conseillent en se léchant les babines. "Gaël, goûte celle-là, elle est un peu épicée ! Ou celle-ci, plus croustillante !" Après avoir choisi la tourte la plus typique de l'endroit, je m'assois avec les autres. Il est temps de tester et nous nous souhaitons mutuellement un bon appétit. Je croque à belles dents dans ma part de tarte, pas plus grande que ma main. Aussitôt, je reconnais le goût du bœuf et du fromage, qui dégouline de chaque côté de ma main tant le mets est chaud. À la fin du repas, je me sens rassasié, et même un peu lourd.

Le ventre rempli, nous avons pu reprendre notre aventure. Parcourant les montagnes et les vallées, le visage quasi collé à la vitre du véhicule, j'étais submergé par la beauté de l'île du Sud. Tout était splendide, étonnant, profondément émouvant. Notre Terre regorge de merveilles et je pénétrais dans l'une d'elles. Pour autant, c'est un arrêt très prosaïque qui m'a marqué, dans cette expédition estudiantine au sein de laquelle j'étais désormais intégré.

Cardrona. Certes, le village était modeste. Je n'ai compris l'intérêt de l'endroit qu'au détour d'un champ dont la clôture était couverte... de centaines de soutiens-gorges. Toutes les tailles, toutes les formes, toutes les couleurs étaient représentées. Il y en avait de très beaux, de très moches, des fleuris, des ajourés, des sportifs, des dentelles, des simples, des brodés. Les femmes qui passent par là et s'en sentent l'envie se déshabillaient discrètement et posaient leurs balconnets sur le fil barbelé. Apparemment, un jour, quatre soutiens-gorges se sont retrouvés sur cette clôture sans qu'on sache pourquoi. Plusieurs personnes ont commencé à en ajouter, jusqu'à ce qu'ils se comptent par dizaines, puis par centaines, malgré la tentative de certains de s'en débarrasser.

Le mur de soutiens-gorge de Cardrona

De mon côté, j'avais juste la drôle d'impression de me retrouver face à un mur de seins ! C'était à la fois atypique, fascinant et… affriolant. Bien entendu, j'en ai profité pour prendre une photo en compagnie du groupe entier. Un buste torse nu d'une femme sans tête était également mis en scène au centre de ce décor voluptueux. Les touristes pouvaient y faire un don à destination d'une association contre le cancer du sein, la Breast Cancer Foundation NZ.

Soudain, la plus timide des étudiantes, Julie, prend son élan et exécute un trépied. Je l'observe, intrigué. "Mais qu'est-ce qu'elle fait ? Elle a un problème ?" Julie demande au groupe de la prendre en photo. Je fouille ma mémoire et me rappelle que, depuis le début du voyage, elle accomplit le même rituel à chaque arrêt. Les autres me rassurent et m'expliquent que depuis cinq ans, elle tient une page sur internet où n'apparaissaient que ses pieds, jamais sa tête. Des soutifs, un trépied… J'en ris encore !

Wanaka

L'expédition se poursuit à travers les montagnes, pour s'achever à Wanaka. Les jeunes ont trouvé un camping pour loger la nuit et il est prévu qu'ils me déposent près de la ville. On me demande donc quel lieu j'ai choisi pour passer la soirée. Le Maori robuste me déclare avec franchise :

— Écoute, j'aime bien ta compagnie. Si tu veux rester avec nous, tu restes !

Et les autres d'ajouter en chœur :

— Ah oui, oui, oui ! On garde le petit Belge !

— Mais il faudra que tu paies le campement, par contre, rappelle Louisa.

— Eh bien, j'ai une idée à vous proposer. Vous y entrez, moi j'arrive peu après, j'installe ma tente. S'il y a un problème, je pars. Ça fait partie de mon défi d'économiser sur le logement.

— Ok, ok, pas de souci !

— Donnez-moi juste mon sac à dos, je laisse le reste dans le bus, si ça vous va.

On me tend mon petit bagage et le long véhicule s'engage dans l'enceinte du campement. Au bout d'une demi-heure, l'air de rien, j'y entre également, comme un habitué. Je retrouve mon groupe et installe calmement ma tente avant de les rejoindre.

Les étudiants et leurs professeurs sont si bien préparés qu'ils disposent d'un véritable équipement de cuisine. Je me retrouve donc face à un buffet royal, les plus motivés s'attelant au barbecue planté dans un coin. Des pains, des saucisses, des légumes… C'est la première fois que j'observe un tel déploiement de bonne nourriture chez des campeurs.

Habitué à me débrouiller seul, je ne pense pas manger avec eux. D'ailleurs, j'ai moi-même préparé ma miche et mon thon, comme à l'accoutumée. Mais Henry fait volte-face en m'entendant arriver et, étonné, remarque :

— Mais, Gaël… Tu n'en prends pas ? Tu ne manges pas ?

— Ben non. C'est votre nourriture. Vous m'avez déjà accueilli… Vous m'avez mené jusqu'ici. Je ne suis pas un pique-assiette !

— Mais non, mais non… Prends une saucisse, un pain, tout ce que tu désires… Soupe avec nous !

De tout mon voyage, excepté avec Jason qui m'a préparé ses pâtes à la sauce tomate, je goûte les mêmes saveurs lorsque je campe. Cela me fait du bien de manger autre chose, avec de parfaits inconnus du matin. J'accepte la proposition d'Henry et me tranquillise : je fais partie du groupe.

Le camping se révèle immense, l'un des plus grands parmi tous ceux que j'ai connus en Nouvelle-Zélande. Impossible que des Rangers me retrouvent dans un tel espace. Nous sommes entourés par la forêt et, à une distance importante, s'étend une plaine où tous les styles d'individus viennent garer leur voiture. Après le repas, pendant que mes hôtes s'adonnent à leur sieste, fatigués par cette journée riche et intense, je décide donc de me balader. Le climat local me surprend ; glacial le matin, très chaud l'après-midi. Je n'ai pas envie de trouver un autre véhicule, je me sens vraiment bien avec les étudiants. Aussi, je décide de profiter de l'instant présent et de me contenter de ma promenade.

J'observe les personnes qui possèdent un camping-car et, à l'extrême opposé, les *backpackers* et leurs caravanes. Des gens vendent des bijoux à même le sol, d'autres se prélassent au soleil. Je fais face à tous les styles, tous les âges et tous les comportements possibles dans un seul et même endroit ; toujours avec cette bienveillance propre au pays des Kiwis.

Parmi tout ce beau monde, un véhicule notamment m'interpelle. Un bus scolaire, comme j'en ai connu au Québec, jaune à l'origine mais peint en blanc. Attiré, je frappe à la porte et un vieux monsieur à la barbe blanche se présente à moi. Je lui lance joyeusement :
— Bonjour ! Je suis simplement curieux de l'aménagement de votre intérieur !
— Eh bien, entre, je t'en prie !
J'obéis et m'assois avec ce papy qui m'explique son parcours.

Il s'agit en fait de sa maison. Il a tout vendu en quittant son ancienne vie, a acheté son moyen de locomotion, l'a retapé, puis a aménagé à l'intérieur son salon, sa salle de bains et sa chambre. L'homme se lève, je le suis. Il me présente à l'un de ses amis qui vend des bijoux, un Français venu dans le pays pour pratiquer le *woofing*, soit un travail bénévole en échange d'un logement. Le nouveau venu a appris à tailler des Pounamu, les talismans portés par les Maoris. Torse nu et cheveux longs, le bijoutier de fortune porte un long baggy, son cou est orné de multiples colliers et ses oreilles de boucles chatoyantes. Sous mes yeux émerveillés, il me présente ses créations, des pierres comme en portent bien des personnes que j'ai rencontrées au cours de mon périple.

J'ai l'instinct d'acheter l'une de ses œuvres. Certes, elles ne sont pas créées par un artiste traditionnel, mais leurs teintes et leurs courbes me fascinent tout autant que les artéfacts typiques dont elles s'inspirent. Sur un tapis déroulé par terre, juste à côté du bus, il les disposent et me dit :
— Assieds-toi et prend ton temps, choisis bien !

J'inspire profondément et suis son conseil. Je repère trois pierres, l'une triangulaire, la deuxième ovale et la dernière en forme de spirale. Mais plus les minutes s'égrènent, plus j'hésite. Choisir une pierre Pounamu, c'est quasi un rituel sacré. Je sais qu'elle m'accompagnera pendant tout le reste de mon voyage, de ma vie. Un vrai porte-bonheur ! Mon regard plonge dans les yeux du Français.

— Y a-t-il moyen que j'aille montrer tes bijoux à mes amis ? Je reviendrai avec ma décision ! Pas de stress, je reste à portée de vue !

— Pas de souci ! Prends-les, je t'attends.

Je pars montrer mes trésors à mes compagnons, leur demandant des avis. Chacun des pendentifs rencontre beaucoup de succès et les votes débouchent sur une égalité. Toutefois, en approfondissant mes entretiens avec mes amis, l'ovale m'apparaît peu à peu comme étant la plus naturelle, comme si j'avais trouvé ce trésor dans la forêt ou au bord d'un lac. Or, c'est la connexion à la Nature que célèbre la Pounamu. Je l'observe et je distingue mon reflet, avec l'impression qu'elle me parle, qu'elle fait écho au fond de moi. Oui, ce sera celle-ci et aucune autre. Je retourne ainsi devant le joaillier.

— J'ai fait mon choix : c'est elle, je déclare sentencieusement. Saurais-tu me la préparer ?

— Très bon choix, je m'en occupe.

Le Français accueille la pierre comme une offrande. Il la nettoie cérémonieusement, fouille dans sa besace et en sort une longue ficelle de tissu sombre, qu'il passe dans le trou de son œuvre. Il me la tend, un sourire sacré sur les lèvres. Je le remercie et la mets à mon cou avec autant de respect que celui qu'il vient de témoigner.

Je ne la quitterai pas avant la fin de mon aventure. Elle fait désormais partie intégrante de mon corps et de mon âme. Je suis entré pleinement dans la culture maorie, dans l'histoire de son peuple. Je touche la Pounamu, la prends dans mes mains. Parfois, je place ma lampe torche allumée derrière elle afin de percevoir toutes les subtilités de sa teinte verte.

Je quitte le papy et le bijoutier puis me dirige vers le camp de mes condisciples, fier de mon choix. Soudain, j'entends des cris provenant d'une forêt de sapins, venant de derrière notre campement. En pénétrant dans ce bois, je constate qu'il y a là un grand lac. J'observe, amusé, des gens se balancer le long d'une corde solide suspendue à l'épaisse branche d'un arbre. Un petit morceau de bois, attaché au bout du lien, permet aux courageux de s'y agripper afin de… se jeter dans le vide. Je les vois courir, sur un dénivelé de dix mètres, attraper le bout de bois et sauter !

C'est le moment de concourir pour le plus beau salto et de plonger dans l'eau, à nos risques et périls ! J'appelle aussitôt mes camarades, désignant l'attraction de fortune que je viens de découvrir :

— Tout le monde est chaud pour oser faire ça ?

Henry, intrigué mais fatigué, se montre perplexe.

— Je suis bien. Je digère… Je passe mon tour !

Le Maori musclé, tout à sa virilité, s'avance en se frappant le sternum de la paume.

— Moi, je vais le faire.

Nous nous retrouvons ainsi tous les deux, prêts à vivre des sensations délirantes. Je fixe ma GoPro sur mon torse et laisse le gaillard prendre la première position.

Au moment où il s'élance dans le vide, je vois la branche se plier sous sa masse, à la limite de la rupture. Il s'éloigne si vite, si haut, si loin que je me fige, comprenant que la moindre erreur peut être fatale. Le costaud ressort de l'eau avec un grand sourire. Mon tour est arrivé.

J'attrape la corde et le bois mouillé, apprécie en tremblant la hauteur du lien tout en percevant le lac, fort éloigné, trop à mon goût. Je me chuchote : "Est-ce que c'est vraiment une bonne idée ? Vu ma chance, je vais me planter royalement en bas… Bon, allez Gaël, courage !"

— UN, DEUX, TROIS ! je m'époumone.

Mais je ne saute pas. J'ai froid, le vent est humide et l'ombre envahit le ciel. Je me secoue les épaules, reprends ma respiration…

— Un… Deux… TROIIIIIIIS !

Je pars dans le vide et, d'un coup sec, le bois se sépare de mes mains. Mon corps est propulsé très loin dans les airs, voltigeant à dix mètres de haut à une vitesse fulgurante. Le plongeon est remarquable, la sensation terrifiante et enivrante. Mon comparse recommence le jeu, moi aussi et, comme des enfants, nous reproduisons l'expérience jusqu'à l'épuisement.

Le soir tombe. Autour d'un feu de bois, chaque étudiant prend sa bouteille d'alcool. J'ai l'impression d'être dans ce groupe depuis des années. Tout le monde picole. Le grand fin n'arrive plus à tenir droit, Julie s'adonne encore plus aux trépieds que d'habitude. En bref, on se décoince, et les rires fusent. Les Maoris me posent énormément de questions sur l'Europe et j'y réponds, tout en les questionnant sur la Nouvelle-Zélande.

À travers ces flammes, mon esprit vagabonde. Je suis fasciné par le manque de contrôle que j'ai sur ma destinée, et paradoxalement sur la capacité d'une simple conversation à la changer du tout au tout. Si je n'avais pas insisté auprès de Louisa, jamais je n'aurais vécu ce moment fantastique.

Pendant que certains sont ivres et alors que le couple de Monsieur Muscle et de sa compagne se retire, Henry vient me rejoindre.
— *Hey !* Ça va, ça va ? Tu es bien silencieux…
— Oui, j'étais dans mes pensées. C'est tellement magique pour moi cet endroit, ces quelques jours. Votre accueil est si authentique, vous m'avez accepté sans problème !
— Normal mec, on est des Kiwis ! On vit ainsi !
— En tout cas, je vous remercie du fond du cœur. À mes yeux, ce type de rencontres, c'est la vraie richesse.

Fatigué par la route et par la boisson, le groupe se disloque au fil des minutes. Je finis par rejoindre ma tente, gonfle mon matelas à la bouche, mets tous mes habits sur moi. Tranquille, peinard, rassasié et un peu pompette, tout va pour le mieux. Je m'endors aisément.

Sur le chemin, nous nous sommes arrêtés à plusieurs endroits, dont certains incroyables comme ici, à côté de Wanaka

Les pierres parmi lesquelles j'ai choisi. J'ai penché pour la troisième en partant du haut, plus harmonieuse à mes yeux

Mes potes étudiants : Sam est tout à gauche, Louisa et son compagnon juste à côté

Réveil difficile

Le lendemain, je m'éveille avec un léger mal de tête. Le temps est ensoleillé. Je sors de la tente et crie à la cantonade : *"Wake up, wake up !"* Henry me rejoint à quatre pattes en maugréant "Je suis pas bien…", le couple de Maoris dort toujours. Le grand échalas est debout mais K.O., tandis que les autres semblent moins atteints.

Je prépare mes sacs, rangeant toutes mes affaires dans un ordre impeccable, quand Julie vient me rejoindre.
— Qu'as-tu programmé pour cette journée, Gaël ?
— Aucune idée. Peut-être me poser un peu. Prendre le temps de bronzer. Juste souffler et voir ce qui se passe.
— Ok !
Je dépose mon matelas hors de la tente, m'installe sous le soleil et fais la crêpe tout en me rendormant.

Quelques heures plus tard, dans un sursaut, je constate qu'une partie du groupe n'est plus dans le campement. Je demande à Julie, qui est restée à mes côtés :
— Mais ils sont où ? Pourquoi vous ne m'avez pas réveillé ?
— Tu dormais trop bien. Ils voulaient te laisser tranquille.

———

— Noooon, avec moi, il ne faut pas hésiter à me donner des claques. J'adore les activités.

— Dommage, ils sont partis avec le van en direction du centre de Wanaka.

Zut ! Je jette un œil à Maps.me et constate qu'un panorama se situe non loin de mon camp de base, à quinze minutes. Il s'agit du mont Roy, supposément magnifique.

— Écoute, Julie, je prends mon gros sac à dos avec mes appareils, je laisse le reste sous ta garde. Et je reviens dans une bonne heure !

— Je veillerai sur tes affaires, promis !

Fusant hors du camping, je lève mon pouce et, en peu de temps, une voiture s'arrête. Un grand-père me charge.

— Où veux-tu aller, fiston ?

— Pas très loin, ici.

Je montre ma cible sur la carte digitale.

— C'est proche, je connais. Je t'y emmène !

En l'espace de quelques minutes, j'arrive sur un vaste parking plein de voitures. Manifestement, l'endroit est réputé ! Néanmoins, la randonnée dure plus longtemps que prévu, à savoir une heure. Aiguillonné par l'envie de contempler la vue magnifique promise par mon application, je ne me décourage pas. Il est temps de marcher.

Dès le début de la montée pourtant, je sens sur mes épaules le poids de mon sac, comme lors de mon ascension de la dernière montagne, et ce n'est pas un souvenir dont je veux me rappeler. Cette fois, hors de question de rebrousser chemin ! Pas à pas, la sueur dégoulinant le long de ma nuque, j'accède à ce qui me semble être le point de vue. "Erreur, Gaël", me souffle une petite voix goguenarde. Je croyais être arrivé, mais un autre sommet se présente à moi ! Et le calvaire continue. Je rencontre de plus en plus de voyageurs qui descendent le mont, dont certains m'apostrophent.

— Tu es certain de vouloir voir ce paysage ? Il va bientôt faire nuit.

Il est vrai que j'ai entamé ma montée à 16 heures, et que je n'approche pas du but. J'ai soif. Vu l'alcool que je me suis enfilé la veille, mon corps est complètement déshydraté. Ma casquette, mon long t-shirt noir saturé de transpiration, mon fardeau ne me facilitent pas la tâche. Heureusement, j'ai une idée qui me sauve.

En effet, j'ai remarqué que les *backpackers* qui terminent la randonnée transportent souvent une bouteille entamée qu'ils ne sont pas disposés à toucher. Donc, chaque fois que j'en rencontre un, je lui demande une rasade d'eau. *"Excuse me... Water... Please..."* Les gens ne refusent jamais ! Je discute avec toutes ces personnes issues du monde entier, mais de gourdes en verres en bouteilles plastique, de gorgées en quart de litre, les minutes passent, puis les heures. Je dois me dépêcher pour atteindre le sommet.

À chaque fois que je me crois arrivé, je découvre un autre point culminant, dans une série interminable et décourageante. Ce n'est plus une montagne, c'est un escalier infernal créé par la nature ! Le mont Roy est réputé pour son circuit en zigzag, mais cette impression de ne jamais atteindre mon objectif m'énerve. Finalement, je questionne un promeneur :
— Suis-je encore loin du final ?
— Courage, vous êtes à la moitié !
— Non, ce n'est pas possible !
— Non, non, non, continue ! C'est ton job !

Ignorant l'étrangeté de sa remarque, j'obéis et accélère le pas. J'aborde même un gaillard provenant de Belgique, qui connaît un de mes potes, de ma région ! Un hasard fou à l'autre bout du monde, mais je ne peux pas trop m'attarder. Lorsqu'il me reste un quart du chemin, je m'arrête, contraint et obligé. En effet, une foule d'individus en file me précède. *"Qu'est-ce qu'ils foutent plantés là ?"*, je râle intérieurement. Je ne comprends pas, ça m'énerve. Je me retourne alors... face à un spectacle magnifique !

Je restais bouche bée, n'osant bouger, simplement en admiration. La vision du bleu éclatant des eaux entrant dans une vallée de montagnes m'occasionne une bouffée d'énergie. J'ai failli passer à côté de ce panorama tant attendu des Roy's Peaks ; heureusement que mon instinct m'avait poussé à m'engager dans cette épreuve. Le lac Wanaka s'étale dans toute sa splendeur et au loin, le mont Aspiring semble percer le ciel. Je comprends pourquoi c'est l'un des endroits les plus connus de l'île du Sud !

Je regarde le dos des gens figés. S'attendent-ils à rencontrer une divinité ? L'infini ? Tous apprécient l'aspect unique de cet instant. Chacun prend une photographie, lentement, avec le respect dû aux forces de la montagne. Avec le stop, je suis devenu patient. Je dépose mon sac tout près de la file, et m'installe en tailleur devant le point de vue, m'imprégnant du moment, pendant une trentaine de minutes. Au bout du compte, je n'aurais même pas sorti ma caméra.

Petit à petit, les gens partent, la luminosité décroît. Moi aussi, je veux immortaliser cette vue légendaire. Je me hisse le plus haut possible et extirpe de mon sac le drapeau de la Nouvelle-Zélande. Mon talisman en évidence, ma casquette fétiche sur le crâne, je demande aux quelques touristes restants de me photographier :

— Faites plein de photos, plein ! C'est vraiment le symbole de tout mon voyage !

— Oui, c'est magnifique ! se réjouit l'un de mes photographes. Même le drapeau y est !

Et c'est ainsi que s'ancre, dans deux mémoires bien distinctes, ce merveilleux souvenir. Bien évidemment, je rends le même service à ceux qui le désirent.

Le point le plus connu de Wanaka : il n'avait personne en fin de journée. Mémorable

Le coucher de soleil approche quand je remarque que je n'ai pas encore atteint le sommet. Je m'y rends assez rapidement, accompagné d'autres contemplateurs motivés. Quelques baroudeurs y sont déjà installés. Une antenne est érigée là, signalant manifestement le point le plus élevé du mont.

Le point de vue, quoique s'avérant une variation de celui que je viens de quitter, n'en reste pas moins exceptionnel. L'œuvre d'art offerte par la nature est tellement grandiose que personne ne désire rentrer chez soi. Un homme fait même voler son drone, à ma grande surprise. Selon moi, c'est totalement interdit. Selon toutes les pancartes de restriction que j'ai repérées en venant ici, les amendes sont importantes et il prend un énorme risque. Quand il lance son oiseau électronique à travers l'air vif, je me dis : "Ce paysage, il faut que je le partage, que je le mette en avant !"

Je décide donc de tenter également ma chance et de faire décoller mon engin. Quel bonheur ! Je redeviens un enfant jouant avec son gadget, filmant et gravant sur le marbre ce site exceptionnel. Deux Américaines plantées près de moi soulignent d'un *"Cool !"* chacune des rotations de mon drone. Dix minutes plus tard, nous ne sommes plus que trois. Je leur dis :
— Les filles, faut redescendre, il va faire nuit ! Je peux vous prendre en vidéo. Vous courez et je vous suis avec le drone !
— Oui, pourquoi pas !

Je prépare le tournage express et leur donne mes indications : "Vous foncez et, arrivées au panorama principal, vous lancez un décompte à partir de trois. À zéro, vous levez les bras." Nous nous y prenons à trois fois, mais quel succès final ! Le drone survole le chemin, je crie "Trois, deux, un, zéro !", les filles dressent les mains vers le ciel et le robot part en direction du lac cerné de montagnes. C'est l'une de mes plus belles réalisations à ce jour.

L'obscurité désormais intense s'épaissit dangereusement. Il est plus que temps de rejoindre le parking car nous n'avons aucune lampe de poche. Je reprends mon drone, le fourre dans son rangement. Je fonce !

Le point le plus haut de Wanaka : on me voit, là, en tout petit !

Lorsque j'y arrive, il n'y a plus personne sur mon lieu de départ. Je regarde le sommet du mont Roy et son antenne, étonné d'avoir descendu aussi rapidement la montagne. Mes vêtements collés au corps, l'humidité de la nuit approchant, il me faut trouver un nouveau stop. Les deux nanas me disent *"Ciao"*. Aussitôt, je réplique :

— Non, non, surtout pas. Je ne vous ai pas expliqué. Je n'ai pas de voiture, je suis auto-stoppeur. Vous pourriez m'emmener dans mon camping, à dix ou quinze minutes d'ici ? Et puis, je connais un très bel endroit, pas loin d'ici, très connu sur l'île, où on peut admirer un superbe coucher de soleil.

— Ah bon ?

— Oui, c'est le Wanaka Tree. Un arbre qui se trouve dans un lac. C'est la photo que tout le monde prend en Nouvelle-Zélande.

— On ne connaît pas.

— Prenez-moi en voiture, je vous le montre et ensuite direction mon camping.

— Ok, *let's go*.

Elles allument les phares dans la nuit naissante et nous filons à toute vitesse, guidés par Maps.me, vers notre destination. À l'arrivée, nous rencontrons une foule de gens assis par terre, en rond, comme s'ils entouraient symboliquement l'arbre.

Ici, un calme mystique régnait. Nous nous sommes assis parmi les voyageurs, et un violoniste a surgi de nulle part, tel un lutin sorti de sa tanière souterraine. Son instrument, dont émanaient des chapelets de notes vivaces, accompagnait le coucher du soleil. L'assiette miroitante du lac n'était plantée que de ce petit arbre, surgissant de l'eau, minuscule chef d'orchestre des somptueuses montagnes dormant au loin. Le silence et la musique qui l'accompagnaient formaient une atmosphère grandiose au cœur de ce panorama majestueux. Je me laissais bercer, emporté au-dessus du lac tranquille. Les Américaines me murmuraient des remerciements à la manière de dryades se dissimulant dans la pénombre et dans l'eau somptueuse. Et dire que je n'avais rien programmé. L'île du Nord est belle, mais l'île du Sud est un joyau.

Le noir est omniprésent maintenant. Le groupe se disperse et comme promis, les filles me reconduisent au camp. Je leur demande de passer les barrières et elles me débarquent juste devant mes compagnons. Dès que je quitte le véhicule, mes amis m'applaudissent et scandent : "Gaël est de retour, Gaël est de retour !" J'ai l'impression d'avoir réalisé un exploit. Henry et un autre gars arrivent, paniqués, et me pressent :
— On croyait que tu avais été kidnappé… On a eu peur. Il fait noir, et tu es enfin arrivé !
— Oui, mais je vis une aventure !
— Oui, mais il faut être prudent !

Je comprends que nous avions créé un lien d'affection intense. Ils se tracassent pour moi, alors qu'ils ne me connaissent que depuis quelques jours. Je n'ai pas le temps de m'en émouvoir, Julie lance :
— Allez, viens, on a préparé des chopes pour toi !
Je remercie du fond du cœur mes Américaines. Nous échangeons nos coordonnées sur les réseaux, je leur demande de signer mon drapeau et je les vois repartir comme à bord d'une fusée. Pour ma part, il est temps de rejoindre le feu de camp.

— Ce soir, c'est exceptionnel, m'annonce Henry.
— Oui ?
— J'ai pris quelque chose, mais je ne sais pas si tu aimes ça.

Il se met à pleuvoir et je me dirige, accompagné des autres, dans la grande tente du Maori. Nous nous y asseyons en cercle. Nous commençons à boire et à bavarder, tout en mangeant des chips. Henry continue son propos, en me murmurant à l'oreille : "Voilà, pour toi, regarde !"

Il sort alors une pipe à eau pour fumer la *marijuana*. Je refuse, même si je crains d'offenser mon hôte. À la place, il affiche un sourire entendu, et tout ce beau monde commence à fumer, sauf quelques étudiants et moi. La fumée imprègne l'espace de la tente et ma tête tourne, à force de respirer sans le vouloir cette odeur intense. Au final, je suis aussi shooté qu'eux, car le tipi est hermétique, il faut bien ça pour se protéger de la pluie battante.

La brume lourde et odorante s'élève, revient vers nous, flotte dans un entre-deux où je me plonge, dans un mélange de malaise et de volupté. Je ne sais plus où je me trouve. Le Maori aux muscles saillants, torse nu aux côtés de sa nana fluette, Henry qui me chuchote ses histoires sur un ton de secret, le brouillard issu des plantes mystiques, je suis comme propulsé, ballotté, bercé dans un nouveau voyage. Je me sens partir loin, au-dessus des nuées stratosphériques, je glisse dans les bras de Morphée qui m'emmène, plus haut que les étoiles.

Le point de vue du Wanaka Tree est un endroit magique, avec cet arbre qui sort de l'eau et les montagnes derrière. Il faut rester pour le coucher du soleil, bien sûr…

Le diner où l'on fait les "meilleures pies de toute la Nouvelle-Zélande". On peut voir tous les concours remportés sur la vitrine du magasin

Chapitre 18 – Gravir le Ben Lomond

Le matin, au réveil, tout le monde se traîne. Henry a de gros yeux rouges, comme s'il avait reçu deux coups de poing. Même Julie rit tout le temps. Tout le monde prépare son sac. Est-ce que je continue mon voyage avec eux ?

Tout en mettant ses affaires à l'arrière, chacun monte à la queue leu leu dans la camionnette. « *Time to leave... Let's go.* » Tout le monde maugrée, de mauvais poil. Je ne sais pas trop quoi penser, puisque je n'ai pas parlé de mes intentions la veille. Au départ, je devais les accompagner pour un trajet, puis nous avons prolongé le plaisir deux nuitées. Désormais, ils font un peu partie de ma famille. Je pose la question aux Maoris et à Sam en particulier.

— Quel est votre programme ?
— Queenstown. Ce n'est pas trop loin d'ici, et l'endroit est chouette !
— Si cela ne vous dérange pas, c'est sur ma route. Je viens de consulter ma carte...

Je me sens triste, abandonné. Je suis encore dans ma tente, penaud. Ils partent et je reste en arrière, comme un campeur lambda. Sam crie à la cantonade :
— Les gars, Gaël peut venir avec nous jusqu'à Queenstown ?
— Ben, obligé. Pourquoi poser la question ?
Un sourire illumine mon visage. Je rayonne :
— Oki, je suis des vôtres !

Aussitôt, je plie ma tente, prends mon barda et pénètre dans le véhicule. L'aventure continue, dans une atmosphère à la fois excitante et familière. Si je suis ravi de rester en compagnie de ces personnes auxquelles je me suis lié, cette continuation ressemble tout de même à celle de l'étudiant qui décide de rester une année de plus au sein de sa famille. Un choix sécurisé, certes, mais qui repousse son désir d'indépendance.

Tout philosophe que je me croyais, je dois admettre que j'avais la gueule de bois. Les excès de la veille avaient aspiré mon énergie et je me suis affalé gauchement dans le van. Comme des marionnettes abandonnées au hasard des sièges, les gens étaient flasques. Certains dormaient. Le va-et-vient du chemin de massifs où nous évoluions nous berçait gentiment. Nous descendions des montagnes, les remontions. La route elle-même s'entortillait, accumulant les virages serrés. Tandis que toutes mes batteries (notamment celle du drone) se rechargeaient grâce à l'allume-cigare, mes yeux erraient au dehors, écarquillés malgré la fatigue.

En quittant Wanaka, nous passions d'un point de vue magnifique à une myriade d'autres, extraordinaires. Les vallées verdoyantes s'envolaient en sommets souverains, qui veillaient calmement sur le bleu scintillant des lacs Wanaka, Hayes et enfin Wakatipu. J'absorbais chaque nuance de ce panorama, m'imprégnant de toute son énergie et des sentiments agréables qu'il exprimait. Au bout d'une demi-heure, le van entrait dans la ville.

Queenstown m'a fait l'impression d'une jumelle de Wanaka ayant doublé de volume. Je partais d'un village de taille moyenne à l'une des stations de ski les plus réputées de Nouvelle-Zélande, l'une des plus chères, aussi. Désœuvré, j'ai ouvert Maps.me pour compulser les parcours de randonnée qui s'ouvraient à moi. Été oblige, les stations de ski étaient bien évidemment fermées. Nous pénétrions dans Queenstown et mes doutes grandissaient. Mes compagnons resteraient-ils vraiment à mes côtés ?

La camionnette pile brusquement. Nous sommes en centre-ville et mon instinct d'auto-stoppeur se braque. On me demande avec urgence :
— Tu vas où et tu fais quoi ?
Je ne veux pas me séparer d'eux. C'est toujours trop tôt pour quitter le cocon... Et pourtant, les montagnes semblent me susurrer de les rejoindre, de débusquer leurs merveilles.
— Écoutez les amis, je sais pas si on va se revoir. Je préfère reprendre toutes mes affaires, comme ça ni vous ni moi n'aurons de contraintes.

Je les observe un par un, étreint par un sentiment de perte intense. Avec son air peiné, Sam semble assuré qu'il s'agit d'un adieu. Puisque c'est peut-être, en effet, la dernière fois que nous sommes ensemble, je les embrasse avant de distribuer une série de « *Ciao !* » affectueux, me répandant en remerciements pour les moments de grâce qu'ils m'ont fait vivre.

Je me retourne, le cœur encore serré. La voiture démarre à fond la caisse dans mon dos et une boule de plomb me tombe sur l'estomac. Je suis seul de nouveau. Seul, avec deux sacs à dos avoisinant les 35 kilos. Je réalise un peu tard que cette masse de bagages risque de compliquer ma randonnée.

Heureusement, grâce à mon expérience de la débrouille, j'ai acquis un certain *feeling* pour comprendre et atteindre les gens. Il est des possibilités qu'il faut toujours forcer. J'avise donc les cabines qui montent, les personnes qui les actionnent, et relie ces éléments à mon besoin actuel : un endroit sûr où placer mes affaires. Après tout, même si on me les vole, j'arriverai au moins au sommet sans trop d'essoufflement. À cet instant, c'est en tout cas l'illusion que je me fais.

Wanaka 2.0

Le pilote de la cabine m'étudie avec circonspection, les bras croisés sur sa veste écarlate, ses cheveux noirs retombant mollement sur son front. Je dévoile mon *speech* habituel, Gaël, je suis Belge, je veux aller là-bas. Là-haut, en l'occurrence. La fin de mon discours prend des airs de supplication, lorsque je prends ce gardien perplexe à parti en lui montrant mon énorme sac. Je lui assure que je n'y arriverai pas avec ce mastodonte sur les épaules. Pour l'instant, il se borne à répéter : « C'est vrai, c'est vrai… » Je lui demande s'il peut m'accorder une faveur en laissant mon sac quelque part, n'importe où, lui assurant qu'il ne sera responsable de rien si mes affaires disparaissent.

Le jeune, sans doute un étudiant qui travaille là l'été, accepte de consulter sa collègue. La petite blonde m'examine à son tour, plus soucieuse. Dans ses yeux, je lis qu'elle s'interroge sur ce que lui veut ce touriste crasseux et surchargé. Je lui explique ma situation, expose mes sacs comme à son homologue, quelques minutes plus tôt. Mon premier allié s'adresse à sa comparse.
— Est-ce qu'il peut laisser ses affaires ici ?

À force de plaintes interminables et tandis que l'heure avance, elle finit par accéder à ma requête. Le gros de mes affaires était désormais en relative sûreté. Le Ben Lomond m'attendait. Ou plutôt, je devais attendre un peu avant de faire la connaissance de la montagne, une file interminable me barrant l'accès à la prochaine cabine. Pendant l'attente, je tendais l'oreille, à l'affût. J'ai ainsi capté l'accent caractéristique d'un jeune couple de Français placé devant moi. Dans ce genre de situations, j'avais pris l'habitude d'engager la discussion. On ne sait jamais, au cas où je recroise, plus tard sur ma route, les personnes auxquelles je m'adresse.
Je glisse aimablement :
— Bonjour, je parle français moi aussi !

Mon salut me permet d'engager immédiatement la discussion. La fille, dont la robe blanche contraste avec sa peau cuivrée et sa longue chevelure de jais, se retourne de concert avec son mec. Ce dernier possède ce que j'appelle communément une « bonne tête de Français ». Rien de malveillant dans cette appellation mais tout, dans sa posture, ses habits, son visage, crient ses origines. Un large sourire aux lèvres, les deux me répondent tout aussi aimablement, m'indiquant qu'ils sont en voyage de noces. Par ailleurs, un étrange point commun nous relie : la jeune femme s'appelle Gaëlle !

Mon homonyme féminin et son mari se rendaient à un restaurant installé au premier sommet, le terminus du téléphérique. Notre conversation s'est poursuivie dans la cabine, quoiqu'il m'était difficile de quitter des yeux les vastes espaces étendus juste sous mes pieds. En balayant du regard, la ville entière, les eaux azur et les forêts de sapins vert sombre dont certaines cimes m'entouraient, je ne me croyais plus à l'opposé du monde : j'étais en Suisse. Quelle autre contrée verrait de telles montagnes plonger dans le bleu ciel de ses lacs ? En Australie, je n'avais vu que déserts et végétation brûlée par le soleil. Ici, les conifères altiers me ramenaient en Europe.

Le restaurant et son fameux point de vue surgissent, marquant la fin de cette première étape, la plus facile. Devant, une simple étendue d'herbe, sans le moindre panneau indicateur. Je sais que le chemin menant au Ben Lomond est proche. Impossible, malheureusement, de savoir où il débute. Je vois des marcheurs se présenter à moi. « C'est par là », me dit l'un d'eux. Il désigne une épaisse forêt de sapins noirs où s'enfonce un sentier biscornu.

Je n'ai aucune envie de pénétrer dans cet endroit obscur et humide. Toutefois, personne ne m'indique de chemin plus attrayant. Et puis, je sors tout juste de la cabine. J'ai certainement assez grimpé, le sommet doit être proche. Cette marche ne sera sans doute pas longue. Je relace fermement mes chaussures, qui ont tenu depuis le début de mon voyage. Je serre les sangles de mon paquetage, fiche ma casquette sur le haut de mon crâne, puis pars à la conquête d'une succession de bois touffus, de plaines émeraude et de rocs abrupts.

Tant bien que mal, je me guide à coups de « par-là », de « à droite » ou « à gauche », émis par les gens que je croise. Beaucoup portent de petits drapeaux de leur pays. Comme souvent en Nouvelle-Zélande, la plupart se montrent en tout point sympathiques. Au terme d'une période démesurément longue, des Norvégiens me disent :
— Tu vois ce sommet là-haut ? C'est ta destination.

Je pousse un soupir, abattu : l'endroit qu'ils pointent du doigt se trouve bien plus haut que le Wanaka ! Je ne m'étais pas rendu compte de la difficulté de cet exercice, au final, ni que je m'engageais sur une longue marche.

Je marche, je marche. La fatigue me rend lourd, la soif m'assèche les lèvres. Tout ce que j'ai à boire repose dans le sac laissé à la cabine, tout en bas. Je n'ai pas la moindre goutte d'eau sur moi. Heureusement, je ne suis pas seul sur cette piste ardue. Cédant gaiement à mes suppliques, une jeune nana en jogging m'offre sa bouteille. Elle m'assure ne plus en avoir besoin, bien qu'il lui reste tout ce que je viens de parcourir à franchir pour retrouver la civilisation. J'accepte tout de même le précieux objet, désespéré de boire. Je me rassure face à sa carrure athlétique et son teint rose, qui trahissent une meilleure santé que la mienne.

Moi, j'ai encore la tête pâteuse héritée de ma soirée, sans compter mon manque de préparation pour la randonnée. Je me dis que j'adopterai la même technique qu'à Wanaka, à savoir demander de l'eau à ceux qui descendent en bas de la montagne. Je sais que ces gens ne finiront pas assoiffés car, quand on revient d'une telle ascension, on est beaucoup moins fatigué. En plus, c'est un bon moyen d'alléger leur sac sur le chemin du retour. Le récipient dont la joggeuse m'a fait cadeau me sert ainsi à récolter les restes d'eau des autres visiteurs.

Cette montée était frustrante de lenteur. Le soleil explosif me bombardait de rayons incendiaires, brisant mon allure. Je profitais tout de même du spectacle offert par la montagne, propulsant de temps en temps mon drone dans les airs, m'asseyant tranquillement sur un rocher à l'occasion. Ces pauses bienvenues me faisaient jouir d'une vue imprenable. Lorsque je suis arrivé au flanc d'une crête aiguë, comme tailladée par un silex colossal, je me suis figé.

Le lac tranchait la terre en deux. Vers ma droite, en contrebas, je considérais Queenstown, devenu un élégant village de poupées, au fond d'une vallée flanquée de centaines d'arbres vert sombre. La cité, si réduite, me donnait l'impression de pouvoir la piétiner sans peine, tel un Godzilla version belge. À gauche, au-delà de l'eau, les montagnes teintées d'ocre et d'émeraude se dressaient en une chaîne infinie de pics doux, qui se perdaient au loin. Les flancs les plus proches de mon point de vue plongeaient dans le bassin bleu transparent du lac, où je rêvais de m'immerger.

Insensible à ma contemplation, la lumière commence cependant à décliner. On le voit sur le flanc ombragé du mont, plongé dans des ténèbres encore légères. À partir de là, l'ascension devient plus rude encore. Des pierres s'effritent sous mes pieds ou pleuvent au-dessus de ma tête. Des chaînes disposées à certains endroits me servent à m'accrocher. Indispensables, elles me blessent les paumes et m'obligent à adopter des positions acrobatiques. Encore chargé d'une masse d'affaires pesantes, éreinté, je commence à perdre espoir.

« Je ne vais pas y arriver. Ou alors dans des heures et des heures, quand la nuit sera tombée et que l'obscurité me coincera tout en haut... »

Une nouvelle sauveuse passe par là. Je m'enquiers de la direction à prendre et elle m'affirme que la cime est proche, me gratifiant d'un « courage » qui me remet succinctement d'attaque. L'exploration des rocs en pente se poursuit. Ma renaissance est de courte durée tant la varappe s'avère compliquée. Je n'avais pas prévu une épreuve si exigeante. Je n'y crois déjà plus. Mon sac et ses quinze kilos de caméras pèsent lourd sur mes épaules, j'ai les omoplates en compote. C'est le prix de leur sécurité... et de ma capacité à immortaliser ces moments incroyables. En attendant, je me retrouve debout sur la roche, à tirer sur les chaînes de l'autre main, tandis que le vent glacial de la montagne me griffe la peau et que le soleil me grille le dos.

Je monte, je monte... Je ne suis plus qu'un bloc de muscles et de tendons secs, imbibés de sueur. Et puis, la délivrance. Au moment où j'arrive en haut, je suis stupéfait d'avoir quitté cette boucle infernale. « Purée... Je suis enfin là. » Mes jambes tremblantes me mènent à une table d'orientation qui me déclare :

Vous êtes au sommet

Un rapace imprévu

Le ciel avait perdu toute limite. À peine contenu par la dentelure des monts qui nous entouraient, dont aucun bien sûr ne surpassait le mien, il englobait tout. Son infinité, prolongée par les lacs céruléens, relativisait même la vastitude des plaines vert clair, tachetées de forêts assombries. En contrebas, j'apercevais la station et le restaurant, minuscules. Queenstown elle-même était désormais une pelote d'épingles. Même si je plissais les yeux, ses maisons les plus modestes restaient invisibles.

Je me trouvais sur le toit du monde, accompagné d'une poignée de retardataires en cette fin d'après-midi. Mon drone s'envolait pour capturer ces scènes splendides. Les marcheurs s'arrêtaient, prenant le temps de discuter. Ils venaient d'Écosse, d'Amérique, d'Angleterre, roulaient les « r », avalaient les syllabes ou détachaient bien les mots. De fil en aiguille, je faisais la connaissance d'un photographe britannique, avec lequel j'ai convenu un troc honnête. Il prendrait des clichés de moi, puis je le filmerais avec mon drone.

Me voilà donc au sommet de la Nouvelle-Zélande, cerné par les pins élancés, prenant la pose au sein de ce studio improvisé. À son tour, mon nouveau collègue se met en scène, sous l'œil perçant de mon oiseau de métal. Tout au long de notre séance, nous entendons un cri intriguant, poussé à intervalles réguliers. Quand je lui pose la question, mon Anglais m'explique que ces montagnes abritent le Nestor kéa, un perroquet au plumage multicolore. Assez gros pour un tel volatile, il vole peu, préférant se dandiner au sol. Je m'interroge. « Nestor, c'est son petit nom ? » Un animal abandonné, peut-être ? Le photographe hoche la tête.
— Non, une espèce endémique de Nouvelle-Zélande, en voie d'extinction. C'est extrêmement rare de le voir, ajoute-t-il.

Assis sur ma plaque d'orientation, je songe à ce mystérieux perroquet, sans que cette pensée parvienne à me détourner du froid qui attise mes pauvres fesses. Une randonneuse venue, elle, de Chine ouvre un paquet de chips et nous en offre, dans cet esprit de partage propre aux baroudeurs de tous genres. Je mange avec plaisir, réconforté par le goût salé des patates croustillantes. L'atmosphère est apaisée, vaguement troublée par le murmure des conversations entre voyageurs. Je me lève tranquillement, désireux de photographier le panorama, mais un bruissement d'ailes froisse le silence.

Le Nestor kéa surgit tel un aigle magistral, ses ailes arc-en-ciel fendant l'air froid. Deux serres grises déploient leurs griffes tranchantes et harponnent mon paquet de chips. Immédiatement, l'oiseau retourne au cœur de la pénombre. Le silence revient, plus personne ne dit mot. On se regarde tous, confondus. Une petite part de moi se détache de cette stupéfaction générale et sort un appareil mental. Clic. Tant que le souvenir est encore frais, j'imprime l'image furtive, impétueuse, qui vient de traverser mes rétines. Je veux me souvenir de ces petites choses. Il faut opérer ce travail, cette gravure de la mémoire, pour qu'elle reste toujours ancrée.

Le Nestor Kéa, que j'ai réussi à prendre en photo sur la montagne

J'inspire, j'expire, trouvant toujours l'occasion de méditer quand je me trouve en ce genre d'endroit. Ces lieux où l'on fait des rencontres captivantes, insolites, des belles personnes aux surprises incongrues… comme se faire piquer ses chips par un « perroquet » en voie d'extinction mais visiblement accro à la malbouffe !

Très soudainement, mon ami photographe me tire de mon ancrage et me lance : « Ne reste pas là trop longtemps, le coucher de soleil arrive. Dans peu de temps, la nuit va tomber et ce sera le noir total ! »

Nous fuyons, poursuivis par l'obscurité. Il est vital de nous dépêcher, de dévaler la pente pourtant dangereuse. La descente est à fortiori plus rapide. Pas idéal pour la contemplation, certes, mais nous n'avons pas le choix. Le soleil est si bas que s'il enflamme la cime des arbres, ainsi que la falaise balayée par ses derniers rayons, une partie de la crête est engloutie par l'ombre.

Dans ma course folle, je traverse la forêt de pins noirs que j'appréhendais à midi. Je peux voir les lumières étincelantes de Queenstown, comme une voûte étoilée, un havre inaccessible. Le restaurant aussi illumine les environs, impassible. Ce phare luxueux se dresse contre le crépuscule à nos trousses. Voilà mon échappatoire. En un instant, je quitte la nuit pour le scintillement électrique des spots. Tout le monde ayant décidé de s'arrêter là, je patiente un moment avant d'entrer dans la salle comble.

Je me sentais bien, satisfait de mes accomplissements du jour. Sirotant un jus d'orange rafraîchissant, je jetais un œil à la vue offerte par ses larges baies vitrées. Je pouvais distinguer les traits de Queenstown à travers sa myriade de lumières. Elles lui donnaient l'apparence d'un sapin de Noël, étincelant de toutes parts au milieu du vide sans soleil.

Cette vision bariolée portait un goût de trop peu, en comparaison des merveilles découvertes ce jour-là. Nous, randonneurs, avions eu le courage de nous soumettre à l'épreuve de la montagne. Nous avions osé aller plus loin, lutter plus durement. Finalement, je l'avais bien atteint, ce sommet ! Avant que le soleil ne se couche, en outre ; alors que je pensais ne jamais y parvenir. Et puis, j'avais eu la chance de rencontrer une espèce rare de Nouvelle-Zélande, en voie d'extinction. Je crois que l'apparition de ce petit voleur de chips a été le meilleur moment de cette soirée.

Je secoue la tête. Mon regard s'est perdu dans le vague de mes réflexions. Je me reprends et reviens aux guirlandes lumineuses de la ville. J'aime cet instant, bien qu'il ne soit pas spectaculaire. Une couche de transpiration sèche me recouvre. Je sens son goût de sel à la commissure de mes lèvres. Ce repos mérité me fait du bien. Je n'ai rien programmé aujourd'hui et pourtant, je ne pourrais pas être plus heureux.

Les deux vues du Wanaka, l'une sur la ville, l'autre sur la chaîne de montagnes

Une descente pressée

Tout à mon aise entre les splendeurs du sommet et le calme du restaurant, j'ai oublié qu'il me faut repartir. Je m'en rends compte tandis que j'admire une dernière fois la cité étincelante sous mes pieds. Je cours, de plus en plus affolé. *In extremis*, j'entre dans la dernière cabine. Après moi, elles se coupent jusqu'au matin et il est hors de question que je m'installe dans cette sinistre forêt, sans mes affaires, avec pour seule compagnie un perroquet friand de pommes de terre. Je réalise une autre chose, sortie de ma tête pour laisser place à la merveille. Appuyé contre la vitre froide de l'habitacle chancelant, je pousse un cri intérieur : « Mon sac ! »

Au moment d'en descendre, la cabine s'arrête net derrière moi, suivie de toutes ses jumelles. Je me rends compte que ni les pilotes du matin, ni mon sac ne sont là. Les autres cabines sont toutes vides, je ne vois plus aucun employé. Si vous n'êtes pas *backpacker*, il faut savoir que notre sac à dos, c'est notre maison. Comme les escargots, nous portons sur notre dos tout ce qui nous habille, nous protège, nous est nécessaire. Toute notre vie est dedans, tous nos souvenirs aussi. Perdre un tel sac, c'est perdre une partie de soi.

Après quelques minutes de recherches haletantes, m'imaginant déjà devoir racheter des vêtements et toutes sortes d'ustensiles, j'avise enfin quelqu'un à l'intérieur de son cockpit. Je toque à la fenêtre, la gorge serrée par l'angoisse. Qu'est-ce qui m'a pris ! J'aurais dû m'en douter, trouver une meilleure solution, partir plus tôt, me rappeler que… Je m'interromps moi-même en soufflant à l'employé qui m'ouvre :
— J'ai laissé mon sac à ta collègue… Tu ne l'aurais pas vu ?
À ce moment-là, j'ai l'impression d'avoir tout perdu. Je suis certain que mes affaires se sont évanouies dans la nature, pour toujours, me laissant sans rien.
— Si, le voilà !

Il me le tend avec bienveillance. Comme si c'était tout à fait naturel, d'avoir gardé avec soi le sac d'un parfait inconnu parti se perdre dans la forêt une après-midi entière. Je n'en finis pas de le remercier. J'ai retrouvé ma maison.

De sombres chemins

De retour à Queenstown, je me suis baladé au hasard des rues bondées. Au sein de cette ville connue, très touristique, je me sentais comme dans un petit village. Je ne m'étais pas trompé en la qualifiant de sapin de Noël, plus tôt, tant ses guirlandes électriques et ses chalets en bois m'évoquaient les marchés qui fleurissent, à l'occasion des fêtes de fin d'année. Cette profusion pittoresque, encore une fois proche des mœurs suisses, propre aux stations de ski, était de plus alimentée par des artistes venus des quatre coins de la Nouvelle-Zélande.

Un cracheur de feu me fait sursauter en projetant sa gerbe flamboyante au-dessus d'un public hurlant. Plus loin, cerné d'une foule de loupiotes grésillantes, un violoniste couvre le vacarme à coups d'arpèges doux, tristes, sublimes, presque divins. Les lumières chatoient sur son instrument, qui les fait danser en même temps que les passants. Je me laisse rapidement gagner par les multitudes de spectacles qui s'installent un peu partout. Là encore, un gars improvise une session de *beatbox*. Les gens applaudissent à tout rompre, l'atmosphère effervescente me galvanise.

Que je le veuille ou non, il faut tout de même que je me concentre sur des objectifs réalistes. Queenstown, avec ses petites maisons en pin, sa population chaleureuse et sa culture pétillante, est un endroit magique. Mais moi, je dois surtout trouver un endroit où dormir. Les prix que je vois affichés au fronton des auberges me rappellent amèrement qu'il s'agit de la ville la plus chère du pays. Je me souviens que Sam a mentionné un camping situé après la ville. Mes amis de la camionnette comptaient s'y installer pour la nuit. Le problème, c'est que pour retrouver mes compagnons, je vais devoir me mesurer à la bête noire de l'auto-stoppeur : tenter de se faire charger dans le noir.

Trente minutes passent après ma décision, puis quarante, cinquante. Une heure. Ma tentative semble vouée à l'échec. Les automobilistes n'aperçoivent que ma silhouette, trop tard pour ralentir. Je ne suis pas mieux loti qu'une biche qui traverse la route : on ne me distingue qu'au dernier moment. Je pense à me rapprocher des lumières de la ville, sans succès. Cette fois, les voitures estiment que j'attends le bus et ne s'inquiètent pas de mon sort.

J'ai commencé à marcher le long de la route censée mener au camping, histoire de ne pas perdre de temps. Si je dormais dans les rues de Queenstown tel un SDF, je risquais de passer une très mauvaise nuit, voire de me faire attraper par les Rangers. Une voiture, deux voitures. J'agitais la lampe de mon téléphone, impuissant. Le froid s'apprêtait à devenir un problème. J'avais tellement marché que mon corps ruisselait de transpiration. En me frappant, le vent refroidissait cette couche pâteuse, désagréable. Il avait fait si chaud toute la journée, mes six kilomètres de randonnée me vrillaient encore les jambes. J'étais frigorifié et lourd. Je n'avais qu'une envie, poser ma tente et dormir. Me mettre au chaud, coûte que coûte. Aucune voiture ne me considérait.

Au loin, j'en ai aperçu une qui arrivait. Je me suis dit : « C'est la dernière. Elle s'arrête, très bien. Elle ne s'arrête pas, tant pis : je dormirai en forêt. » Le véhicule m'a dépassé en klaxonnant. Je grondais entre mes dents, déçu, déployant mon réservoir d'insultes et de jurons. "C'est foutu, merde." J'ai touché mon paquetage, qui me sciait le corps. Quelle plaie ! Je ne voulais pas m'endormir sous des frondaisons aussi menaçantes. Qu'est-ce qui traînait là-dedans, après tout, sans doute bien plus agressif que le Nestor kéa ?

Bien sombre, j'ai mis quelques secondes à remarquer les crissements des freins sur les pneus. La voiture qui m'avait dépassé s'arrêtait. Mon air renfrogné s'est éclairé d'un coup et j'ai couru vers mon sauveur. J'avais une lueur d'espoir. Je voyais que le véhicule commençait à faire marche arrière.

Je pouvais discerner une auto assez basse, dont les vitres noires fumées m'empêchaient de reconnaître un conducteur ou une conductrice. Les fenêtres se sont abaissées d'un coup. Elles m'ont dévoilé une jeune femme blonde, dont la chevelure assez longue masquait son visage, de concert avec la pénombre. Je ne distinguais d'elle que le vernis de ses ongles, appliqués sur le levier de vitesse, et le reflet timide de ses rétines dans le noir.

— Qu'est-ce que tu fiches en bord de route ? m'invective la jeune femme au volant, visiblement inquiète.

J'ai le réflexe d'allumer la lampe de mon téléphone afin de dévoiler mon visage. Je ne veux pas augmenter son désarroi. Je lui explique que je suis un auto-stoppeur, que je me suis mis au défi de parcourir toute la Nouvelle-Zélande en stop, que je m'y suis pris trop tard ce soir, que j'ai été surpris par la nuit. Je la regarde intensément en lui disant :

— J'ai grimpé tout en haut du Ben Lomond aujourd'hui. J'ai besoin d'une voiture pour trouver le camping où sont mes amis. Tu es la seule qui s'est arrêtée, si tu ne me prends pas, je dors dans le bois avec ma tente !

Elle ne me répond pas tout de suite. Le silence total. Je tique, craignant qu'elle m'abandonne là. Elle regarde droit devant elle, puis se retourne vers moi et me dit, sans grande conviction :

— Ok, monte. Mais je ne te promets pas de trouver le camp.

— T'inquiète pas, même si tu m'avances de dix minutes se sera parfait.

J'entre avec mon barda et m'installe prestement. Lorsqu'elle augmente le chauffage d'une traite, je soupire d'aise et lui souffle un « merci » empreint d'affection, pour ce petit geste splendide.

— Où il est, ton camping ?

— Je sais pas, j'admets. Sur la gauche de la route je crois…

— Bon, on va tenter de trouver.

J'ai dégainé Maps.me pour l'orienter vers une toute petite route en pente, sans savoir si la direction était la bonne. Un ciel noir, sans étoile, a posé sa chappe autour de nous. Nous étions les seules balises de lumière dans l'obscurité. Ma conductrice m'a vite dit qu'elle avait dépassé sa maison. De temps en temps, je lui assurais : « On est presque arrivés. » Le temps s'allongeait, inexorable. Où est ce satané camping ?

Craignant d'impatienter la seule personne qui me garantissait d'une nuit en pleine nature, j'ai compris qu'il faudrait la divertir si je voulais la garder avec moi. Je lui ai raconté mon histoire, enchaînant les anecdotes. Elle rigolait, m'affirmait que j'étais fou, qu'elle n'oserait jamais se lancer dans de telles aventures… Entre deux bavardages, je continuais de répéter ce qui devenait mon leitmotiv : « On est presque arrivés. »

Enfin, j'ai aperçu une étroite sente de terre. Le visage tendu, la jeune femme m'a demandé si j'étais sûr de l'emplacement. Je n'osais pas lui dire que je n'en savais rien, car je sentais qu'elle craquerait bientôt. Heureusement, au bout de deux minutes, le camping nous est apparu. Quelque chose qui y ressemblait, en tout cas. Pas le choix, elle n'accepterait sans doute pas de m'amener beaucoup plus loin. Je lui ai demandé de me déposer.

Nous échangeons une embrassade sympathique et je la remercie mille fois, elle sans doute rassurée d'en avoir fini avec cette drôle d'histoire, moi vaguement soulagé car je ne suis pas si sûr d'avoir atteint ma destination. Ses énormes phares illuminent encore mes pieds quand je me dirige vers l'amoncellement de tentes, à quelques mètres. Ma sauveuse fait marche arrière, disparaissant peu à peu dans la nuit.

J'allume mon téléphone. Y a-t-il vraiment un camping ici ? Le chemin est mangé par de hautes herbes qui me grattent les mollets. Au-dessus de moi, les étoiles brillent de nouveau, éclairant la cime des montagnes mais pas mes environs immédiats. C'est un camping public ou privé ? Tout est d'un noir de cendre, je n'ai d'autre lumière que celle de mon portable, fantomatique, quasi inutile.

Je me prends les pieds dans les cordelles des tentes, la tête dans des lignes de linge si humides que l'eau me ruisselle le long du corps. Mes amis sont peut-être juste là, dans l'une de ces habitations de fortune. Où chercher ? Dans le camping, tout le monde sommeille. Je ne vais quand même pas réveiller les dormeurs un à un pour trouver les quelques voyageurs que je connais... « Suis ton instinct », me glisse ma petite voix intérieure. Je poursuis ma route. Soudain, des bruits, au loin. Je marche dans leur direction. Alors que j'enjambe une énième cordelle, j'entends quelqu'un s'écrier, étouffé.
— Oh ! Y a Gaël !

Brèves retrouvailles

— Gaël ! Mais... tu sors d'où ?
Je m'effondre, épuisé.
— On a cru qu'on ne te retrouverait jamais !
J'aurais pu les rater de peu. Une pure coïncidence. Je chuchote :
— J'ai cru que je ne vous reverrais jamais.
Sam s'approche, réjoui.
— On t'a conservé de la nourriture au cas où. Sers-toi, m'intime-t-il.
— Merci !

Ma gratitude marquait le début d'une nouvelle soirée arrosée, bien sûr. Au bout d'un moment pas si long, je n'en pouvais déjà plus. Je me suis évadé dans ma tente. Pour autant, je sentais bien que j'étais de retour, au milieu de mes amis. J'emportais une dernière vision, avant de m'endormir. Mes compagnons maoris, bouteilles à la main, certains trop éméchés pour pénétrer dans leurs propres tentes, affichaient des sourires béats. Les braises ardentes du feu de bois, placé au centre de notre cercle familier, craquaient tendrement dans l'air obscur. Elles s'envolaient comme autant de pépites ignescentes, embellissant le panorama exceptionnel d'eaux et de roches mêlées qui nous entourait, enfin dévoilé par le ciel dégagé.

"Wow. Qu'est que j'ai de la chance de les avoir rencontrés... De savourer ce moment... D'être là." J'inspire, heureux, expire, en paix, et m'écroule de fatigue.

Chapitre 19 – Entre dieux et fermiers

Adieux à Queenstown

Le lendemain matin, je me suis levé tranquillement de la tente, comme n'importe quel matin en compagnie des gens du bus. Pour autant, cette fois-ci, je savais que c'était le dernier. Eux partiraient bientôt dans une direction, moi dans une autre. En repliant ma tente comme le reste du groupe, je ne savais toujours pas où j'en serais à la fin de la journée. Nous étions dans le Sud de l'île et je souhaitais me rendre tout en bas de celle-ci, tandis que mes amis comptaient bifurquer pour entamer la remontée du pays. Je leur ai expliqué mon objectif, finissant par une question qui m'attristait déjà un peu :

— Est-ce qu'on peut aller à Queenstown ensemble, avant de se quitter ?

— Oui, m'a répondu Julie, on prend un café et on se sépare là-bas !

La ville, en journée, était radicalement différente. Vidée de ses touristes partis vers diverses activités, elle ouvrait maintenant ses salons de thé et ses restaurants, dans une atmosphère bien plus calme que la veille. Les petites maisons en bois, les chalets que j'avais vus prenaient d'autres couleurs à la lumière du jour. Nous nous sommes installés au premier endroit sympa que nous avons croisé. Tout en sirotant mon expresso, très lacté comme le sont tous les cafés anglo-saxons, j'avais les yeux rivés sur Maps.me. Je cherchais des ronds-points, des carrefours où mes amis pourraient me déposer, afin que j'y reprenne mon stop.

Après quelques minutes de silence, j'ai quand même détaché le regard de mon téléphone, me rappelant que je les voyais pour la dernière fois de mon voyage. Ma tasse aux lèvres, je les ai regardés un à un, tranquillement, sur cette terrasse de Queenstown. Sam, Julie, Henry, Louisa, le costaud, sa copine... En étudiant chacun de leurs visages apaisés, j'ai subitement remarqué :

— On n'a pas encore fait de photo tous ensemble. On se fait un *selfie* général ?

Dernière photo de notre belle équipe. Ils vont me manquer !

Ma demande, bien sûr, a été accueillie avec enthousiasme. J'avais passé plusieurs jours avec eux, ce n'était pas juste des gens qui m'avaient pris en stop, destinés à se fondre dans la masse de mes hôtes mobiles. Ils ont fait partie de mon voyage comme j'ai fait partie du leur. Je vivais avec déplaisir ce sentiment d'abandon désespéré, diffus, discret mais bien présent, qui accompagne de telles séparations. Aujourd'hui encore, ils représentent beaucoup à mes yeux.

Au début de mon voyage, j'avais failli rater l'avion et ne pas venir en Nouvelle-Zélande, au point que ma mère avait dû m'acheter un billet de retour pour l'Australie. Si j'étais sûr de pouvoir repartir une fois mon visa néo-zélandais expiré, je n'avais malheureusement pas l'assurance de pouvoir sortir de l'aéroport de Sydney, car mon premier avait expiré ! J'avais fait ma demande mais on ne me donnait aucune réponse.

Or, à Queenstown se trouvait l'ambassade australienne. C'était l'occasion de résoudre le problème de ma demande pour revenir serein dans mon pays de départ - après tout, mon défi se dirigeait inexorablement vers sa fin. C'était une gageure sur le téléphone car j'avais rarement accès à la Wi-Fi ou à la 4G. J'ai donc décidé de me rendre à la délégation, avec l'aide de Maps.me.

Je me suis retrouvé devant un tout petit building grisâtre plein d'ascenseurs et de couloirs sombres, tout à fait austère. Un détail me perturbait plus que l'apparence du bâtiment, bien sûr : ils étaient complètement vides. Je suis ressorti afin de m'enquérir, auprès d'une passante, de la situation.

— Ah non, ils ne sont plus ici ! Ils ont déménagé il y a deux ans, à Wellington.

Mince. J'étais bien avancé dans mon périple. Je ne me voyais pas faire demi-tour et repartir dans le Nord, pour une bête histoire de visa qui ne me causait pas encore trop de souci... J'avais déjà assez perdu de temps. J'ai donc couru pour rejoindre le centre de Queenstown, jusqu'à recroiser brièvement mes amis, toujours installés au café. J'entends encore leur "*Good luck !*" lancé de concert.

De nouveau seul, je rejoins un rond-point dont l'une des sorties mène aux fjords, ma destination. Car oui, comme en Norvège, il y a des fjords en Nouvelle-Zélande, quoique ce changement soudain de paysage m'intrigue d'avance. Alors que l'île du Nord est une contrée de plaines verdoyantes, je peine à penser que je m'apprête à rejoindre un paysage caractéristique des contrées les plus froides d'Europe. Il faut que j'en aie le cœur net, j'imagine.

Un jeune couple m'amène directement à Lumsden, un village au croisement de plusieurs routes. Je demande à y descendre car ils se rendent dans la région de Southland, à Invercargill. Moi, je veux aller à Te Anau. C'est heureusement une voie très prisée, beaucoup de conducteurs devraient s'arrêter pour m'y conduire.

J'attends deux heures. Au beau milieu des champs. Profitant de ce moment d'attente pendant lequel je n'ai rien à faire, j'enfonce mes écouteurs dans mes oreilles et lance ma musique. Je prends mes aises. La plupart des voitures vont vers le Sud, ignorant la route des fjords. Le soleil éclatant accompagne mon ennui. Finalement, une voiture freine devant moi. Elle contient une jeune Allemande qui me lance "Monte." avec autorité. Son véhicule est bondé, rempli de gens et d'affaires qui dépassent de sous les sièges. Pas grave, je place mon sac à dos sur mes genoux.

— Tu vas où ?
— Aux fjords, l'idéal ce serait Te Anau !

Elle démarre. Je ne vois que des plaines et les moutons qui y broutent. Où sont les grandes étendues d'eau bleu ciel, les falaises cristallines, les cascades éruptant de blocs coupés à la hache ? En laissant mes yeux errer le long de la route, j'aperçois une personne qui fait du stop, comme moi, pour la première fois de mon aventure.

Vêtu d'un t-shirt gris, d'un short noir très court et de grosses bottes, il exsude la neutralité. Si j'essaie de paraître le plus enjoué possible pour attirer les voitures hésitantes, ce jeune homme n'a certainement pas la même tactique. Est-ce qu'elle va le prendre ? Apparemment oui. Ma conductrice semble attachée à aider son prochain. Elle s'arrête, échange quelques mots en allemand avec l'inconnu. La conversation est brève, pas vraiment chaleureuse, mais apparemment suffisante. L'homme embarque.

Dans une position encore plus inconfortable, je passe la demi-heure de trajet restante avec le sac à dos du nouvel arrivant plaqué sur le côté de mon visage. Je ne vois même plus la route. La conductrice dépasse brièvement la ville et nous demande si l'endroit où nous sommes, le début de la route menant aux fjords, nous convient. Je sens qu'elle n'ira pas plus loin et accepte, mais je m'enquiers tout de même de sa destination. Elle me dit qu'elle a loué une chambre d'auberge et qu'elle ne s'arrêtera pas ailleurs. Je descends donc avec l'autre auto-stoppeur.

Plongé dans mes réflexions en bord de route, je laisse mon compagnon d'infortune s'éloigner.

Au bout d'un moment, j'en ai marre d'attendre, alors je rejoins moi aussi Te Anau. L'endroit, bâti autour des randonnées et de la visite des fjords, déçoit mes plans. À chaque fois que je demande un renseignement, on m'accueille aimablement, toutefois, je ne trouve personne qui ne veuille me vendre ses services ou quelque activité coûteuse.

Je me promène dans ce hameau, constitué d'une rue flanquée d'une quinzaine de maisons. On se croirait dans ces toutes petites villes poussiéreuses, aux bicoques tordues sur elles-mêmes, qu'on voit dans les vieux westerns. Bien sûr, ici, on est plus proche des forêts verdoyantes que du désert ! Je reste assis au milieu de la place centrale, observant les gens en voiture qui accepteraient de me laisser circuler avec eux.

"Est-ce que vous allez aux fjords ? — Non, non, on reste dormir ici." Cette nouvelle rengaine me paraît vite insupportable. Le temps passe inutilement, frustrant. Au moment où je me rassois, prêt à abandonner, j'aperçois une voiture de *backpackers* qui démarre. Je bondis, laissant toutes mes affaires derrière moi. La voiture n'a pas le temps de faire deux mètres que je me plante devant elle, haletant. À l'intérieur, une fille hagarde me regarde avec de grands yeux.

Black Mirror

J'attends ce qui me semble une éternité devant cette jeune femme, toute seule au volant de sa camionnette blanche. Elle ouvre la fenêtre et je lui explique la situation après avoir déroulé mon mantra.

— J'ai tourné en rond toute l'après-midi, personne ne se rend au fjord. Est-ce que toi, tu y vas ? Je suis à court de solutions...

La petite brune, à peine plus âgée que moi, baisse les yeux. En les relevants timidement, elle me répond d'une voix fluette :

— Oui, j'y vais mais... je prends la voiture pour retrouver mon compagnon, il est deux rues plus loin.

— Comme tu n'es pas seule à choisir, j'enchaîne sans broncher, tu peux revenir avec ton copain et on en discute ? Ou alors, je monte dans la voiture avec toi pour le rejoindre ?

Je suis suspendu à ses lèvres.

— Non, je vais le chercher, je reviens.

— Tu me promets ? je lance, suspicieux.

— Je vais le chercher, je reviens.

Elle m'abandonne. Je grogne, les poings enserrant les lanières de mon sac.

— Elle ne va pas revenir.

Quelques minutes plus tard, toutefois, je revois sa camionnette. Elle se pose près de l'endroit où je me suis assis et le couple sort. Sans autre forme de procès, la jeune femme questionne son copain devant moi :

— Voilà, j'ai rencontré ce garçon qui veut aller aux fjords, qu'est-ce qu'on fait ?

Lui, un grand costaud d'Europe centrale, n'émet pas un mot. Toujours au bord du trottoir, je lui répète mon problème, ça fait longtemps que j'attends, pas de voiture, le soleil se couche, je veux juste arriver vite aux fjords, revenir ensuite à Te Anau, bla, bla, bla...

L'homme se gratte la tête et me dit qu'ils s'arrêtent sur une aire, un peu plus loin vers ma destination, afin de repartir le lendemain matin. Je les sens circonspects.

— Vous vous inquiétez que je n'aie pas d'endroit où dormir, c'est ça ?

Ils se regardent, embarrassés.

— Ben... oui.

— Vous voyez ce gros sac vert ? C'est une tente. Je me pose dedans, pas loin de vous, et le lendemain on va aux fjords.

Ils se regardent, haussent les épaules et répliquent :

— *Why not* ? Mais si tu te fais attraper par les Rangers, on n'est pas responsables !

J'accepte.

En route pour Milford Sound, à l'avant de la camionnette conduite par mes bons Samaritains, je respirais enfin. Au moment de quitter la ville, j'ai repéré le carré de poussière où j'avais attendu des heures en compagnie de mon Allemand taciturne. Enfin, je quittais cet endroit ! Je commençais à croire que Te Anau m'avait absorbé pour toujours. Le jeune couple a dû lire le mélange de satisfaction et de frayeur passer sur mon visage, car ils m'ont scruté et demandé si je me sentais bien. Je leur ai rétorqué : "Oui, mais vous n'imaginez pas combien de temps je suis resté à attendre qu'on m'emmène loin d'ici..." Chemin faisant, j'ai remarqué un petit lit à l'arrière. Tous les vans de *backpackers* disposent d'un tel équipement, certes, mais cette information me serait utile pour plus tard.

Mes deux conducteurs avaient vécu en Australie pendant plusieurs mois et avaient découvert que la vie de voyage en van était celle qui leur convenait le mieux. Après ce premier périple, ils ont voulu poursuivre l'expérience en Nouvelle-Zélande. Véritables experts nomades, ils étaient heureux de passer du temps ensemble, travaillant au gré de leurs pérégrinations.

On a commencé à rouler, rouler, rouler. Les vallées ne contenaient plus aucun mouton mais se paraient d'un jaune verdoyant. Les herbes hautes, modérément asséchées par le soleil, me donnaient l'impression de champs de blé laissés aux bons soins de la nature. Les longues routes droites plongeaient jusqu'au bout de la Terre, au milieu de ces étendues solaires. On commençait à distinguer le flux tourbillonnant des rivières et les frondaisons touffues des forêts. Le paysage s'embellissait à vue d'œil, jusqu'à ce qu'un endroit me coupe directement le souffle.

— Wow. Arrêtez-vous !

Je n'avais jamais observé une plaine aussi belle de tout mon voyage. Par réflexe, j'ai fait décoller mon drone qui s'est élancé au-dessus d'Eglinton Valley. La rase campagne s'étendait plus loin que l'horizon, nimbée de l'orange vif distillé par le soleil, qui noyait les montagnes au loin. J'ai interpellé mon conducteur tout en sortant mon deuxième drapeau, celui que je ne faisais pas signer car il était désigné pour ce genre de moments.

J'ai placé mon drone entre les larges mains du gaillard et lui ai expliqué rapidement comment le piloter. Une fois mon cours express dispensé, j'ai lancé un décompte, avant de courir en ligne droite au milieu de l'interminable étendue, chevelure broussailleuse peuplée de jade et d'ocre. L'herbe fraîche bruissait sous la plante de mes pieds, agaçant mes chevilles à coups de pointes chaudes et douces. La plaine était cernée par des pics qu'on croyait peints à l'encre de Chine, leurs pentes droites caressées par le soleil couchant. Je fuse, atome aux joues roses, perdu dans l'immensité majestueuse de cet océan vert. Les bras écartés pour mieux le faire claquer au vent, je sens dans mon dos mon drapeau étoilé qui virevolte. Cette vidéo serait l'une de mes plus belles en Nouvelle-Zélande. En fonçant tel une flèche, perçant cet air qui embaumait la verdure, filant dans les herbes sèches, j'avais l'impression d'être un gosse.

Je reviens au bord de la route où est garé le van, gros bloc blanc en pleine cambrousse. Après avoir visionné la vidéo, le couple me regarde. Ils me demandent la même vidéo les montrant main dans la main. Je m'exécute, heureux de leur donner ce plaisir. Lorsque je leur tends mon téléphone pour contempler le résultat, un large sourire s'étire sur chacun de leurs visages. Ils se répandent en remerciements et je leur exprime toute ma gratitude à mon tour. Contents de nos captures, on s'installe tous les trois sur le toit du véhicule, en extase devant la ligne formée par les montagnes au loin.

La simplicité du paysage, son champ jaune infini, son ciel alors cuivré, ses montagnes de plus en plus noires, étalées là comme trois épais coups de pinceaux, m'imprégnait de toute sa puissance évocatrice. Attaché à la ligne ténue de la route, je me sentais comme un astronaute perdu dans un vide qui le dépassait. Il a fallu que le conducteur consulte sa montre pour nous ramener à la réalité.

Photo prise sur la route menant aux fjörds, un endroit unique en son genre

— On a intérêt à redémarrer. La nuit va tomber.

Quelques kilomètres seulement nous séparent du *free camp* qu'ils ont repéré, tout près de Milford Sound. En bon roublard habitué aux magouilles d'auto-stoppeur, j'émets une alternative, pendant que nous patientons dans une longue file de voitures.

— Je me couche dans votre lit et je mets un drap sur moi, ou alors... j'essaie de traverser la forêt de l'autre côté, pour vous rejoindre une fois que vous avez passé la barrière.

Ils acceptent bien sûr la première option, même si la seconde aurait fonctionné sans problème. En effet, le camping, une grande prairie vide entourée par les frondaisons, est uniquement protégée par une barrière flanquée d'un gardien à la veste fluorescente.

L'homme leur demande combien ils sont.

— Juste deux... Où est-ce qu'on s'installe ?

— Où vous pouvez. Circulez, c'est bon.

Nous n'avons même pas eu le temps de stresser. Le van pénètre dans le camp par un sentier cahoteux. Je sors ma tête du drap de lit et m'extirpe des draps sur un signe du couple. Devant moi, c'est une véritable vallée de *backpackers* qui s'étale, tous réunis pour voir le fjord, situé à une demi-heure de route. La montagne que nous voyions plus tôt est encore là. Seule sa pointe est encore éclairée par le soleil. Cette brève vision me rappelle le Canada, où j'ai vécu un moment.

Loin de mes pensées, le jeune couple fait sa vie. Je m'active pour monter ma tente et m'y assois posément, les yeux rivés sur les sommets. Autour de nous, tout le monde s'installe pour la nuit. Je ne me lasse pas de ce moment de la soirée, devenu si commun mais toujours si apaisant. Le murmure des discussions vives et fatiguées, celles de voyageurs qui ont vécu mille choses en l'espace d'une journée. Le tintement régulier des marteaux sur les piquets. Le cri brusque et strident, quoique bref, des glissières de tente. La fumée des repas sur le pouce, qui s'élève et atteint mes narines.

— Écoute Gaël...

La voix du gars résonne, pause rugueuse dans le brouhaha léger qui m'entoure.

— Oui ?

— On a pensé à un truc : ce soir, tu restes dans ta tente ou tu fais quelque chose de spécial ? Parce que nous, on va regarder une série.

— Comment ça ? je demande, intrigué, songeant qu'ils font bien ce qu'ils veulent.

— Bah si tu veux, on la regarde ensemble ?

Je reste un moment incrédule. C'est la première fois qu'on me demande une telle chose. D'habitude, je reste plus longtemps avec les *backpackers* avant de me retrouver à partager leur quotidien.

Inconscient de mes réflexions, mes hôtes m'accueillent dans le van et me lancent :

— Ça te dit de regarder *Black Mirror* ?

Depuis le temps que je suis hors du monde, je ne suis plus au fait des séries du moment, d'autant que celle-ci vient de sortir. Je n'ai aucune idée qu'ils me parlent de l'une des œuvres les plus impressionnantes diffusées sur Netflix. J'approuve leur choix quand même et me glisse sous la couette avec eux. On me précise :

— Attends-toi à voir le dernier épisode, par contre. Mais ne t'inquiète pas, de toute façon, les histoires ne sont pas liées.

— Pas grave.

Je l'écoute à peine, considérant ma situation avec stupéfaction. Moi qui suis habitué à mon maigre matelas gonflable dans une tente fine comme du papier, je me retrouve blotti dans une couette bien chaude, au creux des montagnes, avec cette série, *Black Mirror*, pour me divertir un peu. Elle est pas belle la vie ? Il y a quelques heures, je m'attendais à rester bloqué dans une ville peu accueillante, incapable de trouver une voiture pour m'en extirper. Mon comparse me propose même une petite boisson alcoolisée pour arroser cette jolie soirée.

— *Beer ?*

J'ai l'impression de retrouver Jason et ses Stella. Je saisis avec joie la bouteille qu'il me tend.

À la fin de l'épisode, sa copine dort. Il m'offre de télécharger la série entière sur mon disque dur avant que je ne retourne dans ma tente. Le destin sait parfois rendre les choses confortables : sur la côte ouest, on m'avait proposé l'intégrale de *Stranger Things*, que j'avais dévorée ; là, c'est au tour de *Black Mirror*. Je pourrai la regarder tranquillement le soir, maintenant, si je me retrouve seul.

En arrivant dans mon pauvre logis en toile, ma bonne humeur déchante vite. La différence de température me hérisse le poil. Pour pallier ce contraste insupportable, je déballe tous mes habits et les amoncelle sur moi, dans l'espoir qu'ils me réchauffent. Toutes les heures ou presque, je me réveille, frigorifié. À chaque fois, je ramasse ceux qui se sont détachés de la boule de tissu, froissée et grelottante, que je suis devenu.

Les portes du Valhalla

Au matin, je me suis réveillé dans une atmosphère étouffante. Comme pour compenser le froid de la nuit, le soleil brûlant du matin déversait toute sa chaleur dans ma tente. Une sueur âcre m'avait recouvert, surtout avec les tonnes de vêtements que j'avais entassés sur mon corps. J'ai ouvert la porte du four où j'avais dormi. Le paysage m'a sauté au visage, accompagné d'un souffle d'air qui m'a fait revivre. Il était très tôt. Ce soleil qui m'avait suffoqué quelques secondes auparavant se dévoilait dans toute sa magnificence, invoquant les nuages roses et les nuances pastel qu'on aperçoit habituellement lorsqu'il se couche.

La montagne, tout aussi belle, m'apparaissait entière avec le jour. Je pouvais enfin voir à quoi elle ressemblait vraiment, apprécier ses lignes irrégulières et ses coteaux moutonnant de verdure. Subjugué, j'ai immédiatement immortalisé cet instant en photo, prise de l'intérieur de ma tente, pour emporter avec moi le souvenir de la cime splendide. Peu de voyageurs étaient déjà levés, le campement se réveillait très doucement.

Un lever de soleil aux couleurs incomparables

Un coup d'œil à la fenêtre de la camionnette me confirme que mes deux amis dorment. Ne sachant pas trop quoi faire, je me balade dans les bois, furète de ci de là. D'abord en plein calme, puis au milieu des *backpackers* qui se préparent à partir. Je reviens pour toquer à la vitre du couple. Pendant le trajet d'hier, j'ai réservé pour eux et moi une visite du fjord en bateau. Soucieux de ne pas me laisser envahir par les touristes, j'ai alors sélectionné la première tranche horaire du matin. Je panique en voyant l'heure qui tourne. S'ils continuent de roupiller, on n'arrivera jamais à temps !

— Réveillez-vous, on va être en retard !
— Ah oui, c'est vrai, mâchonne le mec, encore en plein sommeil, avant d'ouvrir la porte pour sauter sur le siège du conducteur, très agité. On va rouler ! Ma copine va continuer de dormir à l'arrière, elle est fatiguée.

Sur le chemin, la fraîcheur du matin se faisait sentir. Après tout, nous étions dans le sud du pays le plus bas de l'hémisphère. J'avais quitté mon short et mon t-shirt pour un pantalon et une veste plus adéquate, le soleil rechignant à nous réchauffer. Décidément, il n'était pas de mon côté, ce jour-là. Nous sommes arrivés à un modeste parking. Minuscule, en fait. Je me suis corrigé intérieurement, en suivant du regard les montagnes colossales qui se dressaient vers le ciel, au-dessus de nos têtes. Elles étaient si hautes que je devais étirer mon cou au maximum pour découvrir où s'achevait leur course.

Si vous prenez cette route, n'hésitez pas à vous arrêter. Je comprends pourquoi ils ont filmé les Seigneurs des anneaux ici !

La tranche horaire que nous avions choisie n'intéressait pas beaucoup de monde. Le van s'est donc garé sans problème. Nous sommes descendus vers une sorte de lac où barbotaient de petits bateaux, ou plutôt des coquilles de noix dans une immensité de roches et d'eaux. Nous avons récupéré nos billets, sauté sur le pont et la croisière a commencé. Notre embarcation s'avérait réellement exiguë, comme celles qui sillonnent les fleuves de petites villes.

J'avais la sensation de me retrouver dans un drakkar viking. Je ne m'attendais pas à me retrouver devant des pics si abrupts, presque des falaises. On aurait cru qu'une hache gigantesque, maniée par Thor ou Odin, avait ouvert la montagne en deux, puis qu'ils avaient versé un lac dans la blessure béante. Mon frêle esquif semblait s'engouffrer dans la demeure des dieux. Nous voguions, pauvres mortels, aux portes du Valhalla. Si cette idée avait de quoi intimider, pour moi, bouche bée, c'était un rêve devenu réalité. La pierre verte, couverte d'une végétation luxuriante qui lui donnait des atours de berceau de vie, s'envolait dans les cieux. J'avais l'impression, à la fois formidable et pesante, que les sommets s'apprêtaient à s'abattre sur moi, vu comme ils me surplombaient.

Au moment d'entrer dans les fjords, je sors ma GoPro et me mets à mitrailler ce panorama spectaculaire. Dehors, les cheveux au vent, perdu sous l'immensité vert et bleu, j'avise le couple, resté à l'intérieur car ils ont froid. J'aimerais les enjoindre à me retrouver sur le pont mais je ne pense pas qu'ils m'écouteront. Et puis, j'apprécie ce moment pleinement, peut-être mieux encore parce que je suis seul.

Nous nous sommes enfoncés entre les murs de pierre. Le brouillard stagnait au loin, sur la baie et le lac. Caverneuse mais accueillante, la voix du capitaine a retenti partout sur le bateau. Il nous racontait l'histoire des fjords, la vie qui y grouille, les légendes qu'ils habitent. Cette vallée des dieux, ce lieu céleste me faisait l'effet d'un petit paradis. À près de 30 mètres en hauteur, des chutes d'eau perçaient de leur blancheur explosive le flanc émeraude des montagnes. Elles plongeaient dans le vide dans un déferlement grandiose.

— Attention à la cascade… menace la voix amusée du capitaine.

À l'avant du bateau, c'est la débandade. Malgré les avertissements du loup de mer, nous sommes nombreux à nous laisser surprendre par le flot continu des cataractes. Même mon K-way ne me protège pas de sa force et je me précipite à l'intérieur pour y abriter mes caméras. L'écoulement est si puissant, si profus, qu'il a inondé tout l'avant du pont, au point qu'on dirait que le bateau va couler. Tous les touristes imprudents, dont moi, sont trempés. Avec nos cirés jaunes, on dirait une horde de Paddington qui s'encourt en se dandinant. Les choses se calment quand le capitaine se retire de la cascade, pour entrer dans un défilé.

La brume s'est rapprochée drastiquement. On voit de plus en plus mal au fur et à mesure que le temps passe, car elle continue d'avancer. Déjà impressionnant, le fjord devient l'un de ces passages légendaires où il ne fait pas bon s'aventurer si l'on veut survivre. À tout moment, je m'attends à voir surgir un dragon ou une créature démoniaque sortie de l'eau. À la place, j'aperçois des dauphins. Situés sur ma gauche, ils sont accompagnés, au loin, par un groupe d'otaries occupées à bronzer sur d'épais cailloux. Je suis fou, je cours de la proue à la poupe du bateau sans discontinuer. Trop concentré sur l'incalculable nombre de photos et de vidéos dont je veux remplir mes appareils, j'en oublie de faire connaissance avec les gens qui m'entourent.

Et là, tandis que je m'élance encore une fois d'un bout à l'autre du navire, le fjord s'arrête. Plus loin, c'est la mer. Le capitaine nous annonce qu'il doit rebrousser chemin, au risque d'être emporté par les courants puissants dont nous approchons. Partout autour de nous, je ne vois que des cascades bouillonnantes. Mais le charme de la nature s'est un peu affaibli avec cette annonce terre-à-terre.

Je calme mes ardeurs pour parler avec quelques personnes. Un couple âgé venu des États-Unis, de Washington précisément, attire mon attention. L'homme portant une barbe blanche foisonnante, je l'avais pris pour un marin, un membre de l'équipage. La tâche de naissance qui lui colore la bouche, donnant l'impression qu'il a bu un verre de vin, le fait d'ailleurs d'autant plus passer pour un vieux pirate. À la fin de notre conversation, il me lance, tout en me tendant un papier où il a inscrit son adresse :
— Tu as l'âge de ma fille et tu voyages seul en Nouvelle-Zélande, c'est dingue ! Si tu pars aux USA, passe à la maison !

Les Américains rencontrés sur le bateau

Entre les coups de vent et la pluie battante, au milieu des cascades inépuisables, je prends un *selfie* avec les deux anciens. Je passe un agréable moment en leur compagnie. Tout le monde autour de moi a les yeux qui brillent. Au retour, les dauphins sautent dans la baie pour nous saluer. Les mains agrippant la barre métallique, j'admire une dernière fois les eaux scintillantes qui s'envolent de la montagne, les mammifères marins et leurs acrobaties. Un petit paradis. Clic ! Un nouveau cliché pour mon album mental.

Je rentre trempé dans la cabine, retrouvant mes deux amoureux frileux.
— Bah alors, vous êtes restés tout ce temps dans le bateau ?
— Non, mais on y revenait souvent. Il fait froid, c'est le matin…
Il faut admettre qu'on ne pensait pas être confrontés à un temps si étrange. À la fois humide et froid, avec des cascades pour couronner le tout ! Je m'attendais à un beau soleil, moi aussi, pour autant ce paysage est une splendeur.

D'ailleurs, je ne veux pas quitter le bateau. Je reprends mes tours de la proue à la poupe, regrettant que les quelque quarante minutes de trajet soient passées à la vitesse de l'éclair. Un coup de Thor, sans doute... Je vis toujours l'instant avec tant d'intensité, les fjords à gauche, à droite, au centre de tout me fascinent. À cet instant, je comprends ce qui a poussé Peter Jackson à installer ici l'intrigue du *Seigneur des Anneaux*. Les Néo-Zélandais ont une telle chance, ils se trouvent tous à moins de quelques heures de paysages magiques. Des frissons intenses me parcourent tandis que j'admire l'immensité qui s'offre à moi, trop vaste pour que mon petit corps de mortel l'appréhende. Je me sens minuscule, une fourmi face aux dieux, émerveillée de n'être rien devant l'univers. Je reste traîner longtemps, jusqu'à ce que le couple brise l'illusion et m'intime :

— Allez, il faut rentrer maintenant.

Mes amis "Black mirror" rencontrés sur la route

Milfrod Sound, des images magnifiques. Un des plus beaux spectacles offerts par la Nouvelle-Zélande

Crédits : Google Maps

Mes étapes : j'arrive à Queenstown après être passé par Milford Sound en haut, puis Te Anau, en bas à gauche.

Une rencontre dans la nuit

Nous reprenons la route en sens inverse pendant ce qui nous paraît une éternité, laissant derrière nous Milford Sound pour retrouver Te Anau. Mes conducteurs y restent un temps avant de repartir vers le Nord du pays. Moi, je dois me rendre dans l'Est car plus loin au Sud, il n'y a que l'océan. Nous prenons le *selfie* habituel, ils signent mon drapeau.

— À chaque fois que je regarderai un épisode de *Black Mirror*, je penserai à vous, j'ajoute en riant.

À peine ai-je prononcé ces paroles et salué mes amis qu'un véhicule s'arrête. Par réflexe, je me rue vers mes sauveurs de la journée, qui me déposent près de la région de Southland.

Le trajet est si long qu'à mon arrivée, il fait presque nuit. La petite voiture me laisse à un croisement, ses occupants se rendant à Queenstown. Je suis de nouveau seul dans les champs, sans rien aux alentours.

— Où vais-je, maintenant ?

Souvent, à ce stade de la journée, les gens ne prennent plus personne. J'en fait de nouveau la douloureuse expérience. En une heure, seules quatre voitures passent. Aucune ne s'arrête.

Dans ce décor obscur, à part des champs, des champs et encore des champs, le seul élément notable est un arbre, assez loin de moi. C'est décidé, dès que j'en ai marre, si personne ne me prend, je vais m'y abriter pour dormir. Et j'en ai marre. Alors que j'ai déjà une jambe par-dessus la clôture qui me barre la route, un vieux pick-up bringuebalant sort d'un chemin, crachant des gerbes de fumée malodorantes. Je grommelle entre mes dents : "Super, maintenant le fermier va me dire de partir de son terrain."

Un petit bonhomme assez âgé, vêtu d'une salopette bleue, descend du véhicule. Je tremble, anticipant le savon qu'il s'apprête à me passer.

— Hé, toi ! Tu fais quoi au bord d'la route ! il me tance, avec un accent kiwi authentique.

— Eh bien euh... Personne ne me prend, alors je vais dormir sous cet arbre.

Je désigne "mon" arbre, qui est sans doute le sien.

— T'es fou, j'vais pas te laisser là !

— Vous inquiétez pas, vous pouvez me laisser ici.

— Non non non, j'te prends dans le pick-up et j't'amène chez moi. Tu mettras ta tente dans ma ferme.

— Bon...

Apparemment, je n'ai pas trop le choix. J'ouvre la portière du vieux tacot. Une forte odeur de terre et d'animaux, typique de la ferme, m'assaille les narines. Je m'assis difficilement sur un siège où traînent quelques outils crasseux. La camionnette est remplie d'ustensiles en tous genres et avance à deux à l'heure. Jack, c'est son nom, continue de parler sur la route. Il utilise des expressions que je ne connais pas, même si le sobriquet qu'il me donne me marque particulièrement : il n'arrête pas de m'appeler "mamène"[5].

Jack rigole en se fichant de moi.

— Hahaha, mamène, p'tit bonhomme en bord de route, qui veut dormir sous un arbre... Hahaha !

Tout petit derrière son guidon, qu'il enserre de ses grosses mains calleuses, il avance si lentement que je commence à douter que la voiture arrive un jour à destination. Fatigué de tout ce qui se passe, je me laisse un peu faire. Il fait absolument noir, je ne sais pas ce qui va se passer. Nous discutons un peu, je tremble dans le froid de la nuit et des montagnes. Où est-ce que je vais atterrir ?

---

[5] En fait, Jack me disait "my man", équivalent de "mon pote" en anglais, mais je préfère l'écrire comme il le prononçait !

Nous nous arrêtons. Je prends mon sac et suit l'agriculteur, qui boite légèrement. J'arrive bien dans une ferme de vaches, le parfum des bêtes stagne dans l'air. La porte s'ouvre sur sa femme, une dame assez forte, extrêmement agréable. Elle m'accueille avec un immense sourire, apparemment pas inquiète de rencontrer cet inconnu qui surgit chez elle.
— Bienvenue !
— J'l'ai trouvé sur la route, répond Jack à ma place. Y voulait dormir sous un arbre ! Ah ! Haha ! Bon, il ajoute en se tournant vers moi, j'vais t'donner une serviette, tu vas prend' ta douche, tu manges avec nous et ce soir, tu dors ici.

Je suis sous le choc. Il y a 30 minutes à peine, j'étais sur le point de dormir sous un arbre et voilà qu'on me propose de m'héberger, de me laisser prendre une douche. C'est le genre de moment qui survient sans qu'on s'en rende compte, sans qu'on n'ait rien prévu. Ils arrivent, c'est tout, et tout ce qu'il reste à faire, c'est en profiter.

J'aperçois la cuisine, une pièce pleine de boiseries, ornée d'un carrelage blanc comme dans l'ancien temps. Je me mets à table. Au menu, pommes de terre, petits pois carottes et une pièce de veau. Lisbeth, la femme de Jack, dont les cheveux bouclés retombent sur ses oreilles, amène le plat au salon. Mon petit vieux me lance : "Allez mamène, viens t'asseoir dans l'divan !" Affalé dans le canapé, toujours vêtu de sa salopette rouge, il s'allonge confortablement et me dit de m'asseoir. La télévision trône en face, autel qui aujourd'hui sera dédié au sport : "On va r'garder l'football !" J'ai l'impression de me retrouver chez mes grands-parents.

Pendant que je mange mon repas fumant, délicieux, Jack se fiche toujours de moi. "Quand j'pense que j'l'ai trouvé en bord de route, à vouloir dormir sous un arbre… Hahaha !" Après le repas, je les quittent brièvement pour laver toute ma crasse sous une douche brûlante. Je savoure ce luxe différemment car je n'en ai plus du tout l'habitude. Sur la route, je me baigne dans les lacs ou les rivières mais c'est un froid constant, dur à la longue. J'éprouve une énorme gratitude pour ce petit bonhomme au grand cœur. Lorsque je le rejoins, il me demande comment je me sens.

— Tellement bien, je réponds en souriant d'un air béat.
Lisbeth s'installe dans l'autre siège du salon. Elle s'enquiert de ce que je fais en Nouvelle-Zélande.
— Tu fais vraiment du stop ?
— Eh oui ! Depuis que je suis arrivé d'Australie.
— Tu viens d'où ?

— De Belgique. C'est un défi que j'ai décidé de relever : faire le tour de votre pays seulement en stop !

— C'est incroyable, on n'a jamais vu ça ! Et demain, tu fais quoi ?

Ils me regardent comme une bête curieuse.

— Je ne sais pas. Je vis au jour le jour !

Le vieux couple est plein de questions, au point d'éteindre la télé pour pouvoir mieux discuter. C'est le premier véritable échange que j'ai avec eux. Jack m'explique qu'il dirige une exploitation laitière de plus de neuf cents vaches, réparties en trois fermes dans la région, chacune embauchant quelques employés. L'heure avançant, il empoigne les accoudoirs du divan et se lève.

— Bon, j'vais pas dormir dans trop longtemps, j'me lève tôt demain pour traire mes vaches. Installe tes affaires dans la chambre.

— Merci pour tout, merci…

Il m'écoute à peine. Pour lui, c'est normal. Je profite de résider dans une maison pour recharger mes caméras, mon drone, mon ordinateur, mon téléphone. Il est indispensable que je dispose constamment de la batterie de l'ordinateur pour alimenter ce dernier. Sinon, fini Maps.me !

Me rappelant qu'il a vécu une série de nuits froides et incomplètes, mon corps me lâche brusquement et je m'effondre sur mon lit. Dire que j'étais perdu en bord de route quand le soir est tombé… Avant de sombrer, je songe : "La vie est dingue… Il faut vraiment se laisser surprendre par les événements."

Lorsque je me lève le lendemain, tout le monde est parti à la traite. Je me balade pieds nus dans le jardin, les bâtiments, peut-être pas une super idée dans une ferme en y repensant, je fouine un peu partout.

La production de Jack est impressionnante, comme souvent dans ce pays d'élevage. La Nouvelle-Zélande, en effet, ne compte pas beaucoup d'habitants mais beaucoup de bétail ! Le pays est l'un des premiers exportateurs au monde, en particulier pour le mouton et l'agneau, et nourrit une bonne partie de l'Europe.

Je trouve un coin tranquille au fond du terrain et me filme pour expliquer ce que j'ai vécu. Mon journal vidéo me prend deux heures. Je veux me rappeler de tous les petits moments de ces derniers jours. Une fois mon travail achevé, je range mes appareils.

C'est le moment que choisit mon hôte pour me hurler :

— Hé, mamène, tu fais quoi aujourd'hui ?

Je lui serre la main et avoue :

— Aucune idée.

Pendant que nous conversons, la portière de la grange s'ouvre. Du coin de l'œil, je crois distinguer une carabine. Peu familier des armes à feu, je fais mine de ne pas réagir. Malgré tout, la discussion meurt lentement. Une légère tension s'installe, du moins de mon côté, et ma confusion fait sans doute blêmir mes joues. Je le devine car Jack, qui étudie tranquillement les environs en bon maître de son domaine, capte mon air inquiet. Ses mains épaisses passées dans les bretelles de sa salopette, il se dandine, taquin, un sourire au coin des lèvres. Il suit mon regard jusqu'à l'arme à feu et me lance en riant doucement : "Ben alors ? T'as jamais vu de carabine ?"

Je reste muet. C'est moi, ou la situation est en train de prendre un sale tour ? Un peu narquois, Jack se contente de m'observer, ses yeux ridés, aux paupières plissées comme de vieux parchemins, posés sur mon inquiétude. Je commence à craindre qu'il me descende, là, comme ça. Je n'aurais jamais dû le suivre. Qui sait que je suis ici ? Si je disparais, personne ne saura à quel endroit chercher.

De sa démarche claudicante, l'homme se dirige vers la grange et pousse la porte entrebâillée. Un certain temps passe, je me demande bien ce qu'il fiche. Quand je m'apprête à le rejoindre, mi-impatient mi-inquiet, il surgit, le fusil entre les mains. Il regarde autour de lui, toujours pondéré. Je ne vois rien près de nous, hormis une bande de poules qui s'agitent. Leurs plumes se froissent dans une drôle de panique, soulignée par des cris stridents. Le vacarme ne fait qu'ajouter à ma tension.

Jack actionne un mécanisme. Avec l'habileté d'un expert, il dégaine un carton d'où il extirpe, d'une seule main, deux cartouches rutilantes. Il charge son arme avec doigté, d'une simple pression du pouce.

CLAC

La carabine est chargée. Jack me regarde.

— T'as faim ?

Il est midi et mon ventre gargouille depuis que j'ai achevé ma vidéo. D'un autre côté, la peur qui me crispe ne favorise pas le bien-être de mes entrailles.

— Un peu.

— T'as jamais tiré à la carabine ? T'sais, c'est très facile. Faut juste faire attention à pas viser n'importe où...

— Comment ça ?

Son regard est désormais rivé au mien, et je commence à prier intérieurement. Il vise... et tire.

PAN !
PAN !

Je sursaute, terrifié. Une poule tombe, inerte, dans un fracas de plumes et de chairs déchirées. Jack dégaine un couteau, coupe la tête du volatile, arrache ses entrailles, qu'il donne au chien, puis me tend le cadavre.

— Tiens mamène ! C'midi, on mange du poulet.

Tout s'est passé en quelques secondes. Je ne bouge pas. Certes, j'ai l'habitude de la ferme que tenaient mes grands-parents, mais là… Jack tient toujours le gallinacé, je le prends machinalement. Son sang gicle dans la poussière.

— C'est le voyage, hein ! J'imagine que c'est notre repas de midi !

Je redonne sa poule à l'agriculteur, toujours armé de sa carabine.

— Bon, maint'nant, à ton tour.

Il me fourre l'arme entre les mains et me dit de la caler sur mon épaule droite. Ensuite, il dépose une boîte de conserve au loin et me propose de la toucher si je ne parviens pas à atteindre les volatiles. Ces derniers, sans doute habitués aux folies de leur maître, s'égayent un peu partout.

J'affermis ma prise sur le fusil, étonnamment lourd. Le canon est encore chaud depuis que le fermier a tiré. Je sens encore des effluves de poudre grillée et un voile trouble agite l'air, sur quelques millimètres, au-dessus de la mire. Je ne suis pas vraiment rassuré. Et puis, l'exercice est compliqué. Les poules surexcitées bondissent dans tous les sens, sans compter les obstacles du terrain !

À bien y réfléchir, je n'ai pas du tout envie qu'un shrapnel rebondisse sur une pierre et revienne vers moi. Je dis à Jack :

— Je préfère tirer sur la canette, je serai plus rassuré.

Je dirige le canon vers mon nouvel objectif, à une dizaine de mètres. Le contact de la crosse dure, à peine réchauffée par Jack lorsqu'il l'a posée sur son épaule, est désagréable. Ma propre épaule geint, peu désireuse d'accuser le recul qui arrive. Mes mains moites reprennent fermement leur position. Allez, ce n'est pas si terrible. Je pose l'index sur la détente, ajuste ma visée, prends mon inspiration…

Je tire. Le recul me vrille le bras et la canette saute dans les airs, percée de deux gros trous. Ah ouais, c'est vraiment pas comme dans les films. Je repose l'objet, trop dangereux à mon goût, observant le bout du canon rougi par la chaleur. Les armes à feu… pas vraiment mon truc !

Le poulet, préparé par Lisbeth à midi, est délicieux. À peine avons-nous fini que mon hôte m'invite au restaurant le soir-même, à l'occasion de l'anniversaire de son épouse.

— On va rencontrer des amis à moi d'Invercargill, ils ont pleins de moutons, ils t'en parleront. J'vais t'faire goûter des plats typiques, tu verras !

Ça fait une éternité que je n'ai pas mangé au restaurant. Je m'habille au mieux, même si mes habits fermentent dans mon sac depuis des semaines. Arrivé là-bas, je me retrouve au milieu d'une assemblée d'anciens aux rares cheveux blancs. Ils ont passé une chemise à carreaux plus élégante que leur tenue de travail, pour autant il suffit de regarder leurs mains couvertes de cals et d'écouter leurs conversations pour deviner qu'ils ont l'agriculture dans le sang. Moi, je me sens comme un petit-fils entouré de ses papys et mamies.

Je m'extasie devant le menu.
— Ça a l'air délicieux !
— Tu manges quoi c'soir ? m'intime Jack. Moi, j'te conseille la spécialité de la Nouvelle-Zélande… Le *fish & chips* !
Oh non. Encore du *fish & chips* ! À chaque fois qu'on me propose un plat typique, je finis toujours par grignoter ce poisson pané et ces frites craquantes… Bon, je suis avec mes hôtes, il ne faudrait pas les décevoir. Je commande le plat et en mange avec eux. Tout en mastiquant la chapelure huileuse, je me dis que je devrais faire quelque chose de gentil pour ce couple qui m'a accueilli sans se poser de question.

Prétendant me rendre aux toilettes, je trouve une serveuse et lui explique :
— Ce n'est pas ma famille mais c'est l'anniversaire de la dame, là-bas, je lui dis en désignant la femme de Jack. Est-ce que vous pouvez lui envoyer un gâteau avec une bougie ?
Je reviens, l'air de rien. En avisant la serveuse, je commence à chanter.

Happy birthday to youuu
Happy birthday to youuu
Happy birthday to you, dear Lisbeeeeeth…

Les anciens me regardent sans rien comprendre. Puis la jeune femme pose le gâteau devant Lisbeth et les visages s'illuminent. Le fermier me regarde d'un air attendri et me gratifie d'un :
— Merci mamène.

Assez de joyeusetés, la question de mon départ se pose. Au restaurant, je me dis que je devrais passer une nouvelle nuit chez Jack, s'il m'accepte. Cependant, je dois ensuite rejoindre le Bluff, plus au Sud, du côté d'Invercargill. Or, le fermier m'a expliqué que le couple d'amis à notre table venait de ce coin. En discutant avec eux, ils me parlent certes de leurs moutons comme l'avait prédit Jack, mais j'apprends aussi que je pourrais bien leur être utile. Plus précisément, ils ont besoin de quelqu'un qui prendrait des photos et des vidéos de leur terrain.

Rapidement, nous trouvons un arrangement.
— On voudrait construire une nouvelle propriété sur notre terrain. Pour ça, il nous faudrait une vue aérienne pour l'architecte. On te paiera, bien entendu. Combien tu voudrais ?
— Ce que vous voulez, je vous l'offre même !
Ils insistent.
— Non non non, on te paiera.
À l'autre bout de la table, Jack intervient :
— Hé mamène, tu peux faire une vidéo d'ma ferme aussi ?
J'accepte volontiers, et nous trinquons entre amis.

Nous rentrons, repus et contents. Le fils de Jack, qui gère la ferme avec son père, est présent ce soir-là. Il a mon âge et nous nous entendons très vite. Enfoncés dans le divan pour regarder la télé, nous discutons largement, autant qu'avec Jack. Après réflexion, je propose à la cantonade :
— Comme vous partez tôt demain matin, sans doute avant que je me réveille, je voudrais prendre une photo avec vous et vous faire signer le drapeau.
Ils acceptent et nous passons une ultime soirée très joyeuse. Je me couche, satisfait après cette folle journée, et m'endors avec une dernière pensée qui me soulage.

"Heureusement que les balles ne se sont pas retrouvées dans le poulet..."

La photo de Jack avec ma pancarte et sa salopette bleue. Quel homme génial, et quelle énergie !

Le Bluff

Le lendemain matin, j'abandonne l'idée de réaliser la vidéo promise à mes hôtes car il pleut à verse, ce qui rend impossible le décollage de mon drone. Quand le couple de la veille vient me chercher, j'embrasse Jack et serre son épaisse pogne de fermier. Aucun mot ne suffirait à exprimer ce qu'il m'a apporté, alors je reste simple.

— Merci. J'ai passé un magnifique moment avec vous.

— Mamène, tu viens quand tu veux ici ! La prochaine fois, tu resteras une semaine ou deux.

— Vous êtes de très belles personnes, je m'émeus avant de me tourner vers Lisbeth, pour l'embrasser affectueusement. Merci pour toutes tes attentions, et de m'avoir accueilli pour ton anniversaire. Ton poulet était un délice. Tant qu'il reste des poules, on mangera bien ici !

La voiture de leurs deux amis fait crisser ses freins en arrivant près de nous. Il est temps de partir.

Les petits vieux m'emmènent en direction d'Invercargill, l'une des villes les plus au Sud du pays, dans une énorme maison. Elle jouxte une ferme beaucoup plus grande que celle de Jack, moins enfoncée dans la campagne aussi. Rapidement, l'homme aux joues rouges s'éclipse, son béret sur le crâne et sa sempiternelle chemise à carreaux sur les épaules. De dos, je jurerais retrouver mon grand-père. La dame me guide au sommet d'une butte. A chaque pas, les perles de l'énorme collier dont elle a chargé son cou s'entrechoquent et les bracelets ceignant ses bras cliquettent, accompagnés des bagues métalliques qu'elle porte à chaque doigt. J'étouffe presque en respirant le parfum capiteux qu'elle dégage.

Malgré tout, j'éprouve une douce sensation de déjà-vu. Son parfum comme sa dégaine, ses longs cheveux bouclés à l'ancienne à coups de bigoudis, ses lunettes, sa silhouette épaisse de bonne vivante, à l'instar de son époux, tout cela me rappelle la communauté des fermiers que j'ai tant côtoyés en Belgique. Je me sens à l'aise. Flanquée de son chien, elle m'explique qu'elle veut filmer cet endroit en hauteur, afin de faciliter la construction d'une autre bâtisse. Je me mets au travail et, une fois mon drone prêt à décoller, je lui fais prendre rapidement de la hauteur.

Pendant que je filme, cette femme prospère me répète, réjouie, tous les détails de son projet. Visiblement, elle prend beaucoup de plaisir à planifier chaque étape de la construction de sa nouvelle maison. Je la sens particulièrement émerveillée par les prouesses de l'engin qui survole le berceau de son bébé. À force de lorgner mon drone, elle finit par déclarer :
— Dans tous les cas, je vais en acheter un.

Je navigue tranquillement au-dessus de l'étendue d'herbe, plutôt satisfait de mes prises. C'est un plaisir d'aider ces gens qui s'avèrent aussi généreux et aimables que Jack, même si ce dernier me manque déjà. Malheureusement, le temps revient à la charge, comme chez mon ami quelques heures plus tôt.
— Je vais faire descendre le drone, la pluie peut lui faire beaucoup de mal !
— Pas de souci.

Mon hôtesse est déjà en train de consulter les prix des drones sur internet quand le mien atterrit. Nous rentrons dans sa maison et je transfère les photos et les vidéos sur son ordinateur. Elle semble aux anges. Je la vois déposer un billet de cent dollars australiens dans ma main. Une somme importante pour un auto-stoppeur, ce que je ne peux pas m'empêcher de lui faire remarquer.
— C'est trop pour moi !

— Non non non, c'est très bien. Tu nous as rendu service. Avant que j'aie le temps de protester, elle a déjà commandé un drone et me demande ce que je veux faire. Elle enchaîne ces deux actions comme si c'était une simple matinée de plus pour elle.

— Il n'y a pas grand-chose à Invercargill non ? J'ai seulement entendu parler du Bluff.

— Oui, c'est un endroit spécial de la région ! On peut t'y amener.

En quelques minutes, je me suis retrouvé au Bluff, presque à l'extrémité méridionale de la Nouvelle-Zélande. Sur la route, je ne contemplais que des zones urbaines toutes plates, marquées par une industrie du siècle dernier. Des immenses entrepôts en tôle aux gros morceaux de ferraille rouillées, on aurait dit que l'endroit restait figé en pleine Révolution industrielle. Le vent sifflant amenait des nuages sombres qui plombaient l'atmosphère, ainsi qu'une odeur vaseuse de poisson pas frais. Cette impression de visiter un quartier glauque du Londres des années 1850 ne me plaisait pas.

Le Bluff, seul élément marquant du décor, n'était qu'une sorte de baie sans prétention où se dressait un énorme rocher plat. Le monolithe, planté d'un phare à son sommet, surgissait brusquement du sol. Je me suis dit qu'on se lançait dans une interminable randonnée mais le couple m'a conduit au phare en voiture, utilisant la petite route prévue à cet effet. Le paysage n'avait rien de splendide. Tout au plus bucolique, il ne comportait aucune découverte exceptionnelle. Hormis peut-être ce panneau jaune vif, typique de l'endroit, qui indiquait la direction de Londres, New York ou encore Sydney et la distance à parcourir pour rejoindre ces lieux depuis le (presque) bout du monde.

Outre cet objet original, le panorama me donnait l'impression d'un banal cratère raboté. Rien à voir avec le coup de hache d'un quelconque dieu scandinave... En me tournant vers la presqu'île que nous venions de traverser, je me suis retrouvé face à un paysage qui m'a rappelé la Tasmanie. La mer qui nous entourait, la route étroite qui passait tranquillement au milieu. L'eau turquoise s'assombrissait malgré tout avec le gris du ciel et de la pluie, qui menaçait de tomber. Ce n'était pas le plus magique des endroits, mais il restait assez joli.

Les deux petits vieux m'expliquaient l'histoire de la ville, industrielle comme je l'avais deviné. Ils évoquaient les actualités récentes qui la concernaient, puis ont avisé ma moue relativement indifférente.

— Est-ce que tu as faim ? Tu veux manger quelque chose ?

Il s'est mis à pleuvoir et j'ai accepté, tandis que nous nous réfugiions dans la voiture. Nous nous sommes rendus dans un boui-boui où l'on vendait, selon l'ancien aux joues rouges et au long nez, le meilleur plat de Nouvelle-Zélande. Quand nous sommes arrivés à destination, j'ai tenté de cacher une nouvelle moue, d'écœurement cette fois.

— C'est pas vrai…

Je me retrouve une énième fois devant l'un de ces satanés *fish & chips*. Je crois que je n'ai jamais mangé autant de frites, même en Belgique ! Je remarque qu'eux ont tout l'air d'apprécier cette odieuse nourriture que je ne peux plus voir en peinture, d'ailleurs importée par les colons anglais. Ont-ils remplacé des mets maoris bien plus savoureux du temps où la Nouvelle-Zélande n'était pas britannique ? Peu importe. Pour l'instant, je fais mine de me régaler en piochant dans le papier graisseux.

— Maintenant qu'on est allé au Bluff et mangé du *fish & chips*, tu veux faire quoi ? me demande l'homme dont les commissures suintent d'huile. Rentrer à la ferme ?

J'hésite. Il fait froid, la pluie martèle la ville, je ne veux pas rester dehors sous ce temps. Toutefois, cela fait déjà deux jours que je me traîne dans le coin, aussi je refuse sa proposition. Il voudrait me laisser en centre-ville, ce qui n'est pas du tout pratique pour moi.

— Pouvez-vous me déposer en dehors d'Invercargill ?

Le fermier regarde sa montre plaquée or avec nervosité.

— Hum… Bon, tu nous as vraiment aidé, je t'y conduis. *Let's go !*

Le carrefour où il me dépose s'avère complètement vide. Je remercie le couple, demande le *selfie* et la signature habituelles, puis me retrouve seul sous la pluie battante. Je sors mon poncho orange dont je recouvre mon sac. Alors, telle une grosse tortue fluo, j'attends.

Arrivé au Bluff, un des points les plus bas de la Nouvelle-Zélande

Moi et mon poncho fluo sous la pluie, avec mon sac couvert et la tente au côté

Mes étapes : le Bluff, le point "E" de cette partie du voyage, le plus bas que j'ai visité !

C'est dans les endroits les plus proches...

Je patiente sous les gouttes pendant longtemps. Je ne veux pas écouter ma musique car je dois éviter de mouiller mon casque. Presque personne ne s'arrête, comme souvent juste en dehors des villes. Au bout d'une heure et demie, heureusement, une voiture s'arrête. Un gars au look de geek apparaît. Imposant, vêtu d'un vieux t-shirt porté depuis quelques jours, le crâne rasé et la barbe fournie, il semble seulement quitter son antre pour les grandes occasions. A côté de lui est assise sa petite amie, une fille au style gothique dont le visage est mangé par ses cheveux noirs. L'homme porte dans sa main un bulldog qui paraît minuscule dans son poing. La petite tête du chien ressort de l'habitacle, comme pour me saluer. Il me fixe de ses grands yeux humides, mais c'est son maître qui s'adresse à moi.

— Qu'est-ce que tu fais sous la pluie ?
— Je fais du stop. C'est un challenge...
Je n'ai pas le temps de justifier ma présence ici qu'il me coupe, éberlué.

— T'es fou ! Tu vas où ?
J'essaie de remonter la côte Est.

L'homme m'invite à l'arrière du véhicule tout-terrain et pose son compagnon canin à côté de moi. Il m'explique que lui et sa copine vivent à Invercargill mais se baladent, un peu au hasard. Ils se dirigent chez la grand-mère de la fille, qui habite dans le Nord de l'île. Je saute sur l'occasion d'occuper ces deux personnes désœuvrées.
— Ça vous dérange si on s'arrête à de jolis endroits sur la route ?
— Non, répond la jeune femme. On n'a rien à faire de notre journée, il n'y a pas de souci.

J'ouvre Maps.me et leur montre certains endroits pittoresques. Nous voilà partis sur des plaines, comme toujours, même si je restais sur ma faim. Les paysages ne me satisfaisaient plus car j'avais une autre idée en tête, de plus en plus lancinante. En effet, on m'avait affirmé que sur la côte Est se trouvaient un animal que je voulais rencontrer au plus haut point, sans succès jusqu'ici : le pingouin.

C'est dans cette optique que j'oriente mes nouveaux amis vers Waipapa point. Quelques jours plus tôt, je m'enfonçais dans les montagnes puis les fjords et maintenant, je me retrouvais sur des côtes au profil anglo-saxon. De grandes plaines, une végétation basse et beaucoup de vent, à l'instar des grands parcs du Canada comme Halifax. Mais après avoir vu deux, trois, dix phares, j'étais tout juste satisfait de me balader dans cette région rapidement monotone. Mon conducteur, lui, semblait ravi de découvrir son pays.
— C'est une chouette balade, tu en as d'autres des comme ça ?
— J'en ai plein. On va aller à un endroit plus atypique, le Slope Point.

Je dois reconnaître que mon sentiment blasé s'est quelque peu étiolé en atteignant le bout du monde, le vrai, cette fois-ci, plus au Sud encore que le Bluff. Dans cette crique étrange qu'était le Slope Point, on apercevait un canal comme creusé dans les rochers. Une sorte de piscine naturelle, creusée par l'eau de la mer, au bord de laquelle paissaient des moutons disséminés passim au cœur de prairies verdoyantes. Les arbres, cependant, y prenaient des poses inquiétantes. On aurait dit que le vent mauvais tentait de les coucher, de les soumettre en étirant leurs longues branches, recourbées comme des doigts de sorcière. Face à cette forêt similaire à celles des contrées hantées de l'Écosse, je préférais fuir. Je me promenais alors entre les moutons au cou ceint de clochettes sonnantes, accompagné de mon chien de berger lilliputien et de ses maîtres, qui prenaient des photos à tout va.

De retour dans la voiture, j'ai de nouveau entendu les louanges que le jeune homme faisait de son pays. C'était un gars sympathique, de même que sa copine. Tous les deux discutaient avec aisance, même si elle sortait peu de la voiture. Ils m'ont montré le point sur la carte où ils s'arrêtent. Je leur ai dit qu'on pouvait se quitter sur un dernier panorama : Porpoise Bay.

— Ah oui, je connais cet endroit, mais je n'y suis jamais allé.

La remarque de ce garçon méconnaissant ce qui l'entourait m'a fait glousser, tant la réflexion qui l'accompagne est partagée par le plus grand nombre.

— Tu sais, c'est souvent aux endroits les plus proches de chez soi qu'on n'ose pas aller.

Nous arrivons devant une baie magnifique, accotée à un *free camp* déjà bien rempli. Quoique je ne suis pas fatigué à l'excès, je préfère la stabilité à la pluie. Je décide de me rendre au camping, espérant y trouver d'autres voyageurs. Le couple accepte volontiers de m'y conduire, désireux de se régaler encore de quelques merveilles inconnues.

Une plage interminable en croissant de lune occupe notre gauche, juste à côté du camping. À droite, les rochers lui opposent leur noirceur et leur aspect brut dans un contraste saisissant. Nous gravissons la colline qui nous sépare de la plage et du campement, jusqu'à un panneau qui me donne des frissons d'excitation.

Attention pingouins

La journée ayant bien avancé, je n'ai plus beaucoup de temps pour voyager. Et puis, j'ai peut-être une belle occasion de rencontrer des pingouins. On m'a dit un jour que les volatiles sortaient à l'aube ou en matinée, donc autant que je reste dormir. D'ailleurs, il se trouve que j'ai cent dollars en poche. Oui, décidément, c'est un bon endroit pour moi.

Le jeune couple reste un peu sur la baie, puis je les embrasse et me rend vers mes frères et sœurs *backpackers*. Le soleil est enfin apparu, il a arrêté de pleuvoir : encore un signe que j'ai pris la bonne décision en m'arrêtant ici. J'aperçois des voyageurs au loin, des gens qui posent leurs tentes et leurs caravanes à hauteur de la baie.

Chapitre 20 – Une longue attente pour une bien petite chose

Dans la maisonnette du camping, je retrouve la communauté des backpackers chère à mon cœur. Toutes les nationalités sont représentées parmi les groupes de jeunes voyageurs rassemblés à cet endroit. Certains cherchent du travail ou tirent un paquet de cartes de leur sac rempli à ras bord, pendant que d'autres cuisinent des mets typiques de leur pays d'origine. Tant de cultures, rassemblées en une seule pièce, donnent au lieu une atmosphère apaisante. Je vois une foule de *dreadlocks*, une masse de pieds nus, des familles et des amis. L'odeur des plats exotiques envahit doucement mes narines. C'est comme si je retrouvais un peu les miens.

Un homme posté à l'accueil m'interpelle :
— M'sieur, je peux vous aider ?
Je m'approche, un peu surpris d'être hélé comme le client d'un hôtel classique, au milieu des fumerolles délicieuses émises par les préparations culinaires, des échos de conversations, des musiques qui résonnent. Je murmure dans ce chaos bienveillant :
— Oui, j'aimerais poser ma tente.
Je paye les quinze dollars qu'il me demande grâce à ma nouvelle fortune, puis m'enquière de ce que je peux faire de ma soirée. Sa réponse est immédiate.

— Ce soir, je te conseille de te rendre à l'aplomb de la falaise pour voir les pingouins. Si tu regardes sur la gauche de la baie, tu apercevras même des dauphins ! Surtout reste bien vigilant et sois patient. Les animaux savent se faire désirer, ici...
À partir du moment où il prononce le mot "pingouins", je n'ai qu'une chose en tête : placer ma tente au premier endroit disponible, dévorer un repas rapide et me lancer à la découverte de ces animaux que je n'ai jamais pu admirer !

En déposant ma tente vert pomme, celle que m'avait offerte un gars en Tasmanie, je sors mes provisions. Nourri au *fish & chips* depuis des jours, je ne les ai pas sorties une seule fois et je m'en mords les doigts. Le pain, dur comme un bout de bois, en a même le goût. En retournant la miche où j'ai manqué, en plus, de me casser une dent, j'avise une tache dégoûtante de moisissure. Pas de nourriture pour ce soir, donc. Je jette mon pain, dépité, pour me contenter de la boîte de thon qui attend au fond de mon sac.

Je passe la soirée affamé avec le goût amer du thon en bouche. Dans un accès de folie, je songe même que si quelqu'un me propose du *fish & chips*, j'accepte sans hésiter ! Mon regard erre d'un voyageur à l'autre tandis que je me repose dans le réfectoire. J'essaie de repérer celui qui me paraît le plus sympathique car il me faut une voiture qui part dans le Nord dès demain matin. Je suis finalement abordé par Célina, une Allemande qui partage mon métier d'auto-stoppeur ! Avec ses longues dreadlocks blondes, son sarouel flottant et ses monceaux de colliers, elle incarne ce style rasta particulier cher à tant de *backpackers*. Elle me salue avec toute la bienveillance du monde.

— J'ai vu que tu voyageais avec une pancarte, tu fais du stop ?
— Ouais !
— Moi aussi, je suis dans la tente là-bas, avec ma pancarte juste à côté, d'ailleurs !

Célina me fixe de ses yeux d'un bleu intense, tout en prononçant ses mots avec cet accent hachuré que je reconnaîtrais entre mille. Ne sachant trop que faire de sa vie, elle a voulu partir loin de sa famille, avec laquelle elle s'entend mal. Le stop est-il une révélation ou une échappatoire pour elle ? Peut-être un peu des deux. En tout cas, sa joie de vivre et sa positivité me plaisent instantanément. J'envisage très vite d'en faire ma comparse.

— Tu vas où ? je lance. On pourrait voyager ensemble !
— Si tu veux !

Puisque nous n'utilisons pas vraiment nos téléphones, dont nous préférons utiliser la batterie pour le GPS, Célina et moi échangeons la location de nos tentes. Je reprends mes recherches. Tous les gens qui passent devant moi sont sollicités, des familles aux loups solitaires. Je voudrais une voiture qui part au Nord, mais peu sont dans ce cas de figure. Beaucoup reviennent dans le Sud. Je perds espoir, vite certain que je vais me retrouver en bord de route demain, à m'agiter pendant des heures...

Mon amie allemande arrive sur ces entrefaites et me dit, un peu gênée :
— J'ai trouvé deux filles sympas mais elles ne peuvent prendre que moi - elles sont allemandes elles aussi.

Je la regarde, circonspect. À mon avis, elle n'a pas dû expliquer ma situation directement. Je me plonge dans ses yeux bleus et son air folichon, très sérieux. Je lui demande si je peux aborder les deux Allemandes, pour négocier avec elles.
— Oh oui, vas-y ! Elles sont en haut de la butte.

Je m'y rends et découvre deux jeunes femmes visiblement lancées dans des vacances bien préparées. Elles sont très loin des backpackeuses que j'ai rencontrées jusqu'ici et de cet esprit *roots* qui les caractérise.

— Halo, je fais aimablement. Je suis avec Célina, pouvez-vous me prendre aussi ?

— Non, non, on n'a pas de place.

Leur froideur me fige sur place. Elles sont moins chaleureuses que ma nouvelle pote hippie, c'est sûr...

— Écoutez, je ne trouve personne dans le camping. Si vous ne me chargez pas, je risque de rester une nuit de plus. Au pire, je mettrai mon sac à dos sur mes genoux, je me ferai tout petit.

— Bon, bon, l'une d'elle maugrée. Reviens demain matin assez tôt, on verra si on réussit à aménager le van pour t'accueillir.

Ce n'est ni un oui ni un non mais je ne perds pas espoir. Le soleil descend. Déjà survolté à l'idée de voir des pingouins, je leur partage mon bon plan.

— Je vous recommande de vous poster en hauteur ce soir pour voir la baie, là où elle est un peu rocheuse. Les pingouins seraient de sortie ! Et demain matin, il devrait y avoir des dauphins sur la gauche de la plage. Vous me direz là-bas si c'est bon, comme ça ?

— *Kein problem.*

Je reviens à ma tente, je m'empare de mes caméras et je rejoins la partie plus basse de la falaise, une vallée rocheuse déjà remplie de gens qui brandissent des jumelles et des appareils photos dernier cri... Le soleil descend à l'horizon, j'avise un photographe avec un énorme objectif. Je lui demande ce qu'il me recommande de faire :

— La meilleure chose est d'attendre et de ne pas faire de bruit.

Je m'assieds au bord de la falaise, face à la baie de calcaire. Le soleil descend. J'attends, je discute discrètement avec des photographes, des familles, tout le monde. Le temps passe, tant et si bien que des groupes abandonnent, désespérant d'apercevoir les pingouins. Impatient, je me répète que ça ne sert à rien. Toutefois, j'attends que la nuit tombe pour ne pas avoir de regrets.

Malheureusement pour les plus impatients que moi, les pingouins sont en train d'arriver. Ils restent encore discrets, cependant. Visiblement, les volatiles attendent le bon moment pour sortir. Ils vérifient qu'il n'y a pas de danger. Ce sont des animaux prudents, furtifs, qui préfèrent éviter les prédateurs. Le photographe que j'ai abordé au début me tend ses jumelles. Je lui murmure, circonspect :

— Pourquoi ils ne sont pas sortis de l'eau ?

— Parce qu'un éclaireur vérifie que personne ne risque de les déranger.

Le voilà ! Je distingue un petit machin qui surgit et se dandine sur un rocher.

— Regarde, c'est le premier.

Le pingouin restait sur son roc, l'air renfrogné, son bec penché en avant pour mieux apprécier les alentours. Les plumes blanches de son poitrail dodu contrastaient avec le noir de ses ailes et du reste de son corps. Il ne bougeait pas. Je percevais qu'il examinait le lieu, comme une statue, nous observant de loin pour vérifier que le moment était propice. Derrière, on apercevait tous les autres petits pingouins qui attendaient son signal, les palmes immergées. Au bout d'une longue attente, chaque oiseau a commencé à avancer, à son rythme. Je riais sous cape tandis que ces êtres minuscules sortaient par petits bonds, comme des personnages de Mario Kart.

— Reste un peu là et au bout d'un moment, tu descends pour mieux les voir.

Je m'exécute après de longues minutes. Quelle excitation ! C'est la première fois que je me retrouve face à des pingouins sauvages. Mon mal en patience est grandement récompensé. Je les découvre au bas des falaises rocheuses, à l'intérieur des grottes où ils viennent s'abriter. De là, on peut tous les contempler. Ils ne sont pas toujours noirs et blancs, certains sont immaculés, d'autres ont un bec surligné de jaune. J'arrive à peine à croire que je les observe en pleine nature. Quelle joie !

Encore une fois, je n'avais pas prévu de les voir mais cette vision faisait partie des petites choses que la vie offre. Je vivais des journées fascinantes. J'aurais adoré immortaliser ces instants magiques mais mon appareil ne rendait pas justice à ce que mes yeux avisaient. Je suis reparti de cet endroit avec une immense banane sur le visage. Voilà ce que je rêvais de voir en Nouvelle-Zélande.

— Wow…

La nuit arrive, or je dois me lever tôt pour espérer trouver les dauphins et les Allemandes au petit matin. Je rentre à ma tente. En parvenant au camping, je croise Célina. Elle se jette presque sur moi, je la sens fascinée.
— Toi, tu as vu les pingouins, je me trompe ?
— Ouiii ! On était avec les deux filles de la voiture, elles sont super contentes que tu les aies conseillées !
— Écoute, essaie de les convaincre de m'emmener avec vous demain, si tu peux.
Je m'endors la faim au ventre, légèrement optimiste pour le matin, en tout cas trop heureux d'avoir vu de véritables pingouins.

C'est ici qu'ont débarqué les pingouins

Un pingouin immortalisé à travers les jumelles

Quelques brasses en bonne compagnie

Le lendemain, je fonce au sommet de la butte pour rencontrer les Allemandes. Je me retrouve devant leur van à 7 heures 30. Personne. Au moins, elles ne sont pas encore parties. Mais où peuvent-elles bien être ? Est-ce que je pars sur la baie, au risque de les rater, pour admirer les dauphins ? Je décide de rester devant leur véhicule, au cas où, pour les attendre en méditant devant la baie. L'une des deux remonte enfin mais elle affiche un air fermé. Elle me dit :

— Qu'est-ce que tu fais là ? Pourquoi t'es pas venu à la baie ?

— Bah... je vous cherchais.

— Mais on était à la baie, on a vu des dauphins !

Je suis dégoûté. J'aurais dû les rejoindre !

— Il y en a encore ?

— Ouais, j'ai même nagé avec eux !

— Écoute, déjà, vous me prenez ou pas ?

— Oui, t'es chouette et tu nous as bien conseillées pour les pingouins, on te prend !

— Tu peux me laisser 30 minutes pour y aller ? Je laisse mon sac là.

— C'est pas moi qui décide mais les autres.

Sa compagne et Célina se montrent quelque temps plus tard. Sur le qui-vive, je demande :

— Est-ce que je peux aller me baigner ?

J'ai l'impression d'être un gosse qui demande la permission à sa maman mais c'est mieux que de me mettre à dos mes sauveuses.

— Hum oui mais bon... je voulais partir à 8h00, il ne faut pas qu'on soit en retard...

— Allez, je supplie. Je t'ai conseillée pour les pingouins, tu n'as pas été déçue non ? S'il te plaît...

— Certes, certes... Bon, tu te dépêches hein ?

— Super ! Je vous laisse mon sac ?

— Ok, ok. On prépare notre bouffe, mais pas plus de 30 minutes !

Je résiste à l'envie de lâcher un "merci maman !" mais pas le temps pour l'ironie. Je jette mes affaires à terre et me précipite tout en soufflant :

— Ok !

En un instant, je me suis mis à dévaler la falaise en direction de la baie de gauche, ma GoPro à la main. La verdure me fouettait les mollets et les bras, mon corps fatigué, répugnant criait au supplice, mais je m'en foutais. J'avais aperçu les pingouins mythiques, je ne pouvais pas rater les dauphins. Une fois arrivé au pied du mur de calcaire, j'ai vu une longue plage de sable jaune s'étaler devant moi. J'ai cherché rapidement les dauphins à l'horizon. Rien, sinon du jaune à perte de vue. J'ai dû demander aux passants où se trouvaient les dauphins.

— Là-bas, m'indique enfin une personne qui pointe très loin dans la baie.

Je cours vers l'endroit, essoufflé, la sueur me coule dans le dos. Je dois puer à des kilomètres. Enfin, j'avise des gens qui flottent. Les dauphins sont certainement là. Je rejoins le bord de l'eau, annonce à des inconnus que je leur laisse mon sac en leur expliquant rapidement la situation, puis je me déshabille en quelques secondes. Ils doivent me prendre pour un dingue, tant pis. Je prends le risque de leur laisser mes affaires, peu importe. Je me jette dans l'eau glacée, en espérant nager près d'un dauphin.

Ma peau tirée calcule à peine l'eau froide, tant mon attention se porte sur ma quête. Les vagues m'assaillent, se fracassent sur mon visage, j'ai la bouche pleine d'eau salée. J'entends des "ploufs" tout autour de moi. Je sais qu'ils sont là, alors je scrute la surface de l'océan, comme un mirador au milieu d'un désert liquide. Un dauphin saute, puis deux, quatre, dix ! Je nage comme un fou pour les rejoindre.

En fendant les vagues, j'en découvre un à ma gauche, un autre à ma droite. Ils s'amusent, sautent dans les gerbes d'écume. Tout proches un instant, ils s'éloignent brusquement à quinze mètres l'instant suivant. J'essaie à chaque fois de les suivre tout en utilisant ma GoPro mais je dois m'arrêter au bout d'un moment. C'est impossible. Je décide de profiter de l'aventure exceptionnelle que je vis. Je coupe la caméra.

La richesse de la Nouvelle-Zélande me subjugue. Ce voyage ne cesse de m'impressionner par ses innombrables secrets. Des pingouins hier, aujourd'hui des dauphins, quelle richesse je vis là, dans cette eau froide comme de la glace. Les mammifères finissent par disparaître. Je sors de la mer, tout bleu, tout mouillé. Je reprends mes habits et les enfile en frissonnant. C'est reparti. Je m'élance pieds nus, le slip trempé, ma GoPro à la main, je remercie le couple qui a pris soin de mon sac. Après la banane du soir, j'ai la banane du matin. Dure dure, la vie d'autostoppeur !

Cette baie se révèle décidément extraordinaire. Si je le pouvais, je resterais plus longtemps. Je mesure ma chance d'avoir débusqué ces animaux en un si bel endroit. Je remonte la baie que je dévalais quelques minutes plus tôt et me retrouve sur la pelouse verte du camp, les poumons en feu. Mes pieds ressemblent trait pour trait à ceux d'un Hobbit. L'Allemande qui avait insisté pour que je revienne vite sort sa montre et m'assure :

— À deux minutes près, t'étais en retard. Alors, t'as vu tes dauphins ?

— Oui.

Je dois avoir l'air le plus benêt du monde sur le visage.

— Frotte tes pieds dans l'herbe et monte dans la voiture.

Ma pote hippie, Célina, se réjouit bruyamment :

— Ouaiiis, on a gérééé !

Je souris, légèrement déstabilisé par son attitude toujours pétillante. Au moins, elle m'envoie de meilleures ondes que les autres... Je tape dans la paume ouverte qu'elle me tend et la voiture démarre.

Je me dis, un peu sonné : "C'est dingue ce qui vient de se passer..."

McLean Falls

Au fur et à mesure du trajet en compagnie des deux filles, je remarque que l'ambiance change. Elles deviennent plus sympas, passent de la musique entraînante, se lâchent. J'hésite à leur demander si elles veulent faire un peu de tourisme. Je regarde la vallée qu'on descend et la côte qu'on aperçoit derrière, je repense aux dauphins. À côté de moi, Célina, ma nouvelle amie hippie, balance ses longues *dreadlocks* au rythme des cahots de la voiture. Au bout d'un moment, je n'y tiens plus et lance :

— Les filles, vous avez pensé à faire quelque chose sur la route ?

— Non, on pensait aller directement à Dunedin.

Je leur propose de visiter des endroits repérés sur Maps.me, en leur faisant miroiter des plages de sable fin à l'eau cristalline, ainsi que leurs potentiels habitants.

— Il y aura peut-être d'autres dauphins là-bas, qui sait !

— *Kein problem*, elles répondent. On va où ?

Elles me fixent de leurs yeux bleus irisés, similaires à ceux de Célina. J'ai à peine eu le temps de m'en rendre compte mais je crois que je suis devenu leur guide officiel. Je me retrouve à devoir planifier le parcours, à désigner les points sur la carte. De cette manière, nous parvenons à explorer de nombreux coins, comme les McLean Falls.

C'était la première fois que je rentrais à ce point dans les terres depuis le début de mon voyage. La journée très ensoleillée nous avait convaincus de nous rendre aux chutes, réputées splendides. Nous avons donc emprunté un petit chemin de terre en pleine forêt. Son étroitesse et la végétation abondante qui l'entourait m'ont rappelé le Costa Rica. Ma vie idyllique à Bali, aussi.

La forêt a fini par se révéler inextricable pour un véhicule. Le sentier quelque peu boueux, dont les grosses flaques s'étalaient, menaçantes, nous empêchait en effet de rouler plus loin. Il nous a fallu laisser la voiture pour dénicher la fameuse cascade. Cela me faisait du bien de marcher dans la forêt, en bonne compagnie de surcroît. Les arbres nous tendaient leurs bras familiers, leurs feuilles vert tendre appelant à la sérénité.

Peu à peu, d'autres gens nous rejoignaient, nous dépassaient ou nous croisaient sur ce passage de nature dont l'air pur enchantait nos poumons. Des ondes de bien-être flottaient vers nous avec les ruisseaux qui coulaient autour du chemin. C'était incroyable de passer de la plage à la rivière en une demi-heure. Et soudain, au milieu de la forêt, elle est apparue. Une énorme cascade blanche aux reflets de ciel bleu.

Le bassin où elle se jetait, peu profond, accueillait néanmoins des dizaines de baigneurs. Pour ma part, je n'avais qu'une envie : sauter dans cette eau douce, qui porte si bien son nom, pour me débarrasser du sel de l'eau de mer qui rendait ma peau rêche en séchant. J'observais les oiseaux qui piaillaient et s'égaillaient entre les branches tombantes, les tapis de mousse émeraude recouvrant les troncs séculaires, les pierres qui semblaient taillées à la serpe par une divinité ancienne. Alors que rien ne m'avait préparé à une telle vision, je me retrouvais au jardin d'Éden.

Le Gaël pensif se retransforme très vite en gamin surexcité. Je sors ma GoPro et j'enlève tous mes habits pour plonger dans la cascade en slip, la tête la première. C'est ma petite douche du matin, rafraîchissante à souhait. Je me détends quelque peu après ma course du matin et le trajet en voiture, que les rayons du soleil rendaient légèrement étouffant. Mes yeux vagabondent çà et là, laissant mes neurones se reposer en ne s'attachant à rien de particulier.

Bien sûr, ils finissent par s'attarder sur un point, en haut de la cascade, au loin. J'y décèle un chapelet de petites têtes qui dépassent. Quelques-uns de mes neurones se réveillent et je me dis qu'il y a sans doute un accès quelque part.
— Les filles, ça vous dit de rejoindre le haut de la cascade, et de s'y baigner ?

— Ok, si tu trouves le chemin…

Mes comparses, qui flottent tranquillement à la surface de la pataugeoire improvisée, ressemblent à de petites mamies barbotant dans leur bain. Tandis que je détourne le regard, je vois un homme qui dévale la pente et, une fois en bas, manque de chuter. Je lui demande comment il est arrivé au sommet de la cascade.

— C'est simple, tu t'accroches aux branches et t'y vas !

Je laisse mes habits à un inconnu dont la tête me revient, puis j'entame ma tentative d'escalade. Les pieds dans la boue, l'ascension est difficile.

Je suis pourtant parvenu à destination, tant bien que mal. La cascade était si haute que je pouvais embrasser du regard la plaine en contrebas, ainsi que toute la forêt autour d'elle. L'horizon s'abîmait dans les cimes des arbres. Sur plus de 20 mètres à la verticale, l'eau cristalline se précipitait dans un fracas de tonnerre. L'idée de sauter m'a vaguement traversé l'esprit mais vu la hauteur, ma chute aurait été fatale. Je jouais avec le vide, crânement, en me tenant toutefois solidement au bord car la terre s'avérait très glissante. Avisant encore une fois les McLean Falls qui hurlaient à mes pieds, j'éprouvais une certaine fascination à savoir que la mort n'était pas loin.

J'ai rejoint les filles, qui ne m'avaient finalement pas suivi. Elles surnageaient toujours dans leur petit mètre d'eau, tout à fait détendues. Je me suis planté face à elles pour leur demander :

— Pourquoi ne pas rejoindre la côte ?

Alors, un peu mouillés mais rafraîchis, nous avons repris la route. Les Allemandes étaient ravies d'avoir découvert la cascade mais l'aventure devait continuer. Du moins, c'était mon état d'esprit.

L'image de la cascade que je dominais. Un magnifique endroit que je recommande vivement

Des plages, des plages… et de nouveaux amis ?

De plage en plage, nous nous sommes promenés sans rien découvrir d'exceptionnel. Les grandes grèves de sable blanc et jaune se succédaient, s'étendant à perte de vue, sempiternelles. Je ne pensais pas me lasser aussi vite d'un paysage un jour. J'insistais pour qu'on se balade ailleurs, qu'on ne reste pas trop longtemps quand l'endroit ne recelait pas de merveille particulière, quand il se révélait trop similaire à d'autres. Les deux conductrices me répondaient : "Non, non, on a le temps. C'est nous qui vous conduisons." Et après avoir tranché ainsi la question, elles continuaient de marcher, le long de ces plages interminables. Je ne disais rien mais intérieurement, je piaffais d'impatience.

Au fil de la journée, nous sommes arrivés du côté de New Haven et avons garé la voiture tout près d'une maison apparemment abandonnée. Nous avons à peine croisé quelques habitants sur cette baie fermée par une énorme digue, située juste avant Cannibal Bay. Je m'apaisais un peu, confronté au spectacle des dunes verdoyantes qui me rappelaient les côtes belges les plus sauvages. Cette nouvelle plage, immense et jaunes comme ses consœurs, captait pourtant plus joliment le bleu intense de l'océan.

Sans personne autour, comme coupés du monde, nous profitions à quatre de ce lieu magnifique. Le silence seulement entrecoupé par le bruit de la mer, nos pieds nus plongeant dans le sable chaud, notre cocon était parfait. Nous marchions. Encore et encore, nos pas s'alignant sur un rythme simple et apaisant. Les Allemandes voulaient tout faire comme d'habitude mais cette fois, la répétition ne me dérangeait pas car elle servait la sérénité ambiante.

Alors une imposante masse noire m'apparaît, déposée là sur la plage. Un rocher, une accumulation d'algues ? En m'approchant, je devine une nageoire. Qu'est-ce que ça peut bien être ? La masse gigote, se retourne et je découvre une crinière discrète, de minuscules oreilles, de beaux yeux noirs, un museau altier piqueté de longues moustaches. Cette créature est probablement un lion de mer. Il semble costaud.

Ayant déjà joué à chat avec une otarie, je préfère m'écarter au plus vite, d'autant que ce mastodonte m'a l'air encore plus dangereux. C'est un gros mâle à la peau sombre, au cou épais. Il ne ferait qu'une bouchée de moi. Un peu plus loin, j'aperçois une femelle à la peau beige teintée de brun, plus fine mais tout aussi impressionnante. D'autres se montrent sur cette place qui doit faire partie de leur territoire. Les voir jouer violemment entre eux me conforte dans ma prudence.

Je tiens donc mes distances afin d'éviter tout danger. Désireux de saisir l'occasion de prendre de belles images, je fais tout de même voler mon drone près d'eux. J'attire les filles près de moi pour leur montrer la scène. Le mâle que j'ai repéré au début, importuné par le volatile mécanique, se dresse sur ses pattes arrière et ouvre grand la gueule comme pour l'impressionner. Son rugissement nous hérisse le poil. Debout, il faisait ma taille, pour le triple de mon poids. Je ne sais pas s'il s'agissait d'une zone protégée ou si c'est l'absence d'êtres humains dans la zone qui les poussaient à sortir. Dans tous les cas, j'en ai tiré de belles images.

À force de piétiner dans le sable, mes chaussures en débordent. Je propose donc aux Allemandes de retourner dans les herbes. C'est en retrouvant ce sol plus accueillant que nous entendons des bruissements étranges devant nous. L'instinct de survie hérité de mon passage en Australie m'électrise soudain. Là-bas, le moindre bruit suspect présage la découverte d'un insecte au poison paralysant ou d'un serpent au venin mortel qui n'attend qu'un moment d'inattention pour nous mordre le mollet. Nos regards accrochent une plante qui bouge. J'écarte prudemment les feuilles mais, après un bref instant de panique, je me rassérène. La créature que je trouve ne compte sans doute pas me tuer. Je dis aux filles de s'approcher.

— Oh, c'est trop mignon !

En effet, il est très mignon. Devant nous se trouve un bébé lion de mer, tout petit, qui nous scrute de ses grands yeux en bâillant et se dore la pilule tranquillement. Je reste vigilant ; sa mère ne doit pas être loin. Je regarde de tous les côtés : si elle surgit et me poursuit, je suis mal barré. Le nourrisson, lui, continue de montrer de temps à autre ses adorables quenottes, très tranquille au creux de son petit cocon, niché dans la végétation. Il somnole en nous observant.

Tout en lui rendant son regard, je me réjouis encore des merveilles que me réserve ce voyage. Je passe de plages vides et ternes à une zone remplie de grosses bestioles, la peur au ventre qu'elles me courent après... pour ensuite découvrir leur bébé, absolument pas effrayé par les humains bizarres qui l'examinent. La preuve, il est en train de grimper sur mes pieds. J'ai le sourire aux lèvres. Chaque jour m'apporte quelque chose de nouveau, un shot d'adrénaline ou un élément splendide du monde. Je me dis qu'à l'autre bout de la Terre, des gens paient pour aller dans des zoos, alors qu'ici la nature surgit devant moi, sans barrière.

La route était longue vers Roaring Bay, notre dernière étape avant la destination fixée le matin : Dunedin. Les vastes plages sans âme auxquelles nous nous étions habitués disparaissaient au profit de cratères rocheux, de falaises abruptes et de fanaux perchés au bord du gouffre, au-dessus de l'écume hurlante. À Nugget Point, une crête que le vent déchirait de part en part, je me croyais au bord d'une mer bretonne. La verdure était partout impressionnante. Les phares qui s'en extirpaient ressemblaient aux cimes d'une forêt de pierres, qu'on pouvait admirer de loin. De petits chemins nous y menaient comme au bout du monde.

Je propose aux filles d'aller au bas de la baie afin d'y dénicher les phoques et les otaries censés la fréquenter. Pour cela, nous devons contourner une sorte d'énorme cratère qui se dresse devant nous et descendre un moment une petite plage, dissimulée à la plupart des marcheurs. Notre détour ne nous déçoit pas car nous découvrons au moins dix lions de mer, occupés à se dorer la pilule sur le sable chaud. Une digue en béton nous sépare de la meute, surmontée d'un panneau qui édicte tous les risques liés à ces imposants animaux. Il nous conseille de "rester à 10 mètres minimum" du groupement mais, puisque nous sommes en hauteur, nous nous approchons un peu plus que ce qu'il préconise. D'ici, ils ne peuvent pas nous atteindre et heureusement : d'aussi près, nous pouvons voir qu'ils se battent violemment, se mordant les uns les autres comme si chacun voulait dévorer son voisin.

Tandis que je m'approche, l'un d'eux fait volte-face et fait mine de foncer sur moi en hurlant. Goguenard, je me dis : "Mon coco, essaie un peu de monter la barre d'un mètre cinquante avec ton poids et on verra..." En réalité, même si je prends une photo alors qu'il commence à détourner son attention de ma personne, je ne suis pas vraiment serein ! Les Allemandes sont trop heureuses d'être là et bien plus détendues que moi. Célina s'extasie :
— *Wow, this is super nice ! Life's amazing, enjoy this moment ! That's life…*
On dirait une petite fille qui sort pour la première fois de sa maison et qui fume des pétards. C'est bête, mais le contraste entre ses deux autres comparses, plus carrées, tout juste détendues, et cette hippie ultra *chill* me semble un bon résumé du cliché qu'on attribue aux touristes allemands.

La journée passe ensuite assez vite, on se dirige vers Dunedin. Je demande à nos conductrices si elles souhaitent visiter des endroits en particulier. L'une d'elle répond sans détour :
— Ah non, moi je veux aller au restaurant, j'ai trop faim !

J'échange un regard avec Célina. Je vois bien qu'elle pense exactement comme moi. En tant que *backpackers*, hors de question d'aller au restaurant. Notre environnement, ce serait plutôt le supermarché. Et puis, il est encore très tôt pour manger. Discrètement, je consulte mon téléphone et remarque une particularité de Dunedin. Cette ville posséderait la rue la plus pentue au monde, Baldwin Street. Justement, l'une des Allemandes en parle distraitement. Après quelques négociations, je parviens à les convaincre : ce sera notre prochaine destination.

Un lion de mer aperçu quand j'étais sur la plage, plus gros qu'une otarie… il n'aurait fait qu'une bouchée de moi

Petit shooting du bébé caché derrière le buisson. Il a totalement fait ma journée !

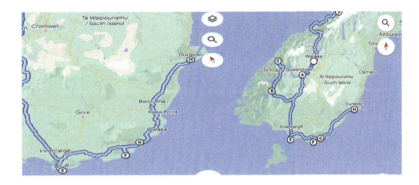

Crédits : Google Maps

Mes étapes : on peut voir que je suis parti du Bluff pour atteindre Dunedin. Sur la route, je me suis arrêté plusieurs fois le long des plages.

Baldwin Street, terreur des voitures

Dunedin m'a donné l'impression d'une ville classique, jusqu'à arriver à cette fameuse rue figurant au livre Guinness des records. Là, j'ai été transporté au milieu de San Francisco, de ses maisons blanches et de ses voies abruptes. Au premier coup d'œil pourtant, Baldwin Street ne nous a pas vraiment impressionnés. Et puis, plus nous nous approchions, plus la longue bande goudronnée s'élevait au-dessus de nos têtes. Parvenus à son pied, nous nous sentions tout petits, comme face à un mur immense.

On prend quelques photos. On se regarde. Je leur lance un défi.
— Eh les filles... Ça vous dit de monter ça (je désigne la pente d'un geste théâtral) à fond la caisse ?
— Je le sens pas trop, me répond l'une des conductrices d'un air timoré.

Les maisons qui flanquent la rue de part et d'autre dépassent du trottoir. Ce dernier est même équipé d'un escalier, tant l'ascension est compliquée par l'angle de la pente. De mon point de vue, j'ai l'impression qu'elle est à 90 degrés, en réalité, elle en fait entre 20 et 35, ce qui est déjà exceptionnel. Rouler sur un tel terrain recèle son lot de dangers, surtout par cc froid. D'autant plus si le verglas s'invite sur le bitume.

Les autochtones eux-mêmes abandonnent leur voiture au bas de la colline. Ils se rendent ainsi à pied jusqu'à leur maison. En bref, tout nous crie de rester là où nous sommes. Évidemment, on n'écoute pas. On se persuade petit à petit. Ce serait trop bête de ne pas le tenter, pas vrai ? Les deux Allemandes, qui continuent de se décoincer, examinent la route avec un mélange d'excitation et d'inquiétude. Le moteur de la voiture ronronne comme s'il s'apprêtait à décoller.

Notre pilote balance soudain un "*Sheize !*" tonitruant. Elle appuie sur l'accélérateur, fait hurler le moteur et les roues. Leur cri strident rappelle ceux des courses de Formule 1. On se croirait dans un *Fast and Furious*, version néo-zélandaise (ou germano-belge). Je me mets à douter de mes fanfaronnades, quelques secondes plus tôt. J'ai voulu faire le malin mais... je suis pas très bien, là.

L'Allemande met les gaz et notre bolide s'élance sur la rue à tombeau ouvert...

Excepté qu'une fois sur la pente, on avance à peine à 10 kilomètres à l'heure. L'angoisse ne part pas, pourtant, car j'ai peu d'espoir sur la capacité du van à accéder au sommet sans problème. Tak, tak, tak, tak... L'engin est devenu un wagon de montagne russe. On avance lentement, très lentement et plus on avance, plus la peur monte. La peur de la descente, de la pente qu'on devra dévaler en sens inverse. Enfin, notre groupe tremblant parvient tout en haut. Tout le monde se dévisage.

— Bon... On fait quoi...
— Ben... On descend hein...
Personne n'ose le dire mais on resterait bien à cet endroit. C'est tranquille, ici, non ? J'inspire un grand coup et je lance :
— On devrait vérifier les freins avant, non ?
Après quelques essais, nous sommes très légèrement rassurés. Normalement, on ne devrait pas mourir. En tout cas, pas à cause des freins.

On entame la descente, qui s'avère finalement tout aussi monotone que la montée. Après tout, nous avons si peur d'être précipités en bas, voire de perdre le contrôle du van, que nous modérons au mieux notre allure. Les roues avant sont si basses, par rapport à l'arrière, que le toit de la voiture m'empêche de voir autre chose que la route. Nous arrivons à la fin de ce trajet éreintant. J'ai moins le sentiment d'être Vin Diesel qu'un papy en goguette.

Pour me remettre de toutes ces émotions, je sors une vanne aux Allemandes :

— Allez, on se fait un petit musée ?

— *No ! We go to eat !* L'une d'elle ajoute : On a fait un bout de chemin ensemble, on va rester un peu en ville.

Traduction : elles nous lâchent.

— On vous laisse dans le centre ? renchérit sa comparse.

— Non, non, on préfère nous poster hors de la ville pour le stop.

— Vous venez au restaurant avec nous ?

Je refuse de nouveau. Je dois absolument passer par un supermarché car tout ce qui reste dans mon sac, c'est le pain qui continue d'y moisir depuis hier soir. Célina acquiesce.

— Je viens avec toi !

Elles nous amènent au supermarché, acceptent de nous rejoindre après le restaurant, afin de nous conduire en dehors de la ville, puis s'en vont. Je me jette sur des produits frais, affamé et lassé de mon pain et de mon thon habituel. Il y a quelque chose d'étrange à me retrouver avec quelqu'un d'autre au supermarché, comme si je faisais mes courses avec ma colocataire. Au moins, avec Célina, on se comprend bien.

Une fois nos emplettes faites, on s'installe sur la place centrale de Dunedin, passant de colocataires à peu près respectables à SDF purs et simples. N'empêche, j'étais heureux avec mes biscottes et mon taboulé. Célina et moi rigolons en repensant à nos deux conductrices qui s'empiffrent au restaurant, tandis qu'on les attend dehors en dévorant un repas pas cher.

Chapitre 21 – Une aventurière pas comme les autres

J'apprends qu'elle a 21 ans et pas beaucoup d'argent. Elle visite la Nouvelle-Zélande avec un visa Vacances-Travail, différent du mien qui est exclusivement touristique. À force d'attendre, une amitié cordiale se noue entre elle et moi. Ça pour attendre… Les filles tardent à nous rejoindre. Au bout de plusieurs heures, on se demande même si elles ne nous ont pas abandonnés. Heureusement, les phares du van finissent par apparaître vers minuit.

On leur demande si le restaurant leur a plu, elles s'extasient sur leurs plats, les montagnes de chantilly qui accompagnaient leur dessert, les photos qu'elles ont prises. Je respecte leur côté "influenceuse" ou du moins "foodies" mais franchement, je n'ai qu'une chose en tête : trouver où dormir cette nuit. Je pointe un endroit sur la carte où elles pourraient nous déposer. En patientant, j'ai en effet repéré un parking situé à la sortie de la ville, Warrington domain, d'où Célina et moi pourrions partir.

Je les vois échanger une moue démotivée. Elles nous disent qu'elles sont fatiguées, qu'elles veulent se rendre directement à un hôtel. Merde. Je rassemble tout ce qu'il me reste d'énergie pour les implorer. Célina me soutient, peu désireuse de passer la nuit dans la rue. Après moults supplications, les deux Allemandes cèdent. Elles nous râlent dessus comme deux mamans exaspérées :
— Mais c'est la dernière fois, hein !

La rue la plus pentue du monde derrière moi. Je vous conseille de la monter, c'est impressionnant !

Écho du passé

On se retrouve alors près d'un *free camp* rempli de *backpackers*. Je retrouve cette atmosphère *peace & love*, relaxante, cette fracture avec le reste de la civilisation, qui caractérise la communauté. Autour de nous, les gens se détendent et parlent tranquillement. Je jette ma tente à terre pour en être débarrassé et Célina, toujours sympa, me dit :
— *It was a good day with you.*

Je me balade dans le camp en écoutant les musiques des quatre coins du monde. J'atterris à un point de vue d'où je peux discerner les habitations de fortune de tous les *backpackers* du campement. Cette sorte de regroupement digne d'une *rave party*, non : cette petite ville éphémère, surgissant de nulle part, éclairée à la lueur des phares et des lanternes qui dansent au toit des tentes ou aux vitres des vans, m'attendrit. C'est aussi ce que je trouve génial avec la culture du *backpacking*. La communauté que j'embrasse du regard est apaisée, toujours bienveillante. Il n'y a pas de disputes, encore moins de bagarres. Les gens ne sont ici que pour profiter de la vie.

C'est alors que je reçois un appel étrange. Il s'agit d'Alejandra, mon ex-petite amie d'Amérique du Sud. Elle me téléphone en pleurs, s'épanche longuement au combiné. Partagé entre mon émerveillement de l'endroit et l'émotion d'entendre sa voix de nouveau, je m'assieds, abattu. Elle souffle, d'une voix déchirante qui me serre le cœur :
— Je veux que tu me rejoignes, je veux faire ma vie avec toi, qu'on s'installe ensemble, qu'on fonde une famille…

Je ne sais pas comment lui dire non. Comment lui avouer que je ne peux pas, que je n'ai pas encore découvert tout ce que je souhaitais découvrir. Que je suis là où je suis censé être. Inutile de lui sortir un quelconque baratin, de toute manière. Je lui dois la vérité. Je lui réponds que l'Amérique du Sud n'est pas un endroit où je veux faire ma vie, tout en la consolant au mieux. Je lui explique que je dois bouger partout, à ce stade de ma vie, pour me sentir vivant.

— Si tu voyais où j'étais aujourd'hui, Alejandra, c'est magnifique…
— Mais où es-tu ?
— Au beau milieu de la Nouvelle-Zélande.
— Ah bon… Et tu fais quoi ?
— Je vois des tonnes de gens, d'animaux, de paysages merveilleux… Je soupire, extatique, peut-être trop pour une telle conversation. Profite de ta vie, Alejandra. On n'a pas besoin d'être ensemble, toi et moi, pour être heureux.

— Ok, ok…

Je raccroche, le cœur lourd, après lui avoir promis de rester en contact avec elle. Elle a fait partie de ma vie, j'espère qu'elle trouvera le bonheur. De manière tout à fait terre-à-terre, je réalise alors que si j'ai pu parler ainsi avec Alejandra, qui habite à l'autre bout du monde, c'est que je me trouve tout près d'une borne de Wi-Fi gratuite. Quel drôle de signe du destin.

Je retourne à ma tente, pensif. Tandis que l'émotion de ma conversation s'estompe, chassée par la fatigue, une autre idée surgit pourtant. Au moment de pénétrer sous la toile, je réalise en effet que j'ai dépassé deux endroits aujourd'hui. Deux endroits que je voulais absolument découvrir.

J'essaie de retrouver Célina. Je pars à sa recherche et sillonne le campement. En fait, je vois finalement qu'elle s'est installée juste à côté de moi. Quel idiot ! Elle n'est pas dans sa tente, cependant quelques instants me suffisent à reconnaître, au loin, ses longues tresses blondes et son épais pull-over - qu'elle a enfilé à raison car le temps est froid et humide. Elle est en train de faire la fête avec d'autres groupes de voyageurs. Je me rapproche d'elle dans le froid et mentionne, déçu, les deux endroits que j'ai ratés. Elle semble dépitée elle aussi.

— Ah. Euh… Je ne sais pas encore ce que je veux faire. On voit ça demain matin ?

Je retourne me coucher, les pensées qui fourmillent sous mon crâne s'échappant peu à peu pour laisser place au sommeil.

Tunnel Beach

Célina dort encore quand je me lève. Je referme ma tente derrière moi et part à la recherche d'une bonne âme qui accepterait de me ramener à Dunedin. Je fais le tour du camp sans succès. À mon retour, je ne vois plus Célina. Elle aura préféré s'en aller. Tant pis. Je ne lui en veux pas. Ça fait partie de la route, on quitte ses compagnons comme on les rencontre. J'ai d'autres problèmes plus urgents. Je me place près d'une grande route très fréquentée et reprends le stop.

C'est long. Personne ne s'arrête car je suis encore trop proche de la ville. Pour couronner le tout, je me coltine un soleil brûlant dès le matin. Super. Je maugrée dans ma barbe :

— Si j'avais su, je serais pas allé à ce *free camp*.

J'ai raté deux endroits importants pour moi. D'abord Albatros Bay, où l'on peut admirer ces immenses oiseaux blancs qui se montrent rarement. Mais aussi Tunnel Beach, une cave supposément magnifique creusée dans la falaise. Ça me déplairait beaucoup de passer à côté. À force de ruminer, de recevoir en plein dans les oreilles les klaxons des voitures, d'attendre baigné dans cette chaleur atroce et, surtout, en vain, je commence à perdre patience. J'en ai déjà ras-le-bol de cette journée.

Avant que je n'éclate, heureusement, une voiture s'arrête enfin devant moi. La portière s'ouvre sur un vieux monsieur mal rasé. Il porte, de manière très banale, un t-shirt bleu et un pantalon de survêtement noir, impeccablement repassés. Sans dire un mot, il descend de son engin. J'entends alors claquer une autre portière. Son attitude est étrange mais je comprends vite la situation en voyant Célina sortir de la voiture. Toute sautillante et dandinant son sarouel bouffant, elle me lance gaiement :
— *Hey, what's up !*

Le vieux monsieur accepte de me prendre sur sa demande. Je remarque qu'il semble beaucoup apprécier la jeune hippie. En effet, une fois sur la route, il déploie toute son attention à écouter Célina, comme étrangement attiré par elle. Cette connivence me met un peu mal à l'aise, comme si je les dérangeaient. Et puis, ça me semble malsain. D'un autre côté, s'il avait des intentions malveillantes, il n'aurait pas pris la peine d'embarquer quelqu'un d'autre, si ? Je me détends légèrement, quoique mon impression ne me quitte pas.

Au moment où Célina propose de descendre à Dunedin pour se ravitailler, je parle à notre conducteur des deux endroits que je veux visiter. Il me rétorque qu'il n'a pas le temps, qu'il s'arrête à Dunedin pour un petit tour mais pas plus. Je prends mon mal en patience et décide de me focaliser sur Célina, lui montrant les photos d'Albatros Bay et de Tunnel Beach afin de la convaincre. Bien sûr, elle s'extasie devant les images et ouvre de grands yeux émerveillés. Mon plan fonctionne : elle se tourne vers le vieux monsieur et le supplie de nous conduire à ces lieux. Après un bref moment de silence, il cède. "Okay…", je me dis. Je ne sais pas ce qui se passe ici, mais il est clairement pendu à ses lèvres.

Nous nous retrouvons donc à Tunnel Beach, sur un parking sablonneux où poussent pourtant plusieurs arbres touffus. Il faut descendre sur la plage pour accéder aux grottes mais le vieil homme se poste là, les bras croisés et l'air maussade. Il a décidé de nous attendre près de la voiture. Nous pénétrons donc au cœur du petit bosquet afin de retrouver le chemin de sable chaud. Les grains ocre crissent sous mes chaussures, tandis que nous quittons les voitures garées çà et là pour nous diriger vers la grève. Célina et moi descendons tranquillement ce sentier en lacets, encadré de piquets qui contiennent les herbes basses du bord de mer.

À première vue, nous embarquions pour une simple promenade à travers les dunes. Certes, l'eau était belle et la côte assez sauvage pour nous couper du monde, mais que cachait cette falaise herbeuse ? Nous l'avons découvert tout au bout, avant que la terre ne soit arrêtée par la mer. Là, creusée à même le roc flave, plongeait une béance en forme d'arche. La cavité rectiligne s'abîmait à pic, au plus profond de la roche, suivant une pente qui rendait indispensables les lourds piquets de fer plantés tout du long. Eux-mêmes étaient reliés par de lourdes chaînes métalliques, auxquelles nous devions nous accrocher pour ne pas dégringoler.

Au terme de ce chemin raide et dangereux, nous avons posé le pied sur une longue langue de sable. Elle nous donnait accès à une myriade de petites galeries tordues où nous nous sommes faufilés, heureux comme des gosses. La lumière trouait la roche à de nombreux endroits, éclairant notre passage. Lancés dans notre expédition souterraine, nous avons exploré ce labyrinthe de pierre avec fascination, jusqu'à déboucher sur une prodigieuse falaise en croissant.

L'immense grotte à ciel ouvert m'a immédiatement fait l'effet d'une plage de pirates cachée. Parfait pour la contrebande, si on oubliait les touristes. Les rayons du soleil nous caressaient tendrement le visage, apposant leur chaleur bienvenue sur nos joues. Le sel qui chargeait l'air nous piquait les yeux, porté par un vent frais et puissant. J'ai tenté de faire voler mon drone mais les rafales étaient si violentes que la machine a heurté la paroi. *In extremis*, je l'ai rattrapé au vol, non sans en tirer une belle vidéo. J'appréciais de nouveau cette sensation propre à la Nouvelle-Zélande, cette magicienne qui assure, en quelques instants, de passer d'une plage paisible à une cité troglodyte tempétueuse. Je me sentais comme un forban dans cette caverne paradisiaque, qui me rappelait la grotte de Benagil au Portugal.

Profitant de cette intimité, je murmure à Célina :
— Il est bizarre, ton petit vieux, je commence.
Elle lance distraitement :
— Oui, il fait ce que je dis. Il m'aime bien.

— J'ai vu ça… Tu l'as rencontré où ?

Ma comparse reste évasive, les yeux toujours un peu dans le vague.

— Oh, on a discuté et on s'est lié d'amitié.

J'acquiesce et conclut, l'air de rien :

— Tu devrais lui dire de nous amener à Albatros Bay.

— Hm, pourquoi pas...

Le chemin du retour se fait sans encombre. Nous retrouvons le petit vieux. Il s'exclame :

— Ah, vous êtes là ! J'ai cru qu'il s'était passé quelque chose…

— Non, non, on a juste pris notre temps… je réponds, toujours méfiant.

— Allez, maintenant, direction Albatros Bay !

Je suis surpris. Elle vient de lancer ça d'une manière si spontanée, comme si c'était prévu depuis le départ ! Notre conducteur grommelle brièvement. Néanmoins, ses grognements s'achèvent par un :

— Bon, c'est bien parce que c'est toi…

À destination de Célina, bien entendu. Il démarre la camionnette et notre drôle de trio s'élance. Je les regardent discuter entre eux en chemin, comme si je n'existais pas.

Tunnel Beach porte bien son nom, avec cette cavité où passe la mer

Célina avec ses dreads, et le vieux monsieur qui l'a accompagnée une partie de la route

Mes étapes : après mon passage à Dunedin, j'ai longé l'eau jusqu'à Albatros Bay, tout au bout.
Albatros Bay

Aux environs de Fort Taiaroa, où s'arrête la voiture, la côte est abrupte et l'air hurle tout autour de nous. Je sors du véhicule. Je bondis et cours comme un fou. Le vent souffle avec une force hallucinante, mes tympans ne perçoivent que ses plaintes déchirantes. Impossible de voler pour mon pauvre petit drone, qui a déjà vécu assez d'aventures pour aujourd'hui. Sans prévenir, d'énormes oiseaux fendent les airs, à quelques mètres au-dessus de ma tête. L'éclair de leurs plumes blanches semble rivaliser de vitesse avec les bourrasques.

Je lève les yeux, émerveillés. Dans les hauteurs, j'avise les arbres trapus à la cime desquels se trouvent les nids de ces animaux merveilleux. Tous les volatiles s'y rendent, probablement pour rejoindre leurs petits. Ils s'y posent calmement malgré la furie des éléments autour d'eux. Leurs larges ailes battent comme au ralenti, en comparaison des vitesses folles avec lesquelles ils tutoient les vents. Lorsqu'ils donnent la becquée à leur progéniture, on croit voir un être sacré qui baptise un bébé. Dire que ces oisillons deviendront d'imposantes créatures angéliques, à l'instar de leurs parents…

Je reste bouche bée à la vue des albatros, très difficiles à apercevoir en temps normal. C'est si intense d'en voir autant à un seul endroit ! Célina est comme une enfant ou comme quelqu'un d'un peu *stone*. Elle chantonne, transportée :
— Oh ouiiii c'est beauuuu, les oiseaux, leurs grandes ailes, ils voooolent !

Mon sourire béat s'efface tandis que je pense à l'avenir des prodigieux oiseaux. Majestueux et immense, l'albatros n'en reste pas moins en danger. Il est même en voie de disparition car les adultes ont tendance à ingérer du plastique dont ils nourrissent leurs petits. J'y songe gravement en me baladant sur la plaine, voyant de plus près encore les bébés dont certains restent dans les herbes, car ils ne savent pas voler. Célina et moi les regardions mais je n'osais pas m'approcher, oui, les otaries me hantent toujours.

L'une des vues que j'ai eues sur la route, pas loin de Dunedin

Célina me glisse un "Merci", avant d'ajouter : "Sans toi, j'aurais passé la journée avec ce monsieur. Il est très sympa, oui, mais je n'aurais pas vécu ça." Je lui rétorque :
— Bon, maintenant, je ne sais pas où tu veux aller mais si tu arrives à le convaincre de nous déposer près du *free camp*, ce serait quand même chouette…
— Pas de problème, elle répond joyeusement. J'ai laissé ma tente là-bas de toute façon.
Je me charge d'émettre notre demande au conducteur. Ce dernier nous ramène très rapidement, comme déçu d'avoir perdu autant de temps pour rien. Il me dépose et me lance un froid "Au revoir". Célina me salue et m'explique qu'elle va rester en sa compagnie quelque temps. Je lui fais promettre de faire attention et de m'appeler au moindre problème.
— Surtout, tu n'hésites pas à m'appeler, j'insiste gravement.
— *Ja, ja, kein problem Gaël !*

Le vieil homme marmonne un truc et brusquement, je réalise ce qui me titillait depuis le départ. Je me rends compte que tous deux parlaient en allemand ! En fait, l'homme était lui-même d'origine allemande. Voilà donc ce qui expliquait leur lien ! Je m'en vais, rassuré : il était simplement très content de trouver une compatriote, j'imagine. Mais bon, un peu d'amabilité ne l'aurait pas tué...

Chapitre 22 – De la roche à la glace

Boulder's Lookout

Le temps de revenir sur mes pas, j'ai pris du retard dans ma journée de voyage. Il est déjà midi et je dois joindre Oamaru au plus vite. J'ai de la chance car après quelques brèves déceptions, un 4x4 s'arrête sur le bas-côté et son conducteur m'embarque. Âgé d'environ 25 ans, il se rend justement à ma destination. L'ambiance dans la voiture est *chill*, la musique qui passe à fond me change du petit vieux acariâtre qui n'attendait que mon départ pour être seul avec sa compatriote.

Mon pilote actuel porte une chemise qui moule son corps musclé. De sa voix forte, il me confie qu'il a rendez-vous pour le travail et doit faire, tous les jours, la navette entre Dunedin et Oamaru. Je lui raconte mes péripéties, lui me parle d'investissement immobilier. En laissant flâner mon regard le long de la route, je me rappelle qu'il y a une autre plage que je veux voir dans le coin. Je me penche vers le jeune homme aux biceps apparents :

— Écoute, je sais que tu as un rendez-vous pour le *business*, mais je voudrais aller à un endroit, les Moeraki Boulders[6]. Tu connais ?
— Jamais vu ! Mais il paraît que c'est magnifique.
— On y va ? je tente. Allez, c'est juste à dix minutes d'ici.
— Je te mets là et tu fais du stop, si tu veux.
— Allez, ça te tente pas ? On s'arrête dix minutes, et puis comme ça tu viens avec moi, ce sera chouette !
Il réfléchit quelques secondes puis accepte.
— Ok. J'envoie un message à mon patron, je vais lui dire que je suis en panne.

Des sortes de gros œufs étaient plantés sur la plage, accumulés comme autant de billes lancées par des géants. Leur forme sphérique et leur couleur sombre, tranchant vivement avec la clarté du sable, m'ont d'abord évoqué des météorites qui se seraient écrasées là. En réalité, c'est l'érosion causée par le sable qui aurait formé ces globes monolithiques. Un ponçage long de soixante millions d'années, soit quasiment aussi ancien que l'extinction des dinosaures - bon, j'exagère, c'est à cinq millions d'années près.

---

[6] En anglais, "boulders" désigne un bloc de roche, en général détaché du sol où il se trouve. On utilise notamment ce mot pour parler de gros éboulis.

Puisqu'il est plus de midi, les gens mangent et la plage est presque déserte, aussi j'en profite au maximum. Je mitraille les excroissances globuleuses laissées là par la nature, pendant que mon camarade se fend d'un "Hm, c'est pas mal". Malheureusement, notre curiosité devient celle de tout le monde lorsqu'une marée humaine de touristes chinois se déverse devant nous, brisant cette vision unique. Je me dis que j'ai eu de la chance de voir la baie vide.

Bien sûr, le fracas de la mer sur les rochers ne perd jamais de sa beauté sauvage, mais c'est désormais bien trop peuplé. D'ailleurs, le jeune homme qui me conduit m'a devancé, sans doute par crainte de prendre du retard. J'en ai vite marre moi aussi. Lui a déjà démarré sa voiture. Il est déjà près de la sortie, à m'attendre. Je cours, désespéré de perdre mon salut.

— J'arrive !

Je saute dans la voiture. Mon conducteur démarre en trombe, pourtant il n'a pas l'air agacé.

— Merci Gaël. Je fais ce trajet tout le temps mais jamais je ne m'étais arrêté pour voir ça !

— Eh oui, il faut s'arrêter pour profiter de temps en temps, je lui lance en souriant.

Parfois, raconter nos histoires aux autres à cet effet magique de les galvaniser, de les inspirer. En écoutant ces récits pourtant simples de rencontres et de paysages, ils commencent à partager l'envie de découverte qui anime les voyageurs, de les accompagner, d'aller plus loin. L'envie de suivre quelqu'un pour une aventure, quelle qu'elle soit, et de s'y intégrer avec plaisir, même pour quelques heures.

Le businessman de 25 ans qui m'a pris sur la route

Les fameux "boulders" (rochers ronds) que je tenais absolument à voir

Dans l'armoire magique

— Ok buddy, j'ai du *business* à faire, mais je penserai à toi et à ce moment quand je repasserai près des plages !
Son check viril me broie le poing et il me laisse à la sortie d'Oamaru. Si le trafic est dense et bien qu'il s'agisse de la seule route nationale intéressante à des kilomètres à la ronde, les gens ne s'arrêtent pas forcément. Bon. J'ai déjà bien profité de la journée, je vais pouvoir me poser. C'était compter sans les infinies surprises que réserve l'auto-stop.

Vingt petites minutes passent. Vingt minutes au bout desquelles le temps s'arrête, ou plutôt fait demi-tour. Un éclair doré surgit et se fige juste devant moi. Une voiture de sport jaune poussin, tout droit sortie des années 80, s'ouvre exactement comme la DeLorean de *Retour vers le Futur*. Son locataire s'en extirpe fièrement, sortant d'abord ses grosses chaussures en cuir, un pantalon pattes d'eph qui lui moule les cuisses, puis une chemise qui s'ouvre sur une toison abondante. Son cou supporte une grosse chaîne en or, mise en valeur par son incroyable pilosité. Croyez-moi si vous voulez mais, avant même de m'adresser la parole, l'olibrius qui vient de sortir de l'habitacle dégaine un peigne et se coiffe d'un geste aussi classe que désuet. Je ne m'attendais pas à ça.

Mon Elvis néo-zélandais donne un coup de mèche blonde dans ma direction. Il me fixe à travers ses lunettes de mouche et fait rouler sa voix de *crooner* pour souffler :
— Ok, tu vas où gamin ?
Je reste interloqué un moment.
— Euh, je veux juste arriver un peu plus loin dans la ville, histoire de bifurquer dans les terres et d'aller dans les montagnes.
— *All right !*

Son bolide est si bas que mon sac de sport y entre à peine. En pénétrant dans le cockpit digne de celui de K 2000, j'entre dans l'univers de ce monsieur, pétillant, coloré, au look *eighties* à m'en brûler la rétine. Je voyage doublement à travers lui et son environnement. Cerise sur le gâteau, c'est l'un des gars les plus *cool* que j'ai rencontré.
— Merci de vous être arrêté !
— *It's all right, man...* Ça te dit qu'on prenne un peu de vitesse ?
À peine Elvis a fini sa phrase qu'il met le pied au plancher. L'accélération me scotche à mon siège. "Wow", je songe, un peu inquiet quant à ma survie. "Je vois des personnes vraiment différentes en stop, houla !" Mon pilote vient de dépasser brusquement un van et de se rabattre à toute vitesse. Relax, Gaël, tout va bien se passer...

Pas bavard mais exsudant la classe, Elvis est à son aise sur la route. Quand je lui demande quelque chose, il me rétorque : "Ouais *man*, on a la classe." Je me regarde dans le rétroviseur, avec mes affaires boueuses serrées contre mon corps, recouvert d'habits sales, puants, déchirés par endroits, et je me demande bien où est la classe là-dedans. Mais bon, il veut sans doute se donner un genre.

À une telle allure, j'arrive en quelques instants au croisement que je visais. Je prends le selfie habituel, il signe mon drapeau et adieu Elvis, qui repart à tombeau ouvert avec sa machine tout droit surgie du passé. Mon objectif est d'atteindre l'autre côté des montagnes, où s'étendent des lacs connus que je veux découvrir. Mais avant cela, je dois trouver un endroit très important pour moi, les Elephant Rocks où a été tourné le premier film de la saga *Narnia*.

Dommage pour moi, je me retrouve face à un Y. Ce genre d'embranchement n'est pas bon pour moi car les gens ne vont pas forcément dans la direction que je souhaite. Certains pourraient penser que je vais au Nord, alors que je veux m'enfoncer dans les terres. Quelques voitures passent, en particulier une usine à gaz, très basse, dirigée par un homme à l'allure étrange. Elle fait l'aller-retour plusieurs fois. J'hésite à me signaler car l'auto semble prête à perdre un morceau à chaque accélération trop brutale. De plus, le conducteur ne m'inspire pas confiance. Il finit toutefois par s'arrêter de lui-même.

— Ça fait un moment que je te vois planté là, tu vas où ? me lance-t-il, une cigarette au bec, des tatouages peu rassurants sur les bras.
— Je vais dans les terres, vers Elephant Rocks…
— T'es sûr ? Je connais pas, émet-il en faisant la moue.
Il continue de fumer, soufflant des torrents puants par les narines comme un vieux dragon. Je lui tends mon téléphone, ouvert sur Maps.me, et lui désigne le point vers lequel je m'oriente.
— Oui, là, regardez.
— Bah écoute, je vais me faire un tatouage dans ce bled. Je te dépose, c'est pas loin de là où je vais.

J'entre timidement dans sa voiture, aussi délabrée à l'intérieur qu'à l'extérieur. Des monceaux de détritus s'accumulent comme le tas d'or de Smaug, dans *Bilbo le Hobbit*. Une brume à l'odeur de pétard y stagne, sans doute en permanence, et l'homme roule à toute vitesse. Il est probablement défoncé. "Pourquoi je ne tombe jamais sur une petite mamie sympa qui conduit à deux à l'heure ?", je me dis. Et puis, je me rappelle Bob Marley. "Mouais, d'accord…" Je regarde mon interlocuteur, qui fixe son regard tombant sur la route. Il n'est pas si méchant, s'il me prend, j'imagine.

Je dois le guider jusqu'à notre destination. Me confirmant son état, il prend les virages n'importe comment et manque plusieurs fois de nous envoyer sur le bas-côté. "Est-ce que c'était vraiment une bonne idée ?" Je suis tétanisé par la peur de l'accident pendant le reste du trajet, donnant à demi-mot mes indications. Lorsqu'on arrive, enfin, je vois une prairie dans la lumière de fin d'après-midi. Mais il n'y a rien. Maps.me est formelle, pourtant, nous y sommes.

— Bon, je te donne cinq minutes mais après, faut que j'aille me faire tatouer. Ils sont où tes rochers ?

J'accroche du regard un tout petit panneau qui clame :

Elephant Rocks

Je ne vois toujours rien. Au loin, on distingue quelques voitures de *backpackers*. À mon avis, c'est la bonne direction. De toute façon, je préfère dormir là qu'en bord de route. Je retourne voir le dragon qui s'impatiente et lui lance, quelque peu soulagé de rester :

— Bon tatouage, si tu repasses tu me prends hein !

— *Sweet as, man.*

Sa machine pétaradante, couverte de taches de rouille, hoquète et crachote avant de se propulser sur le bitume. Elle disparaît dans un épais nuage sombre. Je tousse en le recevant sur le visage. En clignant des yeux, je ne vois plus que les phares rougeoyant à travers la fumée, tels deux grands yeux menaçants.

Je suis seul, désormais, et je dois trouver ces satanés rochers. Je gravis une butte, traverse un creux. En gravissant une nouvelle pente, je repère alors un rocher, puis un autre, puis une multitude. Les pierres, immenses, plus grandes que des poids lourds, s'étalent sur des kilomètres de plaine plate. Juché sur la colline, je commence à faire voler mon drone. Il me permet de repérer de jeunes touristes dissimulés par les rochers.

Subjugué par le paysage, je les ai d'abord ignorés. La vision magnifique de cette étendue verte, d'où surgissaient des centaines de pierres grises comme autant de champignons fossilisés, me transportaient dans la bataille finale de *Narnia*. Un simple tour d'imagination faisait apparaître devant mes yeux écarquillés la crinière fauve d'Aslan, la toison blanche des chevaux, l'éclat des armures et le fracas des armes, contraste exaltant avec le calme qui régnait dans ce lieu. J'ai commencé à me balader entre les rochers et plus j'avançais, plus je devais lever la tête pour entrevoir leur cime. Vu d'en bas, le labyrinthe semblait infini.

Le soleil se couche. Une idée me vient. J'entends un accent allemand derrière moi et me rappelle les jeunes voyageurs que j'ai aperçus. La conversation s'engage… et meurt très vite. Je leurs demandent de me prendre en photo avec des rochers, puis je me poste devant une voiture et tente de repérer celui qui prend les décisions. Je choisis celui qui me semble le plus charismatique et je me hasarde près de lui.

— Excuse-moi de te déranger mais je vois que vous avez deux vans, je lance. Tu saurais me déposer plus loin sur la route principale ? Ça m'arrangerait…

Il rétorque, méfiant, sans doute peu désireux de récolter une amende en cas de contrôle :

— On n'a pas beaucoup de place. Et puis, on va dans l'autre direction.

— Je paierai si la police nous chope, mais c'est reculé ici, il n'y a personne. Aide-moi s'il te plaît, sinon je vais devoir marcher des heures…

Il sourit, rassuré.

— Ok, je comprends. Si je faisais comme toi, je serais dans la mouise aussi !

Au milieu des étudiants rencontrés à Elephant Rock, toute cette bande sympathique qui m'a pris en voiture

Vue d'Elephant Rock qui a servi pour une des scènes connues de la fin du premier film Narnia, avec tous ces rochers qui sortent de nulle part : juste magnifique

Comment effrayer une *cowgirl* ?

Un Belge dans un van d'Allemands, on dirait le début d'une blague pourrie. À vous d'en juger, si on considère ce qui va se passer… La nuit est tombée rapidement. Désormais, on ne voit plus que les rochers qui sortent du chemin sinueux. Peu à peu, la terre poussiéreuse est revenue au béton et le trafic a commencé à devenir plus intense. Au bout de dix minutes seulement, à peine arrivé sur la route principale, le véhicule s'arrête.

— On ne va pas plus loin ?

— Je te dépose ici.

J'imagine que je n'ai pas le choix mais ça ne m'étonne pas. Je remercie tout de même le groupe. Le conducteur met ses clignotants et se gare sur le côté, afin de me laisser sortir en toute tranquillité. Ce fut bref et pourtant, je ne suis pas au bout de mes surprises.

Je n'ai même pas le temps de quitter ma place et de prendre mon sac qu'une voiture arrive en trombe et fait crisser ses freins. Une femme en bondit et jette, paniquée :

— Il se passe quoi, tout va bien ?

— Oui oui, on dépose un auto-stoppeur !

— Oui je suis autostoppeur, je suis seul dans le noir, vous pouvez me prendre ?

Je finis encore ma phrase quand les Allemands me tapent dans la main et s'en vont.

Je me retrouve seul avec cette femme dans le noir. La seule lumière vient de ses phares et de ses clignotants, qui offrent par intermittence une teinte rouge à nos joues. Elle, toujours sous le choc, a cru que nous avions eu un accident. Au bout d'un moment assez gênant, la quarantenaire se remet d'aplomb. Elle époussette son jean, réajuste sa chemise à carreaux et me fait signe d'entrer dans la voiture.

— C'est vraiment parce que t'es dans le noir, elle bougonne.

— *Thank you, thank you so much !*

— Hum.

Durant le trajet, elle ne dit rien, visiblement dégoûtée de s'être fait avoir. Je finis par briser le silence, qui devient insupportable :

— Je suis désolé, vous m'avez pris en urgence, mais je vous assure, vous me sauvez vraiment la vie. Je fais le tour du monde et j'ai décidé de faire toute la Nouvelle-Zélande uniquement en stop. C'est très important ce que vous avez fait pour moi. Sans vous, ce soir, je serais allé dormir derrière un arbre ou je sais pas quoi…

La femme tique.

— Derrière un arbre ? Vraiment !

— Oui, ça arrive…

— Roh là là, mais faut pas faire ça, t'es fou !

Victoire : la glace est brisée. Ma conductrice me donne son nom, Annie, et se détend immédiatement.

— Tu fais quoi dans la vie, Annie ?

— J'ai un ranch de trois hectares, avec des biches mais surtout trois mille moutons.

Elle me conduit chez elle, dans le ranch en question. Tout y est à l'américaine, avec une maison au fond de l'allée principale, qui dessert la ferme, le garage à 4x4, les étables et la maison des employés. Je suis impressionné.

— Comment tu fais pour gérer tout ça ?

— Oh, j'ai une bonne équipe, plusieurs employés, plusieurs 4x4 pour aller chercher les moutons… La ferme est si grande qu'on utilise des drones pour orienter les moutons !

— J'ai l'impression d'être aux USA, c'est dingue !

Elle rigole.

— C'est marrant que tu aimes le ranch. Écoute, je vais t'installer dans la maison des employés, je te ramène de quoi te laver et manger.

— Attends mais...

La cowgirl sans chapeau s'éloigne, ignorant mes protestations. Je n'ai rien demandé et me voilà nourri, logé, blanchi pour la nuit. Annie entre dans la maison et me présente le manager, Mike, ainsi qu'Alice qui travaille avec les moutons.

— Voici Gaël, un autostoppeur que j'ai rencontré dans la nuit. Aidez-le, accueillez-le, moi je rentre. Gael, viens me voir demain matin. Tôt, car je pars avant 7h00. Bonne nuit !

Elle claque la porte et me laisse avec les deux employés, qui mangent une pizza en revenant de leur journée de travail.

— Ah, t'as de la chance de rester avec nous ! Tiens, prends une part de pizza.

Je me retrouve avec du fromage plein la bouche, abasourdi par tant de générosité. En l'espace d'une journée, je suis passé d'une DeLorean jaune poussin conduite par Elvis à un ranch où l'on me tend de la pizza, en passant par la voiture d'un dragon fumeur de pétard et le champ de bataille de Narnia.

Je m'assis dans le divan, dégustant goulûment mon repas.

— Vous n'imaginez même pas comment j'ai rencontré votre patronne.

— Ah ouais ?

Ils restent interdits quand je leur raconte mes aventures du jour.

— Wow ! Trop cool, cette histoire !

— Et vous, qu'est-ce que vous faites ici ?

Mike prend la parole. Il mordille une brindille qui dépasse de sa bouche et mâche un peu ses mots.

— Boh, on conduit nos quads, on s'occupe des moutons, on les tond… Y a du boulot, quoi.

Pas besoin de continuer, Mike, je suis déjà conquis. Je murmure :

— Si j'avais plus de temps, je resterais travailler avec vous.

— Carrément ! Tu seras le bienvenu quand tu voudras, Gaël, m'assure-t-il en laissant tomber sa brindille. Bon, par contre, on va pas trop tarder. On travaille tôt demain et moi, je vais me coucher.

Le manager ramasse sa brindille sur la table et la remet distraitement entre ses lèvres, puis monte dans sa chambre en nous saluant vaguement. Je discute avec Alice qui reste un peu pour m'accompagner. L'endroit embaume l'odeur de bétail caractéristique de la ferme, qui me rappelle des journées passées avec mes grands-parents.

— Il y a une bonne ambiance ici, la ferme est chouette, Annie aussi. Tu t'y plairais, c'est sûr !

J'apprécie pleinement ce moment passé avec elle. Quand elle me quitte à son tour, je branche toutes mes batteries et m'attelle à prévoir l'itinéraire du lendemain.

Après une bonne douche et une nuit dans un bon lit, je suis prêt, frais et dispo à 7h00. Un vrai matelas, ça fait partie de ces petites choses de la vie, en apparence banales mais qui changent absolument tout. Ça me fait toujours plaisir de m'en rendre compte. En sortant de la maison, je salue Mike et Alice qui se préparent à entamer leur journée. Je me rends compte de l'immensité de la ferme. Sur l'immense allée roulent déjà des 4x4 et des quads dont les moteurs vrombissent bruyamment.

La ferme au milieu des vallées, un immense terrain d'une dizaine d'hectares

Je me rends à la maison d'Annie, qui m'attend avec une surprise. Elle m'a préparé un petit déjeuner !

— Mais... mais…

Les mots me manquent.

— Oui ? s'enquiert-elle, un sourire malicieux sur les lèvres.

— Au départ tu ne voulais même pas me prendre, et là tu me gâtes !

— Oui, bon… Tu veux du café, de la viande ? On a tout ce qu'il faut ici. Pour répondre à ta question, je t'ai vu dans le noir et je ne te connaissais pas, avant de parler avec toi. Mais j'ai découvert un chouette gars, un petit jeune qui en veut, et ça m'a plu.

J'ai presque envie de pleurer tant les gens me donnent, depuis le début de ce voyage, alors que je ne demande rien. C'est toujours trop, *too much*, j'ai presque envie de refuser mais ce serait malvenu. Je veux toujours redonner au centuple à ces gens-là, qui font preuve d'une telle gentillesse. Pourtant, je sais qu'ils n'attendent rien. Ils sont juste ainsi. Je finis par abdiquer :

— Merci. Merci. Ça paraît peut-être con mais c'est énorme, de manger et de dormir comme ça !

Annie s'esclaffe avant de me confier ce qui la pousse à agir ainsi :

— Si j'étais à ta place, je serais contente qu'on le fasse pour moi, chuchote-t-elle avant de parer au plus urgent : Bien, finis ton petit-déjeuner, je vais bientôt conduire mon fils à l'école. Je te déposerai sur la route.

En maman rodée, elle me prépare un pique-nique, un petit jus, un sandwich pour la route. Je prends avec elle le *selfie* traditionnel.

— Un jour ou l'autre, je reviendrai bosser ici.

— Dès que tu as ton visa de travail, elle rétorque, on t'accueille avec plaisir. Je sors. Les employés s'élancent à toute berzingue dans la prairie. Je m'installe à l'avant du 4x4 d'Annie et les observent s'éloigner à l'horizon. Mon hôte m'amène carrément jusqu'à l'établissement de son fils et me fait même entrer dans la cour, comme si je faisais partie de la famille ! Le petit bout derrière, les parents qui demandent à Annie qui je suis... Bien sûr, elle leur dit la vérité, je ne suis qu'un « *backpacker* qu'elle a pris en stop » ... et pour autant, je ne suis pas *que* cela. J'ai l'impression d'amener mon petit frère à l'école, alors que je ne le connaissais même pas de la veille. Je dis au revoir au gamin, nous reprenons la route.

La cowgirl, plutôt "sheepgirl" dans son cas, mais je ne suis pas sûr que ça existe... Me dépose au bord d'une voie fréquentée, à la sortie de la ville.

— C'est un plaisir de t'avoir rencontré. Et n'hésite pas à venir au ranch si tu repasses dans le coin, on te trouvera un poste à la ferme !

Je la remercie avec effusion et elle s'en va. Me voilà à Kurow, un minuscule groupement de maisons traversé par cette seule route. J'allume ma playlist de baroudeur et fouille dans mon sac à dos pour trouver de quoi m'occuper. Je ne me suis jamais pris en vidéo en train de faire du stop, alors j'installe ma caméra et je mime mon quotidien depuis des semaines. Une fois ma vidéo prise, je n'ai plus qu'à attendre. Je mange mon casse-croûte, je m'endors à demi. Deux heures passent.

Annie et moi dans le ranch. Quelle patate et quel sourire ! Merci à elle pour son accueil

Le mont Cook et son (morceau de) glacier

Une voiture s'arrête enfin, pilotée par une grande femme rousse aux cheveux bouclés et à la carrure imposante. Son visage sérieux et le dessin de ses muscles, prêts à faire craquer son t-shirt kaki, lui donnent une allure militaire. Elle voyage avec une jeune fille, qui me fait un signe. En un mot, je comprends qu'elles sont toutes deux françaises. Je leurs fais les yeux doux et explique que j'attends depuis un bon moment.

— J'aimerais aller au mont Cook. Vous pourriez me prendre ?

Je suis à deux doigts de les implorer. Tout sauf rester au bord de cette satanée route.

— Ah bah justement, on s'y rendait !

— Allez, embarque avec nous, renchérit sa comparse aux épaules carrées.

J'apprends que les deux gauloises sont devenues amies sur la route. Laëtitia, la plus jeune, est étudiante et ne souhaite qu'une chose : découvrir le monde. La grande rousse, Carole, est une ancienne pilote de chasse. Avec force et sans détour, elle m'explique qu'elle a tout plaqué pour profiter de la vie. Je la presse de questions sur sa carrière à l'armée, avide de détails. Elle reste laconique mais déplore qu'une fois qu'on sort des rangs, il est très difficile d'y revenir. Sa dernière phrase, lapidaire, clôt superbement le sujet :

— Peu importe : je n'ai aucun regret.

Après un chemin plaisant entrecoupé de balades autour de jolies étendues d'eau, nous sommes arrivés au *free camp* du lac Pukaki, alors magnifique. Depuis, les arbres qui l'entouraient ont été rasés par sécurité et le point de vue n'est plus le même. Ce jour-là, l'eau bleue éclatante et la végétation formaient un chef-d'œuvre qui me collait à la vitre. Je n'attendais qu'une chose, me plonger dans ce bassin cristallin, puis me précipiter sur ce petit chemin en lacets qui menait vers la montagne, flanqué d'une forêt luxuriante. C'est l'un des plus beaux paysages qu'il m'ait été donné d'admirer.

J'ai proposé à mes comparses de nous lancer à la conquête du mont Cook sans attendre.

— On dormira au *free camp* au retour. Qu'est-ce que vous en dites ?

Elles ont accepté. Carole a engagé la voiture sur la petite route que j'avais aperçu plus tôt, un cordon de terre battue donnant sur la montagne au loin et les frondaisons à gauche. Le soleil promenait ses doigts de fée sur l'eau et les feuillages, distillant une atmosphère lumineuse qui fleurait bon l'aventure. Je me prenais pour un explorateur se frayant un passage en pleine nature canadienne, juché sur quelque jeep qui saurait résister à tous les cahots. Je n'avais pas la moindre envie de décrocher mes yeux de ce paysage. Aussi, toutes les cinq minutes, j'enjoignais Carole à s'arrêter pour remplir mes appareils de photos et de vidéos toutes plus belles les unes que les autres.

Ce trajet intense a duré une quarantaine de minutes. On entrait dans les hauteurs au fur et à mesure. Une fois encore, je prenais pleinement conscience de la jugeote de Peter Jackson, qui tenait tant à tourner dans ce pays merveilleux sa saga mondialement célèbre. Le mont Cook, qui m'est apparu dans toute sa splendeur, était un peu le clou du spectacle. J'étais un vrai gamin qui piaffait d'impatience dans la voiture en attendant d'en descendre enfin.

Il fallait que je m'arrête pour saisir ce spectacle magnifique

La route menant au mont, une splendeur

En arrivant au pied de ces montagnes, où se trouvait un parking qui obligeait tous les véhicules à s'y arrêter, j'ai aperçu des tentes. J'ai noté mentalement leur emplacement, me disant que si les filles me déposaient là au retour, je trouverais bien quelqu'un pour me récupérer. Tous les éléments du décor me rappelaient mon enfance, lorsque j'ai entrepris le tour du mont Blanc quand j'avais seize ans. Le parcours nous a fait traverser la Suisse, la France et l'Italie. À force de croiser des alpinistes bardés de mousquetons sur le chemin, je devais de plus en plus résister au désir de gravir la montagne. Malheureusement, ce n'était pas ce genre de voyage : j'avais trop de poids sur le dos et en aucun cas le bon matériel.

De petits sentiers se présentent à nous, parfois consolidés par des planches en bois ou des barrières métalliques. Certains sont à demi barrés par des ruisseaux tumultueux, qu'il nous faut franchir en sautillant. Il faut s'accrocher mais je veux absolument parvenir derrière la montagne. Heureusement, nous sommes tous les trois attachés à explorer l'endroit de fond en comble. Ce trajet sauvage nous mène tout près du glacier du mont Cook, un endroit assez prisé. En bref, ça grouille de touristes. Je croise même un groupe de filles qui m'ont pris en stop à Christchurch, plus tôt dans l'aventure.

Le gros du glacier m'apparaît au loin, sorte de bloc grisâtre qui me fait plutôt penser à une masse de pierre. En fait, ce sont la poussière et les saletés présentes dans l'eau qui causent ces taches brun-gris, gâchant l'image d'une masse blanc immaculé à laquelle je m'attendais. Face à nous, un lac d'un bleu intense accueille un énorme bloc de glace. Sans doute un morceau du glacier qui aura flotté jusque-là. De la grosseur d'une voiture, il barbote à une quinzaine de mètres devant nous, semblable à un petit iceberg.

Histoire de goûter la température, je plonge doucement mes petits pieds dans l'eau. Elle est gelée. Je lève les yeux en serrant les dents. Le mont Cook, majestueux, resplendit comme un seigneur au-dessus de nous tous. En continuant de promener mon regard, j'avise un mec qui sort de nulle part et se jette dans le lac. "Qu'est-ce qu'il fout cet imbécile ? Il va être congelé sur place !" Apparemment pas dérangé par ce détail, l'homme commence ainsi à escalader le mini-iceberg ! "Mais il est fou !". Je n'en reviens pas. Il s'assoit dessus, comme au bord d'une plage, saute de nouveau et regagne la berge à la nage. Un autre, galvanisé par cet exploit, plonge à son tour... et fait immédiatement volte-face, complètement transi.

— Ah, les hommes... lâche Carole avec malice.
— Je vais le faire, je réplique, les yeux fixés sur le bout de glacier. Tu me prends en photo, en vidéo ?
La pilote s'esclaffe mais accepte volontiers. Je me retrouve en slip sous les yeux de tous les touristes, qui m'observent intrigués. Dans quoi je m'embarque, là ? Je replonge mes pieds sous la surface. Ça va. Les jambes suivent, tremblantes mais pas frigorifiées. Puis, mes parties intimes sont immergées, et ça commence à ne pas aller. Je songe brièvement que je pourrais trouver un chemin à pied, sans avoir à subir ce genre de torture. C'est à ce moment que je décide de me glisser tout entier dans l'eau.

Le froid me saisit, insupportable. Tout mon corps se fige, dans une réaction qui tient de l'instinct biologique de survie. C'est comme un manteau de neige qui se dépose sur moi et me recouvre complètement. J'ai l'impression que ma peau a rétrécit et tous les organes avec, ma respiration s'accélère. J'ai peur de faire une crise cardiaque. Au pire, je suis sûr que ma pilote de chasse viendra à ma rescousse.

Je me calme peu à peu, afin de me focaliser sur mon objectif. Quand on l'examine hors de l'eau, le bloc semble ridicule par rapport au glacier. Immergé dans cet hiver perpétuel, il semble un obstacle insurmontable. Je m'agrippe à ses flancs mais je m'entaille les mains et les pieds, qui brûlent en rencontrant ce froid nouveau, autrement plus agressif, de la glace. Je me cramponne, je me hisse, je saute, j'arrive au sommet. J'essaie de me stabiliser sur ce roc gelé, qui se balance de gauche à droite sous mon poids. Je repère mon amie militaire, goguenarde sur la rive.

— Viiiiiiite, prends une photo, dépêêêêêche !

J'écarte les bras, fanfaron, mais je sautille sur place comme si le sol était fait de lave. J'ai l'impression que mes pieds subissent la sensation incendiaire qu'on a lorsqu'on prend une boule de neige dans la main, en deux fois pire. Après quelques minutes passées à danser d'un pied sur l'autre, je n'en peux plus et rejoins l'eau d'un bond.

Lorsque j'en ressors, je suis pétrifié. Certains touristes applaudissent, comme si j'avais accompli un exploit. Moi, je ne fais pas le fier. D'autant qu'il faut réfléchir à deux fois avant de se lancer, car l'eau troublée par le sable pourrait cacher tout et n'importe quoi… Passons : j'ai réussi et pas sûr que je le referais ! Je grelotte violemment quand Carole me lance, amusée :

— Tu ferais un bon militaire.

Dans mon état, j'ai du mal à apprécier la boutade.

— Ouais ouais peut-être mais je me caille là…

— Rhabille-toi, voyons !

J'essaie de me réchauffer mais avec un slip trempé, la tâche n'est pas aisée.

J'ai nagé jusqu'au glacier dans l'eau froide juste pour cette photo. J'étais gelé sur ce bloc de glace - un pari fou que j'ai totalement adoré même si c'était un peu dangereux

L'après-midi se passe avec sérénité. On rebrousse chemin, le seigneur de la montagne derrière nous. Nous croisons des feux de camp. Ce sont ceux qui restent là et affronteront sans doute demain les escarpements du mont Cook. Je suis partagé entre l'envie de les rejoindre et celle de retrouver mon lit. Mes mains rougies par le froid me décident : je reviendrai peut-être un jour avec les outils nécessaires.

Au sortir de la voiture, que Carole gare non loin du *free camp*, je frissonne sous le vent et les ombres qui s'allongent, ennemis de la chaleur habituelle de la Nouvelle-Zélande. La pilote croise les bras et se dresse devant moi, telle une gardienne en armure dont les foyers parsemés découpent la silhouette menaçante.
— Ok Gaël, tu veux faire quoi ?
J'ai envie de lui répondre "Mon général !". Je m'en abstiens.
— Si tu me déposes au *free camp* ça me ferait plaisir, j'ai froid et j'ai juste envie de m'écrouler.
Elles palabrent quelques instants, pesant le pour et le contre, puis reviennent à moi.
— Bon, on va sûrement dormir avec toi là-bas.

La butte qui soutient le campement donne sur la route d'où nous venons. La montagne, la forêt, le lac resplendissent encore malgré la lumière fuyante. On dépose nos tentes et on se couche, la tente à demi ouverte pour profiter de la compagnie des autres. Nos lèvres s'étirent en un sourire béat, heureux que nous sommes de nous être rencontrés, subjugués par la splendeur du pays où nous avons la chance de voyager. Bien que fatigués de la route, Carole nous raconte ses exploits, Laëtitia s'épanche sur ses projets d'avenir et on parvient même à se répandre sur la beauté de la Nouvelle-Zélande, qui me paraît l'endroit idéal pour planter le décor n'importe quelle histoire épique. Je comprends pourquoi tant de cinéastes ont jeté leur dévolu sur cette île, berceau d'une biodiversité mirifique, où les distances sont infimes par rapport à sa voisine australienne, mais où pourtant l'on passe des montagnes aux glaciers, des forêts aux lacs. C'est sans doute le plus bel endroit que j'ai visité de ma vie.

Le couple d'amies m'explique qu'elles redescendront dans le Sud le lendemain.

Moi, je repars vers le Nord. Nos chemins se sépareront donc au matin.
— Merci pour tout, je souffle, plein de gratitude. Vous m'avez amené jusqu'au mont, déposé à ce *free camp*…
Carole m'interrompt :
— Te tracasse pas Gaël. La cavalerie arrive toujours à temps !
Nous éclatons de rire. J'ai l'impression de me retrouver avec un pote d'armée, alors que je n'y suis jamais entré ! Nous nous quittons pour la nuit et je m'endors, tranquille, avec tous mes vêtements sur moi pour pallier le froid.

Le lendemain, mon sac de couchage est humide, ma toile de tente aussi. Je sens toutes les odeurs de mon corps qui s'ajoutent à celle du moisi et fronce le nez, fatigué d'avance. La journée semble déjà mal commencer. J'ouvre la tirette de ma tente, lentement, afin de dégager une ouverture… et je tombe sur le mont Cook. Je reste bouche bée.

J'ai eu une pensée pour tous ces gens en train de travailler à cette heure et je me suis dit, fiérot : "Ça, c'est mon salon. Personne d'autre qu'un *backpacker* n'a ce genre de vue." Le soleil se levait doucement, jouant une partition de lumières variées. Je me suis extirpé de ma cahute dans ce halo bienfaisant, délicieux pour mes membres encore engourdis. Je n'avais pas beaucoup dormi avec le froid et le vent. J'avais même dû mettre de grosses pierres aux quatre coins de ma tente pour éviter qu'elle ne s'envole.

Quoi qu'il en soit, j'étais le premier levé. Les filles ronflent encore, alors je dépose mon sac contre une roue de la voiture. C'est parti pour ma moisson habituelle. Je vise les conducteurs dont la tête me revient mais surtout, ceux qui vont dans le Nord. Après plus d'une heure de recherche assidue, je reste bredouille. Tout le monde prend la même direction que mes amies.

Carole se réveille et m'alpague. Elle a noué un bandana rose sur son front et darde sur moi ses yeux bleus perçants. Elle veut me parler et malgré sa bonhomie, j'ai presque peur de ce qu'elle va dire.

— Bon Gaël, c'est pas qu'on ne t'aime pas mais ton sac à dos est contre notre voiture et nous… faut qu'on y aille.

Elle m'embrasse, nous nous quittons après avoir échangé les banalités habituelles. J'ai un petit pincement au cœur à l'idée de ne plus les revoirs, mais c'est ainsi. Je flâne en bord de route, le pouce levé. Au bout de quelques minutes à peine, une fille et son père m'embarquent.

Les deux filles, Carole à droite, ancienne pilote de chasse, et son amie Laeticia à gauche, qui m'ont fait vivre un moment de dingue. Merci de votre énergie !

La vue depuis ma tente sur le free camp au matin, épique. On voit le lac bleu éclatant et le mont au loin. Je crois que ce sont mes plus beaux levés !

Je profite de cette vue à couper le souffle et de ce bleu éclatant derrière moi pour faire voler mon drone

Mes étapes : la route prise pour le mont Cook puis le lac Tekapo juste à côté. Le *free camp* se trouve juste à l'entrée de la route du mont Cook.

Le plus petit *backpacker* du monde

Je passe rapidement par Tekapo, qui ne me fait ni chaud ni froid. Ma prochaine destination est Christchurch… qui se trouve à plus de deux cents kilomètres. Je sens que je vais galérer. J'aperçois beaucoup moins de *backpackers* dans le coin. Les camping-cars et les mobil-homes passent en m'ignorant. Ce n'est en effet pas du tout mon public. "Purée… Je vais jamais trouver personne", s'agace une voix dans mon crâne. Mais une autre intervient et me tance : "Gaël, oh ! Faut être culotté dans la vie. Ose, au moins tu auras essayé !" Elle a raison. J'ai besoin d'aller plus vite, plus loin que d'habitude.

C'est bien joli mais je passe des heures sur la route. Des heures inutiles, gâchées, absurdes, car les camping-cars ne s'arrêtent jamais. J'en trouve un plein parking et un petit espoir point. Après tout, s'ils sont à l'arrêt, je peux engager la conversation. Là encore, c'est peine perdue. Je discute avec un nombre incalculable de familles, elles refusent toutes. C'est donc reparti pour une demi-heure de marche sur la route principale. J'avance, toujours sans succès. Je lève le pouce. On me klaxonne. Rien. J'en ai marre. Le trafic est intense mais qui me prend ? *Personne.*

Personne, à part ce jeune couple, tombé du ciel. Ils arrêtent leur énorme machine et en descendent, l'air aimable.

— *Where are you going ?*

— Je cherche à me rendre à Christchurch. Vous pensez pouvoir me prendre ?

Ma supplique n'occasionne d'abord aucune réaction. Je dois avoir l'air désespéré, pourtant. *Wait*, m'ordonne la femme. Elle ouvre la portière qui troue le camping-car en son milieu et me lance : *Ok, you can come in !*

— Tu peux laisser ton sac là, renchérit l'homme, on va à Christchurch nous aussi.

Pris d'un doute, je m'interroge sur leurs intentions. C'est bizarre, toutes les familles auxquelles j'ai adressé la parole me refusent et là, celle-ci s'arrête sans problème. J'espère que ce n'est pas un mauvais plan. J'entre tout de même (je n'ai pas énormément d'options à ce stade) et me détends immédiatement. Là, paisiblement langé dans son landau, un nourrisson murmure des sons inintelligibles. Immédiatement attendri, je m'installe à une petite table, juste à côté du bébé.

Ses parents lancent leur mastodonte. Ils se révèlent tout à fait adorables et me posent un millier de questions sur mon parcours. Je réponds, un peu absent. Je parviens difficilement à détacher mes yeux de cet enfant. Bien moins gêné par ma présence, il ronronne comme un chaton.

— Vous savez, j'ai fait pas mal de stop, j'avance. Et pourtant, personne ne m'a jamais pris avec un bébé !

La maman rigole, comprenant mes doutes. Quels parents sensés laisseraient un inconnu près de son enfant ?

— Ça me fait plaisir de te prendre avec le bébé dans notre camping-car. Lui aussi, il a tout un monde à découvrir. Et j'aimerais qu'il apprenne à faire confiance aux gens.

Des parents sympas, apparemment.

Je ne voyais presque rien du paysage. Je passais mon temps entre nos discussions et l'examen de cet enfant, qui émettait de discret "reuh" de temps à autre. Je restais fasciné de rencontrer autant de gens différents, d'autant que ce couple providentiel visait exactement ma destination et accomplissait le trajet d'une traite. D'ailleurs, il nous fallait bien deux heures pour relier Christchurch. Je me suis endormi à l'arrière, accompagnant le petit dans sa sieste.

Chapitre 23 - La maison des pirates

— Gaël ? Gaaaël…
— Hmmm… Quoiiii...
— Gaël !
Je m'éveille brusquement.
— Uh, qu'est-ce qui se passe ?
À travers mes yeux fripés et la brume du sommeil, je distingue les traits de ma conductrice.
— On est à Christchurch ! On a un emplacement réservé où on doit se rendre maintenant. Où est-ce qu'on te dépose ?
Je parviens à sortir complètement de ma sieste. Je mâchonne, la bouche pâteuse :
— Déposez-moi le plus proche possible de la plage, si c'est possible... Ou même n'importe où. Où vous voulez, en fait.
Au mot "plage", le papa lance :
— Hum, bonne idée ! On devrait en trouver une.

Plusieurs personnes m'avaient parlé de Sumner Beach au cours de mon périple. C'est précisément à cet endroit que le camping-car se gare. J'en sors, encore vaseux, et découvre une grève similaire à celles de Byron Bay ou de Bandai Beach, en Australie. Mes conducteurs me suivent pour me saluer.

« Merci de m'avoir pris dans votre voiture. Vous m'avez accueilli avec vous pendant des heures, alors que vous aviez un bébé à bord ! Franchement, même moi je ne pense pas que j'aurais pu accorder une telle confiance à un étranger. Merci, merci beaucoup. »
Nous prenons un *selfie*, bien sûr. Juste avant que j'appuie sur le déclencheur, le petit tend sa minuscule menotte et agrippe ma pancarte. Cette image des doigts boudinés enserrant ce vieux carton ayant vécu mille vies me marque encore aujourd'hui. Ce qui m'a le plus enrichi au cours de mon aventure d'autostoppeur, c'est encore de rencontrer ce genre de personnes. De vivre ce genre de moment. Après un *hug* affectueux, le couple me quitte pour le sable chaud.

Je m'installe à mon tour, apaisé. J'inspire, expire un grand coup face à la mer. Mes grosses chaussures de marche poussiéreuses, mon collier iridescent qui s'échappe de ma chemise, ma casquette crasseuse, mon jean abîmé détonnent sur les grains clairs. Il faut l'admettre, je fais un peu tache parmi les jeunes en maillot. Qu'importe, vu ce que j'ai vécu en l'espace de quelques jours. Avant-hier, je me baignais dans les terres, à la surface d'un lac glacé, au creux des montagnes. Aujourd'hui, la mer m'accueille de nouveau. La gratitude de l'instant présent, de mes rencontres formidables, m'envahit comme une infusion de délicatesse. Je suis heureux. Et ce n'est pas fini.

La famille qui m'a pris en van avec le bébé, pancarte en main, et m'a tellement donné le sourire !

L'introuvable de Sumner Beach

Me voilà donc sur la plage de Sumner Beach. Quel bonheur de retrouver le sable et l'océan ! Et pourtant, j'en ai vu beaucoup. Ces trois jours à l'intérieur des terres m'ont un peu vidé, comme si j'étais parti en ermitage. Autour de moi sont plantées des quartiers de maisons espacées, à l'instar de n'importe quelle ville côtière de Californie. J'estime étrange de retrouver la civilisation, moi qui suis habitué aux baies sans personne, coupées de tout.

Au départ, cette vision m'attendrit. Les kite surfers qui virevoltent au loin me donnent envie de les rejoindre. Mais c'est le soir, il va bientôt faire noir. Il faut absolument que je trouve un endroit où dormir. Or, en ville, pour un *backpacker* sans le sou, rien n'est moins simple. En scrutant les alentours, je discerne des groupes de mon âge un peu partout, qui conversent gentiment.

J'analyse les gars qui boivent du maté, là-bas, leur façon de parler, de bouger. Je suis certain que ce sont des Argentins. Ça tombe bien, je parle couramment espagnol. Je me lève, évolue calmement vers eux et lance à la cantonade :
— *Hola !*
On me répond d'un bel ensemble :
— *Hola !*
— Je fais le tour du monde, je peux m'asseoir avec vous ?
— *Si, si, tranquilla !*
Les palabres reprennent mais je n'ai pas le luxe du temps. J'écoute pendant un certain moment, puis je les coupe :
— Vous savez où je peux trouver un endroit où dormir ? Une connaissance, un plan, quelqu'un chez qui je pourrais passer la nuit ?
Silence gêné. Même la musique qu'on grattait naïvement une seconde plus tôt s'est arrêtée. Je ne récolte pas la chaleur à laquelle je m'attendais.
— Ah non, on est là pour travailler... On loge dans des auberges de jeunesse...
Le gars qui m'a répondu, un beau gosse à la barbe en bataille, retourne à sa guitare. Ma mission se révèle plus compliquée que prévu. Je reviens à la charge.
— Vous êtes sûr, rien du tout... ? Sinon, moi, je dors dehors ce soir...
Le joueur de guitare s'arrête de nouveau.
— J'ai peut-être un truc : il y a pas mal de surfeurs dans le coin. Pas très loin, tu trouveras une grande maison où ils se rassemblent. Peut-être qu'ils pourront t'héberger ?

La musique reprend, je me replonge dans l'ambiance des *backpackers*, je discute avec de jolies filles argentines, italiennes, que sais-je encore... Je bois le maté qu'on me propose, cette atmosphère *chill* me plaît. Il n'empêche que le soleil diminue. Alors, je décide de partir et de chercher cette fameuse maison de surfeurs. Je me hasarde au gré des rues, de plus en plus inquiet. Malheureusement, personne dans le quartier n'a entendu parler de cette fameuse résidence. Et ce n'est pas faute d'arrêter tous les gens dans la rue ! Au bout d'un moment, dans ce décor qui me rappelle Miami, sur le bitume en bord de mer couvert de palmiers et de vans, je vois une fille qui sort de son véhicule. Je la salue, elle me sourit. Je la sens hésitante mais je dois vite trouver une solution.

Je décide de lui parler…

— Excuse-moi, bonsoir, je ne veux pas te déranger…

— T'inquiète pas. Qu'est-ce qui t'arrive ?

— Je cherche un endroit où dormir… T'as pas entendu parler d'une maison de surfeurs dans les alentours, par hasard ?

— Ah non, moi je suis dans mon petit van, je ne sais pas trop ce qu'il y a dans le coin.

Elle se dandine, visiblement mal à l'aise. Pourtant, elle semble l'incarnation du *peace & love* avec sa vieille jupe en jean, ses bijoux en toc et ses grosses lunettes aux verres fumés. Je prends mon courage à deux mains et tente, en adoptant un ton qui se veut rassurant :

— Tu aurais moyen de me laisser dormir dans ton van ? Désolé, je n'ai vraiment pas de solution…

Elle ouvre de grands yeux. C'est raté.

— Euh, non, je ne préfère pas, mais on peut se tenir au courant ?

On échange nos contacts et on s'assoit quelque temps pour discuter. Souriante, elle parle facilement et nous nous lions très vite.

— Dis-moi, je hasarde, c'est quoi tes projets à Christchurch ?

— Je ne sais pas, un peu de voyage…

— Si tu aimes *Le Seigneur des Anneaux*, on peut aller à cet endroit.

Je lui montre la photo d'un amas de rochers. C'est là qu'ont été tournées les scènes du film se déroulant à Edoras, la capitale du Rohan, un pays de l'univers de Tolkien. En jetant un rapide coup d'œil à ma nouvelle amie (une autre Allemande, d'après son accent), je vois que son regard s'est allumé.

— Bon, on se tient au courant : dans deux jours, on se retrouve et on y va !

Je reprends mes recherches, à moitié satisfait car je ne sais toujours pas où je dors ce soir. Je me dis que la maison des surfeurs n'existe pas, que ce guitariste à la noix a juste voulu se débarrasser de moi. Enfin, j'avise un petit vieux et m'enquiers :

— Je fais le tour de tout le quartier et personne ne me répond… Est-ce qu'il y a vraiment une maison de surfeurs dans le coin ?

— Ah, la maison avec les jeunes ?

Mon visage s'illumine.

— Oui, oui, c'est sûrement ça !

— C'est là-bas.

Il me désigne une grosse baraque. J'arrive, je toque, personne. Je pousse la porte et pénètre dans la résidence qui semble luxueuse. La palissade révèle une immense villa à l'américaine, dont l'arrière-cour est pleine de grosses voitures de *backpackers*. Dans le jardin sauvage, où poussent en désordre des arbres rachitiques, s'accumulent des équipements de sport. Sur la table, ce sont des dizaines de bouteilles de bière qui patientent, sans doute les vestiges d'une soirée récente. À l'intérieur, une énorme cuisine, deux salles de bains, six chambres-dortoirs et un vaste salon au milieu duquel trône une tête de pirate. Bandée d'un cache-œil, elle est taguée sur le plancher, comme pour représenter les armoiries de la maison.

— *Hello !* Y a quelqu'un ?

Un homme affable aux cheveux blonds se présente à moi.

— *Hey ! What's up man ?* Je peux t'aider ? Je m'appelle Emmerich, enchanté !

À son salut haché mais avenant, je comprends deux choses : Emmerich est originaire d'Allemagne, et c'est probablement l'une des personnes les plus sympathiques que j'ai jamais rencontrées.

— On m'a parlé d'une maison de surfeurs où je pouvais dormir...

— Ouais c'est ici, *man* !

— Je cherche surtout un endroit où poser mes affaires, c'est possible ?

— Bah ouais, *welcome man* ! Tu veux rester combien de jours ?

— Je veux juste poser mon sac pour l'instant, je ne sais pas trop pour la durée.

— Parfait, parfait, je te montre la chambre.

— Super, merci !

Deux gars dorment dans la chambre en question. L'endroit semble confortable, c'est une maison familiale, cosy, qui exprime une atmosphère sereine. Je peux percevoir les connexions entre ses habitants, avec lesquels je commence moi-même à me sentir connecté. En fait, on se croirait dans le repaire des enfants perdus, dans le pays imaginaire de Peter Pan... Emmerich me fait signer un papier. Il m'explique tranquillement que cela me coûtera une dizaine d'euros par nuit, mais achève sa présentation par un : "*Peace* mec, tranquille, tu paies quand tu veux !" Tous les autres sont au surf, si je comprends. Il s'agit en fait une sorte d'énorme colocation.

Les compagnons d'Emmerich finissent par rentrer. La plupart ont de longs cheveux blonds, sont allemands et s'emparent immédiatement d'une bière dans le frigo. Ils sont aussi pieds nus, ce qui me rappelle l'art de vivre australien, surtout celui des Européens qui abandonnent le vieux pays pour vivre d'amour et d'eau fraîche et s'installer près d'une côte où l'on surfe.

— Hey les mecs, on a un nouveau ! lance mon hôte.

Autant pour la discrétion...

— Ouais mec ! C'est quoi ton nom ?
— Euh... Gaël.
— Ouaiiis on va surfer mec !
Je me pose avec eux. J'ai déjà l'impression de faire partie de la famille.

Pris d'une envie subite de partager ce que je suis en train de vivre, j'envoie un message à la fille du van, agrémenté de photos de l'endroit. Elle décide de me rejoindre et de discuter un peu devant la maison des surfeurs. À peine cette dernière commence à se remplir qu'on entend la musique poussée à fond. Certains rentrent du travail, d'autres du surf, on mange à toute heure. L'Allemande arrive dans sa camionnette blanche.
— Waaah, c'est super cool ! elle s'extasie. Je ne m'attendais pas à ça !
— Ça te dit de faire un tour à Christchurch demain ? On part en *road trip* pour visiter des endroits du coin ?
— Oui ! On se retrouve demain matin, là où je voulais dormir.
Elle se retourne et part. Je me rends en ville pour faire quelques courses, à mon retour je remplis le frigo. Emmerich m'énonce quelques petites règles : "Casse pas de bières, respecte l'endroit, reste *chill*." Et c'est tout.

Les colocataires se roulent pétard sur pétard, s'enfilent bière sur bière, toujours dans cette chaleureuse ambiance de *backpackers*. Un Allemand accroupi devant moi, à l'air un peu benêt, se déchaîne maladroitement sur son tam-tam ; un autre descend des coups comme s'il n'avait jamais bu de sa vie ; un troisième me marmonne des "ouaiiis on est biennn, ouaiiis" sans s'arrêter. Quelle plaie, mais ils me font bien rire ! Je me sens bien parmi eux, car ici il n'y a pas de jugement, pas de problèmes, juste de la détente, beaucoup de détente. Ces gars vivaient leur liberté à fond, en toute quiétude, et je pouvais souffler avec eux tandis que la fin de mon périple se profilait.

Tard dans la soirée, ils allument la télévision alors que la musique bat son plein, et lancent un épisode de *Rick et Morty*. L'esprit brumeux à cause de l'alcool et des fumerolles de pétard, je me plonge fiévreusement dans cette série étrange que je ne connais pas. Je n'y comprends rien mais je me sens comme transporté dans un autre monde. À un moment, je me lasse de leurs excès - bien que je ne sois pas dans un meilleur état qu'eux. Je lance "Les gars, faut que je dorme..." et je m'abats dans la chambre, accompagné par deux ou trois inconnus qui ronflent.

La bande de surfeurs hippies qui m'a accueilli. L'un d'eux fait des bulles de savon. Leur accueil et leur énergie m'ont fait un bien fou

Dans les collines de Christchurch

Le lendemain matin, le temps est mauvais. C'est un problème car la veille, entre deux séries de shots, j'avais accepté de faire du surf avec mes nouveaux coloc's. La pluie casse un peu ces bonnes ondes. Pourtant, quand je me lève, il n'y a déjà plus personne.

Emmerich m'explique :

— Ils sont partis surfer.

— Par ce temps ? Mais ils sont fous !

— Et ça t'étonne ? il réplique en pouffant. La seule raison pour laquelle je ne les ai pas suivis, c'est que je n'ai pas de combi et qu'il fait hyper froid.

— Oui, je vois ça… Dis, ça te va si je pars une journée ou deux ? Je reviens directement après.

— Ouais, pas de souci, tu fais ce que tu veux. Tu régleras après, je te fais confiance.

Je suis parti serein pour retrouver la fille de la veille, Alizée. Après l'avoir saluée, je lui ai dit :

— J'ai trouvé un nouvel endroit qui a l'air chouette.

— Allez ! Tu as l'air de connaître de bons coins !

Elle me raconte un peu sa vie en chemin, ses cheveux blonds ondoyant avec le vent qui s'engouffre par la fenêtre ouverte et au rythme des cahots de la route. Après avoir accumulé les jobs de production, elle avait mis de côté, pour un temps, son désir de percer dans le monde impitoyable du cinéma allemand. Elle se cherchait et voulait faire une pause. La Nouvelle-Zélande lui paraissait une destination convenable pour cela, d'autant que la vie en van l'attirait naturellement.

Pour quitter Sumner Beach et rejoindre l'autre côté de Christchurch, nous avons emprunté les petites routes de campagne. Quelques minutes à peine nous séparaient d'endroits coupés de tout, des côtes abruptes complètement vidées de leurs voitures. Il y a en fait beaucoup de collines autour de Christchurch, et autant d'endroits reculés. Tandis que nous nous apprêtons à nous engager dans une longue vallée, nous nous sommes retrouvés dans une situation typique en Nouvelle-Zélande. Un troupeau de moutons nous barrait la route. Le berger, juché à l'arrière du groupe sur son quad, dirigeait un chien qui tentait de faire avancer les ovins. Je me suis fendu d'un *"Welcome to New-Zealand !"* qui a bien fait rire Alizée.

Cinq minutes plus tôt, on se trouvait au bord d'une plage animée près de la ville. Là, nous voilà au fond d'une vallée remplie de moutons, qui balancent leurs clochettes tintinnabulantes sous la direction d'un berger en quad. Au bout de quinze minutes à deux à l'heure, le van est enfin libéré. Alizée pousse la voiture. Elle vitupère alors qu'on monte, encore et encore, toujours plus haut, jusqu'à arriver de l'autre côté à la baie de Lyttelton.

Nous avons fait le tour de ce petit village caché derrière les collines, très calme. Il possédait ce côté anglais qu'ont les ports de pêche du pays. Des maisons sur pilotis surgissaient de la mer, comme un chapelet de cabanes au bois vermoulu. Il n'y avait rien de particulier à voir à cet endroit. Nous nous sommes posés pour observer les alentours, avant de poursuivre notre route. Elle nous a menés du côté d'Allandale, une jolie petite baie bordée de petites baraques.

La verdure des collines nous entourait de tous les côtés, suivant la forme de la côte qui dessinait une sorte de croissant. L'endroit, encore plus calme que Christchurch, semblait un autre pays. La grisaille et la brume commençaient cependant à nous envahir, aussi, j'ai proposé à ma conductrice de nous installer à la terrasse d'un café. L'odeur marine et le brouillard discret rendaient l'endroit assez plaisant. J'ai appris à la connaître, elle semblait bien s'amuser.

— Où tu vas m'amener encore ?

Pris au -dépourvu, je ne sais trop que lui répondre. Sans Maps.me, je n'aurais pas autant d'idées. Quoique, heureusement que je rencontre des gens sympas qui me donnent de bons plans. Et puis il y avait bien quelques coins privilégiés que je connaissais déjà. Voyant que la jeune fille m'observe, je cesse de tergiverser et balbutie :

— Boh, tu sais, moi je me laisse un peu aller…

Midi approche à grands pas. J'offre à l'Allemande de repartir pour Christchurch par un autre chemin. On repart dans le van, je saisis ma caméra et je la filme, capturant la poésie du collier attrape-rêves qui flotte autour de son cou alors qu'elle conduit en riant. Rouler sur cette autre route nous amène si haut qu'on entre dans la brume. Je me crois dans *Le Chien des Baskerville*, cette aventure de Sherlock Holmes qui le fait pénétrer dans des vapeurs terrifiantes. Puis, la brume disparaît doucement et le soleil nous retrouve. Les fumerolles blanchâtres s'écartent, dévoilant tout Christchurch devant nous. La hauteur que nous avons prise est hallucinante. Je ne me suis pas rendu compte de la hauteur de la colline, qui miniaturise la ville.

Je glisse à ma comparse :

— On va faire quelque chose.

— Quoi ?

— Je vais là-bas, tout en haut, et je vais faire voler mon drone pour filmer ta voiture pendant que tu conduis.

J'ai filmé le van blanc qui sinuait dans les lacets de la colline, captant au passage l'orange explosif d'un arbre posté là. Alizée a dû ralentir pour ne pas heurter une barrière où le chemin s'arrêtait. Je l'ai rejointe, les cheveux claquant sous le vent acéré. Le drone était en mauvaise posture, mais quelle vue ! À ma droite s'allongeait indolemment la baie, à ma gauche fourmillait la vie citadine de Christchurch. Comme si nous étions les seuls au monde, sans personne autour, le paysage se livrait à nous.

Appuyée sur la barrière, Alizée me sourit. Ses lunettes rondes reflètent le soleil au zénith.

— *Wow… Thank you Gaël.* Je viens d'arriver à Christchurch et je vois ça… Quelle merveille !

— C'est clair.

— Bon, tranche-t-elle, soudain plus terre-à-terre. Ça te dit de manger un bout ?

— *Oh yeah !* On va à Christchurch ?

La ville, très calme comme toutes celles de Nouvelle-Zélande, nous apaise presque autant que les hameaux des collines. On se balade dans des parcs, on picore des spécialités. Le soleil boute enfin tous les nuages hors du ciel et la cité, assez belle, espacée, ne nous fait pas sentir qu'elle en est une. Je dépose toutes mes affaires dans la voiture d'Alizée et nous nous lançons à la découverte d'un marché local. À force de converser, j'apprends qu'elle est figurante pour des films. Elle ne cherche rien de particulier dans son voyage, simplement à passer un bon moment. Au cours de notre visite, on tombe sur un "black wall". Un groupe de gens montraient, au moyen de grosses télévisions placées dans la rue, l'impact de la consommation de viande sur le monde. Ils portaient tous des masques d'Anonymous. C'était la première fois que je voyais ce genre de manifestations.

Nous revenons à notre journée de détente. Je regarde notre itinéraire futur et raconte à la jeune fille des anecdotes de mon voyage, comme ma partie de pêche en mer survenue au début de mon tour du pays.

— T'es fou de faire du stop, de faire tout ça… Il pourrait t'arriver plein de choses horribles !

Je lui propose enfin de boire des coups dans un pub, histoire de casser la routine, moi qui redécouvre la ville après des mois de nuits en tente et de bords de route. À ce moment, je sens que c'est la fin du voyage, mais qu'il y a encore des choses à faire. Seulement, je ne vois pas de mal à me rappeler un peu ce qu'est la vie "normale".

Je prends un petit verre d'alcool et, d'une manière impressionnante, je le savoure avec plaisir. Non pas qu'il soit particulièrement délicieux, simplement je n'avais pas été dans un banal bar depuis des semaines. Quoique, je fais un peu tache, avec mon look de hippie voyageur dans un lieu relativement classe. Je m'en fiche, en fait. Je venais de passer une journée entière avec quelqu'un, ça me faisait un bien fou. Le soir, je lui propose carrément de sortir en boîte et de faire la fête. Je me change pour paraître moins repoussant, après avoir fureté dans ma valise à la recherche d'habits convenables.

Je veux découvrir comment vit une grande ville de Nouvelle-Zélande, la nuit… Et je suis quelque peu déçu. On rencontre en fait beaucoup de Maoris très costauds qui restent entre eux. Il n'y a, d'ailleurs, presque personne dans ces boîtes peu accueillantes. Au bout d'une ou deux heures, je m'ennuie ferme.

— Bon, ben, on va rentrer hein… Il fait noir, c'est très calme...

Même la rue où je m'engouffre est muette. J'ai tellement l'habitude de faire la fête avec beaucoup de monde que l'atmosphère me semble glauque. Je rentre dans la camionnette avec Alizée. Je lui dis que j'ai passé une journée extraordinaire avec elle.

— Moi aussi ! On fait quoi là maintenant ?

— Ben, tu me déposes à la maison de surfeurs, si tu veux ?

— Ok, mais je ne sais pas quoi faire moi...

— Tu peux déposer ton van là-bas, je pense. Emmerich est cool, tu verras !

— *Kein problem.*

Après que je l'ai présentée à Emmerich, les deux compatriotes commencent à se parler en allemand. Ils rigolent un peu, puis se tournent vers moi.

— Pas de souci, elle peut venir !

Je le quitte pour raccompagner mon amie à son van. Lorsque nous sommes un peu plus loin, elle me dit :

— *Thank you Gaël !*

— Pas de problème ! On part ensemble dans quelques jours, de toute façon ?

— Oui, on va partir mais pas pour tout de suite : laisse-moi une journée cool pour me reposer, d'accord ?

J'accepte et lui souhaite une belle nuit.

Dans la demeure des surfeurs, c'est une fête constante, entrecoupée de repas gargantuesques et de sessions de glisse. Aussi, alors que je me réjouis de retrouver une maison relativement calme ce soir-là, Emmerich me met dans la confidence :

— Écoute Gaël, je ne t'ai pas dit mais on va peut-être renouveler le bail de la baraque. Je te dis "peut-être" parce que le proprio va venir en personne et, comment dire... Il est pas très compatissant ! On compte rester seulement quelques mois de plus parce que l'hiver approche et qu'ici, il ne fait pas très chaud une fois la belle saison passée. D'autant que la maison est mal isolée.

— Ah...

Je ne vois pas très bien où il veut en venir, jusqu'à ce qu'il me déclare :

— Du coup on va faire une grosse soirée !

— Houla...

En quelques mots, mon hôte est devenu fébrile.

— Si tu veux, on invite tous les gens qu'on connaît et ce sera une énorme teuf !

Son enthousiasme est contagieux. Je me mets à réfléchir à un plan.

— Je pourrais faire le tour de tous les *backpacks* ? Si on s'y met maintenant, on peut parler à un maximum de gens de cette soirée. Ça peut être génial !

— Parfait ! Je te laisse gérer ! Tiens, je te présente Lucas, il lance en attrapant l'un des colocataires par la manche. Lucas, Gaël a une super idée !

Je lui explique mon plan.

— Excellent, *man* ! On fera la tournée demain, si je ne bosse pas. Tom viendra avec nous !

Lucas pointe du doigt le blondinet un peu simplet que j'avais repéré plutôt, celui qui joue du tam-tam sans aucun sens du rythme. D'ailleurs il est assis sur le canapé, son malheureux instrument coincé entre les mollets.

Vue des collines avec mon amie allemande, quand on a fait le tour de Christchurch en van

Mes étapes : aperçu de ma route, de Dunedin jusqu'à Christchurch.

Le calme avant la tempête

Le lendemain, nous partons vers midi pour opérer notre tournée des *backpacks*. Nous avons l'argument imparable pour attirer le chaland :
— L'alcool est gratuit.
Très vite suivi de :
— Venez avec le vôtre pour ne pas manquer !
Je rencontre des dizaines de voyageurs et de voyageuses. La plupart éludent en avançant un argument quelconque. "Je vais réfléchir", "Je bosse", "J'ai déjà quelque chose"... Beaucoup ont déjà prévu de passer leur soirée du lendemain autrement. Moi, j'ai l'impression d'organiser le *Projet X* dans cette maison où je vis depuis à peine deux jours.

Je suis aux anges. Dans chaque *backpack*, je découvre une atmosphère et des groupes différents. Certains sont venus en Nouvelle-Zélande exclusivement pour travailler, d'autres sont extrêmement fêtards, etc. En fin de journée, nous arrivons pourtant à cours de résidence de baroudeurs. Lucas, Tom et moi on se regarde. L'un d'eux me lance, comme si j'étais le décideur :

— On a fait le tour de tous les *backpacks*. Tu vois d'autres endroits ?
C'est bien moi qui les ai guidés, mais je n'ai plus d'idées. À moins que...
— Les gars, vous connaissez des *free camps* dans la zone ?

Lucas nous amène à un immense parking où les quelques trente voitures sont parquées les unes contre les autres. Je fais le tour des véhicules, toquant à la portière comme un enfant qui demande des bonbons. La récolte est médiocre. Je tombe sur plusieurs vieux couples peu intéressés et sur des jeunes épuisés qui viennent tout juste d'arriver. Une seule fille nous semble réceptive. Je me rappellerai longtemps d'elle car elle parle allemand... alors qu'elle n'a pas du tout une tête d'Allemande ! Elle dégage pourtant quelque chose, que même mes deux compagnons à moitié abrutis par les fumerolles de leur dernier pétard détectent. Alors que je discute avec elle, je lui lance :

— Toi t'es pas allemande, c'est pas possible !
— Eh non, je suis d'Amérique latine !
Elle m'explique que l'allemand est la quatrième langue du continent. J'approuve et enchaîne sur l'objet de ma requête.
— Ce serait cool que tu viennes ce soir.
Elle fait la moue. Je ne sais pas si elle passera mais je suis certain de ne pas l'oublier. On échange nos contacts et je repars, flanqué de Tom et Lucas.

L'après-midi passe, puis la nuit. C'est désormais le jour de la "grosse teuf" et je décide de prendre du temps pour moi. Je me balade sur la plage, rejoignant Emmerich pour faire quelques tractions. Je n'ai pas forcément l'occasion de me maintenir en forme depuis le début du voyage, en tout cas pas en faisant ce genre d'exercice, alors j'en profite. Le surfeur s'arrête, la sueur perlant sur ses muscles secs. Il sort une clope et l'allume d'un air crâne. Avec son marcel, il me fait penser à un Popeye blond.

J'envoie un message à Jason, mon compagnon Suédois amateur de bière belge. "Je suis à Christchurch, si tu veux j'organise une soirée dans la maison où j'ai atterri, à Sumner Beach." Au bout de quelques minutes seulement, je reçois sa réponse :

"Stella !"

Le temps de m'esclaffer, je remarque qu'il a ajouté : "Ok, je fais deux heures de route et je suis là !"

Sur la plage de Sumner Beach, où je poursuis ma balade, trône un énorme rocher nommé *Cave rock*. "Cave", parce qu'il est creux et ouvert en plusieurs endroits. À ce moment, il n'y a guère que les petits vieux qui s'aventurent sur le sable. Toujours sympathiques, ils sont les témoins de l'histoire du coin et j'aime engager la conversation avec eux. D'ailleurs, c'est un vénérable kiwi qui m'aborde, tandis que j'admire *Cave rock*. Il me demande si je fais partie du groupe des jeunes surfeurs qui habitent la maison de la plage ? Je réponds par l'affirmative, d'abord méfiant. J'espère qu'il ne vient pas m'engueuler pour le tapage nocturne de mes colocataires...

Que nenni : il veut juste faire connaissance. Comme je suis toujours avide de détails sur les lieux où je me rends, je lui demande des informations sur cet impressionnant rocher. Il ouvre la bouche dans un grand "Ah !" et raconte :

— En Nouvelle-Zélande, on subit beaucoup de tremblements de terre. Nous sommes à la frontière entre deux plaques tectoniques, vois-tu. *Cave rock*, qui est là, s'est en fait détaché pendant l'un de ces tremblements de terre. Il a occasionné d'énormes dégâts, c'était une catastrophe pour la ville. C'est pour ça que l'économie a été brisée... C'est bien malheureux.

L'ancêtre m'accompagne sur quelques mètres en évoquant ce passé glorieux désormais oublié, puis la conversation se termine. Le voilà qui repart, poursuivant son jogging. Il me laisse avec un panneau qui me montre l'état de la plage, avant et après le tremblement de terre.

Je regarde ma montre et presse le pas en direction du centre-ville. J'ai rendez-vous avec une dame rencontrée plus tôt dans mon voyage. Elle se trouvait par hasard du côté de Christchurch et nous nous étions recontactés via les réseaux sociaux. Il y avait un seul petit problème. Impossible, en effet, de me souvenir d'où je la connaissais. On se salue chaleureusement. La conversation est d'abord laborieuse car je ne me rappelle plus de notre rencontre ! Histoire de briser la glace, je lui dis que je finis mon *road trip* et que je voudrais rejoindre l'Asie une fois mon défi relevé, peut-être en commençant par Singapour.

En effet, j'ai profité de cette journée tranquille pour appeler un ami, avec lequel je veux voyager depuis longtemps dans un pays coupé du monde, à propos d'une demande de visa pour la Birmanie. Nous le prenons ensemble, scellant ainsi la préparation de notre aventure. Une de plus, dont Singapour sera le départ !

Dès qu'elle entend parler de mon projet, ma compagne m'assure qu'elle connaît une femme à Singapour, qui travaille dans un musée et pourrait m'aider une fois là-bas. Vive comme l'éclair, elle me donne le contact de son amie. Je la remercie pour sa sollicitude et, après 20 minutes de discussion, nous nous séparons chaleureusement.

Je prends un moment pour me ressourcer dans les rues de Christchurch. La soirée me donne d'avance une sorte de boule au ventre, sans que je me figure pourquoi. Je sens bien que je vis le calme avant la tempête. De hautes palissades entourent les jardins que je dépasse, près de Sumner Beach. Les toits des maisons pointent leurs tuiles grises au-dessus. L'endroit me paraît charmant. Une passante accepte de me prendre en photo devant ces palissades avec mon sac à dos, mon drapeau et mes signatures.

J'arrive au bout de mon voyage, je ne m'en rends pas bien compte. Le même genre de sentiment que celui ressenti chez Jack, à la ferme, m'envahit. Je m'assois, place mon trépied et me filme en expliquant tout ce que j'ai vécu jusqu'à ce moment. Je passe deux heures à tout raconter à ma caméra. C'est important pour moi car j'écris déjà mon histoire, via la vidéo à défaut de pouvoir rédiger sur la route, devant cette palissade que je trouve si élégante.

Ensuite, direction la supérette pour récupérer mon morceau de viande. Moi qui n'ai mangé que du thon et du pain depuis des semaines, je décide de me munir d'un bon morceau de viande, puisqu'un barbecue est prévu pour la soirée. Il faut savoir qu'en Nouvelle-Zélande, la viande est chère, c'est pourquoi j'ai rechigné à en acheter jusque-là. Dans un petit marché, je me munis d'un petit sachet de cinq cents grammes à partager avec tout le monde, une récompense bienvenue après des semaines de disette.

En revenant à la maison, je reconnais de loin la camionnette de Jason. Bingo ! Sortant de l'arrière du van, un mec à lunettes, crâne rasé et petit bide à bière, vient joyeusement à ma rencontre. Il tient évidemment une Stella à la main.

— Hey mec ! il dit en me tendant sa bière, avant de s'égosiller : Stellaaa !

— Jasooon !

Je rentre dans la demeure en cette fin d'après-midi. Je présente Emmerich à Jason. L'Allemand l'accueille aussi amicalement que s'il le connaissait depuis toujours.

Je vois déjà tout l'alcool trôner sur la table, la musique à fond la caisse. Alizée prépare tranquillement la soirée avec les autres, toujours aussi relaxée. Deux, trois, cinq, dix voitures se garent. Il n'y a certes pas autant de monde que je l'aurais cru, toutefois la maison se remplit rapidement. Tous les *backpackers* s'étonnent presque d'être là et jettent :

— Ouais, y a un mec qui nous a invités…

Mes colocataires me désignent à chaque fois en lançant :

— Ah ouais, c'est lui !

J'ai l'impression d'être chez moi. Le crépuscule est à peine fini que la soirée bat déjà son plein. C'est un énorme bordel foisonnant. Le barbecue semble un incendie perpétuel, les invités affluent et se croisent, dansant, buvant, dévorant à belles dents. Je me lâche avec eux.

Je mange enfin autre chose, quel pied ! Je savoure le repas, enfin débarrassé de cette saleté de poisson en boîte. Emmerich tombe presque sur moi et me passe un bras autour des épaules.

— Merci mec, il lance, les yeux pétillants. C'est grâce à toi qu'il y a autant de monde !

— Merci à toi, je réplique, attendri. Tu m'as accueilli, tu m'as donné de si bonnes *vibes*… Je finis bientôt mon voyage, et grâce à toi je le finis en beauté.

Soudain pensif, mon ami se tourne vers la mer. Ses yeux larmoient discrètement, comme un minuscule filet d'eau qu'on tenterait de retenir des deux mains. Il semble avoir à moitié oublié ma présence, même si je me sens englobé dans la chaleur humaine qu'il dégage.

— Ici… il commence, ému. Ici, on a vécu des semaines et des semaines ensemble… *Fuck*… Ça me fait mal au cœur de la quitter, cette baraque…

Il me laisse repartir après une petite tape sur l'épaule. "Va t'amuser, Gaël." Tout le monde est occupé à faire la fête. Tom s'acharne sur son tam-tam, Jason est déchiré sur le canapé, sans doute étendu par un gros pétard. L'alcool, malgré mon copieux festin, se distille dans mon organisme et la nostalgie d'Emmerich me gagne. Je me dis que le voyage est une expérience dingue, qui vous retourne l'âme et le corps. Vous vous retrouvez projeté dans un lieu étrange, inconnu, sans rien prévoir, et la vie guide vos pas. Et vous la laissez-vous guider, parce qu'elle a l'air de savoir ce qu'elle fait. Même si parfois, ça tourne au joyeux chaos.

Je m'assois à terre. J'écoute les bruits de la fête et de la mer. Tout est parti de mon envie de vivre une aventure. Ce que je ne voulais pas, c'était dépendre de mon argent. Au lieu de payer un service classique, de seulement voir à travers la lorgnette du touriste, seulement goûter l'expérience voyageuse du bout des lèvres, je ressens ce pays au plus profond de moi. Je me contente de vivre, en réalité. Et je me retrouve dans la soirée de gens que je ne connaissais ni d'Ève ni d'Adam, deux jours plus tôt. Je rembobine tout ce qui m'est arrivé, le pêcheur, les otaries, ces routes interminables. Je repars en avant et accélère jusqu'à anticiper le lendemain, qui me verra m'élancer sur les routes avec Alizée. C'est comme si tout était écrit et pourtant, je n'ai toujours aucune idée de ce qui va suivre.

La soirée s'étend jusqu'à 4 heures du matin. Tom est désormais couché sur son tambour silencieux. Jason, qui a tant bu qu'il ne bouge plus, semble tout de même respirer. D'autres discutent encore dehors, vaguement illuminés par les lampes subsistantes. Les cadavres de bouteille traînent partout sur et sous la table. L'ambiance très festive a gagné une certaine torpeur. Je profite de l'accalmie pour me coucher, serein.

Moi, Emmerich et Alizée à l'intérieur de la maison. Un moment fort partagé avec eux, on ressent l'énergie qui nous liait

La vie vous amène plein de surprises que l'on ne comprend pas toujours tout de suite. N'hésitez pas à la provoquer et à pousser des portes. Vous allez voir que tout cela peut faire la différence.

Road trip à Edoras

Le lendemain matin, ma gueule de bois est modérée mais bien présente. Certains des *backpacks* et du *free camp* sont encore soûls. L'un d'eux a dormi avec Alizée. Je la vois surgir de son van, tout échevelée, avant de lancer d'une voix tonitruante :
— Ah ouais, on a passé une bonne soirée ! Elle me jette, visiblement surexcitée, un : « Je vais prendre une douche et on part en *road trip* ! *Yeah !* » Notre objectif reste le lieu de tournage du *Seigneur des Anneaux*, évoqué deux jours plus tôt.

Je signale à Emmerich que je pars avec Alizée pour quelque temps.
— Je te dois quoi pour la maison ?
— Pfff, Gaël ! Tu ne me dois rien, ne t'inquiète pas. T'as aidé à organiser la soirée... Profite de ton *road trip*, on se recontacte.
Je salue Jason, qui m'invite en Suède dès que possible. Je ne manquerai pas de retrouver mon pote et ses Stella quand l'occasion se présentera.

Avec Alizée, nous avons embarqué pour le mont Sunday. Plusieurs heures de route se sont égrenées à la frange des lacs et des vallées. Enfin, la "route", c'est un grand mot. Une fois enfoncés assez profondément dans les terres, nous ne roulions plus que sur des chemins caillouteux, voire presque rien du tout. La direction générale, nous l'avions, mais au vu de l'état du sentier, nous nous demandions bien où on atterrirait. Plus on pénétrait au cœur de ces manières de steppes mongoles, plus les montagnes nous encerclaient, mi-accueillantes mi-menaçantes.
— Où tu m'emmènes encore, le Belge voyageur qui me perd au bout du monde et dans des soirées complètement folles... ?

L'accumulation de routes interminables et de plaines arides aux tons jaunâtres, entre ce mur infranchissable des flancs rocailleux, semblait une faille spatio-temporelle qui se répétait encore et encore. Les quelque trois heures prévues étaient dépassées depuis longtemps. En fait, nous nous étions perdus. Enfin, telle une bouée de sauvetage au milieu de cet océan morne, a surgi la première trace de civilisation entrevue depuis le matin, un genre de maison de maître proposant les services d'une auberge. L'itinéraire était si mal indiqué et coupé de tout... Nous n'avions d'autre choix que de demander de l'aide. Il nous a fallu marcher au sommet de la colline sur laquelle siégeait la demeure. J'espérais secrètement qu'on ne tombe pas sur une sorte de motel bizarre à la *Psychose*.

On toque. Personne. La porte est ouverte, aussi nous la poussons délicatement. Il ne s'agirait pas de réveiller un fantôme. Le plancher grince sous nos pas, alourdis par la fatigue du voyage.

— Bonjour Messieurs !

Alizée pousse un cri de souris, je sursaute violemment. L'inconnu a bondi de nulle part pour nous saluer, planté derrière un bar au bois verni qui semble avoir connu des décennies de fréquentation assidue. L'homme, dont la lèvre supérieure est ornée d'une longue moustache grise, affiche un air enjoué. Il frotte énergiquement un verre à l'aide d'un vieux torchon, à l'instar d'un barman de film.

— Euh… Bonjour… On cherche le mont Sunday, est-ce que vous pourriez nous dire où il est ?

— Oh ben mes amis, vous n'allez pas le trouver ici !

— Ah…

Il nous révèle que nous avons choisi la mauvaise branche d'un croisement en "Y", un peu plus loin. Très affable, il nous indique le véritable itinéraire, bien simple en effet.

— Vous reprenez la route d'avant et vous allez tout droit.

Derrière le bar, j'aperçois des photos du décor du *Seigneur des Anneaux*, retraçant la construction du village. J'attire son attention sur les images.

— Vous étiez aux premières loges à ce que je vois !

Il admet calmement :

— Oui, certains acteurs dormaient dans mon auberge avec une partie de l'équipe. D'autres dormaient à Christchurch, ils venaient tous les jours en hélicos pour rejoindre le mont Sunday. Surtout, profitez bien de la vue car elle est magnifique !

Je lui serre la main. Il me fait un clin d'œil qui adoucit son regard perçant et nous repartons pour Edoras.

Malgré ses bonnes indications, le trajet s'allonge encore. On distingue finalement une butte au loin, gigantesque. Est-ce bien l'endroit qu'on cherche ? Des vans sont garés sur un méchant tas caillasseux, Maps.me m'indique que nous sommes à la fin de la route. Les roues de notre véhicule crissent sur le gravier, lorsque nous nous garons le long d'une vieille chaîne rouillée qui indique, seule, la présence d'un parking. Une petite pancarte annonce le mont Sunday et les balades à faire dans le coin.

En examinant l'énorme rocher, je me projette dans *Le Seigneur des Anneaux*. À force d'imagination et de souvenirs fictionnels, je retrouve les lignes abruptes qui soutiennent Edoras, la capitale du Rohan et ses petites maisons de bois aux arches sculptées de chevaux. Une autre pancarte, tout aussi discrète, détaille les étapes de la construction, D'immenses grues étaient venues pour bâtir le village. Il n'en reste rien, de même que Hobbiton qui, lui, a été reconstruit pour les touristes.

Des landes herbeuses s'étendaient devant nous, les hautes broussailles fanées, jaunies par le soleil, découpées tendrement par une myriade de petits ruisseaux. En franchissant un modeste pont, je me croyais en compagnie d'Aragorn, de Gimli, de Legolas, du moins je me voyais marcher dans leurs pas. En plein milieu, ce majestueux bloc brun, comme une colline. Je suis arrivé au faîte d'Edoras et me suis retrouvé brusquement transporté dans *Le Roi Lion*, cette fois, époustouflé par le panorama. Les cours d'eau s'évadaient loin entre les herbes pâles, sans que la moindre activité humaine ne les arrête, s'envolant jusqu'aux montagnes coiffées de leurs neiges éternelles. Le vent soufflait si fort que ma casquette s'arrachait presque de mon crâne et que mes cheveux, alors très longs, s'ébouriffaient dans tous les sens, s'agitant avec la violence de la brise quand j'ai enlevé mon chignon.

Alizée s'amuse de l'état de ma coupe. Je me dis que là, il y a eu *Le Seigneur des Anneaux*. Les cavaliers sur leurs chevaux, des types se précipitant à leur suite, caméra au poing. Il n'y a pas grand monde ici, le tourisme n'a pas trop imposé sa griffe, tant on y est coupé du reste du monde. C'est comme si l'homme avait bâti cet endroit pour se ménager un havre de paix, en harmonie avec la nature. Je comprends pourquoi il a été choisi pour illustrer cette saga épique.

Avec Alizée, on prend des photos, on s'amuse d'un rien, on s'entend plutôt bien. Je fais voler mon drone mais très peu, car le vent peut lui être fatal. Je sens comme une gratitude intense de contempler ces paysages uniques. C'est mon rêve de gosse, je regarde *Le Seigneur des Anneaux* en boucle depuis des années. Je suis comblé. Et dire que je sors d'une soirée organisée à l'arrache, pleine d'inconnus et remplie d'alcool à ras bord, pour tomber sur cette merveille.

— Bon, maintenant qu'est-ce qu'on fait ? demande Alizée, terre-à-terre.
— Je sais pas, j'admets.
— Je connais une bonne randonnée qui nous emmènera dans les montagnes, tu veux venir ?
J'hésite un peu. Les jours commencent à manquer mais après tout, je suis bien avec ma comparse.

La route vers le mont Sunday avec le van d'Alizée. Les paysages changent totalement d'un jour à l'autre en Nouvelle-Zélande. Sur la route, il n'y a personne, on est coupé du monde

Sur le mont Sunday où a été tourné Les deux tours, avec ses plaines et ses chevaux. Outre le fait que je n'arrête pas de penser à ces scènes, le paysage est à couper le souffle. Beaucoup de vent, par contre…

Dilemmes

On arrive à Spittie Hill, un détour déjà important par rapport à mes objectifs. Alizée veut aller un peu plus haut, au village d'Arthur's Pass. Apparemment, il y a là-bas une plaine pleine de rochers étranges, à l'instar d'Elephant Rocks, le paysage de Narnia. Tout en m'expliquant son projet, elle tire un rail à l'arrière de sa camionnette, dévoilant une cafetière et un frigo. Elle se met à faire du café, à cuisiner des petits pains, coupe quelques carottes... C'est toujours aussi jouissif de voir un *backpacker* cuisiner dans son van à partir de rien. On mange un peu entre les guirlandes qui décorent la camionnette, assis à l'arrière dans ce paysage de roches qui contiennent tant d'histoires, nous rappelant les scènes des deux derniers volets du *Seigneur des Anneaux* qui y avaient été prises.

Je passe une nuit sur un emplacement de camping, installé avec Alizée à l'arrière de sa voiture. On rencontre des Américains qui visent eux aussi Arthur Pass. Alizée salue cette coïncidence et un plan se forme tandis que nous parlons, sur des chaises de camping disposées en cercle derrière le van. Les Américains parlent des livres qu'ils lisent, des voyages qu'ils font... Une chose me marque sur ce camp, ce sont les hamacs suspendus à un énorme arbre, en bord de ruisseau.

Le lendemain, nous prenons rapidement le petit-déjeuner, constitué de cracottes tartinées d'avocat, puis accompagnons les Américains à Arthur's Pass. Plus que d'un village, il s'agit d'une nouvelle vallée traversée par une route et plantée de quelques maisons. Les Américains parlent de restaurant avant la randonnée, aussi je m'incline, de moins en moins convaincu par ces gens fort sympathiques, mais plutôt éloignés de ce que je recherche dans mon voyage. Je les suis néanmoins, prends une salade légère.

Alors, je réfléchis aux jours qu'il me reste en Nouvelle-Zélande et ma décision s'impose. Je ne vais pas partir avec eux.
— Je voudrais aller dans le Nord, voir des baleines... Si je viens avec vous, ça me prendra trois jours encore... Je pense qu'après le resto, je vous quitterai.
— Pas de problème !
Je me tourne vers Alizée.
— Je te remercie pour tout, ce n'est pas courant pour moi de m'attacher autant aux personnes, de rester si longtemps avec une comparse de voyage. Si tu me vois sur la route, tu t'arrêteras pour moi ?
— Évidemment Gaël ! Tu me manqueras.
— Toi aussi.

Alizée et son petit van avec lequel on a pas mal bougé. Une très belle personne qui a toujours le sourire

La petite cuisine des voyageurs, pratique et charmante quoiqu'un peu problématique par mauvais temps

Une photo prise par Alizée… Je m'étais juré de ne pas me couper les cheveux avant de rentrer de mon tour du monde ! À force de rester aux soleils, on dirait qu'ils sont blonds.

Après ces effusions, je fonce auprès de la route pour rallier Kaikoura. Le passage n'est pas très fréquenté mais un petit gars s'arrête au bout de dix minutes et me ramène en direction de Christchurch, car nous sommes loin de la côte. Un dilemme se pose, car je sens que c'est bientôt la fin. En effet, j'ai deux billets d'avion, l'un qui m'enverra vers les Philippines, l'autre vers Sydney, en Australie. Le premier est dans quelques jours, l'autre dans deux semaines. Il m'en faut un pour voyager en dehors de la Nouvelle-Zélande mais je n'ai toujours pas de réponse de l'Australie, qui doit m'accorder un visa touristique. Je ne sais même pas si je peux y retourner ou pas ! Si je veux voir les baleines, il faut que je parte très vite à Kaikoura avant de me précipiter à Christchurch pour ne pas rater mon avion.

Le conducteur me demande où il doit me déposer.

Que faire ? Repartir pour une dernière aventure ou rester raisonnable et patienter à Christchurch ? J'ai vu tant de belles choses, si je ne vois pas les baleines, ce n'est pas grave, si ? Pourtant, à cette idée, un pincement me serre le cœur. Je lui dis :
— Si tu peux me déposer au Nord, en dehors de la ville, c'est top.
— Ok.
À cet instant, je réalise que je relève un nouveau défi. Elles ont intérêt à être belles, ces baleines.

Sur cette image vous pouvez voir mon gros sac avec toutes mes affaires, ma tente derrière et mon sac à dos rempli de mes biens les plus précieux devant

Chapitre 24 - Un choix crucial

L'homme me dépose aux abords de Christchurch. Un autre s'arrête, tirant une remorque haute grâce à laquelle il transporte son cheval. Le trafic est dense. Le cavalier, vêtu d'une chemise à carreaux comme beaucoup de campagnards du pays, les cheveux bouclés, me dit que plus loin, la route est bloquée car en travaux, c'est pourquoi peu de gens l'empruntent. Or, c'est celle qui doit m'amener à destination.

La question me taraude. J'ai un billet d'avion pour le retour, mais si je m'engage sur cette voie et que je ne trouve personne au retour, je raterai certainement le décollage. J'ai tout le temps de réfléchir, dans cet habitacle à l'atmosphère un peu étouffante, notamment à cause de l'odeur de l'animal qui nous suit - bien que mon conducteur soit des plus aimables. Je me retrouve sur un de ces axes en "Y" qui, décidément, ne me portent pas chance.

D'un côté se pressent toutes les voitures, de l'autre j'aperçois les signes de lourds travaux, des panneaux, mais aucun véhicule. Face à un tel spectacle, je me dis que même si je marche un peu, je tomberai seulement sur plus de travaux. Je vois le soir arriver et c'est compliqué de dormir dans le coin. Je prends un gros risque en restant à côté de ces panneaux. Personne ne s'arrête.

Comme le chemin est sans issue, je commence à gagner en nervosité. Je me dis que c'était un très mauvais choix, je vais peut-être rester bloqué pour des jours. J'attends trois heures. La tension monte, je me ronge les ongles. Alors que je songe à craquer et repartir en sens inverse, un 4x4 arrive au loin. Désespéré, je jette mon sac sur la route et lui fais de grands signes. Le conducteur s'arrête, descend sa fenêtre teintée, dévoilant son torse musculeux, son marcel noir, sa casquette à l'envers et ses yeux brillants.
— *What's up boy ?*
Je parle à toute vitesse, essoufflé.
— Je cherche à aller à Kaikoura, y a des travaux, je trouve personne, j'en peux plus, j'ai les boules là...
— Ok, saute dans la voiture ! il assène avant de consulter sa montre d'un geste sec. T'as de la chance, dans une heure trente la route est fermée ! Écoute, de toute façon je vais à Kaikoura donc il n'y a pas de problème, je t'emmène.

Sans lui, je serais resté jusqu'au lendemain matin… Il lance sa musique, l'atmosphère me détend. Je sens à peine la route étant donné la hauteur du 4x4. Pour autant, je ne fais pas le fier. Je n'ai pas bien calculé le risque et ça a failli me coûter cher. Autre problème, j'ai faim. Il est presque 19 heures, tout est fermé et je ne veux pas de thon ni de pain.

La personne qui m'a pris en bord de route avant que la route ne ferme : merci à lui qui m'a sauvé de la galère !

J'arrive à Kaikoura, un petit village qui ne m'intéresse pas encore. La première chose qui me vient à l'esprit, c'est manger. Je trouve un genre de restaurant de sushis, je m'assieds, je prends tout ce que je peux. Je me régale à coups de rouleaux de printemps, de makis et de sashimis. Une fois repu, il est temps de me rendre compte d'où je suis. Je me dirige donc vers la plage, étudiant vraiment Kaikoura, cette fois, qui se situe entre la petite ville et le village moyen. J'essaie de trouver des *backpackers* et ma recherche est couronnée de succès. Je tombe sur un immense parking en hauteur, au-dessus d'une petite plage agrémentée de quelques cailloux. Il n'y a presque rien hormis quelques vans blancs, où certains dorment déjà. À ma droite, une grosse colline se dresse, semblable au Bluff où je m'étais baladé, à l'extrême méridionale du pays.

Le vent souffle, l'heure avance, la fatigue me tient. Je vais peut-être finalement dormir sur la plage, mais c'est compliqué de trouver un bon endroit. J'entends alors des conversations en anglais. Leur accent détaché, caractéristique, me paraît francophone. Super ! Je rejoins les deux mecs qui discutent. L'un d'eux porte de longs cheveux et un bob, on dirait un rappeur du dimanche. Il essaie de parler en anglais mais on sent que c'est difficile. D'ailleurs, leurs palabres meurent un peu et j'en profite pour intervenir :

— Bonsoir ! Toi, t'es Français, je me trompe ? je lance gaiement.

— Ah non, je suis Belge ! Il rigole avant de prendre un accent flamand exagéré : La bonne frite belge, ha ha ha !

— T'es le premier que je trouve sur ma route. Y a pas beaucoup de Belges ici.

— Ah non, pour sûr !

Entre compatriotes, on se lie immédiatement. Il me demande ce que je fais ici.

— Je viens pour les baleines, j'ai failli être bloqué...

— Mais oui, la route est en travaux !

— Et toi, tu fais quoi ici ?

— Je suis dans mon van, tranquille pépère, je surfe, je *chill*... Il émet vaguement, avant de me demander, presque inquiet : Tu dors où ?

— Bah... dans les cailloux, j'imagine.

— T'es fou non ? On va dormir ici. T'as faim ?

Mon nouvel ami, Marc, se lève et s'empare d'une pizza posée sur une planche en bois pour me la tendre. Son long t-shirt blanc qui bouffe dans le vent, sa petite chaîne qui cliquète, ses cheveux à hauteur de visage lui donnent vraiment l'aspect d'un rappeur. Assis par terre, je mange de la pizza chaude, malgré les sushis qui barbotent dans mon estomac. Marc remarque que je regarde la colline à droite.

— T'aimes bien ? C'est magnifique pour les couchers de soleil, j'y vais souvent.

— Ah oui ? On y va maintenant si tu veux ? je demande avant de glisser : J'ai un drone.

— Wow un drone ! Génial, on fonce !

Je grimpe à l'avant de sa camionnette, qu'il démarre en trombe. On dirait un cocon, décoré de guirlandes s'agitant dans tous les sens.

Le coucher de soleil dont il m'a parlé, en effet, s'avère splendide.

Quelques personnes nous rejoignent ou sont déjà présentes, car l'endroit est connu. Sur cette côte Est, où le soleil se couche dans les montagnes et pas dans la mer, on peut se délecter du spectacle orange, tirant sur un rouge éclatant, qui enveloppe les sommets au loin, tandis que les pics découpent le ciel de leurs sommets enneigés. La mer, à côté, crée comme une harmonie élémentaire. Je souffle à Marc :

— C'est l'un des plus beaux couchers de soleil que j'ai jamais vus.

Le moment est unique, intense, magique. Mon compagnon, tout à fait zen sur son rebord en bois, fume un joint en plissant les yeux. Le soir arrive en une petite demi-heure et nous retournons sur le parking, où je me rends compte que tous les *backpackers* du coin viennent dormir.

— Ça te dit, une petite soupe ? propose Marc.

— Toi, t'es bien Belge...

Mon hôte est très accueillant, je ne me lasse pas de sa compagnie tranquille.

— Je vais surfer ici, et sur d'autres point de la plage, puis ailleurs...

Il m'annonce son programme comme s'il savait que nous allons passer beaucoup de temps ensemble.

— Je suis ici pour les baleines, je rétorque. J'ai des billets d'avion vers l'Australie mais toujours pas de visa. Il faudrait que je parte après-demain pour être sûr...

Marc ouvre de grands yeux.

— Oula, mais il va pleuvoir mec, pour les prochains jours !

— Bah, la Nouvelle-Zélande c'est comme ça non ? C'est un peu la Belgique hein !

Je rigole mais Marc ne semble pas convaincu.

Mon pote belge Marc, son van et son chapeau, posés sur le parking en face de la mer. Les backpackers, ça vit partout !

La vallée sous le coucher de soleil, incroyable mariage entre montagne et mer. Le coucher de soleil pour moi est le moment le plus intense parce qu'il est court et unique

Marc et sa Stella à côté de lui

Colocations

Le lendemain matin, il pleut énormément. À tel point que je décide de rejoindre Kaikoura pour y trouver une bibliothèque. Cela me permettra d'avoir un peu de Wi-Fi. Marc ne va même pas surfer tant il pleut. Je cherche à régler la situation pour mon visa, histoire de savoir si je peux rentrer ou pas. Je ne trouve pas de solution. Je retrouve mon hôte, qui reste coincé sous son toit de fortune. La pluie redouble. Deux jours passent ainsi, qui nous empêchent de faire quoi que ce soit.

Dans ce laps de temps, d'autres personnes arrivent autour de nous. On se retrouve à parler à trois quatre, presque constamment puisqu'il n'y a rien d'autre à faire, à l'arrière des vans. Beaucoup de Français sont présents, ils racontent leurs histoires. Je découvre que Marc est considéré comme une espèce de vieux sage que tout le monde connaît. Les apéros s'enchaînent dans les véhicules minuscules. J'ai l'impression d'habiter dans un quartier résidentiel où tous les pavillons ont quatre roues. Je rencontre une fille qui vient du Canada, ainsi qu'un vieux pêcheur kiwi, Henri. Ce dernier vient de temps en temps nous voir quand il traque le poisson. Après deux jours et demi d'averse incessante, Marc décide d'aller surfer de l'autre côté de la baie. Moi, je passe mon temps à la bibliothèque pour résoudre le problème de mon billet d'avion. Ça ne mène toujours à rien.

Le troisième jour, je ne tiens plus en place. Je décide de partir avec Marc à l'opposé de Kaikoura. Nous gagnons le bas de la falaise jusqu'à un cul-de-sac appelé Point Kean. Là, nous découvrons une multitude de créatures rondelettes dont l'estomac gonflé oscille au rythme d'une respiration régulière. Je dis à mon compagnon :

— Tu vois, là-bas, toutes ces boules au soleil ? C'est une bande d'otaries ou de phoques qui se dorent la pilule. On va les voir ?

Alors que nous nous précipitons vers eux, la plupart se carapatent en grognant. Seuls certains restent, apparemment peu impressionnés par ces deux humains rachitiques.

— Y en a plein ! s'exclame Marc, émerveillé. Je ne suis jamais venu en bas de ce rocher ! J'en vois des fois, de ces bestioles, mais je ne savais pas qu'elles venaient se reposer ici.

Pour moi, ce genre de moment est toujours intense et beau. Mon plaisir était cette fois-ci décuplé par la vision que me donnait Marc, tout fou de découvrir ces pinnipèdes, qu'ils soient froussards ou dédaigneux.

Moi et ma pote otarie : cette fois, je garde mes distances, je suis assis à 1 m 50 derrière. C'est un peu comme un gros chien, non ? Oh, et mes habits chauds, c'est parce qu'en Nouvelle-Zélande le temps change souvent !

Il redescend un peu de son nuage et me lance : "Allez, maintenant on va surfer de l'autre côté !" Il me fait traverser un croissant de baie. Nous longeons un gros rocher et débouchons sur une minuscule baie située très près de la ville, seulement flanquée d'une étroite route au bord du sable. Malgré la petitesse des lieux, il y a là un *free camp* où s'entassent trois vans. Marc se fend d'un tonitruant "*Hello boys !*" Il a l'air de connaître tout le monde et je me dis soudain qu'il doit vivre dans la région depuis plusieurs mois. Accompagné de ses acolytes, qui l'ont à peine salué avant de dégainer leur planche, Marc saute à l'eau.

Un doigt de pied me suffit pour décréter que je ne les suivrai pas. L'eau de Nouvelle-Zélande est décidément trop froide à mon goût, même si j'avais été dans celle du glacier, je n'y étais pas resté longtemps. Eux s'en foutent et batifolent comme s'ils s'étaient immergés dans une piscine chauffée. En ressassant le froid de canard et les averses incessantes de ces derniers jours, je réalise que c'est la troisième nuit que je passe avec Marc. Je loue la générosité dont il fait preuve en me gardant avec lui dans son van. Si j'avais installé ma tente sous la pluie, j'aurais passé tout ce temps trempé comme une soupe.

Même à ce stade avancé de mon voyage, je ressentais des élans de gratitude étonnée face à ces étrangers pour lesquels j'aurais dû n'être rien, mais qui m'accueillaient sans réfléchir et m'aidaient du mieux qu'ils pouvaient. Et quand il pleuvait à verse comme ce jour-là, comme souvent en Nouvelle-Zélande en fait, je pouvais m'estimer heureux d'avoir une bonne âme sur laquelle compter...

Au retour de cette session de surf, Marc ouvre son coffre, toujours en direction de la plage. On allume les lumières, on sort les boissons. C'est ce qu'il y a de beau dans la *van life*, le décor autour de toi, ton salon, la vue dont tu profites en mangeant et en te levant, change tous les jours. Chacun des autres groupes de *backpackers* allume ses petites lumières, fait tonner sa musique et débouche ses bouteilles. Nous sommes coupés du monde comme autant de Robinson, en mode *cosy*.

Après le repas, Marc somnole déjà, la fumée de son pétard dans les poumons. Pour ma part, je suis soûl car tout le monde m'a offert un peu d'alcool. Il n'y a plus de pluie, le temps est doux, l'air marin souffle à travers l'ouverture du coffre et les lumières des guirlandes pétillent... J'écoute religieusement l'eau salée qui ruisselle sur la plage, le ressac accueillant du Pacifique. Mes sens en éveil, je lève les yeux au ciel étoilé. C'est le genre de moment qu'il faut vivre pour le comprendre.

Le matin, Marc se lève avec une tête fripée et des yeux mi-clos injectés de sang. Plutôt bien réveillé de mon côté, je lui souffle doucement, mon propre regard tourné vers la mer fascinante :

— C'est notre hôtel cinq étoiles, Marc... Personne peut nous enlever ça.

Mon hôte grommelle, la bouche pâteuse, visiblement à des lieues de l'instant de grâce que je vis :

— Hum... il toussote. Écoute, Gaël, hum... moi je vais doucement partir pendant deux jours... (il tousse) Hum, je reviendrai après.

Une autre quinte le prend mais il relève ses yeux rougis, attendant ma réponse.

— Pas de souci, Marc, voyons ! Tu m'as sauvé la vie avec ces journées dans ton van, tu m'as fait découvrir ton monde, le coucher de soleil, toutes ces merveilles... Et puis, de toute façon, je dois absolument être sur la route ce soir pour choper mon avion.

Ma voix s'éteint. Je réalise à quel point ce que je dis est absurde. La pluie m'a cloué sur place trop longtemps, je n'ai toujours pas pu voir de baleines. Pourtant, si je ne trouve pas de voiture ce soir, je raterai mon avion demain. Mon billet prévoit un départ pour 9 heures du matin de Christchurch, alors que je suis encore perdu dans ce petit village de Kaikoura. J'ai plusieurs heures de route, je ne suis même pas sûr d'arriver à temps. D'ailleurs, je n'ai toujours pas de réponse concernant mon visa.

Une longue journée passe, pleine d'ennui et d'anxiété. Marc me loge pour un quatrième soir car non, je ne me suis toujours pas décidé. À minuit pile, je consulte mes mails. Ma demande de visa pour l'Australie est acceptée. Un signe du destin ? Je me tourne vers mon hôte, hagard.

— Qu'est-ce que je fais ?

— Je sais pas, je te laisse prendre ta décision... Mais rappelle-toi que la route du retour est fermée pendant la nuit.

Merde. Ces saletés de travaux me clouent sur place. Assis sur un tas de palettes en bois, je me pose des questions. Ou plutôt, je tergiverse dans tous les sens, incapable de faire un choix. Prendre l'avion dès 9 heures, tâche qui me semble presqu'impossible, ou rester encore un peu sur place et voir les baleines ? Est-ce que je devrais trouver une autre route, chercher quelqu'un qui m'amènerait très tôt à l'aéroport demain matin ? Non. Après tout ce que j'ai vécu, je ne peux pas manquer les baleines. Il faut que je les voie. Marc part et la route est fermée. Voilà mes signes. Je dois tester le destin et voir les cétacés auxquels je songe depuis des semaines.

Quand Marc s'en va, nous échangeons un *check* amical, je lui exprime mille mercis. Il me propose de venir avec lui, mais je refuse. Je n'ai plus de temps pour les détours, les baleines sont dans ma ligne de mire. Mon comparse s'éloigne avec son van sur la route cahoteuse. Désormais seul, je repère Henri, le pêcheur qui venait parfois discuter avec nous ces derniers jours. Il se dirige vers moi en boitant sur sa jambe malade. Le cinquantenaire gratouille son petit ventre et me fixe de ses yeux qui louchent. Quand il s'adresse à moi, son haleine sent l'alcool bon marché.

— Je te connais, t'es le pote de Marc, il t'a hébergé dans son van ! Il est où ?

— Parti. Tu vas faire quoi, toi ? je m'enquiers.

— Je reste sur le parking.

— T'aurais pas un endroit bien où dormir, sur la plage ? De préférence un coin où je me ferai pas tremper...

Le quinquagénaire me regarde, interdit. Son état d'ébriété ne l'aide pas à répondre.

— Oof... Hum... *If you want, you can sleep in my car...*

Je jette un œil à la voiture en question, une vieillerie des années 80, très basse. Il n'y a clairement pas de place pour deux personnes. Je hausse les épaules et accepte. Au pire, si ça ne va vraiment pas, je planterai ma tente sur la plage. Henri ouvre son coffre et laisse échapper de puissants remugles de poisson pas très frais. J'installe tant bien que mal mes sacs entre les hameçons et les cannes à pêche. Lorsque mon nouvel hôte entrebâille la portière côté conducteur et baisse son siège, il me propose de m'installer à l'arrière. En fait, Henri vit dans sa voiture comme un *backpacker* dans son van. Tout cela pue atrocement mais le pêcheur est incroyablement gentil.

— Merci Henri.

— T'as faim ? il me demande sans relever.

Le voilà qui déniche un réchaud enfoui à l'avant de la voiture sous une masse d'affaires sales.

— Oui, j'ai rien mangé...

Le pêcheur trouve des saucisses, des œufs et allume le petit feu à l'intérieur de l'habitacle, violant en quelques instants une bonne dizaine de règles de sécurité et de salubrité. Qu'importe, il a l'air de savoir ce qu'il fait. Je me trouve désormais assis sur la banquette crasseuse d'un vieux pêcheur kiwi que je ne connais vraiment que depuis 20 minutes, et qui s'échine pourtant à me préparer un petit plat. Je me retiens de penser qu'à tout instant, le réchaud risque de faire cramer le divan.

Une odeur âcre mais alléchante de saucisse grillée emplit l'atmosphère étouffante de la voiture. Henri fouille dans sa portière pour en tirer une vieille assiette ébréchée et souffle dessus pour en enlever la poussière. La fourchette, il la sort de son pantalon.

— Allez, faut manger hein.

— Je te remercie. C'est très gentil à toi de m'accueillir.

— Oh tu sais, les amis de Marc sont mes amis. Je suis un kiwi et ici, on ne laisse pas les gens dormir en bord de route. En plus, ça me fait de la compagnie ! Je suis tout seul dans ma petite voiture, tout le temps, j'aime bien parler quand j'en ai l'occasion. Par contre, il ajoute, soudain plus sérieux, demain matin je me lève tôt pour pêcher donc après le repas, dodo !

Je dévore mon plat, content de regagner mes forces. Henri reprend l'assiette et la remet à sa place initiale, ignorant superbement le jus de saucisse qui coule à l'intérieur. Encore une fois, je vis l'aventure au plus près. Je souris, amusé. C'est la seule personne de ce voyage qui m'aura fait dormir dans un espace aussi exigu. Recouvert d'une couverture fine comme une lavette, je m'installe difficilement sur la banquette, tandis qu'Henri occupera le siège du conducteur. Lui s'endort en quelques secondes. Je m'endors, le dos déjà en compote, en pensant aux dernières journées. Sacré Marc ! Il m'aura fait découvrir tout Kaikoura et manger de la soupe, associant la Belgique et la Nouvelle-Zélande en un tournemain. Et maintenant, je me retrouve sur la banquette d'un pêcher kiwi. Ce parking est magique ! Et un peu fou, il faut le dire...

Italie ou Allemagne, il faut choisir. À moins que...

Le matin, je me réveille face à la tête d'Henri, sa longue chevelure filasse et sa barbe grisonnante de trois jours, parfumées d'un doigt de whisky. Je lui explique :

— Je vais réserver les baleines, aujourd'hui.

— Ah ouais, les baleines... C'est bien ça.

Un œil encore trop fatigué pour s'ouvrir, il lève les deux pouces.

— Merci Henri, t'es le premier à m'accueillir... comme ça.

— *No worries, man.*

Affalé dans cette vieille voiture, je me dis qu'en ce moment-même, il y a un avion qui part sans moi. C'est la première fois de ma vie que j'en loupe un. Je suis agacé car j'ai reçu mon acceptation de visa à la dernière minute. Même si l'ambassade ne pouvait pas savoir que j'avais un vol, elle a pris son temps et ne m'a pas donné la moindre explication. Je me dirige rageusement vers ma sempiternelle bibliothèque. Elle est fermée. J'ai perdu mon repaire, je n'ai plus aucun endroit où me connecter.

Je prends mon sac qui pue le poisson et m'en vais au port. Le ticket me coûte cent dollars mais qu'importe, c'est l'un de mes rares écarts du voyage. Autre bémol, il n'y a pas de place avant demain. Tant pis, je devrai juste me presser encore plus que prévu car le deuxième vol, je ne peux pas le rater.

En me baladant en ville, je finis par dégoter une borne de Wi-Fi, plantée devant un pub où les gens font la fête. Résolu à passer là mon après-midi, je dépose mes sacs à dos à côté d'une cabine de bus. Je me pose par terre et je sors mon Mac. Ce petit bout de trottoir devient pour quelques heures mon bureau. J'y passe mes appels du matin, contacte un ami de passage aux Philippines, avec lequel je prévois un voyage en Norvège lorsque je serai de retour en Europe. Les gens doivent se dire que je suis fou. Cheveux longs, air fatigué, t-shirt informe et sacs bosselés, assis par terre, un pauvre hère puant portant les habits de la veille, de l'avant-veille, voire de plus longtemps encore… En fait, je ne sais pas si c'est cela qui choque le plus les gens, où le fait que malgré ma dégaine, je sors un Mac pour bosser ! Mais j'ai un problème plus important qui me tarabuste. Si je dois dormir encore un soir dans le coin, je n'ai plus d'autre choix que d'aller sur la plage.

Assis près de ma borne salvatrice, j'aperçois deux jeunes filles italiennes qui passent devant moi. Je ne prends pas garde à elle pour l'instant. C'est la fin d'après-midi, je prends mon temps, je glande sur les réseaux… Que faire d'autre ? À ce stade, je n'attends plus que le lendemain et les baleines. Les Italiennes repassent alors. Giulia est blonde et me scrute de ses yeux bleus perçants, Clara est brune et triture sans arrêt ses cheveux lisses, pourtant on croirait voir deux sœurs. Nous discutons quelque temps, elles m'invitent à faire la fête avec elles plus tard. Affublé de toutes mes affaires, je décline leur invitation mais elles me donnent une idée. Je pénètre à l'intérieur du pub et demande aux clients s'ils connaissent un endroit où dormir. On me conseille de prendre un bus, d'aller dormir ailleurs. Les Italiennes repassent.

— Ah ! Toujours là à capter le Wi-Fi ? me lance Giulia.
— Ouais. Mais je cherche surtout un endroit où me mettre bien pour dormir.
— Pourquoi tu ne trouves pas une autre ville, plus loin sur ton trajet… ? avance Clara.
— Je ne peux pas, je dois aller voir les baleines et après ça, je pars définitivement de la Nouvelle-Zélande. Oh, mais vous, vous connaîtriez pas un lieu sympa ? je leur demande finalement, n'ayant pas pensé plus tôt à les interroger. Je sais que vous êtes des filles et que c'est pas très rassurant, un inconnu comme moi, mais j'ai pas de solution...
— Bah écoute, attends-nous jusqu'à 21 heures.

— Euh… Très bien.

Elles me laissent à mon sort, toutes guillerettes. Est-ce que je peux vraiment leur faire confiance ?

Réglées comme des horloges, les deux amies sortent du pub à l'heure dite, un peu éméchées.

— Oh, t'es encore là ? rigole Giulia. Cool ! Suis-nous, on a peut-être un endroit pour toi.

— Oh ! Merci, merci ! Mais ça ira pour les baleines, demain ? Je peux pas aller trop loin...

Clara hoche la tête, rassurante :

— Pas de souci, on t'amènera à l'heure.

Je me retrouve dans leur voiture, me laissant guider par ces inconnues, amatrices de bière. Je ne sais pas où je vais. Elles s'enfoncent dans la campagne et le noir total, sur de petits chemins inquiétants. Est-ce que j'ai bien fait de les suivre aveuglément ou est-ce qu'on va me retrouver découpé en petits morceaux demain matin ?... Lorsqu'elles s'arrêtent enfin, c'est devant une maison apparemment tout à fait normale. Les filles sortent du van et Giulia m'indique qu'elle loue un petit appartement dans ce bâtiment, avec son compagnon kiwi. Clara, elle, dort à l'arrière de son van, qui possède un lit à l'arrière. Elle me dit que je peux dormir dans son van et qu'elle s'installera pour la nuit chez Giulia et son copain.

— Ouah, merci les filles, je cherchais juste un carré d'herbe où poser ma tente, moi…

— *Va bene !* s'amusent-elles.

En quelques minutes, notre petit groupe s'installe, boit quelques coups. Nous nous mettons à parler comme de vieux potes. Je m'étonne d'une chose à force de les entendre discuter entre elles :

— C'est bizarre, vous parlez allemand et pas italien entre vous. Vous n'avez pas dit que vous étiez italiennes ?

— Si si, on est italiennes.

— Je ne vous crois pas...

Elles me montrent leurs cartes d'identité. Preuve à l'appui.

— On vient d'une minuscule partie du Nord de l'Italie. C'est une région où tout le monde parle allemand : personne ne la connaît, mais on existe !

Giulia se montrant moins endurante que Clara et moi, elle part dormir et nous laisse discuter ensemble pendant un petit moment encore. Après à peine une demi-heure, c'est au tour de Clara de se coucher. Je m'installe dans le van qu'elle m'ouvre, incapable de compter le nombre de personnes qui m'ont accueilli ainsi, au débotté, depuis le début de mon aventure.

Dites, capitaine, elles sont où les baleines ?

Le lendemain matin, Clara me dépose à un arrêt de bus tandis que Giulia s'assoupit à l'arrière, pas encore remise de sa nuit.

— Merci les filles, *grazie mile* !

Les deux rigolent, se moquant de mon accent. On échange nos contacts dans la brume froide du matin, puis elles repartent dans leur 4x4. La navette qui mène au port m'emporte presque aussitôt. Sur le trajet, je dépasse la cabine de Wi-Fi où je m'étais installé la veille. Le bus me dépose tout près du bateau, dont l'équipage accueille chaque voyageur chaleureusement.

Très nombreux, nous nous installons toutefois avec calme aux tables disposées sur le pont supérieur. Le petit-déjeuner est offert et nous avons le temps d'en profiter avant de gagner la pleine mer. Je me régale de petits pains et de fruits, me préparant à affronter deux heures de bateau pour apercevoir les majestueux cétacés. Au bout d'un moment, le capitaine arrête le bateau et sort un énorme micro de cinéma qu'il plonge dans l'eau. Je le vois placer son casque sur ses oreilles et m'approche de lui.

— C'est pour quoi faire ?

Il se tourne vers moi, apparemment habitué à cette question.

— Avec ça, j'envoie des ondes dans l'eau pour détecter les baleines. Ça me permet de les entendre.

À intervalles réguliers, le capitaine déplace le bateau, s'arrête, immerge son appareil et attend. Trente minutes passent ainsi. Les passagers commencent à s'inquiéter, d'autant qu'on nous a prévenus que parfois, les baleines ne se manifestent pas. Le capitaine s'excuse :

— Désolé, ça arrive qu'on ne les voient pas...

Mais alors qu'il s'apprête à faire demi-tour avec le bateau, quelqu'un hurle :

— *Whales ! Whaaales !*

Une, deux puis trois baleines pointent le bout de leur auvent. Elles ne se montrent que le temps de prendre leur respiration. Le plus impressionnant surviendra quand elles plongeront, à plusieurs mètres de profondeur, même si elles ne remonteront pas avant un moment après cela. En tout, elles ne resteront donc visibles que l'espace de quelques minutes. Heureusement, le capitaine est rodé à leur ballet aquatique.

Il nous indique le moment précis où les mastodontes retourneront sous la surface.
La masse sombre et fusiforme forme une énorme bosse liquide, une petite colline d'eau salée et de muscles.

— Prenez vos photos ! tonne le capitaine.
En à peine trois secondes, les nageoires prodigieuses s'élèvent, se dressent tels des calvaires de chair noire dans la brume, puis s'abattent avec force, propulsant leurs colosses au fond de l'océan. La ligne de la houle s'apaise, les collines se sont aplaties. On ne voit déjà plus rien.
— C'est fini ? je demande, légèrement sur ma faim.
— *Not yet, boy !* S'il y a des baleines dans le coin comme je le suppose, on va en voir beaucoup !

Et comme par magie, le ballet reprend. Nous en sommes plus loin que prévu, mais une véritable congrégation de mastodontes a suivi les trois éclaireuses. Des baleines, des baleines partout, comme s'il en pleuvait des abysses. Leur peau grise lustrée forme une mer de bulles élégantes cernées par les remous, percée de temps en temps par un museau énorme qui semble nous sourire ou, lorsque les cétacés sont satisfaits de leur passage, par les deux larges nageoires de leur queue massive. Je suis comme un enfant au zoo, si le zoo s'était débarrassé de toutes ces cages. Je cours partout, de gauche à droite, comme tous les autres passagers qui ouvrent des yeux émerveillés. Je sors mon appareil mais la distance m'empêche de prendre des photos satisfaisantes. Pour autant, je me répète que c'est la cerise marine sur le gâteau savoureux de mon voyage. Ma dernière véritable destination. Un rêve devenu réalité.

En revenant de mes deux heures de bateau au pays des cétacés, j'ai la banane jusqu'aux oreilles. Et quand je me dis que rien ne pourrait aller mieux, le capitaine annonce au micro que nous serons tous remboursés de la moitié du prix de notre billet. Pour l'équipage, en effet, le spectacle est usuellement beaucoup plus proche du public, aussi a-t-il été convenu que nous n'avons pas vécu l'expérience au mieux. Je ne suis pas vraiment d'accord mais je ne vais pas cracher sur cinquante dollars ! Tout le monde est content. C'est véritablement le seul pays que j'ai vu où ce genre de choses survient. Comme si ce copieux petit-déjeuner, ce superbe bateau et cette vision incroyable des reines de l'océan ne valait pas le détour...

Me revoilà sur le port de Kaikoura et je réalise petit à petit que le compte à rebours est définitivement lancé. Il me reste deux jours libres avant que mon avion ne décolle. Je dois retrouver au plus vite mes surfeurs de Christchurch. À force d'interroger les autres touristes du bateau, je tombe sur un Français des plus affables :
— Il n'y a pas de problème ! Je te prends dans ma voiture et je te dépose à Christchurch.

Je réfléchis. Malgré l'urgence, j'ai tout de même une petite fenêtre de détente à m'accorder. Je n'ai pas pris le temps de me reposer depuis un bon moment. Or, j'avais entendu parler d'un endroit que je n'avais pas osé visiter par peur de manquer mon vol. Là, je me suis dit que c'était le moment ou jamais.

— Tout compte fait, tu pourrais me déposer juste un peu plus loin ? J'ai envie de me rendre aux thermes de Hanmer Springs !

Petite pause dans l'eau des volcans

Puisque la Nouvelle-Zélande se trouve à la jonction de deux plaques tectoniques, elle connaît deux phénomènes naturels bien particuliers : les tremblements de terre... et les volcans. Et qui dit volcans dit sources chaudes. J'atterris ainsi, après quelques heures de stops successifs, à Hanmer Springs où elles pullulent. J'ai réalisé mon défi, j'ai terminé mon tour du pays. Je mérite bien une petite escale dans des thermes bien chauds. Et puis, avec mes habits, mon odeur, bref, ma dégaine, ça ne devrait pas me faire de mal...

Si habitué à me baigner dans l'eau des lacs, des ruisseaux ou de la mer, je débarque tel un enfant sauvage avec mes sacs élimés. On m'accueille posément, on me donne un peignoir blanc moelleux, un petit bracelet et on me conduit à des bassins fumants à l'extérieur, sous le soleil étincelant. Le collier émeraude posé sur mon torse nu, mes longs cheveux attachés en chignon derrière la tête, je m'étends dans l'une des sources et pousse un soupir d'aise.

Je me dis que j'ai mérité ce voyage. Jamais je n'aurais cru vivre tout cela en si peu de temps, si intensément. Le temps passe si vite que ce sont mes pieds et mes mains, dont la peau me picote, qui me font comprendre que je suis resté là toute l'après-midi. Je n'avais vraiment plus l'habitude de l'eau chaude.

Tout à mon barbotage, je ne peux m'empêcher de capter des accents gaulois, non loin de moi. C'est bien un Français qui parle. Je l'accoste et lui demande s'il se rend à Christchurch. Il acquiesce et accepte bien vite de me déposer.

— Je reste dans les thermes un moment, je lui dis. Quand tu veux tu me prends et me dépose.

— Pas de souci.

Très sympa, il me laisse m'ébattre dans ce liquide cotonneux, divin, qui forme comme un baume sur mes membres fatigués. Au milieu des sources d'eau chaude naturelle, dans cet endroit très classe, je suis loin des *backpackers* et des gros vans… En vérité, ils me manquent un peu.

Je quitte les thermes complètement zen. Le Français me dépose à Christchurch et pars au travail. Hésitant, je me demande si je dois retrouver Emmerich et les autres ou si je devrais chercher ailleurs ? Ma réflexion n'est pas longue. Je veux les revoir. J'ai tellement aimé mes quelques jours là-bas. Peu de gens me prennent en stop à l'endroit où je me trouve, mais une minuscule voiture jaune s'arrête. Elle est remplie à craquer de trois castards aux épaules si larges qu'ils les frottent contre celles de leurs voisins, engoncés dans leur tout petit bolide.

— Tu veux aller où ? me jette l'un d'eux, ses yeux noirs me perçant l'âme.
Je ne suis pas à l'aise, il commence à faire noir, je me demande ce qu'ils me veulent. Je reste sur mes gardes.
— Je voudrais aller à Sumner Beach… C'est une maison de voyageurs.
Ils m'emmènent et traversent la ville. Le gringalet que je suis ne fait pas le fier entre ces malabars qui entonnent *Don't worry be happy* de Bob Marley. Leur dégaine est terrible, pourtant ils s'avèrent tout à fait tranquilles.
— Si tu fais la fête, me clame l'un d'eux, tu nous dis et on viendra faire la fête avec toi !
Après avoir tiré sur quelques pétards et roulé autant de kilomètres, paisibles, adorables, ils me déposent devant la maison des surfeurs.

Crédits : Google Maps

Mes étapes : je suis passé par le mont Sunday (G) puis par Kaikoura (H), un petit détour pour m'émerveiller face aux baleines.

Amères retrouvailles à Christchurch

Je sors de la voiture jaune avec la musique à fond, comme si je revenais d'une expédition menée par des mafieux néo-zélandais. Je retrouve Emmerich, Tom aussi, avec son air simplet. Ce dernier se jette sur moi en ânonnant "Câlinnn !" Il m'embrasse et j'ai l'impression de retrouver une famille.
— On pensait que tu ne reviendrais jamais !
— Des jours sans nouvelles !
— On s'est dit que t'avais quitté la Nouvelle-Zélande !

Je reste confus au milieu de toutes ces mamans allemandes qui veulent déjà me proposer à manger et à boire, mais Emmerich m'attire à lui. Il souffle :
— Viens avec moi, faut que je te dise quelque chose.
— Ah bon ? Qu'est-ce qui se passe ?
— Le bail se termine demain, on va nettoyer la maison et essayer de le renouveler pour quatre ou cinq mois... mais c'est quitte ou double. On risque de devoir rendre la maison.
— Tu sais, demain soir, j'ai mon vol pour quitter la Nouvelle-Zélande. Je peux vous aider, avec plaisir même, par contre il faudrait vraiment que l'un d'entre me dépose à l'aéroport. Ce serait possible ?
— T'inquièèète, *man* ! Lucas a une voiture, il t'amènera sans faute.

Le soir, je raconte mes anecdotes à mes potes de Sumner Beach, je reçois un message d'Augustin, avec qui j'avais voyagé, c'est dans sa voiture que j'avais été réveillé par un ranger patibulaire. Puisqu'il est à Christchurch, je lui propose de passer le lendemain.
"Je te présenterai mon hôte, Emmerich, tu verras il est top !"

Je retrouve tous les gens avec lesquels j'ai bu, mangé, vécu à Christchurch. Pour autant, la fête est finie et cela se sent. Le lendemain, après une nuit tranquille, je nettoie, redevable de leur accueil chaleureux. Les poubelles s'entassent devant la maison, qui ressemble à un terrain de festival. Il y en a une dizaine à ranger, des moisissures partout, des cadavres de bouteilles s'étalent par centaines... Toutefois, quelques heures nous suffisent à remettre l'endroit à neuf. Emmerich me dit quand même de prendre mon sac et de m'éclipser car le propriétaire arrive sur la fin de notre nettoyage.

Ça tombe bien, je dois justement accueillir mon ami français. Le propriétaire arrive. C'est un moment crucial. Toute la colocation pénètre à l'intérieur de la maison, je les vois parler dans le salon où s'étale toujours la tête de pirate. Je discute avec mon pote.
— Tu vas voir, c'est génial, ils sont super ! On a fait de ces fêtes...
Tout le monde sort de la maison et là, j'ouvre une bouche bée. Je vois le propriétaire claquer toutes les fenêtres avec violence, furieux.

Je cours vers Emmerich lorsque l'homme s'éclipse, laissant mes sacs dans la voiture de mon ami.
— Y a un truc qui va pas, là ?
— Ouais...
Emmerich est tout dépité, les autres ont les larmes aux yeux.
— On lui a demandé six mois supplémentaires, il l'a très mal pris.
La clope au bec, il tire une taffe morne et murmure, presque inaudible :
"Au moins, on a fait notre dernière teuf là-dedans..."
— Ouais mais quand même... C'est triste de tout quitter d'un coup.

— Bah, on le connaissait, il est proche de ses sous. Et on ne voulait pas rester un an entier. *That's life man !*

Il sourit et passe une main dans sa glorieuse chevelure.

— Vous dormez où ?

— Dans des auberges, on verra, émet-il, sans vraiment prêter attention à la question. Bon... La famille se termine ici...

Je retrouve mon ami et lui laisse les contacts d'Emmerich. Il me salue en souriant.

— Bon ben... On s'arrête là, désolé...

— Pas de souci, je sais que tu as un vol à prendre. À plus Gaël !

— Salut !

Je rejoins Emmerich, tout à sa mélancolie.

— Ah, te revoilà, Gaël...

Je ne sais trop comment aborder mon empressement présent, alors je me lance, un sourire gêné sur le visage.

— Je vous remercie beaucoup et je suis vraiment triste pour vous, mais... Est-ce que quelqu'un pourrait me déposer à l'aéroport ?

Emmerich s'anime soudain, se rappelant notre conversation.

— Oui, bien sûr ! Lucas !

— Au rapport commandant !

La flopée de surfeurs signe mon drapeau et je jette un dernier regard à l'horizon néo-zélandais, à la maison aux volets clos, à tous mes amis. Je leur serai éternellement reconnaissant pour leur accueil. Ils m'ont offert une parenthèse toute douce dans la course effrénée de mon voyage, et je ne pourrai jamais assez les en remercier.

Lucas me dépose à l'aéroport. Je réalise que je quitte la Nouvelle-Zélande, ce pays qui m'a touché au plus profond, qui a fait vibrer le gosse et l'adulte en moi. Un stop de plus. J'échange un check avec Lucas.

— Vous allez me manquer...

— Tu sais Gaël, l'Allemagne et la Belgique, ce n'est pas si loin.

— Merci mon ami. Tu veux bien signer mon drapeau ? C'est comme ça que je compte les stops et... tu es le dernier.

Plus précisément, il est le 92e. La 92e personne à m'avoir fait confiance, à m'avoir emporté avec elle, plus loin dans mon aventure et la sienne, pour qu'elles fusionnent le temps d'un trajet. La 92e à m'avoir permis de découvrir ce pays merveilleux. Je n'aurais jamais cru rencontrer autant de personnes en si peu de temps.

Tandis que je pénètre dans l'avion, je pense à tous les gens que j'ai rencontrés, empli de gratitude. Des larmes discrètes coulent au fond de moi, au souvenir de ces belles personnes qui m'ont tout donné. Je suis pris du désir ardent, inassouvissable, de leur donner au centuple en retour, de les revoir tous les jours. Mais je veux, aussi, continuer mes aventures, découvrir plus de monde encore. La Nouvelle-Zélande m'a marqué au fer rouge, à tel point que je me sens comme un kiwi et qu'une part de moi se déchire dans l'avion. Je passe ma main sur mon *pounamu*, songeant alors à Sydney comme si je revenais à la maison. En tout cas, à l'une de mes maisons.

Épilogue – La vraie fin de mon challenge

Mon retour à Sydney se déroule sans aucun problème. J'avais tellement eu peur de ne pas avoir mon visa, quelques jours plus tôt, que j'avais réservé mon billet pour la Malaisie, ma prochaine destination. Si mon visa n'avait pas été accepté, j'aurais ainsi pu décoller immédiatement sans fouler le sol du gouvernement australien. Heureusement, je peux sortir de l'aéroport et ça tombe bien car je dois rendre visite à certaines personnes.

Je sors de l'avion avec un sourire sur les lèvres, la tête immergée dans une nuée d'émotions et de souvenirs heureux. En posant le pied sur le tarmac, je suis pris d'un doute nébuleux. Il persiste jusqu'à l'intérieur de l'aéroport, et là je me dis : "Il manque quelque chose…" Quelque chose de crucial, que j'ai déposé soigneusement dans l'avion mais que je n'ai plus.
— Merde ! je rugis. Ma pancarte !
Je cours à toute vitesse. Moi qui pensais que l'aventure était terminée… J'arrive en nage devant une hôtesse, lui expliquant que j'ai oublié quelque chose dans l'avion.
— Calmez-vous *sir*, de quoi parlez-vous ?
— J'ai fait du stop en Nouvelle-Zélande pendant deux mois et demi, j'ai laissé ma pancarte dans votre avion ! Elle est juste en carton mais elle est précieuse, j'ai tout mon voyage résumé dans cet objet !
— Deux secondes *sir*, je demande au service de nettoyage.
La sueur me perle au front. Complètement stressé, je me lamente :
— Si je ne ramène pas cette pancarte, je serai tellement triste…
Heureusement, elle me déclare au bout de quelques secondes :
— On l'a trouvée.
Ouf. Je remercie l'hôtesse, me sentant un peu ridicule, lorsqu'elle me dépose entre les mains ce morceau de carton crasseux, mais je suis soulagé. Je passe les douanes.

Je sors de l'aéroport, pas envie de prendre un train, cher… Je vois dame qui sort de l'aéroport et je me dis, après autant de temps et de rencontre j'ai l'habitude d'aborder les gens. Je vais faire du stop pour Sydney. Je lui demande si elle peut me déposer n'importe où en dehors de ville. Elle est bien habillée, très classieuse, je me dis que ça ne va pas passer...
— Tu me fais penser à mon garçon. Allez, monte !
Elle me conduit à Sydney. Finalement, j'aurai fait 93 stops !

Je profite de cette brève escale pour saluer Michael et Yann, qui tiennent une agence où j'ai travaillé en tant que photographe. Je leur relate mon aventure en Nouvelle-Zélande, avant d'annoncer que je quitte l'Australie pour de bon car je pars en Asie. Je leurs demandent une faveur :

— Écoutez les gars, ça vous dérangerait de récupérer mon sac à dos chez un ami ? J'ai toutes mes affaires dedans mais je peux vraiment pas le ramener en Malaisie. Vous pourrez la garder avec vous, le temps que je revienne.

Ils acquiescent et acceptent également de conserver ma pancarte. Il ne s'agirait pas de la perdre sur la route ! Quand mon train de vie sera plus calme, je la récupérerai, de même que mes affaires. Je me détends, prêt à en découdre avec la suite de mon tour de monde. Michael, Yann et moi, nous passons la journée à discuter. Ils ne reviennent pas de tout ce que j'ai vécu - moi non plus d'ailleurs.

La fin du rêve... qui continue

Puisque je quitte l'Australie, je me rappelle que je peux demander à récupérer les taxes que j'ai payées lorsque j'ai vécu dans le pays. Une particularité bien utile des lois locales, car je ne cracherais pas sur un peu d'argent avant de me plonger dans une nouvelle culture. Pressé de partir, j'essaie de dépasser la file et donne mes papiers en catastrophe au guichetier. Au moment de lui tendre mon passeport, je réalise que j'ai oublié quelque chose à l'intérieur. Je suis déjà rouge comme une pivoine quand le gars l'ouvre et tombe sur... une capote. Merde. Je ne sais plus où me mettre. Pourtant, l'homme referme le livret sans rien dire, me sourit et se fend d'un tranquille :

— *Here's your passport, man.*

Voilà. J'ai définitivement quitté la Nouvelle-Zélande et après une journée à peine à Sydney, je quitte officiellement l'Australie. Je m'attache à cette sensation, cette réalisation qui survient en mon for intérieur. Celle de me dire que j'ai vécu en Australie, que j'ai vécu en Nouvelle-Zélande. J'en conclus qu'on peut tout acheter dans la vie mais que ce genre de challenge est inestimable. Ce tour d'un pays merveilleux en stop est le plus beau voyage de toute ma vie. Je ne contrôlais rien, j'ai appris à faire confiance, à me laisser guider, à me fier à mes sens et à mon instinct. Tous ces gens qui m'ont accueilli sans me connaître, ces belles choses, ces belles vues, ces belles randonnées, ce sont plus qu'une foule d'anecdotes aux quatre coins du pays des kiwis.

La Bob Marley voleuse d'essence, le pêcheur qui m'a fait affronter la mer, le mormon, Jack mon joyeux fermier, Annie la cowgirl et ses milliers de moutons, les voyageurs parfois plus jeunes que moi, Emmerich et sa colocation de surfeurs, Alizée, Marc, toutes ces personnes-là sont ancrées dans ma vie, comme si j'étais une part d'eux, et eux une part de mon être. Ils m'ont fait comprendre, de manière profonde, à quel point les apparences peuvent s'avérer trompeuses. À quel point on peut être subjugué par la beauté d'un paysage, mais que ce n'est qu'une infime partie du voyage. Car le plus beau, ce sont les rencontres.

J'ai été étonné de désapprendre ce qu'on m'avait inculqué, et pas seulement par rapport aux "inconnus", ces "étrangers" qu'on nous dit de fuir alors que ce sont eux qui recèlent toutes les richesses du monde. J'ai aussi découvert que lâcher prise n'était pas une erreur. Toutes les situations qui surviennent dans un voyage, dans une vie, ne sont pas contrôlées, ne sont pas contrôlables. En fait, très peu le sont. Le contrôle, c'est une belle illusion, mais il faut souvent savoir l'écarter. Le chemin que chacun emprunte fourmille de signes, de petites choses qu'il faut parfois saisir au vol, en se laissant guider par ses sens.

Je me sentais comme grandi, fier d'avoir compris certaines choses sur l'être humain dont je me doutais pas avant. Alors que dire face à une telle quête initiatique, sinon merci ? Merci à la vie, merci à toutes ces personnes qui se sont arrêtées. Des vies, j'en ai vécu dix vies en quelques mois. Et dans celles que je m'apprête à vivre, je m'attacherai à suivre les préceptes que me dictent mon épiphanie. J'écouterai avec attention l'histoire de chaque personne et j'emporterai un morceau de sa vie tandis qu'elle attrapera un morceau de la mienne. Je resterai toujours dans la bienveillance, car c'est ce qui tisse nos liens et qui maintient le monde, l'empêchant de s'effondrer sous la bêtise, la méchanceté, l'envie.

Le don de soi, la générosité dont j'ai été l'heureux destinataire, je les vois tels qu'ils sont désormais : des dons. Je crois au karma, je sais que ce que je fais revient vers moi d'une manière ou d'une autre. Aujourd'hui, il est certain que si je vois un autostoppeur sur le bord de la route, je me précipite à sa rescousse. Mais je repense aussi aux gens qui m'ont dit :
— On le fait pour toi, car tu le feras pour quelqu'un d'autre.

J'ai découvert que le luxe, c'est parvenir à une forme de sérénité en acceptant toutes les situations. C'est trouver la sagesse dans son détachement des biens matériels. C'est profiter pleinement de chaque instant. Et comme me l'ont appris ces gens, le plus beau cadeau ce n'est pas de recevoir, en effet. C'est de donner, d'aider. Et si nous apprenons toutes et tous à aider, sans intérêt, sans demander en retour, je pense qu'on peut encore nourrir un peu d'espoir en notre futur.

On retrouve ici ma pancarte, ma tente, mon sac à dos avec mon matériel, mon gros sac de vêtements et, bien sûr, mon drapeau de la Nouvelle-Zélande, que je faisais signer à toutes les personnes sur la route. J'ai compté 92 stops dans tout le pays !

Crédits : maps.me

Mes étapes : voici mon trajet en Nouvelle-Zélande, avec tous les points où je me suis arrêté, où il y avait quelque chose à voir. Je suis parti du centre de l'île du Nord pour rejoindre l'Est, avant de descendre sur Wellington dans le Sud. Puis, j'ai fait la traversée pour l'île du Sud, et tout une boucle pour terminer à Christchurch.

One life, one travel

Si un jour vous lisez ce livre, j'espère que vous vous direz : "Wow, j'ai envie de le faire." Osez, osez faire ce challenge qui sera celui de votre vie et peut-être seulement le premier d'une série de défis ! N'essayez pas de tout contrôler, croquez dans la vie à pleine dents, ajoutez-lui toutes les épices que vous trouverez. Ce ne sera pas toujours facile et je sais que parmi vous, beaucoup avancent qu'ils sont trop vieux, trop jeunes pour ce genre d'aventures. Il n'y a pas d'âge pour l'aventure : lorsque je suis parti seul en stop pour ce tour de la Nouvelle-Zélande, je n'avais que 20 ans. J'ai pris mon courage à demain, sans me soucier de mon âge, et je suis parti.

Je repars avec mon collier, comme un vrai Maori dans mon avion, pour de nouvelles aventures. Je repense à ces personnes qui m'ont aidé, donné le coup de pouce qui m'a permis d'accomplir ce rêve. La gratitude m'envahit de nouveau. Si je n'ai pas dépendu de mon argent, j'en ai conscience, c'est grâce à eux qui m'ont fait venir chez eux, donné à manger, des gens tous importants qui ont accompagné mon tour à leur manière. Je n'oublierai jamais la culture maorie, les gens qui la font vivre, la beauté de son territoire, de sa flore et de sa faune. Si vous voulez vous aussi vivre cela, si vous voulez me suivre, je vous conseille de vous accrocher aux nouvelles histoires que je vous raconte.

L'auto-stop a cela de prodigieux qu'il révèle tout ce que peut receler la magie du voyage, autorisant à se mouvoir autrement, à découvrir les gens autrement. Parce que ce qui arrive en bord de route ne peut que vous surprendre. Et comme je le dis toujours : one life, one travel. Tu n'as qu'une vie et quoi que tu en fasses, elle n'est qu'un seul voyage, sans retour possible, alors profite de cette vie.

Ne reporte pas ce que tu peux faire maintenant, car il y aura toujours une "bonne" raison de ne pas accomplir ce que tu désires. Si au plus profond de toi tu ressens cette flamme, cette émotion, si tu entends cette voix qui murmure ou qui hurle "C'est ça que je veux. Me lancer dans l'aventure, parcourir l'inconnu, voir le monde", mais que les gens autour de toi te déconseillent de l'écouter, n'oublie pas que ta vie n'appartient qu'à toi. N'oublie pas que tu n'existes pas pour faire plaisir aux autres, mais bien pour réaliser ton rêve.

Rappelle-toi que j'étais dans une situation très confortable en Australie. Je l'ai quittée. Quand je suis arrivé à l'aéroport, je me suis demandé si cette histoire de stop était bonne idée. J'ai continué. J'ai abandonné le contrôle pendant deux mois… et quoi ? J'ai vécu un milliard de choses, j'étais dans le feu de l'action, j'ai plus d'histoires à raconter que de temps pour le faire.

Quelqu'un qui craint de partir, de *faire quelque chose*, devrait le faire ne serait-ce que par défi. Par défi lancé à soi-même, car dans ces cas-là, les autres ne comptent pas. Et puis, rien ne vous empêche de doser ce défi, rehaussant l'inconnu peu à peu. Ce peut être partir seul dans une région, un pays, un continent que l'on ne connaît pas. Ce peut être tout ce qui vous fait peur et excite vos sens à la fois. J'espère que mon histoire a fait naître une étincelle en vous, car c'est son but lorsque je la partage.

Je ne pouvais pas garder cela pour moi. Je ne pouvais pas m'empêcher de le partager, de le faire vivre autour de moi, à travers mes yeux. Certes, vous n'avez pas forcément vécu ce stop en Nouvelle-Zélande ou manqué de vous faire dévorer par requin ! Mais vous avez lu une histoire vraie, écrite avec mes tripes… et j'espère que ça vous a plu.

Contact

Pour toutes informations sur mon histoire, vous pouvez me retrouver sur les réseaux sociaux :

Gaël Crutzen   gael_crutzen   Gaël Crutzen   Gael Crutzen Community

Vous pouvez notamment retrouver mes conférences sur YouTube.

Vous pouvez également me retrouver sur le groupe Facebook « Gael Crutzen Community ».

Vous pouvez également me contacter pour n'importe quel type de collaboration, je suis ouvert à toutes les propositions : pour intervenir, témoigner ou vous aider si vous voulez vous lancer dans un projet comme le mien.

Mon email : **gaelcrutzen@gmail.com**

Si l'un/e de vos proches a peur de partir alors qu'il/elle aime l'aventure, n'hésitez pas à lui parler de ce livre. Vous pouvez le commander directement sur Amazon, grâce à l'impression à la demande.

Printed by Amazon Italia Logistica S.r.l.
Torrazza Piemonte (TO), Italy

52175206R00271